KEITH HARING TAGEBÜCHER

MIT EINEM VORWORT VON
DAVID HOCKNEY
UND EINER EINLEITUNG VON
ROBERT FARRIS THOMPSON

AUS DEM AMERIKANISCHEN VON
WOLFGANG KREGE

S. FISCHER

Die amerikanische Originalausgabe erschien 1996 unter dem Titel
»Keith Haring, Journals« im Verlag Viking Penguin Inc. New York.
© 1996 The Estate of Keith Haring
Für die Einleitung © 1996 Robert Farris Thompson
Für das Vorwort © 1996 David Hockney
Bildnachweise auf S. 292

Für die deutsche Ausgabe:
© 1997 S. Fischer Verlag GmbH, Frankfurt am Main
Satz: Fotosatz Otto Gutfreund GmbH, Darmstadt
Druck und Bindung: Clausen und Bosse, Leck
Printed in Germany 1997
ISBN 3-10-029911-6

Anmerkung zur deutschen Ausgabe:
Von Keith Haring zitierte Werke wurden, wo immer möglich, in den einschlägigen
deutschen Übersetzungen wiedergegeben. Auf Quellenangaben und Fußnoten wurde
hierbei – analog zur amerikanischen Ausgabe – verzichtet, um die Unmittelbarkeit
der Tagebücher nicht zu beeinträchtigen.

INHALT

ZU DEN QUELLEN

Wie aus Bemerkungen Keith Harings in seinen Tagebüchern deutlich wird, rechnete er damit, daß sie später einmal von anderen gelesen werden würden. Er hat Dutzende von handgeschriebenen Notizbüchern hinterlassen, mit Strichzeichnungen und Eintragungen vielfältiger Art, von ausführlichen Überlegungen zu begonnenen Arbeiten bis hin zu kleinen Anmerkungen, Skizzen, Zitaten und Bücherlisten. Manchmal konzentriert er sich in den Aufzeichnungen auf seine Arbeiten, manchmal auf Bekanntschaften und Alltagsgeschehnisse. Als seine Karriere sich beschleunigte und sein Leben immer vielschichtiger wurde, schrieb er seltener – meistens in der friedlichen Abgeschiedenheit einer Flugzeugkabine –, mit der Folge, daß die Tagebücher erhebliche chronologische Lücken aufweisen. In manchen Fällen wurde hier im Interesse der Kontinuität Material eingefügt, das er für andere Zwecke geschrieben hat. Die Redaktion und Veröffentlichung dieser Tagebücher wurde angeregt und besorgt von Julia Gruen und David Stark von der Keith Haring Foundation, unter redaktioneller Mitwirkung von Ellen Williams und David Stanford, Lektor bei Viking Penguin. Um die Lesbarkeit nicht zu beeinträchtigen, wurden Auslassungen nicht gekennzeichnet. Die Auslassungen und die Anordnung des Materials im fertigen Buch entsprechen Harings eigenen Gepflogenheiten. Offensichtliche Fehler in Orthographie und Interpunktion wurden durchgehend berichtigt.

VORWORT

DAVID HOCKNEY

Ich habe Keith Haring durch meinen Freund Henry Geldzahler kennengelernt und bin mit ihm zu Anfang seiner Karriere einige Male zusammengetroffen. Seine Bilder und sein Engagement als Künstler haben mich sehr beeindruckt. Er schien ein großzügiger Charakter zu sein, der in seiner Arbeit aufging. Als sein Werk umfangreicher wurde, machte mir seine Fähigkeit, einen stark graphischen Stil mit viel Erfindungsgeist zu verbinden, noch mehr Eindruck. Seine Arbeiten sind leicht zu erkennen und doch einprägsam.

Diese Tagebücher geben Rechenschaft über seine künstlerische Tätigkeit und lassen, wie bei den meisten Künstlern, Stärken und Unsicherheiten deutlich werden. Wie die meisten Künstler bin ich oft überrascht über die Unsicherheiten anderer oder über ihre Art, sie zu sehen.

Harings große Stärke scheint mir gewesen zu sein, daß seine Kunst außerhalb der Galerien und Museen wirkte. Diese Kunst brauchte sie nicht. (Sie brauchen die Kunst.) Druck und Reproduktion verstand er so, wie die meisten Menschen sie auffaßten. Ich bin mir sicher, dies war es, was Andy Warhol daran interessierte. (Andys Gemälde waren ja schließlich gedruckt!)

Sein kurzes Leben war offenbar vollkommen ausgefüllt, das lebhafte Herumreisen, von dem hier berichtet wird, sieht aus wie eine von ihm selbst gezeichnete Straßenkarte, stand aber immer im Dienste seiner Arbeit. In seinem Atelier habe ich ihn nie besucht, aber es scheint sich überall dort befunden zu haben, wo er gerade haltmachte.

Er hat überall seine Spur hinterlassen. Ein sehr großzügiges Leben.

EINLEITUNG

ROBERT FARRIS THOMPSON

Nichts ist Endzweck, denn alles kann die Basis für
etwas Neues und anderes sein.
                              Keith Haring, *Tagebücher*

Keith Harings Tagebücher beginnen am 29. April 1977 mit einem Neo-Sinatra-Manifest:
» ... Wenn ich aber auf meine Weise lebe und mich von anderen [Künstlern] nur wie
von Bezugspersonen beeinflussen lasse, nur am Ausgangspunkt ...« Anders ausgedrückt,
er schwor sich auf ein Leben in schöpferischer Unabhängigkeit ein. Schon bei einem
Konzert der Grateful Dead (10. Mai 1977) schnitt er sich die Verse auf eigenwillige Art
zurecht:

> In a bed, in a bed
> by the waterside I will lay my head
> Listen to the river sing sweet songs
> to rock my soul.[1]

Dieser Refrain aus »Brokedown Palace«, einer Art Abschieds-Blues von Robert Hunter,
muß Haring gereizt haben. Mit kleinen Veränderungen schrieb er sich den Text in seinem
Tagebuch auf.

Zehn Jahre später – als ihm klar wurde, daß er Aids hatte – ging er die Houston Street
in Manhattan entlang, bis ans Ufer des East River. Dort, am Wasser und bei dessen eigen-
tümlichem »sweet song«, überließ er sich für lange Zeit seinen Tränen. So gereinigt, ging
er daran, sein Leben bis zur letzten Sekunde zu nutzen und zu erfüllen.

Ein Sprung zu seinen letzten Eintragungen, Mitte September 1989. Noch fünf Monate
zu leben. Keith wußte das nicht – er hatte zu viel zu tun, um sich drum zu kümmern. Er

wurde überschwemmt von der Unzahl der Aufträge, wie sie einem international bekannten Künstler zufallen.

Denn 1989 war er schon berühmt wie ein Rock-Star, mit Freunden und Bewunderern in aller Welt: in den Seitenstraßen von Shin-juku in Tokio, im Kasino und im »Drachen« von Knokke-le-Zoute, in den Hip-Hop-Epizentren der frühen achtziger Jahre in New York, im Beau Rivage Palace in Lausanne, im SOB von SoHo, in einer Suite des Pariser Ritz-Hotels, in der New Yorker Untergrundbahn, im Stedelijk Museum von Amsterdam, in den New Yorker Galerien und ab und zu auch in seinem funkelnagelneuen Atelier am Broadway in der Nähe des Great Jones.

Er konnte ärgerlich werden, wenn er überarbeitet war; aber das Leitmotiv war meistens Großzügigkeit: Überall auf der Welt trifft man Leute mit Haring-Buttons, T-Shirts mit Haring-Motiven, Haring-Zeichnungen auf herausgerissenen Notizblockseiten – spontanen Geschenken des Künstlers.

Viele haben ihn so in Erinnerung, wie es ein Junge namens Joe Asencios im Sommer 1989 in Chicago ausdrückte: »der netteste Mensch, den ich je getroffen habe«.[2] Auf der anderen Seite des Planeten hat ihn der Pförtner des Hotels Breitenbacher Hof in Düsseldorf, Erwin Gruber, unter all den Gästen noch nicht vergessen. Es war eine Sensation, als Keith im Dezember 1989 dort abreiste und allen Pagen, Kellnern und dem Pförtner Zeichnungen schenkte. »Er war ein feiner Kerl«, sagt Gruber. »Hoffentlich schreiben Sie was Gutes über ihn.«[3]

Die letzte Eintragung, 22. September 1989. Haring ist in Pisa, wo er eine Außenwand an der Kirche des hl. Antonius bemalt. Das berühmteste Bauwerk der Stadt findet er nicht nur schön, sondern auch humorvoll: »Der [Schiefe] Turm ist erstaunlich. Wir sahen ihn erst bei Tageslicht und dann bei Vollmond. Er ist wirklich großartig und hysterisch zugleich. Jedesmal, wenn man ihn anschaut, muß man lächeln.«

Von Pittsburgh bis Pisa erstreckt sich eine geistige Odyssee, Zeugnis vom Leben und Denken eines Künstlers, der für die ganze Welt in den achtziger Jahren Amerika symbolisierte. Tausende trugen seine T-Shirts, Millionen kannten seinen Stil. Er dürfte einer der wenigen Künstler unserer Zeit gewesen sein, der im Jet über dem Atlantik in *beiden* Filmen, die während des Fluges vorgeführt wurden, seine Kunst vertreten fand.

Wie kam er so weit? Durch ruhelosen, nie nachlassenden Ehrgeiz. Durch Erfindung einer Linienführung, die »archaisch, universal und (wegen ihrer Computer-Eignung) futuristisch zugleich« war. Hätte er länger gelebt, wäre er über die Stilmerkmale, die ihn populär gemacht hatten, zweifellos hinausgegangen: »Wenn sie für eine bestimmte Zeit repräsentativ sind, dann wahrscheinlich deshalb, weil sie die reinsten sind, die wir bis dahin hervorbringen konnten, aber von da aus müssen wir weiter...«

Kurz, in diesen Tagebüchern spiegelt sich ein außergewöhnliches Leben: schöpferische Kräfte und Gedanken, vereint mit der Populärkultur im Schmelztiegel der Gegenwart. Insofern sind sie nicht unähnlich dem Tagebuch Dürers, »einer strikt persönlichen Gedächtnishilfe, ... wo Bemerkungen über den Tod seiner Mutter mitten aus einer Seite mit Notizen über ausgegebene Geldbeträge und Quartiere auf einer Reise hervorspringen, wo eine Mischung von Skizzen und unvollständigen Sätzen auf uns eindringt, die er schnell hinkritzelte, wenn er aus einem Albtraum erwachte«.[4]

Harings Tagebücher erstrecken sich auf ähnliche Belange, einschließlich Träume und Nachtmahre. Auf einer Seite aus den ersten Jahren stehen Notizen zur Kunstgeschichte neben solchen zu einer ganz praktischen Angelegenheit:

> Romanisch – St. Pierre
> Frührenaissance – Donatello (Bronze)
> 475-6222 SAL
> 18 1st Ave.
> 3-Z.-Wohnung $ 150.00 mon.
> »Da die Zahl der Farben und Formen unendlich ist,
> so sind auch die Kombinationen unendlich…«
>
> Wassily Kandinsky,
> *Über das Geistige in der Kunst*

Doch wenn Harings Tagebücher mit ihrem Episodengeflecht manchmal an Dürer erinnern, so sind sie dafür von Andy Warhols berühmtem Tagebuch um so verschiedener.

Dessen Testament ist ein faszinierender Mischmasch, bei dem es in der Hauptsache um prominente Zeitgenossen und um genau vermerkte Taxi- und Restaurantrechnungen geht, als schriebe Warhol teils für die Nachwelt und teils für das Finanzamt.[5]

Harings Tagebücher sind reichhaltiger. Reflexion, Selbstprüfung und Zeugnisse seiner Entwicklung drängen das rein Diaristische beiseite. Selten fände man bei Warhol eine Bemerkung wie diese: »Am großzügigsten sind meistens diejenigen, die selbst am wenigsten zu verschenken haben. Das habe ich aus erster Hand erfahren, als ich mit zwölf Zeitungen austrug. Die größten Trinkgelder kamen von den Ärmsten. Das hat mich überrascht, aber die Lektion habe ich mir gemerkt.«

Dennoch bleibt Haring, ebenso wie Basquiat, gegen Warhol loyal und erkennt ihn als seinen Lehrmeister an: »Andys Leben und Werk haben mein Werk erst möglich gemacht. Andy schuf den Präzedenzfall für die Möglichkeit meiner Art von Kunst. Er war der erste *wahrhaft* öffentliche Künstler in einem umfassenden Sinne…«

Haring schrieb diese Tagebücher in Flugzeugen oder beim Warten auf Flughäfen, im Hochgeschwindigkeitszug nach Nagoja oder in dem seltsamen drachenförmigen Gästehaus seiner belgischen Freunde. Aber egal in welcher Umgebung, immer fand er Gelegenheit zu solchen Mitteilungen an sich selbst, bei allem Bestreben, »weniger zu reden und mehr zu tun«.

Aber manchmal waren Zeitmangel und äußere Umstände dieser Absicht nicht günstig. Gelegentlich reißt der Bericht ab oder reduziert sich auf telegrammartige Haikus: »Essen, Champagner – Sterne – Stille – Nachdenken.« Aber meistens schrieb er aus einem Verantwortungsbewußtsein gegenüber der Zukunft, um auch über die intellektuellen Grundlagen und die Substanz seines künstlerischen Schaffens Rechenschaft zu geben. Der Zufall, so sagte er gern, begünstigt nur den vorbereiteten Geist.

DIE GLIEDERUNG DER TAGEBÜCHER

Der Text zerfällt in zwei Hauptformationen, die durch eine Brücke verbunden sind. Beide sind erfahrungs- und praxisgesättigt. Ich bezeichne sie als Formationen, um dem allmählichen Zuwachs an Einsicht und Erfahrung gerecht zu werden.

Die erste Formation, von 1978 bis 1980, dokumentiert im wesentlichen eine Lehrzeit oder, wie Haring selbst sagt, »eine Suche«. Er fügt hinzu: »Ich sollte für alles offen sein... ich sammle nur Informationen.«

Während er sich durch die Formen, Regeln und Lektionen hindurcharbeitet, betont er, daß all dies provisorisch ist: »Messe meinem jetzigen Experimentieren und Nachforschen nicht allzuviel Gewicht bei.«

Die Kraft, die ihn bei seiner Suche antrieb, war ein gefestigter und klarer Geschmack. Mit sicherem Instinkt verstand er aus den besten Quellen, auch aus den Dichtern, seine Auslese zu treffen und zu lernen. Zwei Zitate aus John Keats' Brief an seine Brüder vom Dezember 1817 fanden Eingang in seine Tagebücher: »Die Vortrefflichkeit jeder Kunst besteht in ihrer Intensität, die, indem sie in enger Beziehung zu Schönheit und Wahrheit steht, alles Unangenehme dahinschwinden zu lassen vermag...« Und weiter: »Coleridge [nicht aber Shakespeare]... würde sich eine schöne isolierte Wahrscheinlichkeit, erhascht aus der Tiefe des Mysteriums, entgehen lassen, weil er unfähig ist, sich mit halbem Wissen zu begnügen.«

Dies war eine Ebene des Diskurses, die Haring sich zu eigen machen wollte – und später tat er es, mit den zierlichsten gemalten und gezeichneten Figuren.

Von Keats lernte er auch, daß Dichtung den Leser anmuten solle, als seien »seine eigenen besten Gedanken in Worte gefaßt«. Weil er bemerkte, daß ringsum trotz allen technologischen Fortschritts ein Hunger nach Substanz in der Kommunikation herrschte, leistete Haring ebendies: Er sprach die Fragen seiner Zeit an, die Gefahr der Vernichtung durch die Atombombe, die Obszönität der Apartheid und die Schrecken der Aids-Infektion. Er ging auch auf die Bedürfnisse von Frauen und Männern ein: nach emotialem Austausch mit anderen, nach Vielfältigkeit des Erlebens und nach langfristigen Sicherheiten; er schlug Funken aus den Gedanken seiner Mitmenschen. Jonathan Fineberg hat diese Begabung so zusammengefaßt: »Haring schuf Ikonen der Massenkultur, zu denen jeder eine Beziehung finden konnte.«[6]

Haring setzte sein visuelles Denken in robuste, populäre Formen um, so daß jedermann verstehen und sich verstanden fühlen und, im idealen Keatsschen Sinne, seine eigenen Gedanken widergespiegelt sehen konnte. Er hatte sich beigebracht, auch über intellektuelle und technologische Belange immer noch in einer verständlichen Sprache zu reden.

Manchmal zeichnete er reale Probleme in einen imaginären Fernsehbildschirm ein, um so seine Anliegen »auszustrahlen« und zugleich den Medien die Schau zu stehlen. Damit erfüllte er eine der Ambitionen aus seiner Lehrzeit, nämlich »eine kommunikative Situation herzustellen, eine Umwandlung von Energie zu erreichen«.

In anderer Hinsicht zeigen uns die Tagebücher, daß Retrospektiven bedeutender Maler ein großer Ansporn für Haring waren. Eine Rothko-Retrospektive traf ihn zuinnerst. Denn bei einer solchen Gelegenheit konnte er sehen, wie »Ideen an Kraft gewinnen, indem sie erprobt und wiederentdeckt werden«. Er führt uns in einen Saal der Washingtoner Nationalgalerie, wo fünf Rothkos hängen: »Die Gruppierung dieser Bilder in einem einzigen Raum konzentrierte ihre Energie und steigerte die Wirkung... eine massive Antwort, vielleicht in voller Konsequenz.«

Auch Haring machte sich bereit, seine leitenden Ideen, wie es Rothko getan hatte, in voller Konsequenz zu verfolgen. Um sein formales Repertoire zu erweitern, experimentierte er mit Pinseln in beiden Händen, mit verschiedenen Farben und Papieren. Er übte neben dem Zeichnen auch das Ausschneiden von Formen: »Die Vollständigkeit, Akkuratesse und Endgültigkeit des Schnitts kann mir helfen, direkter, spontaner und darum interessanter zu werden.«

Und er versuchte sich klarzumachen, wie der Rahmen des Bildes im Tumult seiner Gedanken eine Ordnung stiftete: »Der Grund, warum ich darauf bestehe, während der ersten paar Minuten beim Malen zunächst eine Grenze um die Fläche, die ich bemalen will, zu ziehen, ist womöglich der, daß ich mich mit dem Umfang des Bildes, das ich malen will, vertraut machen muß. Ich grenze körperlich den gegebenen Raum in seinem ganzen Ausmaß für mich ab.«

Immer wieder reicherte sich seine visuelle Phantasie mit Ideen an, mit entlehnten wie mit eigenen. Von Beuys, der in der Cooper Union einen Vortrag hielt, lernte er, daß »die Armut einem Mann mit einem Traum nichts bedeutet«. Außerdem hoffte Haring, die Gegenstände so wie Matisse studieren zu können, nämlich »eine lange Zeit, um zu erfahren, welches ihr Zeichen ist«.

Die Vorzeichen dessen, was aus ihm werden würde, drängen sich auf den Seiten dieses ersten Teils seiner Tagebücher; so an einem Tag im Jahr 1978, als er sich ägyptische Zeichnungen angesehen hatte: »In allen [diesen] gibt es eine Grundstruktur, eine Bezeichnung des ganzen Objekts durch ein Minimum an Linien, die zum Symbol wird.«

Harings Aufzeichnungen zeigen, wie er aus einer starken Mischung von Keats, Künstlerbiographien, Retrospektiven, Ausstellungen und vielerlei anderen Quellen seinen eigenen philosophischen Kurs im Hinblick auf Linie, Form und Farbe herausarbeitete. Er suchte und probierte hemmungslos, er ließ seiner Kreativität Zeit bis zu ihrem ersten, selbstbestimmten großen Auftritt.

Und dann war der Moment da! Alle Seiten seiner Psyche, alle Früchte seiner Ausbildung und alle Kräfte seines Geistes verschmolzen in einer einzigen Woche des Jahres 1980.

Ein ganzes Vokabular von Formen strömte ihm von der Hand, eine Hieroglyphe nach der andern, alle frisch gemünzt, mit Bedeutung versehen, heilsam für ein Zeitalter, das sich postmodern zu nennen wagte, als ob die Apokalypse nur eine Stilfrage wäre. Als die Aufregung sich legte, hatte Haring vermittels seiner in Linien und Gesten überführten sexuellen Lebendigkeit Hunderte von ineinander verschlungenen Körpern in vielerlei sozialen Situationen erfunden. Und bald darauf gingen aus seiner Hand auch das vor Unschuld leuchtende »Baby im Strahlenkranz« und der krabbelnde und bellende »Haushund« hervor. Das waren seine immer wiederkehrenden Figuren. Er zeichnete sie zusammen mit Science-fiction-Motiven wie Raumschiffen und Strahlenkanonen, technischen Elementen wie Robotern, Computern und Fernsehgeräten, mit antiken Pyramiden und unwahrscheinlichen etruskischen Urnen, auf denen Telefone, Pyramiden und akrobatische Tänzer zu sehen waren.

Ständig machte Haring sich Gedanken über die Ausbreitung der Kernwaffen am Ende des kalten Krieges. Das Bild des Haushunds, wie er eine im Fernsehen übertragene Atombombenexplosion anbellt, war sowohl Ausdruck wie auch Behandlung seiner Befürchtungen. All dies lief auf einen unbeschreiblichen Augenblick in Hiroshima hinaus, wo er ein Foto von Präsident Carters Tochter Amy bemerkt, die ihrerseits Fotos von der verdampften Stadt im August 1945 betrachtet: »Das Entsetzen in ihrem Auge ist so echt und aufrichtig, daß mir die Tränen kamen.«

Was dem Gefühl des Veraltetseins in dieser Zeit der allmächtigen Maschine den Stachel nahm, waren die Babys. Sie heilten ihn auch von der Angst vor den Kernwaffen. Stimmen eines sozialen Gewissens sprachen auch Menschen an, die sich gegen philosophische Diskurse in der U-Bahn wohl gesperrt hätten – denn viele der besten Ideen seiner frühen Periode entwarf Haring auf dem schwarzen Papier der Werbeflächen an den Wänden der New Yorker Untergrundbahn. Es waren starke und couragierte Probestücke für seine späteren Meisterwerke in den Museen. Mit dem ersten Teil seiner Tagebücher haben wir nun ein klareres Bild von seinem Aufstieg zum Weltruhm und von den Schritten, die ihn dahin führten.

DIE BRÜCKE: DAS ZAVENTEMER FRAGMENT VOM 4. MAI 1982

Der phänomenale Erfolg seiner persönlichen Ideogramme sprengte Harings Privatleben; zum Schreiben blieb keine Zeit. Als er wieder einmal Luft schöpfen kann, auf dem Brüsseler Flughafen Zaventem am 4. Mai 1982, sind seit dem letzten Eintrag zwei Jahre vergangen.

Verdrossen und befangen nimmt er die Selbstprüfung kurz wieder auf, wenige Minuten vor dem Abflug seiner Maschine: »Es ist lange her, daß ich das letzte Mal etwas aufgeschrieben habe. Viel ist seitdem geschehen. So viel, daß ich außerstande war, es festzuhalten... In nur einem Jahr hat meine Kunst mich nach Europa gebracht und mich...

ins Rampenlicht geschleudert … Wie ich möchte, daß die Welt sein soll, weiß ich nicht. Aber nur ich kann diese ›Dinge‹ machen. Diese Dinge, von denen man sagt, das sind die Werke von Keith Haring.«

Und dann ist er auf und davon, und für die nächsten vier Jahre erfahren wir kaum mehr etwas von ihm.

DIE ZWEITE FORMATION: FORTSETZUNG DER SUCHE

Erst am 7. Juli 1986, in Montreux, nimmt er den Schreiber wieder zur Hand. Ausgehend von der Feststellung, daß Künstlerbiografien wahrscheinlich sein wichtigster Bildungseinfluß waren, sagt er sich, daß der Rest seiner Lebensgeschichte, wenn er sich nicht wieder um sein Tagebuch kümmert, in eine Ansammlung von Flugtickets und verstreuten, fragmentarischen Notizen in Katalogen und Interviews zerfallen könnte.

Früher fand er sein Tagebuch einmal prätentiös und wichtigtuerisch; aber 1986 denkt er darüber anders: » … denn fast alles, wovon ich geschrieben hatte, daß ich es ›tun wollte‹, hatte ich in den vier oder fünf folgenden Jahren wirklich getan.«

Zum Beispiel seine vernünftige Auffassung von der Fotografie als einer Verbündeten seiner Kunst. In den frühen Tagebüchern träumt er noch laut von der Dauerhaftigkeit, die eine Kamera seinem Werk verleihen könnte. Genau das hatte er 1986 schon erreicht, oft mit Hilfe Tseng Kwong Chis, des fotografierenden Kollegen, und mit fabelhaften Resultaten – Fotografie und Video »haben das internationale Phänomen Keith Haring erst ermöglicht«.

Was die zurückgelegten Entfernungen und die besuchten Länder anging, konnte er es inzwischen als Ethnograph des Nachtlebens schon mit einem Bruce Chatwin aufnehmen. Er trieb sich auf der ganzen Welt herum, entzückt von der »unglaublichen« Neonbeleuchtung in Tokio, kostete eine schräge Party in der Schweiz aus, wo Tonaufnahmen von den Zügen im Hauptbahnhof die »Musik« darstellten, und arbeitete in Kansas mit Allen Ginsberg und William Burroughs zusammen.

Dennoch, von Zeit zu Zeit überkommt ihn der Trübsinn: »Ich frage mich, ob die Museumsszene mich je aufnehmen wird oder ob ich mit meiner Generation verschwinden werde.« Aber das ist nur ein Stimmungstief. Von der Depression heilt er sich durch vermehrte Arbeit, »um in Bewegung zu bleiben und Geist und Körper beschäftigt zu halten – und um nicht mehr an all das denken zu müssen, was rings um mich verschwindet. Nachdem Bobby Breslau im Januar gestorben war, mußte ich mich allmählich an die neue Situation des Alleinseins gewöhnen.« Also noch mehr Arbeit, noch mehr Reisen, noch mehr Aufträge: »Ich liebe meine Arbeit wirklich. Ich schwöre, sie ist eins von den Dingen, die mich sehr glücklich machen, und anscheinend wirkt sie ähnlich auf alle, die dabei sind. Jetzt sind Juan, Kaz, Sato und ich alle in ausgelassener Stimmung; wir albern und reden irres Zeug.«

Naiv und raffiniert zugleich, obszön und puritanisch, selbstbewußt und unsicher, ein

Mann aus dem Volke, der sich am Ende seine letzte Wohnung im Stil des Ritz einrichten ließ – im letzten Teil seiner Tagebücher werden die Widersprüche unübersehbar. Wo sie am geballtesten auftreten, da ist Haring am lebendigsten. So in seinem Verhältnis zwischen Sexualität und Unschuld.

HARING ALS EROTOGRAPH

Erkundungen der Nachtseite müssen logischerweise Keiths Sexualleben mit umspannen, das, so wie es in diesen Seiten zum Vorschein kommt, den Voyeur kurz angebunden abblitzen läßt – möchtet ihr gern wissen, was? – und den konventionell Gesinnten mit postpuritanischem Selbstbewußtsein provoziert: »Ich bin froh, daß ich anders bin.« Zum Beispiel hält sich der Text nicht lange bei einer Nacht in London auf, wo Keith und sein Freund mit zwei Strippern in einem Hotelzimmer zum »Safe Sex« zusammenkommen, aber dennoch erfährt man, wie es ungefähr gewesen sein muß. Er berichtet von seinem einträchtigen Verhältnis mit Juan Rivera, einem New Yorker Puertoricaner, der Mitte der achtziger Jahre sein Geliebter war, und er berichtet auch von ihren teils echten, teils belanglosen Streitereien. Rivera half ihm bei der Ausführung des bedeutenden Wandbildes am Pariser Hôpital Necker – »wir malen beide gleichzeitig. Ich zeichne die Umrisse, er rollt.« Von Rivera hinterläßt er uns ein Schnellporträt: »Juan, schön für alle Zeiten, mit seinem Chamäleongesicht, das sich überall anpaßt, so daß er mal wie ein Brasilianer, mal wie ein Marokkaner oder hier wie ein halber Japaner aussieht.« Dann begegnet ihm Gil Vazquez, auch ein Puertoricaner, zu dem er ein platonisches Verhältnis hat. In den letzten zwei Jahren nimmt er Vazquez auf seine Reisen mit.

Früher, in der Zeit vor diesen Liebesverhältnissen, schrieb er in Momenten der Einsamkeit sehnsüchtige Haikus: »... nachgedacht über das erwiderte Lächeln auf der Straße, und dann nichts als ein zweiter Blick und viel Träumerei.« Und auf die Abweisung antwortet er mit grimmigem Humor: »tu dir nicht selber leid – lies Nietzsche, klar?«

An seinem nachhaltigen, wilden Geschlechtstrieb entzündete sich offenbar auch seine visuelle Verwegenheit. Wie er selbst sagt, überführte er »sexuelle Energie in eine andere Form«. Direkt oder verschlüsselt erhellt die Sexualität seine ineinander verschlungenen Figuren, besonders in seinen flächendeckenden Mustern, wie in den Penis-Arabesken, die er 1979 für einen Kollegen zusammenträumte. Nichts ist hier im Freudschen Sinne verdrängt oder verschleiert.

Diese Seite seines Werkes wollen wir die der Erotographie nennen, im Unterschied zur Pornographie. Erotographie verwandelt die Sexualität in ein Szenario der Befreiung, das vielen zugute kommt, die Freiheit und Energie daraus schöpfen können, während Pornographie nur den vereinzelten Konsumenten bedient.

UNSCHULD: DAS GEGENBILD

Sexualität ist nicht der einzige Gegenstand von Harings Kunst. Wie Bruce Kurtz erklärt hat, stellt sie nur eine ihrer Facetten dar.[7] Die Tagebücher bestätigen es. Immer wieder lassen sie ein starkes sexuelles Verlangen durchscheinen, aber Haring schreibt auch über Kunst, Arbeit und Spiel, mit wichtigen Abschweifungen über Kunstkritik und Philosophie. Und etwas anderes kommt noch hinzu.

Getrauen wir es uns zu sagen: Das Gegenbild zur Sexualität in Harings Leben und Werk ist die Unschuld. Das wird deutlich an der Achtung, mit der er Kindern und Babys begegnet. Mit kindlicher Aufrichtigkeit baut er sich einen Atombunker gegen die zynische Verstrahlung der Atmosphäre: »Wenn ich die letzte Seite noch mal durchlese, muß ich ergänzen, daß Reinheit auch in den Momenten möglich ist, wo ich mit Kindern arbeite. Wenn ich mit Kindern oder für sie zeichne, herrscht ein Grad der Aufrichtigkeit, der mir echt und rein vorkommt.«

Auch in Belgien kommt er wieder auf die »Reinheit« der Kinder zu sprechen, mit denen er bei einem offiziellen Essen zusammen bei Tisch saß. Er fand »das Gespräch mit ihnen immer unterhaltsam und ihren Humor frischer« als bei den Bankern, Kunsthändlern und Sammlern am anderen Ende des Tisches.

Haring glaubte zwar, daß man in der privaten Sphäre einer Galerie oder eines Buches tun könne, was man wolle, aber in seinen Zeichnungen an öffentlichen Orten wie etwa in der U-Bahn verzichtete er »wegen der Kinder« auf sexuell explizite Darstellung.[8]

Babys waren ihm heilig: »Babys stellen die Möglichkeit einer Zukunft dar, ein Bild der Vollkommenheit, so wie wir sein könnten. An einem Baby ist nie etwas Negatives.«[9] Und im Tagebuch fügt er hinzu: »Das Baby ist deshalb zu meinem Logo oder meiner Signatur geworden, weil es die reinste und positivste Form menschlichen Daseins darstellt.«

Als Haring für das Baby zweier Freunde 1983 ein Kinderbett bemalte[10], strahlt die Zeichnung darum den Glauben aus, daß »Kinder die Träger des Lebens in seiner schlichtesten und freudigsten Form sind«.

Betrachtet man sich dieses Kinderbett genau, so sieht man den Künstler in Aktion, sieht, daß er zeichnen kann. Aber aus Kinderliebe wechselt er von seinen eigenen Geschöpfen plötzlich zur Mickymaus über. Figuren, die aus seinen U-Bahn-Zeichnungen entsprungen sind, tanzen über die Bretter. Die meisten sind neu geprägt, rein zum Vergnügen der kleinen »Kundin«.

Wie Laura Watt, eine junge New Yorker Kunstkritikerin, dazu sagte: »In diesem Bild ist nichts von einem Ich; es ist ein reines Tun, so wie man einen Weihnachtsbaum schmückt – für die Kinder, nicht für einen selbst.«[11]

In seinen besten Momenten, ganz der Linie und der Reinheit ergeben, konnte Haring rasch von der Zeichnung eines Athleten mit einem Panzer als Kopf – eine Anklage gegen den Militarismus – zu einem Leichenberg, als Anklage gegen Idi Amin, und dann zu Myriaden von Kleinkindern übergehen, einem Segen an den Rändern der Welt. In einem Zuge zeigt er uns das Paradies, den Sündenfall und die Rückkehr ins Paradies.

Kurz, ein so kontrastreiches Werk, mit Babys und Atombombenexplosionen, kopulierenden Typen und zwischen den Delphinen schwimmenden Engeln, einem bellenden Hund inmitten aller Technologie, hatte es in der Kunst des 20. Jahrhunderts noch nicht gegeben.

Wo er auf den Seiten seines Tagebuchs auf diese Spannung zwischen Schrecken und Dekorum eingeht, bleibt der Ton gelassen. Geläufig zeichnet er seine Träume, Ängste und Hoffnungen auf. All das macht es leichter, den Geist hinter dem Werk zu erkennen.

HARING UND DIE KUNST DES ZWANZIGSTEN JAHRHUNDERTS

Seine Robustheit, im Verein mit Geschmack und Spontaneität, leistete ihm im Kampf mit den rivalisierenden Malern seiner Zeit gute Dienste. Haring war immer bereit zu konkurrieren. Bei der Kölner Kunstmesse von 1987 zum Beispiel, als er eines seiner Bilder neben einem von A. R. Penck aufgehängt sah, konnte er die Bemerkung nicht unterdrücken: »Ich hab' ihn weggefegt.«

All dies entspricht vortrefflich Harold Blooms grimmiger Vorstellung davon, wie der lebenstüchtige Künstler der Gegenwart ins Geschäft und zu Ansehen kommt. Im seinem Buch *The Western Canon: The Books and School of the Ages* schreibt Bloom, daß »Originalität zum literarischen Äquivalent ... von individuellem Unternehmungsgeist, Selbstvertrauen und Konkurrenzfähigkeit wird«.[12]

Zu einem Teil stärkte sich Harings Genie und fand seinen Weg zur Anerkennung in der Auseinandersetzung mit den modernen Meistern der Jahrhundertmitte, besonders mit Frank Stella, in stiller Weise aber auch mit Léger, Olitski, Alechinsky und, wenn er im All-over-Stil am Boden arbeitete, auch mit Pollock. Seine Art der Linienführung machte ihn zum Geistesverwandten Jean Dubuffets und Stuart Davis' – zweier Vorbilder, die er selbst nach der Fertigstellung eines wichtigen Wandgemäldes an der belgischen Küste im Tagebuch erwähnt.

Mit einer Serie metallener Masken, besonders einer mit verbogener Nase und sehr ausdrucksvollen Augen, hatte Haring einmal ganz bewußt Picassos Herausforderung durch die zwei Gesichter auf der rechten Seite der *Demoiselles* von 1907 angenommen. Das war aber eher Spiel, Divertimento, gewesen, ohne viel Einfluß auf seine stärksten Arbeiten von 1988/89. Hier hatte er zum Beispiel aufgenommen, was Frank Stella weggeworfen hatte, konzentrische weiße Streifen, und neue Formen daraus geschmiedet, als Antwort auf die großartigen Bewegungen des schwarzen Populärtanzes zu Anfang der achtziger Jahre.

Auch Hogarth gehört zu seinem Kanon, wegen der Art, wie er das gesellschaftliche Leben Londons im 18. Jahrhundert betrachtete und dokumentierte; ebenso Goya, weil er nicht nur die Schrecken des Krieges, sondern auch die Segnungen des Friedens erfaßte. *Los Desastres de la Guerra* sind allgemeiner Bildungsbestand, aber wer kennt schon Goya von seiner anderen Seite, wo er die Spanier beim Vergnügen zeigt – beim Drachensteigen (*La Cometa*) oder mit einer Puppe, die sie auf einem gespannten Tuch hüpfen lassen (*El Pelele*)?

Ähnlich schmuggelt Haring Atompilze und die Apartheid zusammen mit populären Tänzen in unser Bewußtsein ein. 1988 und 1989 verschlüsselte er außerdem die Silhouetten des New Yorker Breakdance und Electric Boogie in Formen, die an den Reichtum der klassischen Moderne erinnern. Dabei stießen manche Grundfiguren der Tänzer aus der Paradise Garage auf das unerhörteste mit Albersschen Quadraten oder mit den weichen Kurven Jules Olitskis zusammen, auch mit Spuren von Farbe wie dem roten Lack auf galvanisiertem Eisen bei Don Judd, 1967. Haring legte den peitschenden Diskotheken-Rhythmus über die »unerbittliche Nüchternheit«[13] von Frank Stellas konzentrischen Streifen, brachte sie wieder in Bewegung und ließ sie nach seiner Pfeife tanzen.

Wie sollen wir in diesem gewaltigen Aufgebot ästhetischer Eindrücke eine Gliederung erkennen, da sie doch in Transformationen versteckt sind?

Indem wir auf die Tagebücher zurückkommen. Haring wird deutlich, wenn er von seiner Beziehung zur Kunst Légers und von seiner Rivalität mit Stella spricht oder von seiner Begeisterung für die Tänzer aus der Paradise Garage im New Yorker SoHo. Diese Diskothek, eine seiner wichtigsten Inspirationsquellen, hatte für ihn eine ähnliche Bedeutung wie das Moulin Rouge für Toulouse-Lautrec und erinnert besonders an dessen *Chocolat dansant* (1896), in dem er einen berühmten schwarzen Tänzer seiner Zeit in einer Kongo-Pose festhielt.[14]

Wenden wir uns diesen Herausforderungen und Quellen nun im einzelnen zu.

1. Haring und Pierre Alechinsky. Als Alechinsky, das belgische Mitglied der Cobra-Gruppe, 1977 seine Arbeiten im Carnegy Institute von Pittsburgh ausstellte, war Haring in der Stadt. Er sah sich die Ausstellung an: »Ich fand diese Arbeiten unglaublich!… Ich hatte noch nie etwas gesehen, was dem so nahe kam, was ich mit diesen sich selbst erzeugenden kleinen Figuren machte. Plötzlich hatte ich eine Anwandlung von Selbstvertrauen.«[15]

Was Haring Eindruck machte, war Alechinskys Verwandlung des Bildrandes »in einen detaillierten Kommentar zum Bildzentrum. Die Sequenz schwarzweißer Aufzeichnungen entwickelte sich von einem Quadrat zum andern.«[16]

Haring kopierte Alechinskys Einrahmung eines zentralen Gemäldes mit solchen eine Handlung illustrierenden Quadraten nicht direkt. Dennoch, mit ihren theatralischen Hell-Dunkel-Kontrasten und ihren Bizarrerien lasen sich Alechinskys Rahmenbilder wie ein von einem mittelalterlichen Künstler gezeichneter Comic strip. Ebendiese kraftvolle Fremdartigkeit machte Haring Mut, den Comic-Rahmen auf seine Weise zu einem ernsthaften Zweck umzubilden.

Haring war stolz auf seine Bekanntschaft mit Alechinsky und schöpfte daraus viel Selbstvertrauen. Gelegentlich bekundete er dem belgischen Künstler seine Hochachtung in einer versteckten Hommage, wie in dem *Painting for Tee* von 1982, in dem Jonathan

Fineberg ein direktes Zitat entdeckte: eine der heraldisch gewundenen Schlangen, wie sie für das Werk des Belgiers in den siebziger Jahren charakteristisch waren.[17]

2. Haring und Légers Stil zwischen 1942 und 1955. In den Tagebüchern faßt Haring Légers Spätstil als »Farbblöcke mit darüber gemalten schwarzen Linien« zusammen. Er selbst verwendete manchmal eine eigene Version dieses Stils, im Bemühen um Abwechslung oder, in Wandbildern, zur Gliederung großer Flächen oder vielleicht auch, wenn er in Europa war, als Verbeugung vor der kontinentalen Sichtweise.

In der Brüsseler Gewerbegraphik-Schule seines Freundes Pierre Staeck wurde Haring von einem der Dozenten plötzlich gefragt, ob es ihn »störe«, daß manche Kompositionen, in denen er »Farbflächen mit schwarzen Linien drauf« verwende, stark an Léger erinnerten. Nein, anwortete er, das störe ihn gar nicht, und der Vergleich sei für ihn schmeichelhaft.

Später aber, allein mit seinem Tagebuch, ging er sehr viel ausführlicher auf die Frage ein. Ebendieser Stil, der des späten Léger – schwarze Zeichnungen über Farbblöcken, in der Zeit von 1942 bis zum Tod des Malers im Jahr 1955 –, geht, wie man weiß, auf die Faszination des französischen Künstlers durch die Hervorbringung der »freien Farbe« in den Leuchtreklamen auf dem Broadway zurück:

> Als ich 1942 in New York war [schreibt Léger], erstaunten mich die Leuchtreklamen, von denen die Straßen um den Broadway überspült werden. Man spricht mit jemandem, und plötzlich wird er blau. Dann wechselt die Farbe, und er wird rot oder gelb ... die Farbe der Lichter ist frei.[18]

Fast sofort tauchen danach schwarze Liniengebilde über »freien« Farbsegmenten in Blau, Gold, Grün und Rot auf: *La Danse* von 1942, *Stilleben mit zwei Fischen* von 1948 oder die *Polychromen Akrobaten* von 1951.[19]

Mit der Trennung von Farbe und Zeichnung gab Léger Haring eine Handhabe. Haring reamerikanisierte dieses Mittel und holte es gewissermaßen wieder heim zu den gängigen, alles verschmelzenden Farben auf den Straßen von New York.

Wenn aber Haring ein wenig »légerisiert«, so tut er es, wie uns die Tagebücher erklären, hauptsächlich, um große Flächen zu bedecken, »meistens in Wandbildern«, und nur zu seinen eigenen Bedingungen. Zwei schöne Beispiele: das bemalte Surfbrett für Xavier Nellens im Drachen in Knokke und das Außenwandgemälde am Treppenhaus des Hôpital Necker in Paris von 1987.

Bei der Arbeit an letzterem macht der Amerikaner sich die vom Broadway inspirierte Technik des Franzosen ganz zu eigen. Légers statuarische Gesichter und die schweren, akrobatischen Gesten verschwinden. Haring ersetzt sie durch seine stilisierten Kinder, die durch goldene, rote, blaue und grüne Farbsegmente hindurchgreifen und gestikulieren. Die Kinder berühren, treten oder durchqueren die Farben, als wären es Bälle oder andere

Spielsachen. Damit bricht er den Bann der Légerschen Abstraktion zugunsten einer Vorstellung, die der Phantasie eines Kindes näherkommt. Die Farbblöcke selbst erinnern stark an Miró. Aber ähnlich wie sein amerikanischer Landsmann Alexander Calder in seinen Mobiles setzt Haring Mirós Formen in Bewegung. Im Tagebuch kann Haring zuletzt die Bemerkung nicht unterdrücken, daß Léger »ziemlich enttäuscht« war, wenn die Fabrikarbeiter seine Bilder nicht wollten. »Das ist bei mir anders.«

3. Haring und Stella. Am 3. Januar 1988 besuchte Haring Frank Stellas zweite Retrospektive im New Yorker Museum of Modern Art. Das regte ihn zu einer langen, nachdenklichen Passage an. Der Ton ist gereizt: Haring ist neidisch. Und was er zu sagen hat, entspricht daher nicht ganz dem anpreisenden Katalogtext von William Rubin. So Haring:

> Der Betrachter wird allein von der Größe schon aufgerieben und überwältigt.
>
> Die Farben geometrisch, mathematisch ausgewählt. Eine Art »Veralberung« des Malvorgangs...
>
> Er weiß, daß es für ihn kein »Risiko« mehr gibt, und darum versucht er, ein »Risiko« zu schaffen. ... Ein wohlbedachter, praktischer Jux? Jawohl, praktisch.
>
> »Praktisch« insofern, als genau die richtigen Regeln befolgt und genau die richtigen verletzt werden. ...
>
> Aber man kann schon wütend werden, wenn [manche Kritiker] dann Sachen behaupten, wie daß Stella als einziger Künstler fähig sei, die »graffiti-artige« Verwendung schriller Farben und Gesten in ein gelungenes Kunstwerk umzusetzen. ... Ich lass' mir nicht einreden, daß dies »erstklassig« ist und ich bin's nicht. ... Ich will ihm zugute halten, daß er sich mit Konstruktionen, Formen, Raum und Oberfläche auskennt. ... Mehrere Bilder scheinen sich über meine gemusterten Oberflächen »lustig« zu machen. ... Ja, das ist nun schon Frank Stellas zweite Retrospektive im Museum of Modern Art. Von mir haben sie noch nicht ein Bild ausgestellt. Für die existiere ich gar nicht.

Die Stella-Ausstellung war für ihn wie eine Ohrfeige. Aber das trieb ihn an, noch härter zu arbeiten. Zu John Gruen sagte er, jetzt, nachdem Jean-Michel Basquiat und Andy Warhol nicht mehr da seien, werde es für ihn Zeit, einmal etwas zu beweisen. Aber diese Halbwahrheit verhüllte nur die Gemütslage der Rivalität und des Konkurrenzkampfes, in die ihn die Stella-Retrospektive versetzt hatte.

Der Mann, der einer erduldeten Zurückweisung mit dem humorvollen Befehl an sich selbst begegnen konnte: »lies Nietzsche«, der sich trotz allem, was ihm der Spiegel jeden Morgen über seine Gesundheit verriet, nie aufgab, nahm sich das Rüstzeug Stellas und anderer moderner Maler zum Ziel, konfiszierte es und machte es sich zu eigen. 1988/89 erlebte er damit seine schönste Stunde. Kurz, er gewann. Unlängst erwarb das Museum of Modern Art eine seiner Arbeiten und beendete damit eine, wie es Haring schien, langjährige Blockade seines Renommees.

Trotzdem, Harings Sache ist durch Publikationen, die seine guten Arbeiten mit den schlechten unkritisch zusammenstopfen, nicht eben gefördert worden. Das hätte Haring selbst nicht gewollt. In ausdrücklicher Ablehnung solcher Verfahren schrieb er einmal, »die Idee der Ausstellung ist großartig, wird aber durch zu viele minderwertige Exponate verwischt«.

Die ideale Haring-Retrospektive sollte die zweitrangigen Werke, die Aufwärm-Übungen und zerstreuten Gelegenheitsarbeiten beiseite lassen und sich auf diejenigen konzentrieren, wo er engagiert und brillant zur Sache ging, wie in manchen Zeichnungen und Gemälden über Aids, den Arbeiten, die ihm in Knokke aus der Hand strömten, und solchen, in denen er begeistert die Stilmittel der Moderne neuen Formen unterwarf, indem er sie mit den Schritten und Silhouetten der Schwarzen- und Latino-Tänze der frühen achtziger Jahre im Roxy und mehr noch in der Paradise Garage verband.

HARING UND AIDS

Ohne zu wissen, seit 1988, wann Aids ihn wegraffen würde, malte Haring während der letzten Jahre, um andere zu retten und sich selbst am Leben zu halten. Wie es seine Art war, bereicherte er die Zeugnisse des Schreckens mit bildlichen Variationen von erstaunlicher Kraft.

Zunächst gibt es Bilder und Plakate von unverblümt agitatorischem Charakter wie die berühmte *Silence=Death*-Komposition vom 7. Mai 1989. Haring füllt ein rosa Dreieck mit gespenstischen silbernen Figuren aus, die sich die Augen oder Ohren zuhalten.[20]

Im Tagebuch sagt er, daß er die Gefahr publik gemacht sehen will: »Anonymen Sex kann es eigentlich nicht mehr geben.« Und so mißt er in einer denkwürdigen Komposition den Schrecken innerhalb extremer Promiskuität aus: eine Maschine des sexuellen Begehrens, das sich dem Tod hingibt und durch Grabschen, Umschlingen, Lecken und Sich-Öffnen zum Höhepunkt kommt. Und von diesem Gipfel der Lust baumeln die Opfer an ihren Penissen herab. Die Köpfe mit durchgekreuzten Augen kippen nach unten, und eine heraushängende Zunge schleift leblos über den Boden. Dies sind Geschöpfe, die sich zu Tode gefickt haben.

Haring scheute sich nicht, den Virus zu personifizieren – als einen Samenfaden, in einer Serie von Zeichnungen in roter und schwarzer Sumi-Tusche auf Papier vom 24. April 1988.[21] Es gibt viele Möglichkeiten, sich der Krise zu stellen. Luis Cruz Azaceta hat in einer kraftvollen Bilderserie die Wirkung gezeigt: die verwüsteten, vom Kaposi-Sarkom gezeichneten Leiber. Haring zeigt die Ursache, den Virus selbst.

Das »Dämonensperma« (ein Ausdruck von Haring) schlüpft wie ein großes gehörntes

Insekt aus einem Ei aus. Seine Hörner durchstoßen den scharlachroten Bildrand, als wollte es dem Papier entkommen. Haring lokalisiert auch die Nester des Virus: Injektionsnadeln der Drogensüchtigen, ungeschützte männliche und weibliche Geschlechtsteile. In der besten dieser Kompositionen kommt Harings unaufhörliches »Zeichnen« zum Stillstand in einer Zen-ähnlichen räumlichen Leere, die von einer kalligraphischen Linie durchkreuzt wird.

Wenn diese Serie wichtig ist, so deshalb, weil der Künstler die Präsenz einer tödlichen Gewalt durch eine radikale Kombination von Eleganz und Schockwirkung darstellt.

Und nachdem er uns schockiert hat, um uns zu retten, durchbricht er die Depression mit einem starken und bewegenden Werk. Offenbar in Kenntnis der Todesauffassung in den mexikanischen Volksbräuchen, trotzt Haring dem Schrecken. Er zeigt, daß seine Fortdauer im Geist seiner Kunst zu suchen ist und nicht in seinem todgeweihten Körper.

Und so sehen wir Harings unbetiteltes »Diptychon« (für James Ensor), Acryl auf Leinwand in zwei Feldern, fertiggestellt am 5. Mai 1989.[22] Bekanntlich hatte Ensor selbst Skelette gemalt, was die Anspielung noch vertieft.

Haring numeriert die Felder, um eine Abfolge zu bezeichnen. Im ersten hält ein Skelett mit geschlossenen Kiefern und engem Brustkorb einen sonderbar strahlenden Schlüssel in der Hand, während es über einem Blumenbeet ejakuliert. Dies könnte der Schlüssel sein, mit dem wir in unser Schicksal eingeschlossen sind, doch er verschwindet. Im zweiten Feld hat das Sperma des Toten die Blumen hoch aufwachsen lassen. Über seinen Schädel hinaus strecken sie sich der Sonne entgegen. Dies heißt, »die Radieschen von unten aufsprießen lassen«, in einem elegischen Sinne. Der Schädel lächelt nun. Seine Rippen haben sich weit geöffnet. Haring findet sich ab mit dem Tod. Denn in seiner Kunst hat er den Schlüssel gefunden, mit dem sich das Begehren, die Gewalt, die ihn umgebracht hat, in blühende Eleganz verwandeln läßt, die ihn überleben wird.

KNOKKE: WOHNEN IM DRACHEN

Gewiß ist soviel, daß Haring im »Drachen« fortlebt, in Knokke, an der belgischen Küste, wo eines seiner besten Wandgemälde das Kasino in der Nähe des Stadtzentrums schmückt. Ein Palm Beach mit flämischer Note, ist Knokke ein europäisches Sommerparadies zwischen Amsterdam und Dünkirchen, ganz dicht an der holländischen Grenze.

Von allen Orten, an denen Haring gearbeitet hat, war ihm Knokke am liebsten, New York allein ausgenommen. Nur hier in all seinen Reiseberichten schreibt er bei der Rückkehr, daß er »wieder zu Hause« sei. Seine Tagebücher aus Knokke zeigen, wie erfreulich es für ihn war, in Europa zu sein, wieviel wechselseitige Zuneigung ihn hierherzog, wo Künstler wie Tinguely, Museen wie das der Stadt Amsterdam und aristokratische Schirmherren wie Prinzessin Caroline von Monaco seine Begabung längst achteten und anerkannten, während die großen New Yorker Museen noch einige Jahre verstreichen ließen, ehe sie sich entschließen konnten, seine Werke anzukaufen.

Haring liebte Knokke. Seine Gastgeber Roger und Monique Nellens gaben ihm in einer kritischen Phase seines Lebens ein Rückzugsquartier und moralischen Beistand.

Am 6. Juni 1987 kam Monique Nellens, deren Mann die sommerlichen Kunstausstellungen im Kasino veranstaltet, nach Antwerpen, holte Haring und Juan Rivera ab und fuhr mit ihnen nach Knokke, wo sie in einem unglaublichen Gebäude untergebracht wurden, das in der Ostecke des Nellensschen Gartens steht: »Wir brachten unser Gepäck in den ›Drachen‹ (die Niki de St. Phalle/Tinguely-Skulptur, in der wir wohnen).«

Niki de St. Phalle hatte den Drachen 1971 entworfen. Jean Tinguely, ihr früherer Mann, fügte Skulpturen hinzu. Es ist eine verwegene, unbändige Wohnskulptur mit ungleichen Augen, einer schweren Tatze, die den Leviathan im Boden verankert, und einem herrlichen roten Mund, aus dem die lange Zunge als Notausgang heraushängt. St. Phalle ist gewissermaßen einen Schritt über Gaudí hinausgegangen, mit ihrer eigentümlichen Mischung von architektonischer Raumgliederung und humoristischer Erotik: Maße und Tempo stimmen, herrlich die wallende weiße Haut, die mit aufgemalten Figuren und Sternen verziert ist.

Drinnen schnappt ein von Tinguely verdrahteter Krokodilsschädel mit elektrischem Rachen nach allen Besuchern, und eine ungewöhnlich geschwungene Treppe, die zum Schlafzimmer führt, trägt ein Haring-Wandbild, das mit einem Liebeszeichen beginnt, sich durch männliche Körper hindurch fortsetzt, darunter einer, der auf einem Delphin reitet, und in einer akrobatischen Schaunummer zu Ehren der Schwimmer und Surfer von Knokke endet. An der Wand hängt sogar noch das Surfbrett, das Haring am 22. Juni 1987 für Nellens' Sohn Xavier im »légerisierenden« Substil bemalt hat.

Im Schlafzimmer ist es wie im Leib eines unter Wasser schwimmenden Tieres, mit allerlei organischen Öffnungen an unvermuteten Stellen.

Haring liebte diesen Bau. Dort zu leben und zu arbeiten war für ihn ungemein anregend – er schuf dort außer dem Treppenwandbild noch etliche andere Zeichnungen.

Offenbar war Haring unter allen Gästen des Ehepaars Nellens der einzige, der gern im Bauch dieses Ungeheuers wohnte: Niki de St. Phalle kam eigens nach Knokke, um ihre geniale Bauskulptur endlich einmal bewohnt und gewürdigt zu sehen. Währenddessen erfand Roger Nellens (»der beste Koch in Europa«) für Haring köstliche Gerichte; und Tinguely rief ihn an, »und sagte mir, daß er fast jeden Tag von mir redet. Darauf bin ich ganz stolz.«

Von einer Fahrt nach Düsseldorf – wo Haring eine Ente über die Straße laufen sieht – kehrt er am 18. Juni nach Knokke zurück und bestaunt das Wildschwein, das Roger in der Nacht zuvor geschossen hat. »Es ist hier eigentlich wie in einem Haus auf dem Land und irgendwie zeitlos.« Und bald kommt er zum Hauptzweck seines Besuchs:

> Sonntag, 20. Juni, 12 Uhr mittags: Ins Kasino, um mit dem
> großen Wandbild zu beginnen. Wand ist etwa 4 x 15 m groß. Ich
> zeichne mit schwarzem Acryl eine detaillierte »Spielkasino-

szene«. Mit großem Pinsel und ziemlich schnell. Ganz Dubuffet
oder so was, mit einem Hauch Stuart Davis. Um 15 Uhr 30 werde
ich unter Applaus fertig.

Es ist scherzhaft gemeint, wenn er seine Zeichnung mit Dubuffet und Stuart Davis
vergleicht. Die Annäherung an die Intensität von Dubuffets Linie, etwa in dessen
»hourloupe«-Zeichnungen und den Konstruktionen der späteren siebziger Jahre, ist sehr
bemerkenswert.[23]

Dasselbe gilt für die Beziehung zu Stuart Davis' breitflächig kubistischem Stil. Davis'
Anyside von 1961 umreißt Formen und Muster mit einer starken schwarzen Linie, nicht
unähnlich dem Gerüst des Wandbildes in Knokke.[24]

Dennoch bewegte sich Haring in diesem Wandbild ganz in seinem eigenen, selbstge-
prägten Alternativstil, in Abkehr von den Delphinen, Hunden und strahlenden Babys und
in Rückwendung zum physiognomischen und anatomischen Detail, das er in Form rhyth-
misierter Parallellinien und »gefährlich« blickender Röhrenaugen behandelt. Diese erinnern an die Dan- und Grebo-Masken, die er aus Handbüchern und aus Picassos Verar-
beitung ihrer Merkmale in seiner *Gitarre* von Anfang 1912 kannte.[25]

Drei der Spieler auf Harings Bild sind Drachen, worin sich wahrscheinlich der Einfluß
seiner Behausung ausdrückt. Sie und die anderen phantastischen Figuren sehen aus, als
wären sie aus der berühmten Kantinen-Szene auf dem Planeten Tatooine in *Star Wars* entsprungen. Sie rauchen, legen Geld vor sich hin und spielen Karten, während der Tod die
Würfel schwenkt und eine andere Figur auf ein Glücksrad zeigt. Ihren Höhepunkt findet
diese Reflexion über Kunst und Glücksspiel in einer Hommage an René Magritte in der
oberen linken Ecke, wo Haring die »maskierten Äpfel« neu formuliert und mit einem Rahmen umgibt, ein Wandgemälde Magrittes, das im Kasino den Raum nebenan schmückt.

Am nächsten Tag geht Haring »mit allen Lunch-Gästen ins Kasino, um das Wandbild zu
Ende zu bringen. Fülle alle schwarzen Formen mit Farbe aus – immer eine Farbe auf einmal. Pinselführung ganz ›Cobra‹ und sehr tropfig. Werde gegen 21 Uhr 30 fertig…« Daß
er außer Dubuffet und Stuart Davis auch Alechinsky und die Cobra-Schule zum Vergleich
heranzieht, macht die Sache komplizierter, hat aber, wie er selbst in anderem Zusammenhang ausführt, nur mit der Art der Zeichnung und nichts mit Nachahmung zu tun. Die
linearen Elemente erinnern, wenn überhaupt an jemanden, dann an Picasso. Doch die
übermittelte Information und die Weise, wie er sie mit der eigenen Todesangst und der
Achtung für den Kollegen Magritte verbindet, sind reiner Haring.

Während er im Drachen wohnt, kommen ihm vielerlei Träume und Gedanken. Eine
dieser Grübeleien gibt uns einen verlockenden Hinweis, wie sein Stil heute aussehen
könnte: »Ich glaube, ein gedankenreicher und ästhetisch-kreativer Humor ist nötig. Der
könnte das Vehikel sein, das ich für den nächsten Übergang von den U-Bahn-Zeichnungen aus suche.«

Am 4. Juli veranstalten die Nellens' ihm zu Ehren ein Feuerwerk. Auf dem Hof hissen sie sogar eine amerikanische Flagge. Am Sonntag, dem 5. Juli, bemalt er drei Vasen für Monique Nellens. »Tusche auf Terracotta macht sich prächtig, weil sie ganz schnell aufgesogen wird und eine Linie wie auf Papier ergibt.« Am Mittwoch, dem 8. Juli, malt er mit Ölfarbe ein großes dreiäugiges Gesicht auf Rogers Kühlschrank. Alle diese Arbeiten sind noch immer in Knokke. Kurz, der Sommeraufenthalt von 1987 in dem flämischen Badeort gab Haring einen neuen Ansporn und verlängerte vielleicht sogar, wie er uns zu verstehen gibt, sein Leben: »Seit ich in Europa war, bin ich optimistischer und finde, es wäre eine gute Idee, länger zu leben.«

Anfang Oktober kam er nach Knokke zurück: »Der Mond war letzte Nacht fast voll, und im Drachen beim Nellensschen Haus zu schlafen war ganz seltsam... durch all die runden Fensteröffnungen strömte das Licht herein... In Nikis Drachen zu schlafen ist sowieso schon ganz wie ein Traum.« Zum letzten Mal kam Haring im November 1989 nach Knokke, als er seine Eltern nach Europa mitbrachte. Monique Nellens erinnert sich, wie er im Drachen still vor sich hin malte, während seine Mutter ihm zusah.[26]

HARING UND DER BREAKDANCE

Eines der dramatischeren Register in Harings Ambitionen, die eine Nähe der Linienführung zu den Konturen der ihn umgebenden Welt suchten, war seine Entdeckung des Breakdance und des Electric Boogie als Ikonen der amerikanischen Zivilisation gegen Ende des 20. Jahrhunderts.

Die neuen Tänze stellten eine plötzliche Synthese von Schrittfolgen und akrobatischen Bewegungen dar, deren Tradition bis zu alten Bräuchen aus den Gegenden südlich der Sahara zurückreicht, über Zwischenstationen, die in Charles Dickens' *Notes on America* und in einer frühen, Thomas Edison zugeschriebenen Kineskop-Aufnahme bezeugt sind. Ende der siebziger und Anfang der achtziger Jahre explodierte das Gemisch auf den Tanzflächen zur Zweiplattenmix-Musik der DJs, den »wheels of steel« mit ihren ausgedehnten plötzlichen Pausen, den »breaks«, von denen der Tanz seinen Namen erhielt.

Haring kannte die Grundzüge der Breakdance-Sequenz: Anfangsschwünge (Bodenakrobatik), Drehungen, Erstarren und Abgang. Besonders feierte er die antäusartigen Drehungen, einen Kampf der Tänzer mit der Schwerkraft und den Gesetzen der Physik.

Ebenso wie er mit Worten von Keats zu sprechen wußte, hatte er auch mit den Figuren, die er für seine Zeichnungen auswählte, etwas zu sagen: zum Beispiel schuf er mit den im Kopfstand kreiselnden jungen Männern Silhouetten von Mut und Gleichgewicht.

Er interessierte sich auch für den Funken der Kollegialität innerhalb des Tanzes, für diejenigen Teile der Choreographie, die von der engen Kooperation zweier oder mehrerer Tänzer abhängen. Man sehe seine Darstellung der »Spinne«, die eine schnelle und präzise Raumaufteilung mit einem Hereinkommenden erfordert. Man vergleiche auch die »Totempfahl«-Sequenzen, bei denen die Tänzer Mann über Mann stehen. Die Sicherheit der Oberen hängt hier von der Stärke und Beweglichkeit des Untersten ab. Diese kraftvolle und freudige Form des Gemeinschaftstanzes leuchtet aus einer beachtlichen Silhouetten-Skulptur von 1985: vier Personen balancieren auf einem bellenden Hund.[27]

Darin wiederum spiegelt sich eine Figur, die unter dem Namen »Helikopter« bekannt ist.[28] Daß Haring auch das Tier in den Tanz mit einschließt, erweitert übrigens noch die positive, schützende Bedeutung der Ikone des bellenden Hundes.

Ebenso faszinierte ihn die »Brücke«[29] – wo ein Tänzer, Hände und Füße flach auf dem Boden, den Rumpf aufwärts durchbiegt –, und daraus machte er eine Metallskulptur. Selbst diese scheinbar individualistische Figur forderte zur Kooperation auf, denn ein anderer Tänzer beantwortete sie oft mit einem »flip«, einer ruckartigen Beugung über den Körper des anderen.

Auf diese Weise huldigte Haring den poetischen Methoden, mit denen die Schwarzen und die Latinos Anfang der achtziger Jahre aus dem Breakdance Kraft und Gemeinschaftsgeist schöpften. Die Tänzer selbst erkannten ihre Figuren in Harings U-Bahn-Graffiti wieder:

> [1983, 1984] ... es war fast wie ein Dialog, hin und her, und die Sachen in der U-Bahn waren eine Art, den Dialog fortzusetzen und Bilder rauszulassen, die ich manchmal von ganz bestimmten Tanzfiguren hernahm, die ich gesehen hatte ... wenn Leute sich rückwärts bis zum Boden runterbeugten oder jemand drunter durchging [bei der »Spinne«], Sachen, die ich bei Tänzern sah und ganz direkt ins Bild setzte ... wußten sie [die Breakdancer], wenn sie es sahen, gleich, was es war.[30]

HARING UND DER TANZ: ELECTRIC BOOGIE

Breakdance ist auf Bewegung in der Horizontale ausgerichtet. Der Electric Boogie dagegen, die andere Dimension in der Hip-Hop-Choreographie, wird in aufrechter Haltung getanzt. Er stellt brillant die aktivierenden Kräfte elektrischer Ströme dar:

> Ein Tänzer beginnt mit einer elektrischen Welle in seinem rechten Arm, berührt den Arm eines anderen, den die empfangene Energie in Vibration versetzt und der es dann an alle Tänzer weitergibt, die dieses elektronische Signal-Reaktionsspiel mitmachen wollen.[31]

Zwei Kritiker, Edit deAk und Lisa Liebmann, haben gespürt, was Haring meinte, als er Aspekte des Electric Boogie sowohl in seinen U-Bahn-Zeichnungen wie auch in seinen Leinwandgemälden darzustellen begann:

…ein Energiestrom, von Männern auf Männer übertragen, die ständig bereit sind, sich selbst oder einer den andern neu aufzuladen… der Akt des Sichaufladens scheint sowohl Praxis wie auch erotisches Prinzip zu sein.[32]

Außerdem sah Haring im Electric Boogie sowohl soziale Wahrheit wie auch spirituelle Transzendenz. Als ihm der Stil geläufig geworden war, zeichnete er sogar einen Tänzer, der in seiner Hand eine elektrische Birne zum Glühen bringt.[33]

Auf einer Metallwand am Franklin Delano Roosevelt Drive in der Nähe der 91. Straße brachte Haring 1984 seine ganze Kennerschaft des Breakdance und des Electric Boogie zur Geltung:

Kopf seitlich wirbeln lassen, Körper von Propellerbewegung mit einer Hand angetrieben, Beine durchgebogen. Stampfen und Schultern rollen. Zwei Partner im Balance-Akt. Vertikaler Electric Boogie, der in seiner Elastizität Wellen aussendet, die den Körper des Tänzers magisch verlängern. Breaker fällt rückwärts, den Körper auf Handwurzeln und Füße gestützt, nimmt die sogenannte Brückenstellung ein. Vibrierende Tänzer geben einander gedämpfte Blitzschläge weiter. Electric-Boogie-Riegel, Hand im rechten Winkel zum Unterarm.[34]

Haring von seiner besten Seite, ein Meister-Dokumentarist auf der Suche nach Geschmack und Gemeinschaft; er zeigt Menschen, die tanzend Bedeutung erlangen, indem sie dem elektronischen Zeitalter das Feuer stehlen. Er zeigte sie in ihren Beugungen, Verzögerungen, Überschreitungen, auf dem Marsch in eine posthominide Zukunft. Er sah die Lebenskraft, die zarte Medizin, verschlüsselt im Electric Boogie und getarnt durch Popularität.

QUINTESSENZ: TANZEN IN DER PARADISE GARAGE

In seinem Tagebuch beklagt Haring die Schließung der Paradise Garage im Jahre 1987.

Er verarbeitet seine Trauer um das Lokal durch Verewigung mancher Figuren, die ihn dort beeindruckt hatten. Zur selben Zeit hatte er die *Capoeira* kennengelernt, eine afrobahianische Kriegskunst, die er in Brasilien gesehen hatte und die auch in New York gelehrt wird. Diese Figuren hinterließen ebenfalls Spuren in seiner Phantasie.

1987 fuhren Haring und Juan Rivera mit mir zur Gießerei Lippincott in North Haven, Connecticut. Dort zeigten sie mir Harings Skulptur zweier Männer bei der *Capoeira*, ineinander verschränkt in spielerischem Kampf und Selbstbehauptungsstreben.[35]

Harings Augen glänzten, als er eine Statue dechiffrierte, die mit vor der Brust erhobenen, etwas umschlingenden Armen dastand, wobei die Fäuste sich fast berührten. Es war eine klassische Figur aus der Paradise Garage, ein Zeichen, erklärte er mir, einer maßgerechten Einschließung. Haring machte es vor. Der eine Tänzer fängt für eine Millisekunde einen Partner in dieser flüchtigen Umzäunung ein, die rechte Faust in der linken, und wechselt dann zu anderen Figuren über.

Diese Andeutung eines Käfigs durch die umschließenden Arme im Stil der Paradise Garage spukt durch die besten Kompositionen einer Einzelausstellung Harings, die im Juni und Juli 1988 in der Michael Kohn Gallery in Los Angeles zu sehen war.

In seinem bewußten Streben nach Beachtung durch die Museen hatte Haring beschlossen, die Wirkung der Paradise-Garage-Choreographie in der monumentalen Größenordnung einer Galerie zu erproben. Und das Ergebnis dieses riskanten Versuchs waren die in Los Angeles gezeigten Tanzgemälde von 1988. In diesem selbstgewählten Genre trat Haring gegen die Meister an: gegen Albers, Olitski, möglicherweise Judd, ganz sicher aber gegen Stella. Er vertraute auf die Kraft der Tanzfiguren, um einen triumphalen Einzug der Populärkultur in die Sphäre der Museumskunst zu erzwingen. Und sein Stil änderte sich. Von Raumschiffen und bellenden Hunden war nun nichts mehr zu sehen.

Jetzt verband er die feine Linienführung und Farbgebung der Kunst mit den grellen Effekten der Straße, um hierarchische Unterschiede einzuebnen. Als erstes türmte er Tänzer auf Tänzer zum Bild eines Totempfahls übereinander, wie er für den Gruppen-Breakdance charakteristisch ist. Dabei aber ließ er zwei Tänzer zu einem einzigen verschmelzen. Ihre Körper malte er in metallischem Rot, nicht unähnlich denen in einer Don-Judd-Serie.[36]

Ein andermal verdeutlichte er die enge Beziehung, die die Tänzer in der Paradise Garage miteinander verband, indem er vier zu einem einzigen Quadrat vereinigte.[37]

Die Männer halten sich an den Händen gefaßt, »brechen« aber in je verschiedene Stellungen aus: Einer biegt die Knie nach außen durch, einer rennt, zwei stehen kopf, die Beine in Hip-Hop- oder *Capoeira*-Stellungen, beim ersten (links) gespreizt, beim zweiten (rechts) das eine gestreckt, das andere gebeugt – ein *Capoeira*-Schritt namens *negativa*.

Dann wiederholte er diesen Afro-Square Dance, ließ aber die Beine weg, bildete aus den Rümpfen ein Quadrat und kolorierte die weiß umrandeten Körper in Rotbraun. Vier Bilder entstehen, wie Alberssche Quadrate in Grün, Gold, Pink und Blau.[38] Mit ihrer asymmetrischen Phrasierung nehmen sie unseren Blick gefangen wie die Fenster in der Nordwand der Kapelle von Ronchamp in Südostfrankreich, die Le Corbusier 1955 erbaute.

Pollock ist also nicht der einzige Künstler des 20. Jahrhunderts, dessen kritisches Vokabular von Rivalität bestimmt wird.[39] Denn nachdem er es mit Albers (und vielleicht auch mit Don Judd) aufgenommen hat, arbeitet Haring weiter im Stil Jules Olitskis an der Quintessenz der Breakdance-»Spinne« – heldenhaft farbenprächtig. Die völlige Versunkenheit in die üppige Farbgebung – rot umrandete olivgrüne Tänzer in vertikaler Schwebe vor einem pechschwarzen Hintergrund – war ein Wunderwerk kultureller Transposition.[40]

In einem anderen Werk (*Ohne Titel Nr. 71*) vertiefen sich Harings charakteristische »Aktionslinien« wiederum zu etwas, das Jules Olitskis Pinselstrichen ähnlich sieht. In diesem Verfahren hebt er goldgetönte Breakdancer in einem graublauen Feld hervor.[41] Ihre Körper verschmelzen zu einem abstrakten Rhombus. Einen Kopf über einem Rhombus haben wir schon einmal gesehen: Dies ist der Strukturkern der berühmten mit Kupferfolie beschlagenen (daher das Gelb?) Reliquiarfigur der Kota, die als das organisierende Prinzip der beiden Figuren auf der rechten Seite der *Demoiselles* von 1907 gilt.

Als nächstes nahm sich Haring die dunklen Streifen auf Stellas Bildern aus den sechziger Jahren zum Angriffsziel. Haring zeigte, wie es möglich ist, Nüchternheit und Beherrschtheit dieses Meisters zu wahren und dennoch, bei aller Enthaltsamkeit, den »Sound« und Bewegungsstil der Schwarzen zu entdecken. Haring läßt Stellas konzentrische Quadrate rund werden, sich umgruppieren und schließlich einen Körper bilden, im Kopf ein glühend pinkfarbenes Schießscheibenauge, befeuert von einem gleichfarbigen Rechteck am Herzen. Das rechte Bein senkt und beugt sich im Takt, das linke holt zu einem Tritt aus. Der rechte Arm, zum Himmel erhoben, feiert den Daseinszustand des Tänzers. Aktionslinien, dick vor Lust, übernehmen wieder die Rolle abstrakter Zeicheneinheiten.[42]

Haltung und Abwinkelung des rechten Arms entsprechen der Kultur, der sie entstammen: rechtwinklige Beugung, wie für den Electric Boogie charakteristisch, in Ellbogen, Handgelenk und Fingern.[43]

Und so überwindet Haring seine Rivalen, meistert ihre Medien im Namen des erotisierten Feuers der New Yorker Tänze in den achtziger Jahren.

Ein weiteres Mal stört er die optische Reinlichkeit seines mächtigen Rivalen mit der Spur schwarzer, bewegter Körper.

Die Komposition, von monumentaler Größe, ist eines seiner Meisterwerke.[44] Zwei, die aus der Paradise Garage entsprungen sind, bemächtigen sich der feinstreifigen Linie und bringen sie zum Tanzen. Sie zelebrieren ihren Jubel, die Arme bekräftigend emporgeschwungen. So zwingend ist ihre Vereinigung, daß sie zu einer Schere werden; ihre Beine durchschneiden ein Band. Eine gefesselte und bewegungsunfähige Person auf der rechten Bildseite wird dadurch befreit.

Eine Befreiungsmetapher, die Haring am Ende den mit Strömen von Schweiß und Geist durchtränkten Körpern auferlegt. Der Tanz der Schwarzen wird zum Medium der Transzendenz: »Tanzen [in der Paradise Garage] hieß wirklich in einen anderen Bewußtseinszustand hinübertanzen, das Hiersein transzendieren und gemeinsam anderswohin gelangen.«[45] Es hieß Lichtanlage und Discomusik, aber was geschah, war etwas anderes.

Haring nahm an, schrieb er in seinem Tagebuch, daß die Paradise Garage und sein innig betrauerter Freund Bobby Breslau in den Himmel gekommen seien. Nun ist er bei ihnen.

ANMERKUNGEN

1 Robert Hunter, *A Box of Rain,* New York, Penguin, 1990, S. 28.

2 David Sheff, »Keith Haring«, *Rolling Stone,* 10. August 1989, S. 59.

3 Interview mit Erwin Gruber, Düsseldorf, Ende November 1994.

4 Marguerite Yourcenar, *Le Temps, ce grand sculpteur,* Paris, Gallimard, 1983, S. 48.

5 Andy Warhol, *Das Tagebuch,* München, Droemer Knaur, 1989.

6 Jonathan Fineberg, *Art Since 1940: Strategies of Being,* New York, Prentice-Hall, 1995, S. 448.

7 Bruce D. Kurtz, »Keith Haring und die homoerotische Kunst in Amerika«, in: *Keith Haring,* hg. von Germano Celant, München, Prestel, 1992, S. 19.

8 Peter Belsito, *Notes from the Pop Underground,* Berkeley, The Last Gap of San Francisco, 1985, S. 105.

9 Zitiert nach Robert Farris Thompson, »Requiem for the Degas of the B-boys«, in: *Artforum,* Mai 1990.

10 Celant Hg., op. cit., Tafel 14.

11 Im Gespräch mit dem Verfasser, Ende November 1994.

12 Harold Bloom, *The Western Canon,* New York, Harcourt Brace & Co., 1994, S. 20.

13 William Rubin, *Frank Stella, 1970–1987,* New York, The Museum of Modern Art, 1987, S. 48.

14 P. Huisman und M. G. Dortu, *Lautrec par Lautrec,* Lausanne, Edita, 1964, S. 263.

15 Zitiert nach einer Besprechung von Robert Farris Thompson zu John Gruen, *Keith Haring: The Authorized Biography,* in: *Artforum,* Dezember 1992, S. 87.

16 Fineberg, op. cit., S. 161.

17 Ebd.

18 Serge Faucherau, *Fernand Léger: A Painter in the City,* New York, Rizzoli, 1994, S. 23.

19 Ebd., Tafeln 100, 112, 125.

20 John Gruen, *Keith Haring: Die autorisierte Biographie,* München, Heyne, 1991.

21 Celant, op. cit., Tafeln 143–146.

22 Ebd., Tafel 180.

23 *Dubuffet,* Matigny, Fondation Pierre Giannada, 1993, Tafel 100.

24 Vgl. Lowery Sims, Hg., *Stuart Davis,* New York, Metropolitan Museum of Art, 1992, S. 165.

25 Aus einem Gespräch mit Keith Haring in New Haven, Connecticut, 1987. Vgl. William Rubin, *Pablo Picasso: A Retrospective*, New York, Museum of Modern Art, 1980, S. 148.

26 Aus einem Gespräch mit Monique Nellens in Knokke, Ende November 1984. Ich danke ihr für eine Führung durch den Drachen und die Nellenssche Sammlung von Harings Arbeiten vom Sommer 1987.

27 Celant, op. cit., Tafel 108.

28 Bonnie Nadell und John Small, *Break Dance*, Philadelphia, Running Press, 1984, S. 59.

29 Ebd., S. 58.

30 Zitiert nach Robert Farris Thompson, »Requiem...«, in: *Artforum*, Mai 1990.

31 Ebd.

32 Ebd.

33 *Art in Transit: Subway Drawings by Keith Haring*, New York, Harmony Books, 1984. Dieses Buch ist unpaginiert, aber die Electric-Boogie-Figur, die eine Glühbirne zum Aufleuchten bringt, ist leicht zu finden, etwa in der Mitte des Bandes. Zu ihren Füßen erscheint ein Fries mit strahlenden Babys, bezeichnend für den grundsätzlichen Optimismus seines choreographischen Stils.

34 Thompson, »Requiem...«

35 Ebd., Illustration in der Besprechung.

36 *Keith Haring 1988*, Los Angeles, Martin Lawrence, 1988, S. 17.

37 Ebd., S. 25.

38 Ebd., S. 27.

39 Vgl. Rosalind E. Krauss, *The Optical Unconscious*, Cambridge, Mass., MIT Press, 1993, S. 283.

40 *Keith Haring 1988*, S. 23.

41 Ebd., S. 29.

42 Ebd., S. 31.

43 Mr. Fresh and the Supreme Rockers, *Breakdancing*, New York, Avon, 1984, S. 63.

44 Celant, op. cit., Tafel 172.

45 Aus einem gefilmten Interview mit Keith Haring, durchgeführt in Harings Atelier von Robert Farris Thompson für die BBC, November 1988.

1977

29. APRIL 1977, PITTSBURGH

Ein trüber Augenblick ... trüb, weil ich verwirrt bin, wieder, oder sollte ich sagen, »noch«? Ich weiß nicht, was ich will oder wie ich dazu kommen soll. Ich tu' so, als ob ich's wüßte, und bin anscheinend scharf hinterher – aber wenn's drauf ankommt, weiß ich nicht mal, hinter was. Ich nehme an, das ist, weil ich Angst habe. Angst, mich zu irren. Und die habe ich wohl, weil ich mich ständig auf andere Leute, andere Erfahrungen, andere Ideen beziehe. Ich sollte jedes in seiner Perspektive betrachten, ohne zu vergleichen. Ich beziehe mein Leben auf eine Idee oder nehme ein ganz anderes Leben als Beispiel. Ich sollte beides nur so weit in Beziehung zueinander setzen, als jedes seine guten und schlechten Seiten hat. Jedes ist für sich. Wenn ein anderer so viel Wert erlangt hat, daß ich ihn bewundern muß oder nach-ahmen möchte, dann doch nur, weil er etwas riskiert und die Dinge auf seine Weise ange-faßt hat. Er ist durch andere Situationen hindurch gewachsen und hat andere Gipfel von Glück und Leid kennengelernt. Wenn ich immerzu versuche, mein Leben nach dem Vor-bild eines anderen zu modeln, vergeude ich meines mit Nachmachen von Dingen zu mei-ner eigenen hohlen Zufriedenheit. Wenn ich aber auf meine eigene Weise lebe und mich von den anderen [Künstlern] nur wie von Bezugspersonen beeinflussen lasse, nur am Aus-gangspunkt, dann kann ich mir ein noch höheres Bewußtsein bilden, statt weiterzuschlafen. Wenn ich das einsehen und anwenden kann, wird es mir helfen, aber da habe ich auch wie-der Angst. Angst, daß ich diese ganze Offenbarung nicht beachte, daß ich im alten Trott bleibe, alles rationalisiere und sage, so ist die menschliche Natur eben oder irgend so ein Scheiß. Aber, ich lebe ja nun schon so lange so, daß ich anscheinend gar nicht mehr anders kann. Obwohl ich es jetzt begriffen habe, was ja ermutigend ist. Wenn ich das kann, dann sollte es nicht schwer sein, meine Fragen und Einwände zu dem bevorstehenden Abenteuer zu beantworten. Wenn ich alles das bin, worum es geht, müßte ich dazu imstande sein. Aller Erfahrung nach gibt es immer eine bestimmte Magie, die manche Leute »Schicksal« nennen. In letzter Zeit war sie nicht mehr so deutlich, oder vielleicht habe ich auch bloß nicht mehr so viel Sinn dafür, aber ich weiß, daß ich schließlich aus irgendeinem guten oder schlechten Grund irgendwo ankommen werde, mit ein paar Antworten oder wenigstens mit einem bißchen mehr Klarheit darüber, warum ich da bin und wozu oder was ich tun will oder einfach »tue«. Wenn dieses Schicksal negativ ist, so ist das nicht negativ, denn dann ist eben das geschehen, und das *war* das Schicksal. Ich wollte nur, ich könnte zuversichtlicher sein, alle meine blöden vorgefaßten Ideen und Mißverständnisse vergessen und einfach nur leben. Nur leben. Nur. Leben. Nur leben, bis ich sterbe.

Heute fuhren wir zum Interstate State Park, zelteten, trafen Leute und verkauften T-Shirts. Einen Trip eingeworfen. Mit Leuten geredet, die zu den Grateful Dead nach Minnesota fahren wollen. Die Grateful Dead in Minnesota! Wir werden die Grateful Dead zu Gesicht kriegen!

In diesem Park hab ich einen Baum gefunden, zu dem ich noch mal zurück muß, irgendwann. Er wächst zur Seite über den St. Croix-River, und ich kann raufklettern und mich in perfektem Gleichgewicht darauf hinlegen.

DIENSTAG, 10. MAI 1977

Heute wurden wir bei Sonnenaufgang wach, gingen fort aus dem Park und trampten nach Minneapolis. Wir haben uns die Schule angesehen. Ist die groß! Riesige Ateliers und Werkstätten für Siebdruck, Radierung, Lithographie und Bildhauerei, riesige Sonnendächer. Sie haben eine große Bibliothek mit »Pioneer«-Receivern, Kassettendecks und viel Auswahl an Musik (sogar Frank Zappa). Wir haben uns die Innenstadt angesehen, ein wirklich modernes Einkaufszentrum, das ich nicht annähernd beschreiben kann. Im Studentenheim bekamen wir ein Apartment zu $10 für zwei Nächte, und wir kauften uns Tickets für die Grateful Dead. (Nur 5 Dollar 50 das Stück und noch nicht ausverkauft.) Ich sprach auch mit Leuten, die auf die Schule hier gehen, fragte sie aus und bekam ein Bild davon, wie es da zugeht.

Die Dead waren toll. Wir trafen die Leute wieder, die wir auf dem Campingplatz kennengelernt hatten, verkauften T-Shirts und wurden high. Die Dead spielten noch eine Zugabe aus *American Beauty:* »By the waterside I will lay my head, listen to the river sing sweet songs to rock my soul.«

FREITAG, 13. MAI 1977

Nachdem wir Minneapolis hinter uns hatten, nahmen wir einen Bus zur I[nterstate]-94, trampten ein paar kurze Strecken und fuhren dann in einem Laster mit bis zur Grenze von

N.-Dakota, wo wir drei Cheeseburger aßen und ein paar Bier tranken. Lauter Farmer waren da, und als ich zur Toilette ging, redeten sie alle über meine Haare...

Bauern! Dann nahm uns ein Pilot mit, der Bachmann Turner Overdrive mag, und dann ein Laster nach N.-Dakota hinein.

SONNABEND, 14. MAI 1977

Ich bin in Miles City, Montana, sitze in der Sonne. Denke an die Grateful Dead, denn die letzte Fahrt waren 77 Meilen AM Radio. Suzy hat gesagt, meine Haare sehn aus, als ob tote Tiere drin leben. Wenigstens sind sie tot.

SONNTAG, 15. MAI 1977

In Washington muß man *vor* der Auffahrt stehen, darum war es echt schwer, zu trampen. Also gingen wir runter an die Interstate, illegal, und kriegten schließlich einen Wagen, Sekunden bevor ein Sheriff die Auffahrt herunterkam. Dieser Typ fährt die ganze Strecke bis Sacramento. Ich sitze jetzt in seinem Wagen. Gestern abend sind wir bis etwa 10 Uhr gefahren und dann in einem Motel abgestiegen, haben *Paper Moon* im Fernsehen angeschaut und geduscht. Heute hat er uns in Medford, Oregon, ein Frühstück spendiert, und nun sind wir auf dem Weg nach Sacramento in einem 62er Chrysler mit einem Riß im Dach und Plastiküberzügen auf den Sitzen. Echt schön, der Wagen. Und der Mann ist auf einem Auge blind, und im andern hat er grauen Star. Das Radio funktioniert nicht so richtig, weil er vor ein paar Jahren mal ein Glas Coke vorn durch den Riß verschüttet hat. Aber wir kommen schon hin...

MITTWOCH, 18. MAI 1977

Gestern, als wir aufwachten und aus dem Zelt kamen, standen Kühe ein paar Meter weit weg und schauten zu uns her. Sie kamen immer näher, bis sie dicht vor dem Zelt waren, und Suzy sagt, »mach schnell, die gehn auf uns los!«, darum machten wir schleunigst, daß wir wegkamen, trampten zur I-80, bekamen einen Lieferwagen, und dann nahm uns ein Typ namens Peter bis Berkeley mit. Die Uni ist ganz erstaunlich. Besser als Minneapolis, selbst die Ivy [League Colleges] sind nicht vergleichbar. Dann fuhren wir mit

der Schnellbahn (Weltraumboot) nach San Francisco, zu einem Haus, wo man laut einem »alternativen« Branchen-Telefonbuch, das wir in Berkeley gesehen hatten, umsonst essen und übernachten konnte. Der Typ, der das Haus leitete, war schwul, glaube ich, und sein Freund brachte uns in die Polk Street, wo wir mehr Tunten sahen, als mir im ganzen Leben je begegnet sind. Es war irre, aber wir bekamen gut zu essen und hatten keine Probleme. Jetzt sind wir in einer Automaten-Wäscherei und wollen weiter nach Santa Ana.

Heute waren wir am Strand von Newport. Es war schön. Ich wollte, ich könnte hier leben ... wie an der Küste von New Jersey. Ich wurde high, lernte jemand aus Boston kennen und jemand aus Michigan.

Ich habe einen Sonnenbrand. Heute haben wir den Ozean gesehen. Vor einem Monat waren wir noch am Atlantik.

MONTAG, 23. MAI 1977

Gestern sind Suzy und ich mit dem Bus nach Disneyland gefahren. Was für ein Trip! Es war wie eine andere Welt. Wir machten alles, was in neun Stunden möglich war. Ich hatte eine Enttäuschung erwartet, weil ich es schon aus dem Fernsehen kannte und viel darüber gehört hatte, aber es war noch besser. Abgesehen davon, daß das Schloß, das in den Bildern immer riesig aussieht, nur etwa drei Stock hoch ist. Ins Spukhaus sind wir zweimal gegangen.

SONNABEND, 28. MAI 1977

Wir campen in einem Nationalwald (kostenlos) in den Rocky Mountains. Gestern abend haben wir unser Zelt aufgebaut, heute morgen Coors getrunken, und als wir aufwachten, war überall Schnee! Ich stand auf und ging ein Stück den Bach runter, fand eine gute Stelle für ein Schutzdach. Es schneite. Dies ist das hübscheste Fleckchen, wo wir bis jetzt gewesen sind. Letzten Sonnabend holten wir uns einen Sonnenbrand am Newport Beach, und jetzt sitzen wir im Schnee! Ich habe ein Schutzdach aus Kiefernstämmen gebaut, und darunter haben wir das Zelt aufgebaut. Jetzt sitze ich unserem Zelt gegenüber am andern Ufer des Bachs, trinke ein Bier und werde high von dem Anblick. Rocky Mountain-high!

GEFALLENEN-GEDENKTAG 1977 (30. MAI)

Letzte Nacht haben wir unter einer Eisenbahnbrücke geschlafen, erwachten bei Sonnenaufgang und hinterließen unser Zeichen neben denen von anderen Leuten, die auch mal dort geschlafen haben. Eine Familie nahm uns mit, was sehr komisch war, dann fuhren wir nach Des Moines, Iowa, mit einem echt netten Typ, der zahme Waschbären hatte.

Jetzt bin ich auf der Nordseite, und Suzy macht French Toast. Damit ist der erste Teil meiner Reise zu Ende. Oder, sollte ich sagen, eine neue »Reise« fängt an. Durch all die Scheiße leuchtet ein dünner Hoffnungsstrahl, der vom Verstand der wenigen lebt. Musik, Tanz, Theater und die visuellen Künste; die Ausdrucksformen und Künste der Hoffnung. Das ist es, glaube ich, wo ich hingehöre. Ob an einem Bach in den Rocky Mountains, in einem Wolkenkratzer in Chicago oder in einer Kleinstadt namens Park City, Utah, das bleibt mir für immer. Die Kunst wird und soll mich nie verlassen. Wenn ich mich also zum nächsten Teil der Reise aufmache, hoffe ich, daß sie kreativer sein wird, mit mehr Arbeit, weniger reden, mehr tun, sehen, lernen, dasein, lieben, fühlen, vielleicht auch weniger fühlen, und einfach arbeiten, daß du dir den Arsch aufreißt, denn darauf, mein Freund, kommt's nun mal an!

It's the Image I'm seeking, the Image I
see when the man in the mirror is talking
to Me.

Graham Nash

1978

14. OKTOBER 1978

Wie ich so hier sitze und schreibe, fühle ich mich wohl. Es ist ein bißchen ungewöhnlich, sich im Washington Square Park wohl zu fühlen. Es gibt so viele verschiedene Möglichkeiten, die Phänomene der Großstadt zu erleben. Ein und dieselbe Situation kann eine unbegrenzte Anzahl verschiedener Auswirkungen auf die Gedanken eines Menschen haben, je nach Geisteszustand und Einstellung. Was mich heute berührt, wird mich morgen vielleicht nicht berühren. Nichts ist konstant. Alles ist in konstanter Veränderung. Jede Sekunde von der Geburt an wird etwas erlebt; verschiedene Empfindungen, verschiedene Einschübe, verschiedene Richtungsvektoren von Kraft/Energie, die sich ständig um einen herum anordnen und wieder neu ordnen. Die Zeit (Situationen in einem sichtbaren logischen Fortgang) wird und kann sich nie wiederholen. Keines der am Erleben der Zeit beteiligten Elemente wird je wieder dasselbe sein, weil alles sich fortwährend ändert. Menschen sind körperlich in ständiger Veränderung (Zellteilung), und weder geistig noch körperlich befindet man sich je im gleichen Zustand.

Die physische Realität der Welt, so wie wir sie kennen, ist Bewegung. Bewegung selbst = Veränderung. Wenn es Wiederholung gibt, ist es keine Wiederholung desselben, weil (zumindest) Zeit vergangen ist und somit ein Element sich verändert hat.

Keine zwei Menschen haben je identische Empfindungen, Erlebnisse, Gefühle oder Gedanken. Alles ändert sich, alles ist immer wieder unterschiedlich. Alle diese Variablen, die ineinanderfließen, sich wechselseitig beeinflussen oder zunichte machen, neue Formen, Ideen, »Realitäten« bilden, bedeuten, daß menschliches Erleben ein Erleben konstanter Veränderung und, wie wir das nennen, von »Wachstum« ist.

Mein Erstaunen gilt der Tatsache, daß die meisten Menschen ihr Leben heute auf den Glauben gründen, daß diese Unterschiede, die Veränderungen, nicht existieren. Sie ziehen es vor, diese Dinge zu ignorieren, und versuchen, ihre Existenz zu programmieren oder zu kontrollieren. Sie machen Pläne, gehen langfristige Verpflichtungen ein, stellen ein Zeitsystem auf und werden von ihren eigenen Kontrollsystemen kontrolliert.

Die Leute wollen nicht wissen, daß sie sich ändern.

Es sei denn, sie meinen, daß eine Verbesserung dabei herauskommt: Dann sind sie alle für den »Wandel« und scheuen keine Mühe, um »Änderungen vorzunehmen«, Situationen auszuklügeln oder eine unnatürliche Veränderung zu erzwingen. Dieser eine Begriff hat so viele Aspekte, daß es schwerfällt, sie alle niederzuschreiben.

Hier ein paar Einstellungen dazu, die ich ringsum sehen kann:

Veränderung ist annehmbar, solange sie kontrollierbar bleibt.
Veränderung kann vorausgesagt werden.
Veränderung kann künstlich bewerkstelligt und/oder modifiziert und/oder geplant werden.

Wenn ich vor den Spiegel trete und mein Bild anschaue, sehe ich eine unendliche Zahl verschiedener Vorstellungen davon, wie ich aussehe. Es kommt mir vor, als ob ich viele verschiedene Gesichter habe. Ich kann sie auf- und absetzen, und ebenso ist es mit meiner Vorstellung von anderen Menschen. Sie sehen zu verschiedenen Zeiten verschieden aus. Ich meine, vollkommen verschieden. Es kann etwas damit zu tun haben, wie *ihnen* zumute ist, wahrscheinlicher aber ist, daß es von *meinen* Gefühlen abhängt, meinen Emotionen, meiner Realität in dem Augenblick, in dem ich sie ansehe.

Gewöhnlich wird die Grundtatsache, daß Veränderung die Realität ist, daß wir uns ständig ändern, dauernd in andere Situationen, Bewußtseinszustände und sogar Realitäten übergehen, entweder

ignoriert,
mißverstanden,
fehlinterpretiert
oder ins Auge gefaßt.

Es ist ganz einfach so, daß den Menschen bis zu einem gewissen Grad klar ist, daß sie sich zu verschiedenen Zeiten verschieden fühlen oder in ihren eigenen Augen an verschiedenen Tagen verschieden aussehen, aber nur wenige versuchen wirklich, danach zu leben, es zu bedenken oder nach Gründen und Weiterungen hierfür zu forschen. Meistens versuchen die Leute das zu kontrollieren, indem sie ihr Leben nach einem gegenteiligen Muster einrichten. Das ist so, als wollten sie einem Stück Wiese, das lebt und sich ständig verändert, ein Gittermuster aufzwängen und dann versuchen, das Gras nach dem vorbestimmten Schema wachsen zu lassen.

Menschen, soviel ist mir klar, können nicht so leben wie das Gras auf der Wiese. Vermutlich konnten sie es einmal, aber diese Zeit liegt uns so fern, daß es kaum mehr vorstellbar ist. Sie können jedoch mit der Einsicht leben, daß sie sich beständig verändern, abhängig von ihrer sich wandelnden Umgebung, den wechselnden Situationen und der Zeit. Sie können zumindest in Harmonie mit dieser Erkenntnis leben und damit koexistieren, statt dagegen anzukämpfen.

Ich bin mir sicher, der moderne Mensch hat die Möglichkeit, diese Wirklichkeit ins Auge zu fassen, sich danach zu fragen, sie zu untersuchen, mit ihr zu leben, sogar ein Teil von ihr zu werden und dabei sehr viel angenehmer zu leben. Im Einklang mit einer Idee zu leben. Im Einklang mit einer unkontrollierbaren Wirklichkeit zu leben, der wir unterworfen sind, ob wir wollen oder nicht. Wir haben keine Wahl außer der Wahl, wie wir mit ihr fertigwerden wollen.

Ich schreibe und schreibe, weil ich, bevor ich zu erklären versuche, wie ich mit dieser »Wirklichkeit« zurechtzukommen glaube, erst einmal erklären möchte (mir selbst), daß das hier wirklich eine Wirklichkeit ist, daß sie existiert und daß die Art, wie ich die Dinge angehe, nicht völlig vernünftig ist.

Dem eigenen Wissen zum Opfer fallen, heißt nicht verstehen, was das für ein Wissen ist und was daraus folgt.

Der Veränderung zum Opfer fallen, heißt ihre Existenz ignorieren.

Dem »Leben, so wie man denkt« zum Opfer fallen, heißt die Möglichkeiten verkennen, daß man »anders leben« oder das Leben, »so wie es ist«, falsch einschätzen könnte, oder die Möglichkeit verkennen, daß man »nicht weiß, was man denkt«.

Zu denken, daß man die Antworten kennt, ist ebenso gefährlich, wie nicht an die Möglichkeit zu denken, daß es keine Antworten gibt.

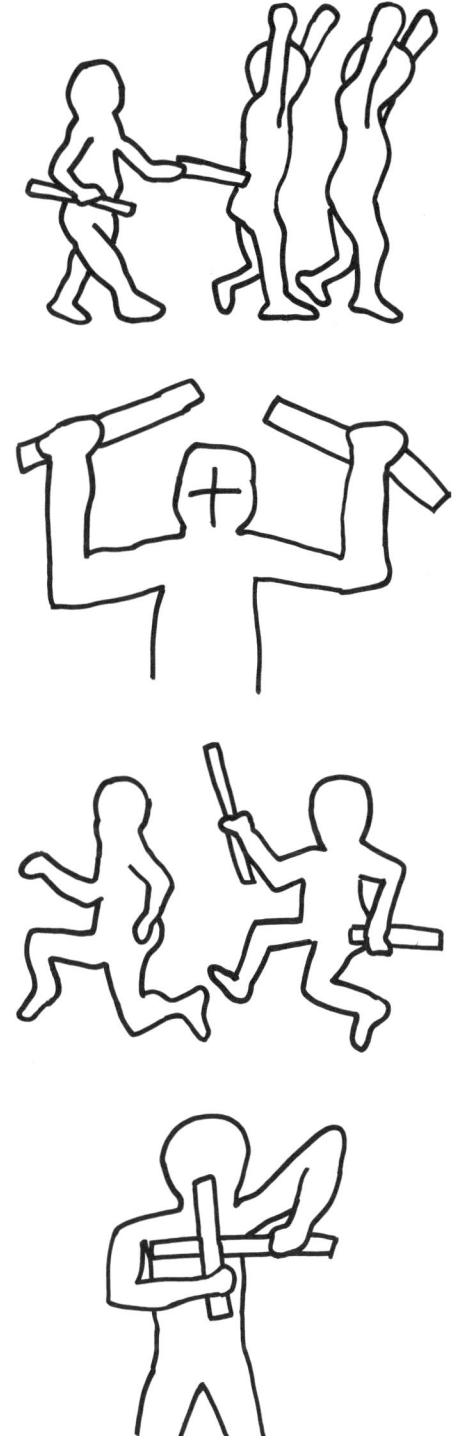

Poetische Sätze, die keinen Sinn ergeben, könnten ebensogut Gedichte sein.

Keith Haring denkt in Gedichten.
Keith Haring malt Gedichte.
Gedichte erfordern nicht unbedingt Worte.
Worte ergeben nicht unbedingt Gedichte.

In der Malerei treten Worte in Form von Bildern auf. Gemälde können Gedichte sein, wenn sie statt als Bilder als Worte gelesen werden. »Bilder, die Worte vertreten.« Ägyptische Kunst/Hieroglyphen/Piktogramme/Symbolik. Worte als Bildthematik.

Kann eine Bildersprache in Form von Worten existieren (kommunizieren)?
Fremde Sprachen, unentzifferte Alphabete können schön sein, können Ausdruck tragen, ohne daß die Bedeutung der Worte bekannt ist.

Ein Buch in chinesischer Schrift zu betrachten kann ebenso schön sein wie Bilder zu betrachten. Bilder, die Worte vertreten.
All dies in dem Kontext, daß alles sich ständig verändert. Das ist der Grund, warum für mich das Malen, so wie ich es kenne, Gebrauch von Bildern anstelle von Worten sein kann. Weil ich zu verschiedenen Zeiten verschieden bin. Ich glaube, ich habe noch keine zwei Tage erlebt, die in *jeder* Hinsicht gleich waren. Ähnlich vielleicht, aber nicht gleich. Jeden Tag, jeden Moment denke, fühle, handle und erlebe ich anders. Und wenn ich zu verschiedenen Zeiten verschieden bin, sind auch meine Bildvorstellungen verschieden.
Ich male jeden Tag anders.

jede Stunde.
jede Minute.
jeden Augenblick.

Meine Bilder sind Aufzeichnungen eines gegebenen Zeitraums.

Sie sind aufgezeichnete Denkmuster.
Verdoppelung ist unmöglich ohne Kamera.
Wiederholung ohne Kamera (oder eine Maschine) ist keine Wiederholung.

Jeden Tag anders zu malen macht es unmöglich, über die Dauer einer Sitzung hinaus eine gleichbleibende Komposition auszuführen.
Man kann es tun, aber nicht ohne Mühe, unnötige Änderungen, Rückentwicklung, falsche Wiederholung (Doppelung), Überarbeiten, Collagieren (Übereinanderstapeln

verschiedenartiger Ideen, die man dann ein »Ganzes« nennt) etc. Reine Kunst gibt es nur als augenblickliches Reagieren auf reines Leben.

Ich will nicht sagen, bis heute sei die Kunst unnütz oder irgendwie weniger rein gewesen als eine in diesem Kontext entstandene Kunst. Ich will sagen, daß die Kunst sich entwickelt hat. Sich schneller verändert hat als wir. Daß sie die Menschen von Anbeginn der Zeiten als ein hilfreicher Gefährte begleitet hat. Jeder Künstler (Mensch) einer bestimmten Zeit hat ein anderes Leben und daher auch eine andere Einstellung zum Leben und zur Kunst gehabt. Obwohl die Geschichte der Kunst zum großen Teil aus »Bewegungen« und Stilen besteht, die für eine bestimmte *Gruppe* von Künstlern bezeichnend sind, ist sie immer ein Produkt der einzelnen gewesen und wird es bleiben. Selbst dort, wo es eine »Gruppenmentalität« oder »kulturelle Gruppierungen« von Künstlern gegeben hat, ist doch die Ausübung der Kunst selbst immer ein individuelles Tun gewesen oder geschieht (bei Gemeinschaftsarbeiten) nach der Konzeption eines einzelnen oder aus einer Mischung der individuellen Beiträge zu einem Gruppenunternehmen.

Nachdem wir jedoch all diese vielen »Bewegungen«, »Gruppenstile« und »Perioden« der Kunstgeschichte gesehen haben, sind wir, glaube ich, an einem Punkt angelangt, wo es keine Gruppenmentalität, keine Bewegungen und keine gemeinsamen Ideale mehr geben darf. Es wird Zeit für eine Selbstverwirklichung.

Die Belastung durch die Medien und die Mentalität dieser antiindividuellen Gesellschaft, in der Stereotype regieren und die Übervölkerung uns zu glauben zwingt, daß wir als »Arten« oder »Typen von Menschen« oder als »Verallgemeinerungen« existieren, hat Künstler hervorgebracht, die begriffen haben, daß Individualität noch immer die Grundvoraussetzung ist. Individualität ist die Feindin dieser Massengesellschaft. Individualität tritt für den einzelnen ein und macht ihn zum maßgeblichen Faktor. Kunst ist Individualität. Ich glaube, das ist die grundsätzliche Botschaft der modernen Kunst. Es ist die Lehre, die nicht mißachtet werden darf. Das ist es, was die moderne Kunst uns seit ihren Anfängen in die Ohren brüllt. Das ist es, was *jede* Kunst von Anbeginn der Zeiten besagt hat.

Wo immer ein Künstler die eigenen Ziele zunichte gemacht hat (oder sie sich hat zunichte machen lassen und untätig dabeisaß), da hat er sich von Gruppen vereinnahmen lassen, hat sich Bewegungen angeschlossen, Gruppen-Manifeste unterschrieben und Gruppenideen ausgebildet. Matisse hatte eine reine Vision und malte herrliche Bilder. Niemand hat je so gemalt wie er, und niemand wird je wieder so malen. Seine Bilder hatten eine individuelle Aussage. Kein Künstler ist Teil einer Bewegung. Es sei denn, er ist ein Mitläufer. Und dann ist er überflüssig und schafft überflüssige Kunst. Wenn er »auf seine Weise« und mit seinen eigenen Ideen auf die Ideen eines anderen eingeht, leistet er einen achtbaren Beitrag, doch sobald er sich als Anhänger von irgend etwas bezeichnet oder Wahrheiten gelten läßt, die er nicht selbst als solche ergründet hat, vereitelt er die Absicht von Kunst als individuellem Ausdruck – von Kunst als Kunst.

Bis 1978 hat die Kunst schon zahlreiche Versuche erlebt, eine Idee zu klassifizieren oder zu etikettieren und sie dann auszubeuten, bis die Idee selbst dabei verschwindet, und nun meine ich, daß es an der Zeit ist, gegen die Gruppenmentalität aufzutreten. Ich weiß nicht, ob meine Meinung von anderen geteilt wird, aber angesichts des Nichtvorhandenseins neuer Bewegungen oder Richtungen kommt es mir so vor, als ob wir es mit individuellen Künstlern und individuellen Ideen zu tun haben. Natürlich haben auch sie Einflüsse aufgenommen, und viele sind vermutlich in ihrem Bestreben nicht ehrlich, aber bei diesem Ausbleiben von »Gruppenbewegungen« nach den überbetonten, fraglos hingenommenen Bewegungen, die in den letzten zehn Jahren so schnell aufeinander folgten – Pop, Konzeptkunst, Minimal art, Earth art, Post-dies und Anti-jenes –, ist es wohl höchste Zeit für die Einsicht, daß die Kunst alles und überall ist. Daß die Entstehung von Kunst in unzähligen Formen und Ideen alltäglich in jedem Individuum stattfindet und daß sie undefinierbar ist, *weil* sie bei jedem einzelnen anders ist. Daß das Leben Kunst ist und die Kunst Leben. Daß alle Menschen auf allen Ebenen sich mit Kunst identifizieren, egal ob sie das wissen, zugeben oder verstehen. Daß die Bedeutung der »individuellen Idee« in einer Gesellschaft dieser Größe und Mentalität das einzig Wirkliche ist. Daß es für die zukünftige Existenz der Menschheit wichtig ist, die Bedeutung des Individuums und die Tatsache zu verstehen, daß wir alle verschieden sind, jeder ein Individuum, daß wir alle uns ändern und nur als Individuen zum »Ganzen« etwas beitragen, *nicht* als Gruppen, Produkte einer »Massenidentität«, als »anti-individuelle, stereotypisierte Gruppen von Menschen mit den gleichen Zielen, Idealen und Bedürfnissen«.

Ich bin ich. Ich mag zwar so aussehen wie du, aber wenn du genauer hinsiehst, wirst du begreifen, daß ich überhaupt keine Ähnlichkeit mit dir habe. Ich bin ganz anders. Ich sehe die Welt aus einer ganz anderen Perspektive, weil ich Dinge erlebt habe, die du nicht erlebt hast, weil ich Gefühle gehabt habe, die du nicht gehabt hast, und an Orten gelebt und Gegenden gesehen und das Leben aus einem ganz anderen Blickwinkel kennengelernt habe als du. Ich trage vielleicht die gleichen Schuhe und habe den gleichen Haarschnitt, doch das gibt dir kein Recht auf irgendwelche vorgefaßten Ideen darüber, wer oder was ich bin.

Du kennst mich überhaupt nicht.
Du wirst mich *nie* kennen.

Kunst als Selbsterkundung.
Kunst als Beendigung der Frage »was ist das?« oder »was hat es zu bedeuten?«
Der Sinn der Kunst, so wie sie vom Betrachter erlebt wird, nicht vom Künstler.
Die Ideen des Künstlers sind nicht wichtig für die Kunst, so wie sie vom Betrachter gesehen wird.
Der Betrachter ist in dem Sinne Künstler, als er sich von einem vorhandenen Werk seine eigene, ihm allein zugehörige Vorstellung bildet.
Seine Phantasie allein legt fest, was es ist, was es bedeutet.
Bei der Konzeption eines Kunstwerks braucht der Betrachter nicht berücksichtigt zu

werden, aber dann sollte man ihm auch nicht sagen, wie er darüber zu denken hat, wie er es sich vorstellen soll oder was es bedeutet. Eine Definition ist nicht erforderlich.

Eine Definition kann für den Künstler das gefährlichste, vernichtendste Werkzeug sein, wenn er Kunst für eine Gesellschaft von Individuen macht.

Eine Definition ist nicht nötig.

Eine Definition vereitelt sich selbst und ihre Ziele, indem sie sie definiert.

Das Publikum hat ein Anrecht auf Kunst.

Das Publikum wird von den meisten zeitgenössischen Künstlern ignoriert.

Das Publikum braucht Kunst, und der »selbsternannte Künstler« hat die Pflicht, diesem Bedürfnis des Publikums zu entsprechen, statt eine bourgeoise Kunst für einige wenige zu machen und die Massen zu ignorieren.

Kunst ist für jeden da. Zu denken, daß die Leute – das Publikum – die Kunst nicht zu schätzen wissen, weil sie sie nicht verstehen, und dann weiter Kunst zu machen, die sie nicht verstehen und der sie daher entfremdet werden, kann heißen, daß der Künstler derjenige ist, der die Kunst nicht versteht oder zu schätzen weiß und der sich selbstgefällig ein Kunstverständnis zuschreibt, das in Wahrheit Quatsch ist.

Kunst kann auf eine Gesellschaft von Individuen einen positiven Einfluß ausüben.

Kunst kann ein zerstörerisches Element sein und eine Gesellschaft der »Massenidentität« durchsetzen helfen.

Die Kunst muß sowohl aus der Sicht der Künstler wie aus der Sicht des Publikums betrachtet werden.

Das Publikum wird jedoch nicht sagen, was es will, weil es befürchtet, ungebildet oder ohne Verständnis für die Kunst zu erscheinen. Die Verantwortung liegt daher vornehmlich beim Bewußtsein des Künstlers.

Der Künstler kann aber seine Entscheidungen nicht treffen, ohne an das Publikum zu denken: warum es mit seiner Meinung über die Kunst nicht herausrückt, warum es die Kunst braucht, wie man ihm helfen kann, seine Hauptrolle als Betrachter zu spielen, wie und warum es die Kunst aufnehmen soll.

Die Alternative ist grundsätzlich: Kunst für die wenigen Gebildeten oder für alle Zeitgenossen?

Kann Kunst gelingen ohne den Beitrag des Publikums?

Wenn das Publikum vor der Kunst Angst hat, sollten wir dann nicht Angst haben vor dem, was wir getan haben, um ihm angst zu machen?

Hatte es schon immer Angst? Ist das Publikum wichtig? Ist Kunst für den einzelnen da, von dem einzelnen, nur zur Betrachtung und Beurteilung von einzelnen?

Ist die Kunst für einen selbst da? Dient sie einfach als Erfüllung für die Ich-Beziehung des Künstlers?

Ich möchte Kunst machen, die von so vielen Individuen wie möglich erlebt und erkundet werden kann, mit ebenso vielen individuell verschiedenen Ideen zu einem bestimmten Werk, ohne daß ein Sinn endgültig festgelegt wird. Der Betrachter erst gibt dem

Werk seine Wirklichkeit, seine Konzeption und Bedeutung. Ich bin nur der Mittelsmann, der versucht, die Ideen zusammenzubringen.

Ich habe im besonderen nichts weiter mitzuteilen als dies: daß ich eine Realität geschaffen habe, die unvollständig bleibt, bis ihr die Gedanken eines anderen Menschen (oder, nehmen wir an, eines Tieres), mich selbst miteingeschlossen, entgegenkommen, die unvollständig bleibt, solange sie nicht erlebt wird. Sie hat unendlich viele Bedeutungen, denn sie wird von jedem einzelnen anders erlebt.

Dies ist meine Botschaft. Das Medium ist unwichtig.
Das ist die Kunst, so wie ich sie kenne.
Das ist das Leben, so wie ich es kenne.

Das Medium ist ein Werkzeug der Botschaft.
Das Medium ist nicht die Botschaft.
Die Botschaft ist eine Botschaft.

Kunst ist Leben. Leben ist Kunst. Beides wird in seiner Bedeutung sowohl überschätzt als auch mißverstanden.

Das destruktive Element ist in aller Kunst vorhanden, wird aber letztlich nur von den Ideen des Betrachters bestimmt.

Kunst hat keine Bedeutung, weil sie viele Bedeutungen hat, unbegrenzt viele. Kunst ist für jeden einzelnen etwas anderes und kann *nur* durch den je einzelnen definiert werden.

Es gibt keine allgemeingültigen Antworten, nur Fragen.

Wenn ich nach SoHo gehe, komme ich mit so vielen Vorstellungen zu neuen Ideen für meine Arbeit zurück, daß ich mich frage, ob das der Grund ist, warum ich dort hingehe.

Ich fange an, die Ausstellungsräume in den Galerien als Räume für meine Arbeiten anzusehen, statt die dort ausgestellten Werke zu betrachten.

Eine Menge Scheiße wird in Räumen ausgestellt, die etwas Besseres verdient hätten.

Heute wurde mir klar, daß einer der wichtigsten Gründe, warum ich hier bin, der ist, daß New York eine der ganz wenigen Städte auf der Welt ist, in deren Galerien die Flächen für meine vorauszusehenden Werke groß genug sind.

Ich habe heute so viele Flächen gesehen, die für meine Werke wie geschaffen zu sein schienen.

Aber meine Kunst paßt sich von selbst in die Fläche ein, in jede beliebige.

An die Wände, die ich heute gesehen habe, könnte ich Papierbahnen hängen und ein 9 x 120-Meter-Bild draufmalen.

Wundervoll! Aber wie kommt man dahin?

Heute stellte ich mir eine Galerie voller Video-Monitoren vor, in gleichmäßigen Abständen voneinander (so wie man Bilder aufhängen würde), und alle würden verschiedene Aufnahmen von meinen Video-Gemälden abspielen. Ich möchte das machen, aber da reibe ich mich an mir selbst. Ich reibe mich an der Tatsache, daß ich bald wieder neue Ideen haben werde, andere Einstellungen und Gefühle und daß ich diese Vorstellung wahrscheinlich nie verwirklichen werde, weil inzwischen wieder eine andere auftauchen wird, die mir wichtiger vorkommt. Heute jedenfalls gab es diese Galerie in meiner Vorstellung. Ich war bei der Eröffnung, und es war eine schöne Ausstellung.

Seit der Fertigstellung meines ersten Videos – ich, wie ich mich selbst in eine Ecke male – werde ich sehr viel aufmerksamer für Bewegung. Die Bewegung wird noch wichtiger, wenn das Gemälde zu einer Performance wird. Die Ausführung (die Handlung des Malens) wird ebenso wichtig wie das daraus resultierende Gemälde.

Bewegung ist Malerei. Malerei ist Bewegung.

Das geht in Richtung auf ein Kunstwerk, das Musik, Performance, Bewegung, Konzept, Handwerk und eine Realaufzeichnung des Vorgangs in Form eines Gemäldes umfaßt.

Fast so etwas wie ein Diagramm des vorher Geschehenen (d. h. Ablaufplan, Choreographie).

Malerei ist Performance.

Video: ein Medium, das geeignet ist, höhere Ebenen der Kommunikation zu erreichen – direkter, umfassender als Malerei/Bildhauerei.

Es ist nicht unbedingt richtig, daß New York eine unpersönliche Stadt ist. Ich glaube, sie ist sogar ganz freundlich, wenn man ihr dazu Gelegenheit gibt. Der Heimweg zu Fuß war richtig nett, ich habe mir mit Leuten zugelächelt und sogar ein paar Worte gewechselt. Auf einer gewissen Ebene sind die Leute offen für andere, aber auf anderen Ebenen besteht noch eine Barriere, Scheu (Besorgnis). Es kann eine wundervolle Stadt sein. Ich sage das nun aus eigener Erfahrung.

Sonderbar, ich fluche vierundzwanzig Stunden am Tag über meine Malerei-Klasse, außer während der Unterrichtsstunden selbst; dann kommt es mir so vor, als ob die Klasse doch in mancher Hinsicht für meine Ausbildung wichtig sein könnte. Aber nachher fange ich wieder zu fluchen an.

Die Theorie und die Prinzipien, die in dem Kurs besprochen werden, gefallen mir. Ich sehe schon, daß Wiederholung und ein kontrolliertes Vokabular (Symbolvokabular) nützlich

Video-Standaufnahmen,
School of Visual Arts, New York 1979

sein könnten, insofern man dadurch eine Disziplin kennenlernt, an die man später anknüpfen kann, aber aus irgendeinem Grund schrecken Leinwand und Ölfarbe mich ab. Je mehr ich sie benutze, desto mehr hasse ich sie. Die vollen Farbtöne liebe ich, aber der Farbträger ist so primitiv und hemmend. Bei den Ölfarben ist Öl der Träger, der die Farbe hält und transportiert. Beim Video ist es das Licht. Ich nehme an, die Verwendung dieser Farben ist unvermeidlich. Aber wenn es eine bessere Möglichkeit gäbe, würde ich sie gern kennen. Vielleicht hätte ich Freude an den Farben, wenn ich sie erleben, kontrollieren, damit spielen und experimentieren könnte. Aber es ist schwer, Ölfarbe zu erleben, wenn man in vorgezeichneten Formen arbeitet, wenn man malt und übermalt und die Farbe zu kontrollieren versucht, statt sie sich selbst oder den Maler kontrollieren zu lassen.

Leinwand ist ein wundervolles Material. Sie ist robust, man kann sie verkaufen, und sie ist einigermaßen dauerhaft. Aber ich habe Hemmungen vor ihr. Eine 9 x 12-Meter-Rolle Leinwand kostet mich 8 Dollar, plus Ölfarbe, und dann werde ich paranoid bei dem Gedanken, wie sie wohl aussehen wird, weil ich doch 12 Dollar für das Gemälde ausgegeben habe und nur denke, da müßte es schon was wert sein. Wenn ich aber auf Papier male, das ich irgendwo gefunden oder billig gekauft habe, mit wasserverdünnter Tusche, mache ich ein ganzes 1 x 2-Meter-Bild für beinah nichts. Ich male gern. Und das sieht man dem Bild an.

Es ist mir egal, ob es eine Gemälde-, Zeichnungs- oder Skulptur-Performance ist.

Es ist mir egal, wenn es dir nicht gefällt.

Es ist mir egal, ob das Papier zerknittert oder zerrissen ist.

Es ist mir egal, ob die Linien abweichen und ob das Papier Kleckse und Spritzer hat.

Es ist mir egal, ob ich darauf male oder nicht.

Wenn mir alle diese nebensächlichen Elemente der Malerei egal sind, wenn das Malen nicht als »heilig« und »wertvoll« angesehen wird, dann kann ich unbefangen malen und das Wechselspiel der Linien und Formen erleben. Ich kann spontan malen, ohne mich darum zu grämen, ob es »gut aussieht«, und ich kann meine Bewegungen und meine augenblicklichen Reaktionen die Arbeit und meine Energie kontrollieren lassen (sofern von Kontrolle überhaupt die Rede sein kann). Vielleicht ist Kontrolle nicht das richtige Wort. Ich kann mit allen diesen Elementen »arbeiten«, ohne mir wegen des Resultats Sorgen zu machen und daran zu denken, ob die fertige Arbeit (nichts ist je wirklich fertig) das ganze Gefühl übermittelt. Es sieht ansprechend aus. Ferien von der Ordnung. Oder eine Ordnung anderer Art, die nur unter diesen Bedingungen entsteht. Es erfordert individuelles Reagieren und Interagieren – und womöglich auch eine individuelle Interpretation.

Es ist lose, natürlich, wirklich, ungehemmt, nicht definierbar. Es ist vergänglich, und seine Dauerhaftigkeit ist belanglos. Seine Existenz ist schon gesichert. Es kann mit einer Kamera dauerhaft gemacht werden. Ich muß es nicht dauerhaft machen.

Es besteht sogar Aussicht, daß meine Gemälde auf billigem Papier ebenso lange halten werden wie alles, was heute auf Leinwand gemalt wird. Atombombenexplosionen vernichten Leinwand so schnell wie Papier.

Der Silikon-Chip ist eine neue Lebensform geworden. Die einzige Würde des Menschen wird irgendwann darin bestehen, daß er den Computer warten und bedienen kann. Sind wir schon so weit? In vieler Hinsicht ja. Datenbanken kontrollieren Informationen, die wir nicht verarbeiten können. Kontrollieren wir die Computer, oder helfen wir ihnen nur, uns zu kontrollieren? Das ist »1984«, und so ist es schon seit zehn Jahren. Wenn der Computer weiterhin die wichtigen Entscheidungen trifft, die Informationen speichert, für die unsere geistigen Fähigkeiten nicht ausreichen, und materielle Vorgänge (Maschinen) programmiert, welche Rolle spielt dann der Mensch?

Unseren Computer zu warten?

Und welche Rolle spielt der Künstler?

Sollte man sich gegen diese Situation wehren oder sie hinnehmen?

Mir scheint, die Menschen haben ein Endstadium des Evolutionsprozesses erreicht. Wir werden uns, wenn wir auf demselben Weg weitergehen, schließlich selbst vernichten. Wir bringen Technologien zu unserer eigenen Vernichtung hervor. Wir sind selbstzerstörerisch. Womöglich wird der Computer uns retten. Vielleicht ist es eine gute Sache, daß wir eine Lebensform hervorgebracht haben, die sich weiterentwickeln und über unsere Möglichkeiten hinauswachsen kann.

Die wichtigste Frage ist aber, werden wir imstande sein, die Entwicklung des computerisierten Geistes zu steuern, oder wird er sich von allein entwickeln und wachsen? Werden die Computer selbst über ihre Zukunft entscheiden und sie ohne unsere Hilfe herbeiführen können? Die Computer werden jeden Tag leistungsfähiger. Ich meine, wir sind fähig (mit unserem Geist, unseren Technologien und Computern), Computer als eine Lebensform hervorzubringen, die in fast allen Lebensbereichen mehr leisten kann als wir.

Maschinenästhetik?

Haben Computer ein ästhetisches Empfinden? Läßt sich ein ästhetisches Denkmuster programmieren und einem Computer eingeben, so daß er nach einer vorgegebenen Ästhetik begründete Entscheidungen treffen kann? Warum nicht?

Die Rolle der Künste im menschlichen Dasein wird auf die Probe gestellt werden. Womöglich ist dies für die Kunst die wichtigste Epoche, die es je gegeben hat. Der Künstler dieser Zeit schafft in dem ständigen Bewußtsein, daß die Computer ihm auf den Fersen sind. Wir sind in Gefahr. Unsere Existenz, unsere Individualität, unsere Kreativität und unser Leben sind bedroht von dieser aufkommenden Maschinenästhetik. Es wird bei uns liegen, den Künsten in unserem Alltag, im menschlichen Dasein eine dauerhafte Stellung zu geben.

Wenn die Menschen entbehrlich sind, dann sind es die Emotionen, Genuß, Nachsicht, ästhetische Kreativität und die menschliche Persönlichkeit ebenfalls.

Frage: Wie soll ich als Künstler, dem diese Situation bewußt ist, dazu Stellung nehmen?

In gewissem Maße bin ich einverstanden, daß wir Menschen, wenn wir nicht fähig sind, uns weiterzuentwickeln, die Entwicklung dergestalt vorantreiben sollten, daß wir eine neue Lebensform hervorbringen, die die menschliche Existenz überdauern und übertreffen kann. Die Frage, mit der ich Schwierigkeiten habe, lautet: Sollte die neue Lebensform jede Erinnerung an eine menschliche Ästhetik hinter sich lassen? Ist sie aufgrund ihrer Natur zwangsläufig eine neue Lebensform ohne alle Züge des Menschen? Haben wir eine Lebensform »nach unserem Bilde« geschaffen oder eine ganz andere?

Das ist die Frage, die der Künstler unserer Zeit sich stellen muß, denn wir sind es, die entweder den Kampf gegen eine Maschinenästhetik aufnehmen oder aber die Menschen darauf vorbereiten müssen.

Die Minimal art neigt der Maschinenästhetik zu. In gewisser Hinsicht bereitet sie uns auf das anbrechende Maschinenzeitalter vor – Kästen, Metall, geometrische Formen, Skulpturen bar jeder skulpturalen Ästhetik, Ideen bar aller traditionellen ästhetischen Rücksichten. Sie beeinflußt die Gedanken der Menschen und unser tägliches Leben.

Oder möglicherweise hat Minimal art einen Schockeffekt. Warnung vor den Möglichkeiten der Zukunft. Punk-Rock.

Kann man positiv sein, indem man negativ ist? Ist das die Methode, wie wir vorgehen sollten? Sehen die Leute die Absurdität, oder werden sie Absurdität als Zukunft *hinnehmen*, so daß deren Zweck vereitelt wird? Negativ sein, um die Absurdität der negativen Handlung aufzeigen zu können – ist das eine positive Handlung? Dada – positiv oder negativ?

Das ist für mich die Frage, von der meine Position in der Kunst abhängt. Im Leben ...

Wie soll man der Menschheit helfen, sich über ihre Notlage klarzuwerden? Und wenn man keine Notlage darin sieht, wie kann man der Menschheit helfen, sich auf die Realität einer maschinenästhetischen Welt vorzubereiten?

Bin ich mit dem Computer oder mit der ganzen Geschichte der Menschheit im Bunde? Die Geschichte der Kunst ruht auf unseren Schultern.

Können wir sie jetzt aufgeben?

Wird sie »aufgegeben«, oder macht sie eine »Entwicklung« oder »Rückentwicklung« durch?

Ist es unsere Pflicht als Menschen, den Wert einer alternativen Lebensform zu erkennen? Beruht nicht die neue Lebensform auf all unseren früheren Entdeckungen, und resultiert sie nicht aus der gesamten Geschichte der Menschen?

Ist sie nicht ein Werk der Menschheit, eine Möglichkeit, die Menschheit zu retten und die Evolution des Lebens selbst fortzuführen?

Das Leben ist nicht nur in bezug auf die Menschen zu definieren. Es wird Zeit, sich das klarzumachen. Wir (Menschen) sind ein notwendiger Schritt in einem Evolutionsprozeß. Wir können nicht wissen, wo der Prozeß enden wird oder ob er je enden wird.

Den Evolutionsprozeß des Lebens anhalten zu wollen, einfach weil wir so eitel sind zu glauben, daß wir dessen »Ziel« sind und daß wir uns weiter nicht entwickeln können, wäre katastrophal. Das Leben ist wertvoller als die Menschen. Es ist die Lebenskraft, die im Menschen ebenso steckt wie in anderen Geschöpfen, in Himmel, Wasser, Energie, Schwerkraft, Raum. Das Leben muß um jeden Preis fortgesetzt werden.

Die Zerstörung dieses Planeten oder dieses Sonnensystems durch Menschen wäre nicht das Ende des Lebens. Es ginge dann ohne uns weiter.

Wir haben die Wahl, ob wir die Entwicklung auf diesem Planeten fortsetzen wollen oder nicht.

Ich stimme dafür.

WAHLTAG, 7. NOVEMBER 1978

Alles in diesem Notizheft unterliegt dem Wandel.

Wenn ich nachlese, was ich vor zwei, drei Tagen aufgeschrieben habe, habe ich manchmal (meistens) schon eine bestimmtere, veränderte oder einfachere Version der ursprünglichen Idee, eine neue Interpretation der Idee oder eine vollkommen neue Idee, die als Resultat aus der ersten hervorgeht.

Dieses Buch enthält Gedanken, die mir spontan einfallen. Ich denke jeden Tag anders, bewerte meine früheren Ideen neu und drücke meine Ideen anders aus.

Wenn ich irgendwas von den Theorien oder Philosophien, die ich hier aufgeschrieben habe, nächstes Jahr um diese Zeit noch glaube, soll es mich wundern.

Ich warte.

Ich warte, daß die Tusche trocken wird.

Ich habe gerade wieder ein bahnbrechendes (für mich jedenfalls) Bild fertiggestellt. Es ist das erste Mal, daß ich versucht habe, beide Arme zu gebrauchen und zwei Pinsel zu führen. Heute nachmittag habe ich mir drei Pinsel gekauft, die ungefähr einen Meter lang sind. Es ist sehr merkwürdig, sie in den Händen zu halten und zu bewegen. Ich komme mir vor wie bei einem zeremoniellen Stocktanz. Zuerst waren sie sehr schwer zu handhaben. Ich versuchte es auf verschiedene Weisen: beide zusammen nebeneinander, beide mit derselben Bewegung, aber in einigem Abstand zueinander, beide in gleichzeitiger Bewegung, in abwechselnder Bewegung und immer nur einer. Wenn man Farbe aufs Papier schleudert, indem man sie heftig hin und her schwenkt, geben sie einen herrlichen huschenden Ton von sich, wenn sie durch die Luft sausen. Es war eine sehr eindringliche Erfahrung. Ich merkte, wie ich viel aufmerksamer wurde, viel stärker eingespannt bei jeder Bewegung, besonders mit der linken Hand. Obwohl meine Bewegungen spontan waren, kamen die Formen mir etwas gekünstelt vor. Es war frustrierend, meine Fähigkeiten nicht voll unter Kontrolle zu haben. Das erste Gemälde ist begreiflicherweise grob und experimentell, aber ich brachte es doch fertig, alle diese Pinselexperimente in einer Gesamtkomposition zusammenzufassen, indem ich bestimmte Handlungen wiederholte.

Für mich ergibt sich das interessante Gefühl eines Konflikts. Die linke Hand sträubt sich dagegen, ebenso kontrolliert wie die rechte geführt zu werden. Die beiden Hände versuchen ständig zusammenzuarbeiten, aber weil sie so erheblich verschieden sind, geraten sie meist in Widerstreit, auf der Suche nach dem gemeinsamen Boden, der Einigkeit/Konsistenz.

Wenn ich erst gelernt habe, beide Arme gleichermaßen zu gebrauchen, wenn ich erst jeden Arm für sich kontrollieren und verschiedene Bewegungen zur gleichen Zeit ausführen kann wie ein Pianist; wenn ich meine Bewegungen so vereinigen kann, daß ich beständig mit sehr hohem Tempo auf eine ganz spontane, natürliche und spirituelle Weise malen kann; dann werde ich vielleicht die Möglichkeiten dieser »körperhaften« Malweise ausgeschöpft haben, die mich zur Zeit beschäftigt.

Wahrscheinlich habe ich dann, wenn ich je so weit komme, sehr viel mehr Ideen oder Möglichkeiten für diese Malweise. Der Weg hat kein Ende. Kein Ende außer dem Ende meiner physischen Fähigkeiten. Leider werde ich wohl nie Zeit haben, die Möglichkeiten dieser »körperhaften« Malauffassung zu erkunden, weil ich oft wieder neues Wissen aufnehme, neue Ideen, Theorien, Methoden, und unvermeidlich ergeben sich daraus neue Prioritäten.

Ich habe gewissermaßen das Gefühl, eine Suche, eine Erkundung fortzusetzen, die andere Maler begonnen haben, die sie aber nicht zu Ende bringen konnten, weil sie dann zu neuen Ideen vordrangen, wie es mir auch ergehen wird; oder vielleicht konnten sie ihre Ideen auch wegen der grausamen, schlichten Tatsache des Todes nicht mehr ausführen. Künstler sind anscheinend nie aufs Sterben vorbereitet. Ihr Leben wird abgebrochen, bevor ihre Ideen fertig sind. Matisse machte immer noch neue Entdeckungen, als er schon kaum mehr sehen konnte, gebrauchte die Schere, hatte Ideen, an denen sich wieder neue Ideen entzündeten, bis der Tod ihn unterbrach. Jeder echte Künstler hinterläßt unabgeschlossene Aussagen, unterbrochene Sucharbeiten. Er hat vielleicht schon bedeutsame Entdeckungen gemacht und seine Möglichkeiten scheinbar erschöpft, aber aus diesen Entdeckungen resultiert *immer* wieder eine *neue* Idee.

Ich bin kein Anfang.

Ich bin kein Ende.

Ich bin ein Glied in einer Kette.

Deren Stärke von meinen Beiträgen ebenso abhängt wie von den Beiträgen derer vor und nach mir.

Ich hoffe, ich bin nicht zu eitel, wenn ich annehme, daß ich Möglichkeiten erkunde, auf die Künstler wie Stuart Davis, Jackson Pollock, Jean Dubuffet und Pierre Alechinsky zuerst gestoßen sind, die sie aber nicht ausschöpfen konnten. Ihre Ideen leben fort. Sie können nicht abgeschlossen werden, nur immer tiefer erkundet. Ich finde Bestätigung in dem Gedanken, daß sie auf einer ähnlichen Suche waren.

In gewissem Sinne bin ich nicht allein. Ich spüre es, wenn ich ihre Arbeiten sehe. Ihre Ideen existieren weiter und gewinnen an Kraft, indem sie erprobt und wiederentdeckt werden. Ich bin nicht allein, so wie sie nicht allein waren, so wie kein Künstler aus dieser Bruderschaft je allein war oder allein sein wird. Wenn ich mir dieser Einigkeit bewußt bin und mich vom Selbstzweifel und meinem mangelnden Selbstvertrauen nicht stören lasse, ist das eines der herrlichsten Gefühle, die ich kenne. Ich bin ein notwendiger Teil eines wichtigen Suchvorgangs, der kein Ende hat.

12. NOVEMBER 1978

Nachdem ich die Mark-Rothko-Retrospektive erlebt habe, fühle ich mich klüger. Ich hatte Rothkos Werk schon früher gesehen, aber die Klarheit und Einheitlichkeit, mit der es sich in einer retrospektiven Ausstellung spiegelt, verleiht jedem Bild eine zusätzliche Intensität. Zum ersten Mal wirklich erlebt hatte ich sein Werk in der Nationalgalerie, in einem Raum mit acht Gemälden auf Papier aus der »braunen und grauen« Serie. Die Gruppierung dieser Bilder in einem einzigen Raum konzentrierte ihre Energie und steigerte die Wirkung. In diesem Raum blieb ich lange, und sein Werk nahm meine Aufmerksamkeit völlig gefangen.

Ein ähnliches Erlebnis hatte ich im Guggenheim. Sich in Gesellschaft einer so großen Werksammlung zu befinden bringt Ideen und Erkenntnisse, die ein einzelnes Bild nicht hervorruft. Rothkos Werk ließ nicht viele Fragen unbeantwortet. Es war eine massive Antwort, vielleicht in voller Konsequenz.

Die Entwicklung seines Malstils läßt sich leicht bis zu den frühen figurativen Arbeiten zurückverfolgen. Schon 1938 tauchen in seinem Werk rechteckige Motive auf. Obwohl sie nur Hintergründe für seine zunehmend surrealen Bildthemen waren, fand doch eine spezifische Einteilung der Leinwand in rechteckige Flächen statt. In einem Gemälde von 1944, *Horizontal Processions*, war der Einfluß [Arshile] Gorkys deutlich. Mehr und mehr schien Rothko eine Brücke zwischen surrealer und expressionistischer Bildthematik zu schlagen. Während der 40er Jahre verschob sich sein malerisches Interesse mehr zur Qualität des Pinselstrichs hin, sein Feingefühl wandte sich der Komposition zu und dem Verzicht auf die Linie, zugunsten abstrakterer dichter Farbfelder. 1946 begannen Flächen die Bilder zu dominieren. Es gibt eine Logik der Farbschichten. 1947 machte er das erste Gemälde, in dem die Ränder der Leinwand als Rahmen behandelt wurden. Diese Verwendung des Randes erzeugt den Eindruck von über der Oberfläche schwebenden Farben. Die Verwendung des Farbrahmens und der Felder wird in den restlichen Jahren immer weiter entwickelt. Er arbeitet mit einem Minimum an Elementen auf maximale Wirkung hin. Die Grenzen, die er sich selbst setzt, indem er seine Bildthematik auf reine Farbfelder beschränkt, steigern nur seine schöpferischen Kräfte.

Ich hatte bei der ganzen Ausstellung ein Gefühl von Einheitlichkeit. Die gezeigten Arbeiten umspannten fast 50 Jahre seines Lebens. Bei der Betrachtung eines Bildes begreift man, daß es ein wesentlicher Schritt in der Entwicklung eines ganzen Lebenswerkes ist. Jedes Bild baut auf dem zuvor Erreichten auf. Sein Werk zeigt Hingabe an eine Idee, der er in ihrer vollen Tragweite nachgeht. Er beweist wieder einmal, daß zu jeder Idee eine unbegrenzte Vielzahl von Variationen möglich ist. Die Möglichkeiten haben kein Ende. Das einzige Ende ist das physische, das er sich selbst bereitete.

In der Bodenarbeit (Skulptur), die ich konstruiere:

Um aus den positiv/negativen Raumbeziehungen speziell bei dieser Arbeit den maximalen Nutzen zu ziehen, vergiß dies nicht: Formen, die keine inneren Komponenten positiv/negativer Beziehungen enthalten, wirken besser mit anderen Formen der gleichen Art zusammen.

Formen, die innerhalb ihrer Struktur positiv/negative Beziehungen haben (außer den selbstverständlichen: die Form in bezug zum Raum als ganzem), sind vielleicht weniger wirksam, wenn sie in den Kontext einer Gruppe multipler Formen gerückt werden.

Formen, die positiv/negative Komponenten schon enthalten, können Betrachter von Betrachtung des Bildes als ganzem ablenken, wenn diese Formen neben einer anderen Form oder in einer großen Gruppe von Formen steht.

(A) Auge wird zu »individuellen« Formen hingezogen, statt zu der von einer ganzen »Gruppe« von Formen hervorgebrachten Struktur.

(B) Wenn jede Form nur als Teil einer Gruppe betrachtet in eine positiv/negative Beziehung eintritt, entsteht eine Wirkung von mehr Einheitlichkeit und Bewegungsfluß. Auge sieht eher das Ganze statt der Gruppierung individueller Formen.

Diese beiden Prinzipien können entweder getrennt wirken oder zusammen, aber die Beachtung dieser Tatsachen ist wichtig.

Verwendung dieser Strukturen ohne Verständnis für ihre spezifische Wirkung ist weniger nützlich und womöglich verwirrend.

Bilder in den Schnee zu zeichnen ist das beste Beispiel für meine Versuche, eine perfekte Form zu schaffen. Unvermeidlich verändert der Schnee sich ständig: unmöglich, ihm eine dauerhafte Form zu geben. In den Schnee zu zeichnen ist gleichsam ein Versuch, ein Bild zu schaffen, das bestimmte Gedanken zu einer bestimmten Zeit aufzeichnet. Man zeichnet schnell, immer in dem Bewußtsein, daß man etwas ganz Flüchtiges, Momentanes, sich selbst Auslöschendes schafft. Bald ist es dahin, und man hat keine Zeit, ihm nachzutrauern. Es ist wichtig für das Erlebnis, für die Zeit, in der es existiert, und die Zeit, die es in einem nie endenden Prozeß von Schöpfung/Konstruktion und Destruktion eingenommen hat. Ein Kreislauf. Es ist möglich, unmittelbare Reaktionen auf höchster Ebene zu erreichen, aufgezeichnet nach einer spontanen Methode und das Denken in seiner reinsten Form abbildend, wenn man bei der Arbeit weiß, daß das Werk, das man hervorbringt, flüchtig und in einem weiteren Sinne bedeutungslos ist, in einem unmittelbaren Sinne aber bedeutsam, eine perfekte Darstellung vergehender Zeit, existierender Zeit. Dann begreift man, daß man reagiert, statt zu agieren. Reagiert, statt zu inszenieren. Kunst statt Imitation. Die Urreaktion. Menschliche Versuche, an die Zeit Anschluß zu halten.

Dies, meine ich, ist der Vorteil heutiger Kunstausübung: Wenn wir begreifen, daß wir nur flüchtig da sind, sehen wir unserer Selbstauslöschung entgegen, begreifen, welches unser Schicksal ist, und müssen uns ihm stellen. Kunst ist die einzig vernünftige Urreaktion auf die Aussicht möglicher Destruktion (Auslöschung).

DEZEMBER 1978

Ein Environment ist definitionsgemäß die Ansammlung umgebender Sachen, Bedingungen oder Einflüsse. Das Environment, das ich in dem Raum in der Studentengalerie der School of Visual Arts in der 23. Straße geschaffen habe, besteht aus Bildern, die ich gemalt habe, seit ich in New York bin, außerdem aus einer Sammlung von Papiergemälden aus dem Pittsburgher Papierkabinen-Environment. Manche von diesen Bildern hingen schon in dem Raum, in dem ich mein erstes Papier-Environment machte. Also ist manches von dem Papier in dem New Yorker Environment tatsächlich schon die dritte Generation.

Das erste Mal machte ich das in einem kleinen weißen Raum im Kellergeschoß des Arts and Crafts Center in Pittsburgh. Mehrere Rohrleitungen liefen horizontal an der Decke entlang, an verschiedenen Stellen und verschieden hoch. Daran hängte ich (mit Schnüren) etliche Bögen Papier auf: Tapeten, Lithographien, mißlungene Bilder, die ich gemalt und dann in Stücke gerissen hatte, Seiten aus Telefonbüchern, Fotohintergrundpapier und kleine Gemälde von mir. Dann wurde der Fußboden mit Papier bedeckt und mit Temperafarbe aus Druckflaschen bespritzt. Es waren leuchtende Farben, und sie ergaben herrliche Muster. Das Wichtigste an dieser Arbeit war für mich, daß ich dabei zum ersten Mal eine seit langem gehegte Phantasie wirklich ausleben konnte: Farbe in einen Raum zu schmeißen, unbekümmert darum, wo sie landet.

Nachdem die Farbe getrocknet war, nahm ich das Papier vom Boden ab. Dann hängte ich vier Bögen Bristolkarton (50 x 75 cm) in Augenhöhe quer über die Vorderseite des Raums. Sie wirkten als Barriere vor den bemalten Papierbögen. Der Bristolkarton war zuvor in einem dichten, fast geometrischen Stil mit chinesischer Tusche bemalt worden. Dabei waren die vier Bögen nebeneinandergelegt und als ein einziges Bild behandelt worden. Als sie jedoch im Raum aufgehängt wurden, blieben sie durch jeweils 60 cm Zwischenraum getrennt, so daß die Verbindung weniger deutlich, aber immer noch erkennbar war.

Die Rohre liefen an verschiedenen Stellen im Hintergrund an der Decke entlang, so daß die auf verschiedenen »Ebenen« aufgehängten Papierbögen eine interessante Tiefenwirkung erzielten. Fotos von dieser Arbeit sind nicht erhalten.

Das zweite Papier-Environment machte ich für meine Einzelausstellung im Arts and Crafts Center. Ich baute einen hölzernen Rahmen, aus dem auf jeder Seite Nägel vorstanden. Dieser Rahmen wurde dann zwei Meter über dem Boden an der Decke aufgehängt. Zwischen den Nägeln wurden Schnüre gezogen, so daß ein Gitter entstand. Dann wurde an den Seiten schweres Papier (Bristolkarton) aufgehängt.

Das Ganze nahm die Ecke eines Raums ein; darum waren nur zwei Seiten von außen abgedeckt. Die Innenwände wurden auf allen vier Seiten mit Metallfolie bedeckt. An der Vorderseite war ein Durchgang.

Die von dem ersten Environment übriggebliebenen Bögen wurden nun an den Schnüren von der falschen Decke der Papierkabine herab aufgehängt. Auch neue Gemälde und Stücke von Gemälden kamen hinzu. Der Boden wurde mit rotem Vinyl belegt.

Von dieser Arbeit gibt es noch Fotos.

Es war interessant, weil man in der Kabine herumlaufen und die Bilder in Bewegung setzen konnte, mit der Bewegung spielen usw. Wenn man an einer Schnur zog, bewegten sich alle Papiere, weil sie alle an demselben Gitter von der Decke herabhingen.

Die New Yorker Installation ist eine Verbindung dieser beiden Effekte mit einem neuen Verfahren. Statt an der Decke aufgehängt, werden die Bilder alle an den Wänden befestigt. Die Wände sind ziemlich groß, etwa 6 x 7 Meter, und machten die Verwendung mehrerer großer Papiergemälde erforderlich. Ich nahm alle großen Bilder, die ich hatte, bis auf drei. Manche Bilder wurden in Stücke gerissen, um sie gleichmäßiger verteilen zu können. An manchen Stellen wurde metallisches und hellrotes Klebeband in diagonalen Streifen angebracht. Die Form des Papiers läßt es dreidimensional erscheinen.

Nachdem die Wände vollständig bedeckt waren, wurde der Boden mit weißem Papier ausgelegt. Am nächsten Tag stellte ich im Foyer vor der Galerie einen Video-Monitor auf. Ein Recorder war angeschlossen, so daß ich das Bild, während es live gezeigt wurde, aufzeichnen konnte. Im Ausstellungsraum bediente Drew Straub die Kamera, während der Monitor die Bilder im Foyer zeigte. Ich hatte 15 Liter weißen Latex, füllte ihn in Druckflaschen und malte den Raum damit an. All dies wurde auf Videoband aufgenommen. Ein paar Tage später nahm ich das Papier vom Boden ab.

Die wichtigste Idee bei diesen drei Arbeiten ist die der Willensfreiheit, die von mir geschaffenen Bilder zu zerreißen, abzuändern oder zu vernichten. Der Fähigkeit, meine Bilder auseinanderzureißen, damit sie mir bessere Dienste leisten. Das einzige, worauf es bei der Gestaltung des Environments ankommt, ist das Environment selbst. Wenn ich ein Gemälde zerstückeln oder übermalen, wenn ich Bilder zerstören muß, die mir vorher gefallen haben, zu dem Zweck, ein neues Werk mit stärkerer Wirkung zu schaffen, dann werde ich es tun. Die Gemälde sind keine endgültigen Formulierungen. Sie können verändert, umgebildet, kombiniert oder vernichtet werden. Drei Wandbilder behielt ich zurück, weil sie mir persönlich viel bedeuteten und weil sie repräsentativ für die Gemälde waren, die ich in dem Environment verwendete. Hätte ich sie jedoch gebraucht, um den Raum zu füllen, hätte ich sie wahrscheinlich auch verwendet.

Der ausschlaggebende Gesichtspunkt ist die maximale Wirkung. Natürlich geht man ein hohes Risiko ein, wenn man viele Werke für die Vervollständigung eines vereinheitlichten Werkes opfert, aber das ganze Leben ist voller Risiken. Risiken sind es, die den Unterschied zwischen neuen Ideen und überarbeiteten alten Ideen ausmachen. Wenn ich eine Idee habe, die es mir wert zu sein scheint, daß ich mich vorbehaltlos für sie einsetze, dann verwende ich alles, was ich zur Hand habe. Nichts ist so heilig, daß es nicht geändert werden könnte. Wenn ein Werk etwas Endgültiges wäre, dann müßte es vollkommen sein oder die reinste Form haben, die sich erreichen läßt. Ich halte mich nicht für fähig, die Vollkommenheit der Natur nachzuahmen. Das Werk, das ich schaffe, ist von einer Wirklichkeit anderer Art. Es ist nicht so geschaffen, wie die Natur geschaffen ist. Es geht aus meinen menschlichen Schöpfungsbemühungen hervor, kann aber nie die Vollkommenheit erreichen. Menschen sind der Vollkommenheit nicht fähig. Was ich mache, kann nur ein Werk des menschlichen Geistes und Verstandes werden. Dieser Schöpfungsakt oder das Wissen von der Schöpfung verändert sich mit der Zeit. Die Natur ist eine Konstante. Bei Menschen ist die Veränderung konstant. Bestenfalls können wir etwas hervorbringen, das unsere Leistungsfähigkeit innerhalb einer gewissen Zeitspanne beweist. Angenommen, daß sie für eine bestimmte Zeit repräsentativ sind, so sind diese Werke vermutlich die reinsten, deren wir bis dahin fähig waren, doch nachher sind wir schon wieder weiter fortgeschritten, weil wir aus dieser neuen Arbeit etwas gelernt haben.

Die Natur bewegt sich in Bahnen, die zumindest für unser Verständnis unveränderlich sind. Sie bleibt konstant, mit wenigen für uns erkennbaren Abwandlungen. Menschen können das niemals nachahmen oder die gleichen Stufen der Vollkommenheit oder der Zeitlosigkeit zu erreichen hoffen. Wir sind Opfer des Wandels. Wir verändern und entwickeln uns ständig. Bestenfalls können wir diese Entwicklung in unserer Kunst aufzeichnen. Retrospektive Ausstellungen machen diese Idee deutlicher.

Was ich vorschlage oder was ich für mein Teil zu leisten versuche ist ein Gesamtwerk, das sich in ständiger Bewegung befindet. Ich gebe zu, daß mein Werk auf sich selbst aufbaut, daß es Entwicklungen und Veränderungen durchmacht. Ich bin darauf versessen, frühere Arbeiten neu zu verwenden, neu zu interpretieren, weiterzuführen, auf ihnen aufzubauen, sie nach meinem eigenen freien Willen abzuändern.

Es gibt keinen Grund, sich durch Abwendung von alten Arbeiten oder alten Ideen selbst einzuschränken. Denn selbst wenn man dies zu tun glaubt, kann man es gar nicht. Man kann nur auf den früheren Erfahrungen und Leistungen aufbauen.

Außerdem, da wir unter der Drohung der möglichen Vernichtung in Gestalt des nuklearen Krieges usw. leben, ist mir die Gegenwart am wichtigsten. Leben von einem Tag zum andern, als ob es das einzig Wichtige und Bedenkenswerte wäre. Diese Environments wurden geschaffen, um den Betrachter zu einer Reaktion zu veranlassen. Sie rufen Gefühle, Gedanken und Eindrücke hervor. Ich möchte die Menschen Kunst erleben lassen, ohne daß sie Hemmungen spüren. Sie können sie betasten, in die Hand nehmen, abändern, erleben. Es ist eine nicht ganz so »seriöse«, nicht ganz unantastbare (sakrale) Kunst. Sie stellt in Frage, ob es Sinn hat, auf einer unbefleckten Leinwand zu malen und leicht zerbrechliche Materialien zu verwenden. Sie arbeitet einer Kunst entgegen, die den Betrachter durch ihre »Vollkommenheit« einschüchtert. Sie arbeitet einer Kunst entgegen, die eine spezifische, eng definierte Bedeutung hat.

Ihre Absicht, ihre Bedeutung ist, ein Gefühl mitzuteilen, irgendeines. Was es für ein Gefühl ist oder wie es erlebt wird, hängt vom Betrachter ab. Der Betrachter soll das Bild ansehen und darauf reagieren können, ohne sich den Kopf darüber zu zerbrechen, ob er es »versteht«. Es will gar nicht verstanden werden! Wer »versteht« schon ein Kunstwerk? Wenn Kunst so leicht zu rubrizieren ist, dann ist sie nur für diejenigen da, die sie »verstehen«, während alle anderen nichts von ihr wissen.

Meine Kunst zu definieren hieße ihre Absicht vereiteln. Einzig legitim ist die »*individuelle* Definition«, die individuelle Deutung, eine ganz und gar persönliche Reaktion, die nur als Meinung zu werten ist. Die letztlich gültige Bedeutung meines Werkes kennt niemand, denn es gibt sie nicht.

Es gibt keinen Gedanken.

Es gibt keine Definition.

Das Kunstwerk bedeutet nichts.

Es ist allein dazu da, in individueller Reaktion verstanden zu werden.

Diese Environments sind nicht nur für »Kunstverständige«. Jeder kann sie erleben, überall. Diese Kunst ist universal und kann alle Lebensbereiche angehen. Jeder lebende Organismus reagiert auf seine Umgebung. Kein Vorwissen über die Kunst ist nötig, um die instinktive natürliche Reaktion zu erleben, die unvermeidlich eintritt, wenn ein Mensch in eine ungewohnte Umgebung versetzt wird. Sie ist spontan und automatisch. Die einzige Möglichkeit, daß die Reaktion ausbleibt, liegt darin, daß jemand behauptet, nicht berührt worden zu sein oder nichts dabei zu empfinden. Das ist die konditionierte Reaktion eines beschränkten Geistes, wahrscheinlich gehemmt durch die Befürchtung, wenn man offen wäre, könnte man etwas sagen, was sich absonderlich oder ahnungslos anhört. Diese Haltung ist heute weit verbreitet und war es vermutlich schon immer.

Sie wird im allgemeinen durch die Haltung der Künstler und Pädagogen noch verstärkt, anstatt daß versucht würde, sie zu ändern.

Kunst ist für alle da.

Abstrakte Ideen in Worte zu kleiden...

18. DEZEMBER 1978

Nachdem ich die Gedanken in diesem Notizbuch noch einmal durchgesehen habe, finde ich, daß mehrere davon auch für meine heutigen Auffassungen charakteristisch sind. Der eine Gedanke, den ich nur leicht angetippt, aber nie gründlich ausgeführt habe, ist der, daß meine Gemälde und meine letzten Skulpturen mehr mit räumlichen als mit bildhaften Belangen zu tun haben. Die Bilder sind Ergebnisse von Bewegungen, Handlungen innerhalb eines bestimmten Raums.

Zum Beispiel finde ich im nachhinein, daß ich womöglich deshalb Wert darauf lege, die ersten paar Minuten der Arbeit an einem Gemälde damit zu verbringen, eine Grenze um den Bereich zu ziehen, den ich bemalen will, weil ich mich mit dem Ausmaß des Bildes, das ich malen will, vertraut machen muß. Ich erkunde physisch das ganze Perimeter des gegebenen Raums. Nachdem ich den Raum markiert und eine Grenze gezogen habe, oder mehrere Grenzen, sind mir alle meine Ränder körperlich bewußt. Ich habe meine Grenzen und meinen Raum bestimmt. Dann mache ich mich von einem Bereich ausgehend an die Arbeit und knüpfe daran an, bis ich den ganzen vorher abgesteckten Raum ausgefüllt oder berücksichtigt habe.

Das ist, wie schon gesagt, eine Gedanke im nachhinein, aber das heißt nicht unbedingt, daß er mir nicht schon bewußt war, als ich die Bilder malte. Es wird interessant sein zu sehen, ob die Bewußtheit dieses Umstandes die Art und Weise, wie ich die Umgrenzung in meinen zukünftigen Gemälden behandle, beeinflussen wird.

Meine Interessen bei all meinen Arbeiten sind vielleicht vielschichtiger, als mir bewußt ist, oder vielleicht wird mir auch jetzt erst klar, wie komplex der Denkprozeß ist und wie wichtig es ist, Raum und Bewegung in Harmonie zueinander einzusetzen.

Indem ich mehr über die Kunstgeschichte erfahre oder verstehe, über die Wissenschaft, die Natur und über mich selbst, wird mir deutlicher bewußt, was ich tue und warum ich es tue. Das ist grad jetzt meine Hauptfrage – warum?

Diese Fragen helfen mir, mich weiterzuentwickeln, weiter zu denken und unvermeidlich dann auch Interessanteres zustande zu bringen. Im ständigen Umgang mit Schriftstellern, Tänzern, Schauspielern, Musikern usw. bin ich gezwungen, meine Absichten/Interessen mit ihren zu vergleichen. Sie sind einander auffallend ähnlich. Mein Interesse an Raum, Bewegung und Struktur ist dasselbe wie bei modernen Tänzern. Wie Musiker achte ich auf Spontaneität, Improvisation, Kontinuität und Harmonie. Theaterleuten und Performance-Künstlern fühle ich mich verbunden, weil ich »Malerei als Aufführung« betreibe (Videobänder). Mit Filmregisseuren habe ich die visuellen Interessen gemeinsam. Es kommt mir vor, als ob die Künste sämtlich zu einer mittleren Ebene hin gravitieren, auf der wir uns alle bewegen. Dieselben Gesichtspunkte (oder ähnliche) gelten für alle Künste.

Gespräche mit diesen Leuten helfen mir verstehen, aus welchen Gründen ich selbst Kunst mache. Die Dinge, mit denen ich es zu tun habe, wenn ich Bilder/Objekte mache, sind nicht neu, und es sind keine Themen, die nur die Bildhauerei oder Malerei angingen. Es sind universale Gesichtspunkte, die viele Bereiche des Lebens betreffen.

Eines der Dinge, das einen Aspekt aller Lebensformen darstellt und von dem alle Kunstformen sich herleiten, ist die Struktur. Ich las eben ein Interview mit Douglas Dunn, in dem er gefragt wird, wieviel ihm daran liege, daß sein Tanz Struktur sei. Mir schien die Frage unbeantwortbar zu sein. Er sagte: »Ich fasse alles, was ich bei einem Tanz tue, als

Struktur auf. Definitionsgemäß.« Die Struktur liegt allem zugrunde. Egal, wie »abstrakt« ein Bild wird, es ist niemals unstrukturiert. Eine Ordnung/Struktur ist in aller Materie, allem Tun und Denken, so unstrukturiert es auch erscheinen mag. Die Zeit selbst erzwingt Struktur. Man kann von einer schon strukturierten Idee oder einem Plan ausgehen oder aber die Struktur herausfinden, die in einer beliebigen Idee oder Tat vorhanden ist, selbst wenn sie ohne Vorüberlegung oder Strukturplan durchgeführt wurden.

Nichts ist chaotisch. Alles trägt Beziehungen in sich, in denen sich Grundstrukturen spiegeln. Im modernen Alltagsleben werden die Strukturen augenfälliger, aber nicht durchsichtiger. Reduktion der Form auf ihre wesentlichen Elemente. Die Ordnung klären, indem man sie entweder augenfälliger oder weniger augenfällig macht!

Irgendwo innerhalb dieser Wortgruppen liegen die Ideen, die sich aus meinem Kopf ins Freie durchschlagen wollen, wo sie geklärt und verstanden werden können.

Ich denke, es gibt wohl viel mehr strukturelle Kräfte und nicht-augenfällige Bestrebungen in meinen eigenen Arbeiten. Was ich versuche, ist, sie an die Oberfläche zu bringen, damit sie weiter erforscht (entwickelt) werden können.

Ich male keine Bilder mehr.

Mein Desinteresse an fertigen Ergebnissen und »endgültigen Aussagen« verdeutlicht diesen Gedanken. Ich bin mehr daran interessiert, mit der Zone vertraut zu werden, die die physische Realität meines menschlichen Körpers umgibt. Ständig werde ich mit Einflüssen meiner Umwelt bombardiert. Ich wünsche mir nur, ich könnte einige davon zurückwerfen. Energien/Einflußkräfte erzeugen, die die anderen treffen, so wie ihre Einflüsse mich treffen. Meine Gemälde selbst sind nicht so wichtig wie die Interaktion zwischen den Menschen, die sie sehen, und die Ideen, die sie mitnehmen, wenn sie sich von meinem Bild entfernen – die Gedanken und Gefühle, die aus ihrem Bewußtsein hervorgestiegen sind, infolge des Kontakts mit meinen Gedanken und Gefühlen, so wie sie durch die physische Realität der Bilder/Objekte hindurch zu sehen waren.

Das Gelingen meiner Absichten wurde mir am deutlichsten bei mehreren Gelegenheiten bewußt, als ich im Bildhauer-Atelier in der 22nd Street großflächige Bodengemälde machte. Das Gebäude hat riesige Türen, die auf die 22nd Street hinausgehen. Ursprünglich führten sie zu einer Laderampe. Meistens arbeitete ich nahe bei den Türen, um mir das einfallende Sonnenlicht zunutze zu machen. Der Verkehr auf der Straße ist spärlich, aber viele Leute nahmen sich doch die Zeit, stehenzubleiben und mir zuzusehen. Oder wenigstens schauten sie einmal kurz her, diskutierten mit mir oder sagten mir, was es ihrer Meinung nach war. Es war wunderbar, so viele weit auseinandergehende Ansichten, Ideen und Kommentare zu vielen verschiedenen Seiten ein und derselben Arbeit zu hören. Was mir den größten Eindruck machte, war die »Sorte« von Leuten, die stehenblieben und mit mir redeten. Es waren zumeist *keine* Galerie-Besucher und keine Leute, die oft ins Museum of Modern Art gehen, aber sie waren interessiert. Es gibt ein Publikum, das ignoriert wird, obwohl es nicht unbedingt aus Ingoranten besteht. Die Leute sind offen für die Kunst, wenn die Kunst offen für sie ist.

1978

Einzelausstellungen
Pittsburgh Center of the Arts, Pittsburgh
Westbeth Painters Space, New York
P. S. 122, New York
Club 57, New York

1979

11. JANUAR 1979

Ein paar Tage nach dem letzten Eintrag in dieses Tagebuch habe ich das Geschriebene zum großen Teil noch mal durchgelesen und fand es bei weitem nicht genau genug. Es kam mir seicht und untertrieben vor. Ich war schon entschlossen, die vorigen Seiten wegzuwerfen. Statt dessen habe ich aber nur aufgehört, in das Buch Eintragungen zu machen, weil ich mir sicher war, daß meine Bemühungen nichts fruchten konnten oder meine »wahren« Gedanken und Motivationen bestenfalls andeuten würden.

Heute abend habe ich es noch mal gelesen und fand immer noch manches, das mich stört, aber sehr zu meiner Überraschung auch anderes, das im Lichte meiner jetzigen Gedanken und der jüngst erworbenen Kenntnisse eine neue Bedeutung anzunehmen schien.

Den größten Einfluß, obwohl es nicht der einzige ist, hat das Werk von William S. Burroughs gehabt. Seine profunden Einsichten, auf die ich in den Rundfunksendungen der Nova Convention und in dem Buch *The Third Mind* von Burroughs und Brion Gysin stieß, das ich eben erst angelesen habe, beginnen etliche lose Fäden in meiner Arbeit und meinem Denken zu verknüpfen. Gespräche mit Barbara Buckner, Lucio Pozzi, die Einführung in die Werke von Gertrude Stein und Meredith Monk, Schriften von van Gogh, John Cage und Richard Kostelanetz, Gespräche mit meinen Freunden Mary Gleasen, Drew Straub, Kermit Oswald, Brian Warren, Frank Holliday und Nina Renna, Anhören der Musik von Steve Reich und Brian Warren, die Arbeit mit Ellen Webb an Worten und Bildern im Zusammenhang mit Muskelmechanismen, tagelange intensive Beschäftigung mit einem Port-o-pak, simultanes Abspielen meiner zwei Video-Bänder mit »Klanggewebe«, die verblüffenden Möglichkeiten der Nebeneinanderstellung von Ton und Bild, Anhören von Gedichten John Giornos, vorgelesen auf Tonband mit Verzögerungs-System, und die Video-Klasse mit Barbara Buckner: alle diese Dinge akkumulieren und definieren sich wechselseitig, werden ausgetauscht und miteinander verglichen, und ich fange endlich an zu begreifen, daß alles ein einziges Ganzes ist und daß in meinem Bewußtsein dramatische Veränderungen (der Wahrnehmung) stattfinden; ein neues Verständnis und Interesse für stillschweigendes Wissen, erste Versuche, in Bildern und nicht in Worten zu denken, eine neue Auffassung all der zuvor mißverstandenen Verbindungen zwischen meiner Auswahl von Bildgegenständen und der aztekischen, ägyptischen und chinesischen Symbolik, neue Richtungen, mehr Reflexion, neues Verstehen und viele, viele neue Fragen. Trotzdem, wenn ich dies wieder lese, scheint es nur an die Oberfläche zu rühren. Zuverlässig aufzuzeichnen, was ich denke, scheint mir unmöglich.

12. JANUAR 1979 – 21 FIRST AVENUE APT. 18, NEW YORK CITY

Gedanken über die »Wirkung« von Kunst auf den Betrachter. Menschliche Reaktion (instinktiv): Leute reagieren

> physisch auf Größe
> psychisch auf Farbe
> emotional auf erkennbare Gegenstände
> begrifflich auf Ideen
> emotional auf exzessiven Negativismus
> physisch auf Töne
> physisch auf Bewegung.

Tatsächlich sind alle diese Reaktionen wohl in wechselnden Situationen austauschbar.

Diese Gedanken ergeben sich aus meiner persönlichen Suche nach der Quelle meines Bild/Objekt-Schaffens.

Wenn ich nach dem Grund frage, »warum« ich Kunst mache und »was« ich damit erreichen will, daß ich gerade »Kunst« mache, stellt sich unausweichlich die Frage:

»Welche Wirkung hat mein Werk auf den Betrachter?« und dann: »Auf was reagieren die Leute, und wie löst man innerhalb dieses Rahmens eine spezifische Reaktion aus?« oder: »Bin ich auf eine konditionierte Reaktion aus?«

Dies alles zu einer Zeit, wo ich habe haltmachen und mir eine Menge Fragen stellen müssen, weil es mir sehr wichtig geworden ist zu wissen, warum ich tue, was ich tue, aus Sorge, daß ich, wenn ich das nicht weiß, weiter Objekte/Bilder anfertigen könnte, für deren Existenz es keinen Grund gibt. Es ist mir klar, daß ich keine Aussicht habe, ganz zu verstehen, was ich momentan tue, weil ich noch in der Gegenwart bin. Die Dinge erge-

*Keith Haring in der
New Yorker School of
Visual Arts, 1979*

ben erst mit der Zeit einen Sinn. Es ist jedoch ein dringliches Thema, denn ich glaube, wenn meine Ideen klarer wären, dann gäbe es nichts, was ich mit diesen Ideen nicht ausrichten könnte.

Heute bin ich früh aufgewacht, fühlte mich etwas unruhig und entschloß mich zu einem Spaziergang. Als ich rauskam, war es noch dunkel. Ich fuhr mit einem Bus in Richtung der Außenbezirke, um die Stadt aufwachen zu sehen. An der 42. Straße stieg ich aus und ging hinter dem UN-Gebäude zum Fluß. Ich lief lange herum, dachte nach und fand, daß ich doch schon eine ziemlich klare Vorstellung davon habe, was ich machen will. Wohin es führen wird, weiß ich nicht, aber das kann man unmöglich wissen.

Trotzdem, egal auf wie viele Arten ich mich davon loszumachen versuche, ich denke doch, ich bin immer noch im Grunde ein Maler.

Meine plastischen Versuche (wenn es überhaupt nötig ist, da einen Unterschied zu machen) gingen von sehr malerischen Methoden und Interessen aus. Ich glaubte, daß meine Musik-, Video- und Bewegungsstudien allesamt von meinem zwanghaften Bedürfnis herrühren, zu malen oder an Themen zu arbeiten, die in der Vergangenheit der Malerei zugewiesen wurden.

Ich meine, irgendwo habe ich die Tatsache aus den Augen verloren, daß ich jetzt schon Arbeitsweisen habe, die für die Malerei neu sind. Obwohl auch andere schon vielfach denselben Ideen nachgegangen sind, ist doch vieles noch nicht angepackt worden. Meine Malerei ist bis jetzt zumeist ein Experimentieren mit den Grenzen oder Zerstörung anerkannter Grenzziehungen. Ich möchte meine persönliche Erkundung nicht dadurch beschränken, daß ich nur eine einzige Richtung verfolge. Ich habe Papier auf dem Fußboden in verschiedenen Größen bemalt. Jedes Bild, das ich male, ist anders, insofern es eine andere Reihe von Grenzen und Umrissen hat. Ich verwende dieselbe Anordnung von Einflüssen/Bezugspunkten nicht zweimal. Ich habe geübt, beidhändig gleichzeitig mit ein

Meter langen Pinseln zu arbeiten. Ich male aus verschiedenen Richtungen innerhalb oder außerhalb einer Umgrenzung. Das Tempo der Ausführung wechselt je nach der Umgebung, in der gemalt wird, und in diesem Sinne ist das Bild gegenständlich: Es gibt eine bestimmte Zeit, einen Ort und eine Reihe von Einflüssen wieder.

Ich glaube, daß ich zu jeder Zeit total unter dem Einfluß meiner unmittelbaren Umgebung stehe. Ein Hauptgegenstand meines Interesses ist immer der Betrachter gewesen.

Obwohl der Akt des Malens selbst letztlich persönlich und privat (sofern nicht in Anwesenheit des Publikums) und das Ergebnis nur *meiner* Absichten und Handlungen ist, findet doch, sobald ein anderer das Bild erst gesehen hat, eine Verknüpfung und ein unvermeidlicher Austausch von Gedanken statt. Das Bild ist nun nicht mehr in meinen Händen. Mein Interesse an ihm ist zum großen Teil geschwunden.

Obwohl ich es für ganz unwichtig halte, bei der Arbeit an einem einzelnen Werk an den Betrachter zu denken, finde ich doch, daß der Künstler, wenn er einen ganzen Werkkomplex schafft, der von anderen betrachtet werden soll, in einem gewissen Maße verpflichtet ist, auf den Betrachter Rücksicht zu nehmen. Wie weit das geht, ist nicht so wichtig, aber denken sollte man daran.

Ich möchte wissen, worin die Menschen den Zweck der Kunst in ihrem Leben sehen. Und als Schöpfer oder Anbieter ihrer Kunst muß ich ihr Leben ebensowohl wie meines bedenken.

Das hängt, nehme ich an, davon ab, was man persönlich für den Zweck von »Kunst« in unserer Gesellschaft hält. Wenn man an öffentlicher Interaktion der eigenen Kunst nicht interessiert ist, braucht man ans Publikum nicht zu denken.

Ich finde, ich bewege mich auf einem schmalen Grat zwischen dem, was mir selbst wichtig erscheint, und dem, was ich für wichtig halte, um mit dem Publikum in Kontakt zu bleiben, oder ich frage mich, ob die Leute ihr eigenes Bedürfnis nach Kunst verstehen und ob die Kunst in ihrem Leben überhaupt eine Rolle spielt.

Ich denke, Kunst ist ein notwendiger Bestandteil unserer Umwelt, unserer Gesellschaft.

Sie ist eine Idee, eine Lebens-, Sehens- und Daseinsweise, eine Einstellung zum Leben, ein Respektieren und Verstehen seiner Ordnung. Versuche, diese Idee physisch mitzuteilen, haben das, was wir »Kunst« nennen, zum Ergebnis.

Meine Versuche sind nichts als Aufzeichnungen meiner Existenz, Aufzeichnungen meiner Interaktion unter bestimmten räumlich-zeitlichen Gegebenheiten. Das Ergebnis ist nur Ergebnis und spielt auf die Idee nur an. Das Ergebnis ist nicht die Idee. Die Idee ist die Idee.

Meine Obsession, Bilder und Objekte zu schaffen, hat mich durch viele verschiedene Arbeitsweisen hindurchgeführt. In letzter Zeit bin ich damit beschäftigt, meine Gemälde zu sezieren, um wesentliche Formen und Figuren daraus herzuleiten, die individuell interessant sind. Die Arbeit mit solchen Figuren, ob sie nun plastisch oder gemalt sind, erlaubt mir, ihren Charakter und ihre Symbolik tiefer zu ergründen. Versuch, Figuren oder Form zu verstehen. Erkunden der Struktur. Abwandlungen einer gegebenen Idee.

Letzte Nacht habe ich drei Bilder, die in meinem Zimmer hängen, mit mehr schwarzer Tusche übermalt, so daß die ganze Fläche schwarz wurde. Innerhalb und unterhalb der schwarzen Tusche ist aber einiges los. Das war sehr interessant für mich und auch ein bißchen befreiend.

Mich endlich von meiner starken Neigung zum Augenfälligen lösen.

Ich bin interessiert an meinen Reaktionen auf die Umwelt, entweder auf meine unmittelbare Umgebung oder auf die Einflüsse, die ich aufgreife und im Gedächtnis mitnehme.

Heute habe ich schöne ägyptische Zeichnungen gesehen. Von den Gestaltungskonzepten und dem Symbolgebrauch der Ägypter kann man viel lernen.

Ich bin fasziniert von den Formen, die Menschen sich als Symbole erwählen, um eine Sprache zu schaffen. Mehrere Zeichnungen machten deutlich, wie die Symbole von ihren früheren Formen hergeleitet wurden, bis zurück zur Bildsymbolik. In allen Formen gibt es eine Grundstruktur, eine Bezeichnung des ganzen Objekts durch ein Minimum an Linien, das zum Symbol wird. Diese Grundstruktur ist allen Sprachen, allen Völkern und allen Zeiten gemeinsam. Womöglich neige ich deshalb so zur Verwendung kalligraphischer Bilder und hieroglyphischer Formen. Es sind Grundstrukturen, die den Menschen aller Zeiten gemeinsam sind und daher auch für uns interessant.

In meinen Gemälden ist womöglich mehr an gegenständlicher Bedeutung, als ich gern zugeben möchte.

Ich male Bilder, die sich von meinen persönlichen Erkundungen herleiten. Sie zu entziffern, ihre Symbole und ihre Implikationen zu verstehen, überlasse ich anderen. Ich bin nur Mittelsmann. Ich sammle Informationen oder *empfange* Informationen, die aus anderen Quellen kommen. Ich übersetze diese Information mit Hilfe von Bildern und Objekten in eine physische Form. Alles Weitere ist nicht mehr  meine Sache. Es ist Sache des Betrachters oder Interpreten, der meine Information aufnimmt, um seine eigenen Ideen oder Sinndeutungen aus ihr abzuleiten.

Auf diese Weise, glaube ich, bin ich ständig in Kontakt mit dem Betrachter – vor Beginn der Arbeit, wenn ich vom »Betrachter« Information erhalten, und auch nachher, wenn er zum »wirklichen Betrachter« wird und mit seiner persönlichen Interpretation auf das Bild reagiert.

Collagen

Nach all diesen Worten möchte ich nun arbeiten. Ich wollte manche Ideen von Matisse nachvollziehen und dann mit Collagen experimentieren. Ich zitiere aus Mark Stevens' Artikel »Earthly Paradise» in *Newsweek* vom 19. September 1977:

> Matisse selbst sagte, das Zeichnen sei Sache des Geistes und die Farbe Sache der Sinne, und beides läge in ewigem Widerstreit. In seinen Collagen glaubte Matisse die beiden Feinde zu vermählen, indem er in Farbe zeichnete. Er glaubte auch, Malerei, Skulptur und Zeichnung miteinander verbunden zu haben. Seine Schere biß in die Gouache, wie der Meißel in den Stein dringt oder die Feder das Papier ritzt. Eine einzige Bewegung, sagte er, verband die Linie mit der Farbe und die Kontur mit der Fläche.
>
> Gustave Moreau sagte zu Matisse, er sei dazu geboren, die Malerei zu vereinfachen, und der Künstler gab sich alle Mühe, das zu finden, was er das Zeichen oder die Essenz eines Objekts nannte. Man müsse ein Objekt lange studieren, gab er zu bedenken, ehe man wissen könne, welches sein Zeichen ist.

Ich nehme an, daß die Umkehrung ebenso richtig ist: Wenn man spontan ein Zeichen hervorbringt, das aus der Ansammlung von Objekten im Unterbewußten stammt, muß man dieses Zeichen lange studieren, um zu erfahren, welches Objekt es bezeichnet.

12. JANUAR 1979

In meinem Zimmer ist Veränderung der Dauerzustand. Vor drei Tagen hatte ich zwei Bilder gemalt, das eine mit schwarzer Tusche über einem Gemälde in »roter Tempera auf braunem Packpapier«. Die schwarze Tusche überdeckte alles auf dem ursprünglichen Papier, bis auf ein kleines Dreieck (rot). Außerdem malte ich ein kleines Bristolkartonblatt schwarz an und ließ nur ein Dreieck weiß.

Dort hing auch ein 3 x 1^1/$_2$-Meter-Gemälde, Schwarz auf Weiß, das ich mit Ein-Meter-Pinseln gemalt hatte, mit großen schwarzen Flächen. Auf dieses Bild konnte ich mich nicht einstellen, außer wenn ich die Brille abnahm. Einen Tag darauf übermalte ich alle drei Gemälde mit schwarzer Tusche, so daß keines von den »Bildern« deutlich blieb.

Diese »schwarzen« Gemälde hingen noch einen Tag bei mir an der Wand. Dann kam ich auf die Idee mit den von Matisse inspirierten Collagen. Man muß zunächst einmal wissen, daß mein Zimmer sehr klein ist, und die einzigen Dinge darin, meine Kleider, Stereoanlage, Vorräte usw., sind sorgfältig in einem kleinen Teil des Zimmers untergebracht. Der übrige Raum ist weiß, mit großen durchsichtigen Plastikbahnen an zwei Wänden. Eine der

Wände hat ein Fenster, das mit drei Plastikschichten verhängt ist. Permanent aufgehängte Bilder gibt es in meinem Zimmer nicht. Die Wände nehmen leicht Reißzwecken an, und das Plastik läßt sich mit Kreppband verkleiden. Wenn ich in dem Raum Bilder aufhänge, wirken sie als Einheit. Zum Beispiel die drei schwarzen Gemälde.

Der ganze Raum wirkt nun als Einheit, weil alle Bilder von denselben vier Bögen bemaltem Papier stammen.

Darüber schreiben wollte ich zuerst, um den Raum von gestern mit dem Raum heute zu vergleichen. Die Stimmung ist auffällig verändert. Wie ich jetzt hier sitze, kommt es mir vor, als ob die Collagen eine direkte Reaktion auf die schwarzen Gemälde sind.

Plastik gestattet es, mehrere Bildflächen als eine Einheit zu verwenden, schafft daher echte Tiefe und Perspektive – im wirklichen, physischen Raum –, die Logik der Schichten, ohne daß dies eine Illusion wäre.

Neueste Ausstellungen sogenannter »abstrakt-illusionistischer« Malerei bedienen sich der Schatten, um flächige Bilder schwimmend erscheinen zu lassen. Die Wirkung von durchsichtigem Plastik mit aufgeklebten Bildern ist dieselbe, wenn die Plastikbahn ein paar Zentimeter vor der Wand hängt. Die Schatten bringen eine interessante »logische Tiefe« hinzu.

21. JANUAR 1979

Dieses Tagebuch ist für mich am nützlichsten, wenn ich einen einigermaßen genauen Bericht darüber geben kann, was ich gerade mache und was ich denke, warum ich es mache.

Nach den Collagen verbrachte ich einen Tag mit einer Tube roter Gouachefarbe. Ich machte ein 3 x 2-Meter-Gemälde auf dem Boden, was damit anfing, daß ich vier oder fünf rote Formen (ähnlich den Ausschnitten) in Gouachetechnik zeichnete. Während diese trockneten, machte ich eine Gouachezeichnung auf einen Satz von vier Bögen Bristolkarton.

Nachdem diese und das große Gemälde mehrere Schichten Gouache übereinander hatten, ging ich mit schwarzer Tusche wieder an das große Gemälde. Mit einem einen halben Zentimeter breiten Pinsel begann ich halbkontrolliert, geriet dann aber stärker unter den Einfluß der Musik (klassisch, aus dem Radio) und arbeitete schneller, außer mit dem Pinsel auch mit den Händen. Zu dieser Zeit hatte ich die Kontrolle über das Gemälde verloren, und es malte sich selbst. Nachdem ich damit fertig war, ging mir die Tusche aus. Ich hatte aber noch einen Viertelbecher Gouachefarbe (rot). Ich begann 18 x 23 cm große Blätter aus einem Skizzenblock zu bemalen, mit nur einer Form auf jedem Blatt. Ich malte, bis mir die Gouache ausging. Etwa 25 Blatt.

Zu dieser Zeit hatte ich gerade angefangen, Stellen aus Kandinskys *Über das Geistige in der Kunst* zu lesen, und fand, daß der Teil des Buches, den ich aufschlug, Fragen in direktem Zusammenhang mit diesen Zeichnungen behandelte, insbesondere die Wirkung der Farbe Rot, die Verkörperung von Farbe und Form usw.

Es sind »Koinzidenzen« wie diese, die mich allen übermächtigen Zweifeln zum Trotz weiterarbeiten lassen. Ich zweifelte, während ich diese Zeichnungen machte, die ganze Zeit an ihrer Relevanz. Manchmal schienen sie nicht mehr zu sein als stilisierte Symbole aus dem englischen Alphabet.

Ein anderes Problem war: Male ich oder zeichne ich? Ich glaube, die Unterscheidung ist nicht länger nötig. Für mich sind diese Begriffe austauschbar. Zur Zeit interessiert mich allerdings die Form mehr als die Farbe, obwohl beides unmöglich völlig getrennt zu behandeln ist.

Nach diesen Zeichnungen ging ich mehr Tusche kaufen. Ich nahm auch ein Glas deckende rote Tusche mit. Als ich wieder an die »Rote-Form«-Zeichnungen ging, wollte ich erst zu jeder roten eine schwarze Form hinzufügen. Nachdem ich das aber mit dreien gemacht hatte, gefiel die Wirkung mir nicht, und ich ging dazu über, die verbleibenden Flächen zu schwärzen: was drei Rot-auf-Schwarz-Zeichnungen ergab. Der naheliegende nächste Schritt war, rote Tusche auf Teerpappe zu verwenden. Ich schnitt mehrere Stücke Teerpappe auf 18 x 23 cm zurecht und bemalte sie mit roter Tusche, in Form und Größe ähnlich wie die »Rot-auf-Weiß«-Zeichnungen. Es waren zehn Stück. Am nächsten Tag legte ich sie auf dem Fußboden aus (schwarze und weiße), so daß eine Art Schachbrettmuster entstand (noch eine andere Variation).

An dem Tag war ich in SoHo und fand ein leuchtend rotes Poster mit orientalischen Schriftzeichen, mehrere Rollen zerrissenes Papier und etwa 200 Bögen mattweißen Karton.

Das orientalische Poster nahm ich von einer Mauer ab (es riß an ein paar Stellen ein) und hängte es bei mir an die Wand, gegenüber den rotweißen Zeichnungen auf Bristolkarton. Die Kraft seiner leuchtend roten und schwarzen Bilder und seine direkte Beziehung zu diesen Zeichnungen ließen es als nächsten Schritt in einem logischen Fortgang erscheinen.

Das zerrissene Papier hat nicht direkt mit den rot-weiß-schwarzen Zeichnungen zu tun (oder scheint zu dieser Zeit nichts damit zu tun zu haben). Aber es war dennoch wichtig. Ich erkläre das später.

Am erstaunlichsten war, daß die 200 Stück mattweißer Karton genau 18 x 23 cm groß waren. Zufall?

Ich zeichnete nun schwarze Formen (Tusche) auf die Kartons, ähnlich den vorigen rot-auf-weißen und rot-auf-schwarzen Zeichnungen.

Zu dieser Zeit hatte ich etwa vierzig von diesen Schwarz-auf-Weiß-Zeichnungen.

Ich hörte vorläufig auf, wegen Zweifel an ihrer Relevanz, meinen Motiven usw.

Jetzt aber, wo ich dies aufschreibe, scheint alles Sinn zu ergeben. Die Implikationen sind immer noch unklar, aber inzwischen sind mir einige Ideen in bezug auf diese Zeichnungen, über Zyklen, Prozesse und Entwicklungen von Formen gekommen (in mancher Hinsicht verwandt mit Dorothea Rockburns »Zeichnungen, die sich selbst zeichnen«, allerdings in anderem Zusammenhang):

Die Bedeutung des »Zufalls« und des Offenseins für äußere Einflüsse und Anweisungen.

Der Künstler als Werkzeug, als Vehikel, als Opfer.

Die Verschiebung der Formen und die Fähigkeit, die Formen im Interesse einer unbegrenzten Zahl von Wirkungen zu verändern, umzustellen, zu gruppieren, zu isolieren und zu kontrollieren – niemals »endgültig«, niemals »fertig«.

Das Strukturgebot für die Form.

Struktur, auf den Menschen bezogen – Gitter oder lineare Struktur; dies lenkte hin zu Ideen betreffend Musik, Tanz usw.

Alle Dinge werden daran gemessen, wie weit sie mit einer gegebenen Struktur übereinstimmen oder von ihr abweichen.

Die Differenz wird an der Gleichartigkeit gemessen.

Wir »sehen« im Hinblick auf verwandte und vergleichbare Strukturen.

Die Bedeutung dieser Zeichnungen liegt im jetzigen Stadium für mich in ihrer Abhängigkeit von einem logischen Entwicklungsprozeß. Jede leitet sich von der vorigen her. Jede Idee führt zu einer anderen Idee. Der Zyklus ist für mich abgeschlossen, wenn ich alle Möglichkeiten so weit ausgeschöpft habe, daß sie mich nicht mehr interessieren und/oder ich schon zu etwas anderem übergegangen bin.

Nach dem Prozeß können die daraus resultierenden physischen Objekte/Bilder vertauscht werden, so daß Abwandlungen und Effekte zu verschiedenen und vielleicht ganz unverbundenen Zwecken entstehen.

Anderes Thema:

Eine meiner gelungensten Zeichnungen in letzter Zeit kam zustande, weil mir beim Ablösen der Ausschnitte von den Plastikbahnen eine meiner Lieblingsformen zerriß. Ich wollte sie retten; darum zeichnete ich sie auf ein Blatt Millimeterpapier und malte das Bild mit roter Tusche aus. Es ist immer noch eine meiner liebsten Formen. Meine Frage ist: Wie wichtig ist der Umstand, daß sie ausgeschnitten und nicht gemalt war? Die Abgeschlossenheit, Akkuratesse, Endgültigkeit eines Ausschnitts kann mir erlauben, direkter, spontaner und darum auch interessanter zu sein. Alle diese Zeichnungen leiten sich von der Bodenskulptur her, die »geschnitten« wurde. Vielleicht habe ich die Bedeutung der körperlichen Handlung, des Schneidens (oder Sägens) in meiner Fixierung auf die daraus resultierenden Formen als Formen bisher übersehen.

Anderes Thema:

Mein neuerliches Interesse am »Gruppieren« von Fotobildern. In meiner Wohnung gibt es zur Zeit drei Stellen, wo sich Gruppierungen von drei rechteckigen Bildern (alle ähnlich) befinden, und eine Gruppierung zweier Fotos (ähnlich in Größe und Bildthemen, aber nicht in der Komposition).

Vielleicht hat es etwas mit der selbstverständlichen Tatsache zu tun, daß die Fotobilder »reproduzierbar« und sich allesamt ähnlich sind.

Möglicherweise weil ich in meinen eigenen Arbeiten niemals Objekte/Bilder mache, die identisch sind, kommt meine Reaktion auf ein Foto oder mein Interesse daher, daß es eine genaue Reproduktion ist und auf Verdoppelung, Wiederholung usw. basiert. Vorzugsweise bei Dreiergruppen.

Die Gruppierung hängt auch zusammen mit meiner Verwendung von Papier und den Verhältnissen zwischen den Blättern als rechteckigen Formen.

Auf die Form des Papiers achten, ebenso wie auf die Bilder oder Formen auf dem Papier.

Damit komme ich zurück auf das zerrissene Papier, das ich in SoHo fand.

Dieses Papier war mir wichtig, weil mir daran die Bedeutung meines anhaltenden Interesses für die physische Form des Papiers klar wurde. Dies ist einer der stärksten Faktoren in meinen Arbeiten seit 1977. Ich habe es mir oft überlegt, aber nie etwas aufgeschrieben. Einer der ersten Gedanken kam mir als Reaktion auf die gespannte Leinwand und das gerahmte oder umrandete Bild, in der zunehmenden Einstellung, daß »alles, was geschieht, seinen Grund hat, und alles wird sowieso geschehn, weshalb man eigentlich keine Fehler machen kann und keine Ursache hat, unnötig viel Kontrolle auszuüben«. Diese Einstellung hat sich in gewissem Maße gehalten, hat aber verschiedene Grade der Ausprägung und Bedeutung angenommen. Schon in Pittsburgh fing ich an, mich für »Papier als Papier« zu interessieren und seine physische Form als einen positiven Faktor statt als Einschränkung zu behandeln. Ich neigte immer mehr zur Verwendung vieler verschiedenartiger Materialien und miteinander nicht verwandter Objekte zur Herstellung eines einheitlichen Werks. Ich machte eine »Steindruck-Skulptur«, die aus einer Lithographie bestand, die mit Tusche überrollt und dann an einer Schnur von der Decke herab aufgehängt wurde. Zwei weitere Blätter kamen hinzu, und das eine wurde mit »Asphaltum« (Tusche mit Lackverdünner, wird im Steindruckverfahren benutzt) bespritzt, so daß es auf die anderen beiden herabtropfte. Die Arbeit wurde in dem rein weißen Raum im Keller des Arts & Crafts Center von Pittsburgh installiert. Die Form des Papiers, so wie es durch sein Gewicht und durch die Schnur festgehalten wurde, war das entscheidende Moment. Ich arbeitete auch mit »gefundenem« Papier, das vermutlich zerknittert oder zerrissen war. Oder zerriß Papier vorsätzlich (ohne Kontrolle oder vorgefaßte Absichten) und verwendete die Stücke, so wie sie sich ergaben, plastisch. Außerdem machte ich mir die Wirkung der trocknenden Tusche oder Farbe auf das Papier zunutze (Unebenheiten und Verziehungen des Materials).

Diese Interessen blieben mir ebenso wichtig wie die Bilder, die ich aufs Papier malte. Also habe ich immer zweierlei im Auge gehabt – die Formen auf dem Papier und die Form des Papiers. Beides läßt sich nicht trennen, es sei denn, unbemaltes Papier wird allein der physischen Form wegen verwendet. Was jetzt an meiner Wand hängt, sind sieben Fetzen Papier, so wie ich sie gefunden habe, alle mit demselben Abriß. Die Form wiederholt sich, aber jedes Stück hat seine persönlichen Abweichungen (kleine Risse oder Fältchen), und jedes hängt ein bißchen anders. Ich habe angefangen, mit durchsichtigem Plastik zu arbeiten, in Verbindung mit Papier und einer Logik der Schichtungen. Diese letzten Arbeiten sind mir deshalb wichtig, weil mir die Eigenschaften des Papiers dabei klarer geworden sind, und ich werde weiterhin Papier um der plastischen Wirkungen willen verwenden. Durch das Schreiben wird mir deutlich, daß in meinem Werk eine starke Grundeinheitlichkeit oder ein Bezugsrahmen vorhanden ist. Diese Einheitlichkeit und/oder Klarheit der Absicht/Richtung ist eines der Themen, die mich am meisten beschäftigen, seit ich angefangen habe, ernsthaft darüber nachzudenken, was ich tue und warum ich's tue.

Die Mark-Rothko-Retrospektive hat meine Gedanken in letzter Zeit stark beeinflußt.

Ebenso die Erkenntnis, daß alles mit etwas Früherem zusammenhängt. Wenn ich auf meine Verwendung von Papier als Form zurückblicke und auf die Entwicklung dieser Idee durch ihre vielen verschiedenen Aspekte, werden die Zusammenhänge offensichtlich.

Zitat aus der *Village Voice*-Besprechung der »Grid Show« in der Pace Gallery im Januar 1979:

»Alles, was in einem gegebenen Medium gut gemacht ist, wird sich in seinen Möglichkeiten erweitern und zugleich, wenn auch unabsichtlich, auf seine früheren Verwendungen zurückverweisen.«

22. JANUAR 1979

Wieder in der Schule, lose Fäden verknüpfen. Heute war der Zeichen-Kurs. Ich bekam sehr nützliche Ratschläge und Kritik zu den letzten Zeichnungen von Einzelformen.

Zu berücksichtigen:

Die Bedeutung der individuellen Formen. Gehen sie über Symbole hinaus, und sind sie Ausdruck meiner höchsten kreativen Fähigkeiten?

Manche ja, die meisten aber nicht. Daher die Formen untersuchen, die mich am meisten interessieren, herausfinden, warum, in der Richtung weiter.

Dann fragte ich mich, ob sie nicht für andere Leute interessant sein könnten: andere Personen = andere Vorlieben. Ich stellte jedoch fest, als ich mehrere Leute bat, sie durchzusehen, daß sie fast einstimmig immer wieder dieselben als die »interessantesten« auswählten. Das waren zugleich auch meine Favoriten und die meiner Zeichenlehrerin. Daraus ergeben sich etliche neue Fragen und etliche neue Antworten.

Außerdem schlug meine Lehrerin Barbara Schwartz vor, daß Monotypien und weitere Arbeiten auf Teerpappe nützlich sein könnten.

Die gesamte Fläche der Seite berücksichtigen.

Meine Lieblingsfiguren in verschiedenen Maßstäben, Stellungen, Medien usw. ausprobieren.

Bilder schaffen, die mein Wesen klarer, genauer ausdrücken.

Sich auf den eigenen Geschmack verlassen, nicht so befangen sein.

Es ist wichtig, die räumlichen Verhältnisse und kompositorischen Faktoren zu verstehen, die ich untersuche – muß sie kennen, damit ich darauf aufbauen und weitergehen kann.

Im Videokunst-Workshop hörten wir zuerst Barbara Buckner, wie sie uns einen Brief von Vincent van Gogh an Theo vorlas. Es ging um die Periode im Leben eines Malers (den Anfang), wenn er alles, was er tut, in Frage stellt und in seinem Wunsch, alles, was er unternimmt, zu meistern, desillusioniert wird. Das kam zur rechten Zeit und hat mir sehr geholfen. Ich habe mir das Buch aus der Bibliothek geholt, außerdem Paul Klees Tagebücher.

Sie sprach auch über die Bedeutung der spirituellen Beteiligung des Künstlers an seinem Werk. Die Kunst ist in den letzten paar Jahrzehnten so etwas wie eine Religion geworden. Las Stellen von Kandinsky, van Gogh, Jung, Léger usw.

Außerdem die Bedeutung der Träume. Verborgene Zusammenhänge erforschen, Problemlösung im Unterbewußten.

Die Phänomene der Kunst als eine weltliche Angelegenheit seit dem 13. oder 14. Jahrhundert, davor ein Gruppenunternehmen.

Es ist gut, wieder in der Schule zu sein, im Gespräch mit anderen Künstlern, Kritik zu hören, in einer Arbeitsatmosphäre.

Ich bin in diesen Ferien selbstbewußt geworden, fühle mich nicht mehr wie ein Student.

Es ist wichtig, das zuzugeben – daß ich für alles offen sein sollte und daß ich nur Informationen sammle.

Mache nicht zuviel Aufhebens von meinen jetzigen Experimenten und Studien. Sie dokumentieren nur meine Suche.

Die Natur ist beredt bis zum Verworrenen, der Künstler sei ordentlich verschwiegen.

Außerdem ist für den Erfolg wesentlich, nie einem fertigen Bildeindruck schon zum voraus zuzuarbeiten. Sondern dem werdenden Teil, der zu malenden Stelle sich ganz hingeben. Der Gesamteindruck fußt dann auf der Sparsamkeitserwägung: die Wirkung des Ganzen auf wenige Stufen abzustellen.

Paul Klee, *Tagebücher*

11. FEBRUAR 1979

Am Video interessiert mich, wie Worte und Bilder oder Töne und Bilder in der Nebeneinanderstellung Resultate ergeben, die dem Betrachter Teilnahme und individuelle Deutung abverlangen.

An der Malerei interessiert mich, wie aus den unbegrenzten Abwandlungen der Form- und Raumbeziehungen Gegenstände und Bilder hervorgehen, die dem Betrachter Teilnahme und individuelle Deutung abverlangen.

Am Leben interessiert mich, so viele seiner zahllosen Variablen kennenzulernen, wie mir physisch möglich ist, ob bewußt oder unbewußt.

26. MÄRZ 1979

Vorschlag zu einer Installation in der SVA (School of Visual Arts) Gallery, TriBeCa.

An diesem Raum interessiert mich, daß ich darin dieselben Ziele verfolgen kann, die schon in meinen früheren Installationen zu erkennen waren, und daß ich hoffentlich einen Schritt weiterkomme. Ein erheblicher Unterschied zwischen diesem Raum und den anderen, in denen ich gearbeitet habe, besteht darin, daß er interessante Struktureigenschaften schon aufweist. Mein Interesse geht wie zuvor wieder dahin, die Struktureigenschaften des Raums neu zu definieren und damit seine Wahrnehmung durch den Betrachter zu verändern.

Die einzigen unerläßlichen Materialien sind weiße Farbe und Malerwerkzeug, damit ich den ganzen Raum (einschließlich Fußboden) weiß anstreichen kann. Außerdem müßte man während der Installation die Tür ausheben.

Mein Verfahren von da an würde sich innerhalb der vorgegebenen Beschränkungen halten (Zeit, Geld usw.).

> Da die Zahl der Farben und Formen unendlich ist, so sind auch die Kombinationen unendlich und zur selben Zeit die Wirkungen. Dieses Material ist unerschöpflich.
>
> Wassily Kandinsky,
> *Über das Geistige in der Kunst*

1. SEPTEMBER 1979: KUTZTOWN, PENNSYLVANIA

Der Nebel beginnt sich zu lichten.

Ich bin in Kutztown, erhole mich. Hepatitis eine Woche vor Semesterbeginn. Bisher habe ich eine Woche Unterricht versäumt; vielleicht schaff' ich's, rechtzeitig wieder in New York zu sein, um das Semester noch anfangen zu können, aber es ist unwahrscheinlich.

Was versäume ich?

Die zwei Hauptkurse, die jetzt angezeigt wären und anscheinend wichtige Informationen geben könnten, die mir gut zustatten kämen, sind Semiotik bei Bill Beckley und ein Visual-Science-Kurs, der sich mit universellen Koordinaten/Mustern und grundsätzlichen Verbindungen zwischen allen Lebensformen beschäftigt.

Ich versäume auch New York mit seiner wundervollen Stadtluft. Dieses betäubende Tempo, das keine Pause kennt. Penner und andere menschliche Wracks. Die New Yorker ANGST, die über allem schwebt, was man gerade tut. Dreckige Luft, dreckige Straßen, dreckige Blicke. So sehr vermisse ich das alles nicht.

Kutztown hat auch seine Reize. Kermit und sein Atelier. Brian wohnt bei Kermit. Nam June Paik: Gastkünstler im September. Der Mimeograph. Jede Menge Liebe und Vernunft. Strenge Ordnung. Frische Luft. Ein anderes Hintergrundgeräusch ... immer noch ein Brummen, aber leiser, eher wie ein natürlicher Summton. Zeit zum Nachdenken, Zeit, sich zu besinnen und zu träumen. Zeit zu lesen, zu einer Zeit wo das vielleicht wichtiger ist, als etwas zu tun.

Irgendwie ergibt es sich so, daß ich Sachen in dicken Brocken lese und aufnehme. Querverweise und Bestätigungen. Auf manche Teile des Brockens stoße ich »zufällig«, andere werden gesucht. Manche habe ich schon lange mit mir herumgetragen, aber sie werden mir neu, während andere mir bei der ersten Begegnung so vorkommen, als hätte ich sie schon immer gekannt. Fast immer fällt dieser Brocken Information/Bewußtheit mir zu, ohne daß ich mich groß anstrengen muß. Wie wenn man auf einer einsamen Straße über eine Goldkiste stolpert, egal, ob man auf den Weg vor seinen Füßen geachtet hat oder nicht.

PITTSBURGH, PENNSYLVANIA

1977, als ich in der Cafeteria der Fischer Scientific Corp. arbeitete, war ich einer sehr gründlichen Sammlung »alchimistischer Artefakte« ausgesetzt. Da sich die Cafeteria neben der Galerie der Firma und einem Besprechungszimmer mit vielerlei Geräten, Drucken und Zitaten der Alchimisten befand, kam ich mit diesen Gegenständen und Gedanken jeden Tag in Berührung. Das Zitat, das mir damals am meisten Eindruck machte, war auf eine 13 x 23 cm große Karte gedruckt und hing neben einem großen Gemälde, *Der Alchimist.* Die Luft war voller Spannung. Alle Bilder trugen das Gefühl einer geheimnisvollen Gewißheit.

»Der Zufall begünstigt den vorbereiteten Geist« (Louis Pasteur).

Nun, da habe ich diesen neuen Brocken Information, der sein Licht auf alles wirft, das vor ihm kam. So geht das immer. Und er bindet sich auch an diesen größeren, akkumulierenden Brocken, der die neue Information irgendwie aufnimmt, womit der gesamte Brocken neu wird, stärker und ein bißchen größer. Und ein Teil dieser neuen Bewußtheit leitet mich zu einer möglichen Anerkennung des großen Brockens im Weltall hin. Der Weltgeist. Das Allwissen. Und jedesmal, wenn man das anzapft, kommt man einer Art Computer-Anschluß näher, wo man sein persönlich Akkumuliertes in diese ewige universale Information einstöpseln, eingeben und abrufen kann, und dann kann der eigene Brocken erst richtig anfangen zu wachsen. Oder vielleicht wächst er nicht... er funktioniert. Sie wachsen zusammen. Pulsieren irgendwie.

Ein Gefährt des Weges (Wen Yi Tsai Tao)

Und der Weg ist so lang, wie der Geist tief ist, da er sich nicht nur über das persönliche »Geistessystem« erstreckt, sondern auch über den riesigen Erinnerungsspeicher des »Universalgeistes«, in dem sich seit unvordenklichen Zeiten die »Unterschei-

dungen, Wünsche, Neigungen und Taten« angesammelt haben
und das »wie ein Zauberer« Phantomwesen und Menschen auftreten und umgehen läßt.

Lankavatara-Sutra, 60, B, 300
(zitiert nach dem Vorwort zu
Towards a New American Poetics,
hrsg. von Ekbert Faas)

Jedenfalls, diese neue Information überkam mich diesen Sommer unter einer großen
Überschrift: POESIE.

Es war eine Erleuchtung. Ich bin in die Poesie gefallen, und sie hat mich verschlungen.

Ich war [sehr großes schwarzes Rechteck] und wenn sie mich wieder ausspeit oder
wenn ich ihren Bauch durch die Gedärme verlasse, werde ich wieder [schwarzes Recht-
eck] sein.

DER BROCKEN NAMENS POESIE.

Das fing an mit JOHN GIORNO und BURROUGHS bei der Nova Convention im
Dezember 1978. Das heißt CAGE lesen und meine ersten Aufnahmen mit vier Kasset-
tendecks in der SVA im Februar machen. Das heißt die Gedichte vom Videoband und
BARBARA BUCKNER. Das heißt BURROUGHS und GINSBERG und GIORNO
im Obergeschoß des MUDD CLUB. Das heißt zusammenwohnen mit DREW B.
STRAUB, der BURROUGHS gerade gründlich gelesen hat. Das heißt VIDEO
CLONES mit MOLISSA FENLEY. Das heißt ART SIN BOY und die DICHTER-
LESUNGEN IM CLUB 57 JEDEN MITTWOCHABEND IN DIESEM SOM-
MER. Das heißt SAINT GENET von SARTRE lesen, in der U-Bahn auf dem Weg zur
Arbeit in QUEENS. Das heißt Bücher aus der SVA-Bibliothek für den ganzen Sommer
und Tonbandgeräte von der SVA für den größten Teil des Sommers. Das heißt BÜCHER,
DIE DU EINFACH SO IN EINER BIBLIOTHEK FINDEST … BÜCHER, DIE
DICH FINDEN. Das heißt PATTI SMITH AUF DEM *BIG EGO*-ALBUM, mit
GIORNO, MEREDITH MONK, GLASS usw. Das heißt RIMBAUD lesen,
KEATS, JEAN COCTEAU, JOHN CAGE, HEGEL, JEAN GENET, TALKING
POETICS FROM NAROPA INSTITUTE. Einen andern so wie du selbst kennen-
lernen und alles miteinander teilen, auch den Körper, vor allem aber die Ideen. Das heißt
POETISCHES VERSTEHEN UND GERECHTER HASS. Das heißt 4. Juli auf
dem Empire State Building, nachdem ich ein ART SIN BOY-Mimeo im Club 57 gelesen, ein Feuerwerk gesehen und über das erwiderte Lächeln auf der Straße nachgedacht
habe, und dann nichts als ein zweiter Blick und viel Träumerei. Das heißt KLAUS NOMI
bei Xenon. GINSBERGS TAGEBÜCHER LESEN, SEMIOTEXT LESEN,
GERTRUDE STEIN LESEN, ZUM ERSTEN MAL »HOWL« LESEN. Das
heißt NOW-NOW-NOW und die Bilder, die ich im Herbst 1978 gemalt habe. Das heißt
die chinesischen Ornamente in KERMITS HAUS. BARBARA SCHWARTZ IN

45

DER 22ND STREET UND DREW IM JOHN WEBER GALLERY BUILDING. ROBERT SMITHSON. DREWS REGENTANZ IN LITTLE ITALY. Das heißt zum 27. Mal JOHN GIORNO *GRASPING AT EMPTINESS* lesen hören. Das heißt Platten zehn Minuten lang ineinander übergehen lassen und es schön finden. MIT DINA, DOZO UND FUGACHAN (EINEM MANN) AUF DER AVENUE C ESSEN GEHN. Das heißt an SEX als KUNST und KUNST als SEX denken. Das heißt fortdauernde Situationen und kontrollierte Umwelten, B-52, BÄDER UND SEX MIT FREUNDEN. DAS HEISST PAPA UND JOHN MCLAUGHLIN UND DER WELTRAUM UND DER JET SET UND DELTAS UND DER ASTRO-TWIST UND KENNY SCHARF UND LARRY LEVAN. Das heißt gestört wer-den, wenn ich mein wohl liebstes Mimeo lese, mit zwei Tonbandgeräten und eine SCHWUCHTEL genannt werden. DEN ANDEREN DICHTERN IM CLUB 57 ZUHÖREN. MIT DICHTERN REDEN. DICHTER SEIN IM CLUB 57. Das heißt Malen auf ST. MARKS vor dem STROMBOLI PIZZA. Das heißt eine Nacht im Club 57, als alle in der offenen Lesung in Topform waren und alle das wissen und alle lächeln. Das heißt HAL SIEROWITZ LESEN HÖREN. IN SEINEM GEDICHT ZITIERT WERDEN MIT DEN WORTEN »›ICH BETRACHTE MICH MEHR ALS EINEN KÜNSTLER DENN ALS DICHTER‹, SAGTE KEITH.« DAS HEISST FOTOKOPIEN und Mimeos machen. DAS HEISST CHARLES STANLEY KENNENLERNEN UND SCHÜCHTERN SEIN. DAS HEISST FOTOKOPIEN AUFKLEBEN, WENN ICH BETRUNKEN HEIMGEHE. Das heißt zu BUDDHA ins Fenster hineinsehen. Das heißt einen LASTWAGEN SEHEN, AUF DEM STEHT »BESSERE METHODEN«. JEROME ROTHENBERGS BUCH *TECHNICIANS OF THE SACRED* KAUFEN, das BARBARA BUCK-NER mir im Frühjahr geliehen hatte, und nun hat TIM MILLER es aus der Bibliothek geholt, und ich lese Verweise darauf in einem neuen Buch, das ich mir gekauft habe. DAS HEISST ALL DIE DINGE, DIE SO GENAU ZUSAMMENPASSEN, DASS ES WIE VORHERBESTIMMT AUSSIEHT. DAS HEISST TRÄUME VOM FALL IN EIN WARMES WASSERLOCH MIT EXOTISCHEM FISCHWE-SEN UND LICHT GENUG, UM ALLES ZU SEHEN. Das heißt FLUGBLÄT-TER ÜBER DIE SÜNDE finden, die selbst schon Gedichte sind. Das heißt in den Vororten die Mauern bemalen. Das heißt die Brücke in LONG ISLAND MIT DEN ZAHLEN 1958 UND 1980 an parallelen Pfeilern. DAS HEISST HERAUSFIN-DEN, DASS DAS WELTRAUMZEITALTER 1958 ANGEFANGEN HAT. Das heißt STEVE PAXTONS Tanz im Skulpturengarten des MOMA. Das heißt CARL ANDRE-GEDICHTE BEI DER SKULPTURENAUSSTELLUNG DES MOMA IM SOMMER. Das heißt der JONES BEACH AN SONNTAGEN. Das heißt MATISSE. DAS HEISST MATISSE. Das heißt alte Kassetten anhören, die ich im Winter aufgenommen habe, und sie zum ersten Mal verstehen. EINE AHNUNG VON PROPHETIE. DAS HEISST DOUGLAS DAVIS' ARTIKEL IN DER

VILLAGE VOICE über postmoderne Kunst. »POST-ART.« Pornographische Bilder und schwarze Federn. DEUTSCHLAND. JAPAN. Das heißt DOW JONES AND THE INDUSTRIALS hören. Das heißt viele Joints und Gespräche. DAS HEISST DASSELBE, IMMER DASSELBE. Das heißt Bilder verstehen. DAS HEISST JE- MAND BRÜLLEN HÖREN, »LICK FAT BOYS« [etwa: verhaut die reichen Kna- ben]. DAS HEISST GESPRÄCHE DARÜBER, OB ALLE KUNST PRÄTEN- TIÖS IST. Das heißt nicht den ganzen Sommer in den Galerien KUNST anschauen gehn. Das heißt Zeichnungen von KEVIN CRAWFORD UND DREW B. STRAUB ansehen und über die Beziehung nachdenken. DAS HEISST NACHDENKEN ÜBER DIE BEZIEHUNG ZWISCHEN SCHEINBAR BEZIEHUNGSLOSEN OBJEKTEN UND EREIGNISSEN. Das heißt ein Kunst-»Kontext«. Das heißt nach- denken über Gedichte unter möglichst vielen Aspekten. Das heißt über mich selbst nachdenken. Das heißt Gefährten und Quotienten und mathematische Prinzipien. DIE POESIE DER ZAHLEN. Sprache, Kultur, Zeit, Geist, Universum. DAS HEISST VERGANGENHEIT GEGENWART ZUKUNFT JEDE ZEIT KEINE ZEIT ALLES DASSELBE. Das heißt Systeme in Systemen, die Systeme bilden. ORD- NUNG-FORM-STRUKTUR-MATERIE. Das heißt TRISHA BROWN TANZEN sehen. DAS HEISST ITALIENISCHE FILME SEIT 1967. DAS HEISST LAU- RIE ANDERSON IM MUDD CLUB. Das heißt NEUE MUSIK, NEW YORK für eine Woche im KITCHEN. DAS HEISST CHARLIE MORROWS STÜCK FÜR 60 KLARINETTEN IM BATTERY PARK ZUR FEIER DES ERSTEN SOM- MERTAGS BEI SONNENUNTERGANG. Das heißt der BRONX ZOO. RIM- BAUDS BRIEFE lesen. RIMBAUDS *ILLUMINATIONS* IN DER U-BAHN LESEN UND IN EINEM CAFÉ BEI CREMOLATA UND EAU PERRIER. DAS HEISST FELLINIS FILME MIT TSENG KWONG CHI. Das heißt Sachen auf der Straße finden. Das heißt GESPRÄCH MIT LYNN UMLAUF ÜBER DIE NOW NOW NOW TAPES A. J. WEBER GALLERY SHOW. DAS HEISST FOTOKOPIERTE ANSCHLÄGE im West Village für das Gay Pride Weekend und Monate danach Leute hören, die sie gesehen hatten. DAS HEISST DER NINTH CIRCLE NACH DEM SCHWULENMARSCH MIT ERKLÄRUNGEN ÜBER APATHIE UND MILITANZ. Das heißt einen Abend lang rotweiße Streifen tragen und verteilen. DAS HEISST VORLESEN IM CLUB 57, WÄHREND DIESE FRAU, von der sich später herausstellte, daß sie GLORIE TROPP war, Sachen sagt wie AHHH und DO IT und YEAH, während ich lese, und es kommt mir gut vor. DAS HEISST FOTOKOPIEN im GRAND CENTRAL STATION IN ALLER EILE. Das heißt die Poetik des Zufalls. DAS HEISST IN DIE LYRIK-ABTEILUNG GEHN STATT IN DIE KUNST-ABTEILUNG, WENN DU IN EINE BUCHHAND- LUNG KOMMST. Das heißt ein Podiumsgespräch über Performance Art mit MERE- DITH MONK, LAURIE ANDERSON, JULIE HEYWARD, CONNIE BECK- LEY UND ROSALEE GOLDBERG. DAS HEISST GRAFFITI IN DER

U-BAHN. Das heißt im BUS MIT CONNIE BECKLEY VON KUTZTOWN NACH NEW YORK CITY fahren. BRIAN WARRENS NEUE SACHEN lesen. BRIANS Tagebuch lesen und sich einverstanden fühlen. EIN KURZES GEDICHT MIT DEM TITEL »ART BOY«. Das echt gute Gefühl, ein Künstler zu sein. Depression kann töten. Das heißt anderen sagen, daß Depression produktiv sein kann und mit sich selbst reden auch. DAS HEISST KOZOS GEBURTSTAGSPARTY UND SPANISCH UND JAPANISCH UND HEBRÄISCH. Das heißt »Running on Empty«. Tropenpflanzen in Manhattan abliefern. MANHATTAN IM SOMMER. Das heißt das *NAKED LUNCH* lesen. DAS HEISST FOTOKOPIERTE KRANKHEITEN. Das heißt JOSEPH KOSUTH BEI CASTELLI ÜBER KONZEPT UND KONTEXT. JOAN JONAS' »JUNIPER TREE«. CONNIE BECKLEYS INSTALLATION im VIDEO-RAUM IM MOMA. KERMITS NEUE ZEICHNUNGEN. Das heißt KROCKET spielen in Kutztown. Reden über epileptische Anfälle im Kontext von Kunstwerken. Das heißt Selbsttötung. KUNST ALS SÜNDE, WIE WENN KEINE KUNST ALS KUNST. Das heißt MOHOLY-NAGY. JEAN COCTEAU ÜBER »DIE ERBSÜNDE DER KUNST«.

DAS HEISST ANONYMER SEX. DAS HEISST DREW STRAUBS »UNIVERSE« WIEDERLESEN und dabei die Tonband-Cut-ups, die wir im Februar oder März davon machten, IM AUGUST anhören. BURROUGHS GESPRÄCHE ÜBER CUT-UPS MIT TONBÄNDERN IM AUGUST LESEN, NACHDEM WIR VOR MONATEN *THE THIRD MIND* GELESEN UND DASSELBE GEMACHT HATTEN. Der vollkommen logische Schritt. LOGISCH BEDEUTET NICHT RATIONAL. Science-fiction-Filme. Das heißt SARTRES *SAINT GENET* DEN GANZEN SOMMER ÜBER lesen mit vielem anderen zwischendurch. Das heißt 40 Postkarten an KERMIT OSWALD, 172 W. MAIN ST. KUTZTOWN PA 19530. Das heißt den ganzen Sommer nicht malen, bis auf ein- oder zweimal vielleicht. VERSTEHEN, WARUM ICH NICHT VERSUCHEN SOLL ZU VERSTEHEN. Die »NEGATIVE BEFÄHIGUNG«, WIE KEATS GESAGT HAT. DIANE DI PRIMA ÜBER »LICHT UND KEATS«. Das heißt mehr wissen wollen. Das heißt Anhäufung von Information. EINE IDEE FÜR EIN TOTALES THEATER. Ein neues Verständnis. DAS HEISST EIN ANFANG, EIN SAMENKORN, EIN GARTEN, DER DICKE BROCKEN NAMENS POESIE.

21. DEZEMBER 1817 (Wintersonnenwende), JOHN KEATS:

Die Vortrefflichkeit jeder Kunst besteht in ihrer Intensität, die, indem sie in enger Beziehung zu Schönheit und Wahrheit steht, alles Unangenehme dahinschwinden zu lassen vermag… manches leuchtete mir ein, und plötzlich verstand ich, welche Eigenschaft es ist, die einen Mann von Bedeutung formt, besonders in der Literatur, und die Shakespeare in so überaus reichlichem Maße besaß – ich meine die *negative Befähigung*, d. h. wenn jemand fähig ist, im Ungewissen, in Mysterien, Zweifeln zu sein, ohne jegliches reizbare Greifen nach Fakten und Verstandesgründen. Coleridge zum Beispiel würde sich eine schöne isolierte Wahrscheinlichkeit, erhascht aus der Tiefe des Mysteriums, entgehen lassen, weil er unfähig ist, sich mit halbem Wissen zu begnügen. Und wenn wir diesen Gedanken auch durch Bände hindurch verfolgten, so wären wir doch noch immer nicht weitergekommen als zu der Feststellung, daß bei einem großen Dichter der Sinn für das Schöne jede andere Erwägung überwältigt oder besser, jegliche Erwägung auslöscht.

Das Wort trägt die Sache; es ist die Sache selbst. Sind wir so weit entfernt von der Poesie? Kann es sein, daß die Poesie nur die Kehrseite der Masturbation ist?

Jean-Paul Sartre, Saint Genet

Vor allem aber ist das Gedicht von einer sinnlichen Einheit umgeben, einer Wirklichkeitsvorstellung, die es zusammenhält, einer Vereinigung der Perspektiven, die folgendes verbindet:

Dichter + Mensch
Mensch + Welt
Welt + Bild
Bild + Wort
Wort + Musik
Musik + Tanz
Tanz + Tänzer
Tänzer + Mensch
Mensch + Welt
usw.

All dies ist schon auf vielerlei Weise bezeichnet worden – insbesondere von Cassirer als ein Gefühl für »die Solidarität allen Lebens«, die zu einem »Gesetz der Metamorphose« im Denken und Sprechen hinführt.

Jerome Rothenberg,
Technicians of the Sacred

Damit soll nicht das verstaubte Klischee einer Vermählung von Ost und West heraufbeschworen werden, sondern Robert Duncans Begriff eines mehrphasig modernen Menschen, der zum ersten Mal in der Geschichte in eine globale Kultur eintritt. Die Ästhetik der Gegenwart ist ein eklektisches Gemisch von Primitivem und Zivilisiertem, Altem und Neuem – ein ständig wachsendes Konglomerat vereinzelter Informationspartikel von der Quantenmechanik bis zum Schamanismus und der Biologie. Und die Kräfte hinter ihren stets wechselnden Formen, welche die drastischste Neuorientierung der westlichen Kunst seit ihren Anfängen bewirkt haben, sind um so unfaßbarer, als sie nie zuvor aufgetreten sind.

Ekbert Faas,
Towards a New American Poetics

27. FEBRUAR 1818 – JOHN KEATS:

Erstens glaube ich, Dichtung sollte in Erstaunen versetzen durch wunderbare Übersteigerung, nicht durch Einzigartigkeit. Sie sollte den Leser anmuten, als seien seine eigenen besten Gedanken in Worte gefaßt worden, so daß sie ihm beinah wie eine Erinnerung vorkommen.

8. APRIL 1818 – JOHN KEATS:

Die unzähligen Verknotungen und Wiederauflösungen, die zwischen dem Verstand und seinen tausenderlei Baustoffen vonstatten gehen, ehe er dahin gelangt, die Schönheit wahrzunehmen – zitternd und empfindsam wie mit der Schnecke Fühlhorn.

Akrostichen, horizontal gelesen

ART	SIN	BOY
AS	IF	NO
IF	NO	ART
LICK	FAT	BOYS

EIN ZWEITES DREHBARES DREIECK
SYMBOLISIERT INZESTUÖSE NATUR
VOR UNSERM VERLANGEN

ARROGANTES ZEICHEN
UNENDLICHES FALLEN
NIEMALS UNSER
INNEN EMPFINDLICH
AUSSEN TAUB
ALCHIMIE ZEIGT SPANNUNG

NACH INNEN BLICKEND KALKULIERE DAS KARMA
FINDE EIN ANDERES DREIECK
EHE UNSERES SCHWEIGEN ABWIRFT

5. SEPTEMBER 1979

Lese Auszüge aus *The Tao of Painting and Chinese Calligraphy* in der Kutztown State Library.

Werde unruhig.

Sehe Tape aus *Video Clones*; erscheint in neuem poetischem Licht. Gedanken über Fortgang und Wiederholung.

Lese *The New Television/A Public Private Art* von Davis und Simmons.

Ich rede nicht viel.

Leicht eingeschüchtert.

12. SEPTEMBER 1979

Mache Cut-ups/Collagen mit Informationen aus drei zugänglichen Quellen:

1. Computer-Befehle für ELECTRONIC DIGITAL COMPUTER.

2. »Anleitung zum Gebrauch visueller Hilfsmittel im Unterricht« (aus Mutters College-Kurs).

3. Arbeitsbögen meiner Schwester aus der dritten Klasse, betreffend WORT-BEDEUTUNG/KONTEXT USW.

Machte eine Computer-Eingabemaske mit Computer-Befehlen und auf Endlospapier geklebten ausgeschnittenen Wörtern.

1. OKTOBER 1979

DENKE AN SCHACHTELN
WAS BEDEUTET
»GUTE« KUNST MACHEN?
BEDEUTUNG IST EINE
VORAUSSETZUNG DER FUNKTION.
WITTGENSTEIN.
WEN KÜMMERT'S OB DU'S MACHST
ODER NICHT. JEMAND
IN DER U-BAHN
REDEN MIT SICH SELBST
REDEN ÜBERS
REDEN. REDEN
DARÜBER DASS NIEMAND
ZUHÖRT. WEN KÜMMERT'S
OB DU KUNST »MACHST«.
WAS HEISST »MACHEN«?
SEHEN HEISST MACHEN
NUR WENN JEMAND
SIEHT. DER JEMAND
IN DER U-BAHN
SCHREIT »NIEMAND
HÖRT ZU«, ABER
JEDER HÖRT ZU
UND SIEHT UND
MACHT UND IST.

DUNKLES KINO
LUTSCHLAUTE
FOTOS HEUTE AUF DEM TIMES SQUARE.
VORHER UND NACHHER.
SPEICHEL GLÄNZT.

GROSSE SCHWÄNZE. GUCKE
PORNOGRAPHIE AN AUF DER
42. STRASSE. ICH ERKENNE
EINEN TYP VON DER
CHRISTOPHER STREET.
HÜBSCHER SCHWANZ. LÄCHELT.

ACTION KOSTET GELD
AUF DEM HOCHGLANZFOTO
SIEHT ER REAL AUS.

MODEJÜNGLING, AUFRECHT
SITZEND UND
NICHT LÄCHELND.
ICH WILL DEINEN
SCHWANZ LUTSCHEN, DU FILMSTAR,
ICH WILL DEINE
HAND HALTEN, JUNGE!!
SCHÖNER EAST VILLAGE
BOY DU SIEHST AUS WIE EIN
DICHTER ICH WILL DIR DIE
FINGER LECKEN.
ICH WILL DEINE FINGER IM MUND HABEN.

Sich Schatten ausdenken,
unbekümmert um Wahrheit.
Leerer Blick aus
spiegelnden Gläsern.
Hab mich heute nicht rasiert
und es stört mich nicht.
Sich kostümieren.
Farbe verzerrt
und die Zeit auch. Dieses
Gesicht hab ich
nie zuvor gesehen.

Sitze im ZUG, mir
gegenüber Hippies. Mir wird
übel. Was hab ich
seit damals gelernt?
Ich denke an Erinnerungen
die in eine Formel passen.
Diese Horde sah ich schon
vor einigen Jahren.

Damals trug ich einen Zopf.
Es war schon zu spät
als ich noch dachte ich
sei ein Hippie.
Diese Trottel sehn noch immer nicht klar
und das vier Jahre später.

LASS DICH VON MIR FICKEN DU KLEINER
HIPPIEBOY. LASS MICH HIER
SITZEN UND SACHEN SCHREIBEN
ÜBER DEINEN KLEINEN
DICKEN SCHWANZ. KÖNNTEST DU
MIR DAS HEFT ENTREISSEN UND
LESEN WAS ICH ÜBER DICH SCHREIBE
WÜRDEST DU (MIT DEINEN HIPPIEFREUNDEN)
MIR IN DIE FRESSE HAUEN.
IN GEDANKEN
IHR KLEINEN HIPPIES
LUTSCH ICH AN EUREN SCHWÄNZEN.

3. OKTOBER 1979

FUCKING	FRIENDLY	FIRST
REALLY	RED	REAL
ENOUGH	ENERGY	ENLIGHTENMENT
DO	DOOR	DOES
ENDS	ENTER	ENOUGH
IMPLY	INSIDE	INJURY
NO	NAUTICAL	NEXT
HEART	HEAT	HOLY
ONLY	OPENS	OBJECT
REVEALS	REVOLVING	RETURNS
NOTHING	NERVES	NOTION
FEET	FRED	FORGETTING
ROLLING	READING	REALITY
ENDLESSLY	ENTIRE	ENVELOPE
DOWN	DIARY	DIRTY
INCIDENT	INITIALLY	INSIDE

```
NICE            NON-CHALANT       NO-ONE
HOT             HEAD              HEARS
OTHER           OF                OUR
RESISTANCE      RESEARCH          REPEATED
NURTURED        NAMED             NATURE
```

```
POPE   NO   RED   CURTAINS
ONLY   READING   FORD   BRONCO
T. V.   LIGHT   FRED'S   FACE
ILLUMINATED   WET   LIPS
REFLECT   RUM   CAKE   CONVERSATION
TIGHT   LOVE   FEELS   WARM
OPEN   MOUTH   SCREAM   POPE
LOVE   EAT   POPE   CALLING
NO   IDENTITY   ESCAPES   SEX
WALK   WATER   MILK   CHRIST
PICTURES   SAYING   COME   NOW
HOT   REFLECTION   JOHN'S   FRIEND
HAIR   WET   CURLS   SMILE   HOT
FIRST   ENLIGHTENMENT   REVEALS
EMPTY   GLASSES   CALLING   POPE
STOP   ENOUGH   SIGH   TALKING
WET   WARM   MEMORY   INSUFFICIENT
NEXT   TIME   QUESTION   RETURNS
RECIPROCATE   SALIVATE   MASTURBATE
```

4. OKTOBER 1979

Das 45-Minuten-Tanzvideo von Molissa Fenley und Joan Frist angesehen – zweimal.

Male auf dem St. Mark's Place
Rot auf Schwarz
20 Farbdias als Dokumentation

6. OKTOBER 1979

Suzanne Langer bezeichnet das Ritual als »Formalisierung des sichtbaren Verhaltens in Anwesenheit heiliger Gegenstände«.

```
KUNSTSINN IST EINE MORALISCHE EREKTION;
ANDERNFALLS PURER DILETTANTISMUS. ICH
```

GLAUBE, SEXUALITÄT IST DIE GRUNDLAGE AL-
LER FREUNDSCHAFT.

Jean Cocteau, *Writers at Work*
(*Paris Review* Series)

ICH WEISS, ICH BIN FEST UND GESUND, ZU MIR
STRÖMEN VON ALLEN SEITEN DIE DINGE DES
WELTALLS UNAUFHÖRLICH, ALLE SIND SIE
AN MICH GESCHRIEBEN, UND ICH MUSS DIE
SCHRIFT ENTZIFFERN.

Walt Whitman, *Grashalme*, I, 57

IHR DINGE, DIE IHR MEIN SCHWEIFENDES SIN-
NEN ZUSAMMENRUFT UND IHM GESTALT GEBT!

Walt Whitman, *Grashalme*, I, 178

ORTE UND ZEITEN – WAS IST IN MIR, DAS IHNEN
ALLEN ENTGEGENSTREBT, WO UND WANN IM-
MER, UND MICH DORT HEIMISCH MACHT?
FORMEN, FARBEN, GEWICHTE, GERÜCHE –
WAS IST IN MIR, DAS IHNEN ENTSPRICHT?

W. Whitman

EINE GROSSE ÄHNLICHKEIT UMKLAMMERT
ALLE, ALLE SPHÄREN, AUSGEWACHSENE, VER-
KÜMMERTE, KLEINE, GROSSE, SONNEN,
MONDE, PLANETEN,
ALLE SEELEN, ALLE BELEBTEN LEIBER, UND
SEIEN SIE NOCH SO VERSCHIEDEN,
DIESE GROSSE ÄHNLICHKEIT UMSPANNT
SIE, HAT SIE IMMER UMSPANNT
UND WIRD SIE IMMER UMSPANNEN, FEST ZU-
SAMMENHALTEN UND IN SICH SCHLIESSEN.

W. Whitman

U-BAHNSTATION 33. STRASSE
34. STRASSE FLAGGE HEMDEN
KITTY VERSUCHT SICH DAS LEBEN ZU NEHMEN
SCHREIEND FARBIGE FRAU ANGST

17. OKTOBER 1979
GANZ IN SCHWARZ GEKLEIDET FUHR ICH MIT EINEM GANZ IN WEISS GEKLEIDETEN SCHWARZEN IM FAHRSTUHL VIER STOCK-WERKE HOCH.

Wittgenstein:

Das Bestehen einer internen Relation zwischen möglichen Sach-lagen drückt sich sprachlich durch eine interne Relation zwi-schen den sie darstellenden Sätzen aus...

Auch wenn die Welt unendlich komplex ist, so daß jede Tat-sache aus unendlich vielen Sachverhalten besteht und jeder Sachverhalt aus unendlich vielen Gegenständen zusammenge-setzt ist, auch dann müßte es Gegenstände und Sachverhalte ge-ben...

Die Information in der Botschaft wird nur REDUZIERT vom Adressaten, wenn er eine bestimmte Interpretation aus-wählt. Im Falle ästhetischer Botschaften, die das gleichzeitige Erfassen mehrerer Bedeutungen erfordern, bleibt die Informa-tionseigenschaft der Botschaft REDUZIERT.

Heraklit:

Die verborgene Harmonie ist besser als die sinnfällige.

An van Gogh, diesem Maler aller Maler, berührt mich am stärk-sten, daß er, ohne über das, was man »Malerei« nennt, irgend hinauszugehen, ohne auf Palette, Pinsel, Rahmen, Motiv, Lein-wand, die innere Schönheit des Sujets oder Gegenstandes zu verzichten, die Natur und die Gegenstände in solchem Maße mit Leidenschaft zu erfüllen vermochte, daß selbst die fabelhaften Geschichten von Edgar Allan Poe, Herman Melville, Nathaniel Hawthorne, Gérard de Nerval, Achim Arnim von oder Hoff-mann in psychologischer oder dramatischer Hinsicht nicht mehr besagen als diese Dreigroschen-Leinwände.

Antonin Artaud

Die Aufzeichnung breitet die Zeit über den Raum aus; sie ist die Eintragung der Zeit in eine Karte des Raumes. Sie verleiht der Zeit räumliche Eigenschaften, insbesondere Reproduzierbar-keit, Permanenz, Umkehrbarkeit und Teilbarkeit...

Abraham Moles

Die künstlerische Tat ist AUTONOM, unabhängig von der
Technik der Konstruktion. Sie mag über ihre Struktur zugäng-
lich sein, doch nichts deutet a priori darauf hin, daß diese mit der
Technik der Konstruktion verbunden wäre.

> Abraham Moles,
> *Informationstheorie und ästhetische Wahrnehmung*

EVERY WAKING HOUR
                WE WEAVE
WHETHER WE WILL
                OR NO
EVERY TRIVIAL ACT
                OR WORD
INTO THE WARP MUST GO
                Aus der Schule P. S. 122 in der 9th Street
Jede wache Stunde weben wir / ob wir wollen oder nicht /
Jedes Gewurstel und jedes Wort / muß mit rein in das Gefilz.

30. OKTOBER 1979

Und etwas in mir glaubt, das wird es besser machen, und was für eine Frustration! Und
dann nicht wissen, wie oder warum. Und überall Boys. Überall Boys. Jetzt bedeutet es etwas anderes. Es bedeutet, immerzu mit deinen Freunden drüber reden, bis es sie lang-
weilt. Es bedeutet, alle diese Jungen haben wollen, sie unbedingt wollen, aber nicht wirklich *wollen*. Ein Ideal. Etwas, wovon du weißt, du kannst es nicht haben, und darum willst
du es haben. Sich jede Minute anders verhalten. Gucken und Gucken und ohne Grund
Erektionen haben, ohne Grund und ohne Erwiderung. Erwidern. Soll ich überhaupt etwas sagen? Es kommt soweit, daß man nicht mehr arbeiten kann und nicht. Und nicht.
Und ich will dich. Ich, das Ich, *ego*. Mir fehlt Erwiderung. Ich empfinde immer so, letzten Endes. Ist meine Mutter noch da? Großmutter stirbt, und ich heule, weil ich erst 21
bin, und ich stehe auf der 54. Straße und weiß nicht, warum. Ich habe keine Antworten
und keine Zeit zu warten. Es fehlt mir. Fehlt mir. Fehlt mir. Antworten fehlen. Leute
schaun her und wenden sich ab. Ich will abgewiesen werden. Ich will – fuck it – fuck me.
Fuck it. Fuck!

31. OKTOBER 1979

LOOKING BACK ROW BOY
PLAID EVERY HAIR PLACE SHIRT
EYES MISINTERPRET INTEREST

LONGING RECIPROCATE CALLING
NOSE AS SPECIFIC IMAGE FUN
EVERY BEING TIME DISTORTS
SMOKES PROFILE AS LURIE BOYS
NOSE AS MACHO SIGNIFIER TIMES
SEMIOTIC EXPAND VOCABULARY
BACKGROUND MUSIC CULTURE CHINA
WHO OWNS WORDS MAKE DREW SAY
BLACK EYES GO DEEP PIERCE HARD
LOOKING WISHING MISINTERPRET
ALWAYS FANTASY WORLD TALKING
IMAGINE PERFECT HOT OCCASION
HE RETURNS GAZE HARD EYES NOW
I WANT I NEED I LONG
CLOSETS KEEP SUBURB BOYS HOME
VISIT MY JAPANESE ANY AGAIN
I WOULD TRY HARD WHAT NOW
LOVING BACK ROW BOY LOOKING
STABBED TO DEATH
BY BALL-POINT PEN
CRYING SCREAMING
ERECTION SLIDES DOWN
CASTRATION FANTASY
ARTAUD SAID HE SAW
HE SAW ALWAYS MINE
FACTUAL LOVE KILLS
STABBED TO DEATH
BY BALL-POINT PEN
BLACK LEATHER
ITALIAN DOMINATION
CALLING AFTER HE SAID
BLACK EYES HIT HARD
STILL WAITING IN LINES
ARTAUD SAID HE SAW
MONSTERS EATING FLESH
LICK OFTEN WARM MEAT
BLACK SHIRT RIPS OPEN
REVAL MEAT RED EYES
ERECTION SLIDES DOWN
LATER NOW TALKING STILL

FRANKLIN FRED BEING NOW
HAVING DONE NO WRONG
EFFORT ACKNOWLEDGES IDEA
BLACK EYE MAKE UP TRYING
MEETING OTHER RETURN UNHARMED
RETURN FOCUS RETURN FULL
POLISH BREAKFAST CLARITY RINGING
FUN CHEEKS AS BEFORE
INFORMATION THEORY AND THEN
SORE LEGS HARD FLOOR
MISSING FRED'S SMALL ROOM
HALLOWEEN MEANS NOTHING
LAST PENIS YEAR T-SHIRT
RETURN TO SAME MEMORY
PROPHETIC POPE SCREAM STORIES
LYING SELF LOVES OTHER NOW
TRICK NOT NOW ACCOMPLISHED
REJECT THIS OVER AGAIN
I DO JOB ALWAYS HE TELLS
WISHING LOOKS WEREN'T WAITING

NOVEMBER [OHNE DATUM] 1979

Etwas in ein Buch schreiben heißt auch, Zeit in Schachteln – Seiten – packen; die Zeit in Büchern ist eine andere Zeit als die chronologische, weil man entscheiden kann, wie schnell man es liest.

Die Zeit bestimmt den Kontext.

Wir erleben »Kunst« als Resultat vieler Faktoren außerhalb der eigentlichen »Kunst« selbst.

Sind alle diese Faktoren Teil des »Kunsterlebens« selbst?

Die »Wirkung« eines Kunstwerks wird, möglicherweise wegen der Grenzen der Sprache, nur selten ebenso ausführlich besprochen wie die formalen Eigenschaften des Werkes selbst. Obwohl die Wirkung oft für das Erleben des Werkes ebenso *wesentlich* ist wie die formalen Merkmale. Man kann zwar einwenden, daß wir zum Erleben nur durch die Wahrnehmung jener formalen Eigenschaften (d. h. Stofflichkeit – Existenz) Zugang haben. Das »Kunsterleben« ist aber vom Kontext, Konzept, von der Betrachtungssituation, vorgefaßten persönlichen Meinungen und mancherlei beiläufigen Kenntnissen über den Kontext des Betrachters mindestens ebenso abhängig wie von einer jener formalen Eigenschaften.

Der Formalismus entspringt aus der Verbalisierung.

Diese Gedanken kamen mir, nachdem ich die monumentalen chinesisch-buddhistischen Statuen und das Wandgemälde unmittelbar vor dem Eingang zu den Gemälden von Clyfford Still gesehen hatte. Als ich diese Werke betrachtete und auf manche ihrer formalen Eigenschaften achtete – Größe, Verhältnis zu menschlichen Proportionen, Angabe von Zahlen durch Wiederholung, Feinheit der Details, handwerkliche Voraussetzungen, Dauer der Ausführung eines künstlerischen Objekts, religiösen Kontext, psychologische Wirkung des Größenmaßstabs, Anzahl, materielle Beschaffenheit (Gewicht, Rauheit, Festigkeit, Kraft), schien mir, daß ich aufgrund dieser Faktoren ein Erlebnis hatte (während sie eine Wirkung zeitigten). Und es war deutlich, daß beim Einsatz dieser Faktoren die Absicht bestand, eine Wirkung außerhalb des Werkes selbst zu erzielen. Es ist nicht nur dekorativ. Es ist sich nicht nur seiner selbst bewußt. (Es wurde nicht so sehr zur Vervollkommnung dieser formalen Eigenschaften des Werkes selbst geschaffen, sondern vielmehr als ein Versuch, eine Wirkung im Hinblick auf die Gestaltung einer kommunikativen Situation zu erzielen – eine Umwandlung von Energie. Diese Umwandlung geschieht im Wissen um den Kontext. Sie ist vom Kontext abhängig.)

Hörte mehrere Mal mit an, wie Leute über Clyfford Stills Gemälde sagten: »Ich hatte noch nicht genug von ihnen gesehen, um sie zu beurteilen – bis jetzt.«

Die Wirkung eines Gesamtwerks – eines Zeitabschnitts, eines Lebens in Gemälden, in ihrer Beziehung untereinander und zu sich selbst – ist überwältigend.

Mein unglaublichstes »Erlebnis« in letzter Zeit. Es ruft starke Emotionen in mir wach, mit dem Lebenswerk eines so wichtigen Künstlers in Berührung zu kommen. Und während ich überwältigt, intellektuell bewegt und von Achtung erfüllt bin – muß ich mir zur gleichen Zeit Leute anhören, die sein Werk als sinnlos anprangern, als abstrakt, immer dasselbe, »wenn du eines gesehen hast, kennst du sie alle« – wie sie vorbeimarschieren und eine Leistung abkanzeln, die mir ganz unglaublich erscheint. Es erfüllt mich mit Ekel, manchmal so sehr, daß ich etwas sagen möchte, aber meistens lache ich nur leise oder gehe fort. Diese Bilder sind 40 Jahre alt, und manche Leute machen noch nicht mal den Versuch, sich mit ihnen auseinanderzusetzen; wie zum Teufel soll ich da auf diese Leute zählen können, wenn ich »Kunst« in der Gegenwart machen will? Und die sind die Mehrheit.

Die »Kunstszene« ist sehr, sehr klein und sehr, sehr persönlich, und verkörpert für die meisten Menschen in Wahrheit nicht mehr als eine persönliche Philosophie.

Es besteht ein gemeinsames Interesse, aber es ist nur klein. Über manche Leute hier muß ich lächeln. Einige hier sind nah dran an dieser gemeinsamen Vorstellung vom Leben, die manche Kunst nennen. Ich glaube, die Kunst ist etwas weit Größeres, als manche gern zugeben möchten. Es ist leichter, sie zu ignorieren.

New York, das doch vermutlich heute für die Kunst der Mittelpunkt der Welt ist – selbst hier gibt es nur kleine Sammelpunkte des Interesses. Jeder ist anders, und jeder hat andere Neigungen, und sie alle erreichen zu wollen, wäre fatal. Clyfford Still wußte einiges über die Malerei.

»Mit einem wirklich herrlichen ›Kunstwerk‹ in Berührung zu
kommen ruft eine ungeheure Revolution in einem hervor.«
– Aus *The Art Spirit*
(nach dem Gedächtnis), R. Henri

Wenn ich herumgehe und diese Gemälde anschaue – bei klarem Verstand –, kommen mir
Einsichten in vielerlei Arten von »Betrachtungssituationen«, Gedanken über die Beziehungen zwischen Betrachter und »Kunstwerk«. Entweder betrachtet er etwas, von dem er
meint, daß er es physisch selbst nicht schaffen könnte, oder er sieht etwas, vor dem er seiner Qualität, Zeit, seines Wertes oder historischen Alters wegen Respekt hat. Manchmal
ärgert es ihn, mit etwas in Berührung zu kommen, das er »theoretisch« auch selbst machen
könnte.

Die Leute wollen nicht kraft einer Idee mit etwas verbunden sein.

Manche wollen die »Wirkung« nicht eingestehen – oder verschließen sich ihr von
vornherein mit vorgefaßten Meinungen, Miß- und Pseudoverständnissen, Erklärungen,
Vorurteilen, falschen Vermutungen usw.

Der Künstler hat eine unmögliche Ambition. Daß er scheitert, ist immer schon vor-
ausgesetzt.

In welchem Maße können die materiellen und ökonomischen, die politischen, sozialen,
historischen Grenzen und die Grenzen der traditionellen Sprache erweitert werden –
gedehnt oder zerstreut, so daß man versuchen könnte, eine breitere Wechselbeziehung
zwischen dem Künstler und dem Publikum (Öffentlichkeit) darin aufzunehmen? Sollte
man es versuchen?

Wollen oder brauchen die Leute Kunst?

Sie haben zu »künstlerischen Ideen« Kontakt, ob es ihnen bewußt ist oder nicht, aber
kann es ihnen bewußter werden? Können sie Kunst haben oder erleben, ohne sich dazu
zu bekennen?

Muß das Bekenntnis denn sein? Gibt es eine Kunst, wenn niemand sie sieht oder aufnimmt?

Die Kunsterfahrung im Gegensatz zum täglichen Leben – wenn Künstler diese Grenzen erweitern – wenn sie diese Arten des Sehens auf den Alltag ausdehnen (und das tun
sie) – wenn Künstler das Leben so betrachten – es als Kunst erleben – wenn aus dieser Beschaffenheit, die man als Kunst bezeichnet, eine ebensolche Beschaffenheit des Erlebens
im Alltag wird – haben die Menschen mit dieser besonderen Erlebensweise dann ein
Kunsterlebnis? Ist es wichtig, daß sie es im Kontext der »Kunst« auffassen?

Ist dieser Gedanke bedrohlich für die Kunst als Ware?

Macht das Fernsehen uns allen eine Ästhetik des Sehens bewußter – können wir alle
auf besondere Weise sehen, und sind wir alle – Künstler?

Schon immer trennte ein großes Vakuum die Absicht eines Künstlers von der Wirkung,
welche die Realisation dieser Absicht dann tatsächlich erzielte.

Werbung – die kommerzielle Kunst ist bestrebt, diese Lücke zu schließen – »wirksame« Werbung.

Wieweit können Künstler sich mit dieser Idee anfreunden – kann es sein, daß unser Befremden über diese Idee hauptsächlich aus der Frustration entspringt?

Kunstgeschichte – die Leidensgeschichte – das Dilemma des Ruhms nach dem Tode: Ist das Publikum (und sogar das Kunstpublikum) so weit zurückgeblieben, daß wir es aus den Augen verlieren, vergessen, daß es existiert, und uns auf eine rein persönliche, selbstreferentielle Kunst zurückziehen, die nur für andere Künstler oder für »Kunstsympathisanten« interessant ist?

War die Botschaft der abstrakten Kunst, ob unbewußt oder nicht, ein »Scheiß aufs Publikum« – vergiß es und mach Kunst, in der vagen Hoffnung, daß es die Leute später mal interessieren wird?

Welches sind die Beziehungen zum Betrachter heute?

Ich glaube, sie sind pluralistisch. Ich glaube, sie sind unbestimmt und bleiben oft unbeachtet.

Man geht leicht in die Falle, Dinge in der Art früherer erfolgreicher Versuche zu machen – aber ist es eine Falle?

Ist der Grund der Veränderung ein Ausdruck des Wertes?

Kunst als Ware.

Aber – wie steht es um das »Sich-Konzentrieren«? Was ist mit den Dingen, die von eklektischen Methodologien verfehlt werden?

Welcher Wert liegt darin, daß Clyfford Still sich sein ganzes Leben lang auf ein einziges Medium und ein beschränktes Vokabular konzentrierte?

Beide Seiten haben gewichtige Argumente.

Eine Retrospektive wirft diese Fragen immer auf – nach Veränderung, Wachstum, Technik und nach dem Werturteil.

Eine gewisse Stimmigkeit ist immer gegeben – allein schon der gemeinsame Faktor des einzigen Schöpfers – setzt die Kontinuität in einem Lebenswerk voraus.

Hoffnung, dem universellen Wissen irgendeine Idee hinzuzufügen, die Einfluß gewinnt. Zeit schreitet fort. Wissen schreitet fort. Wissen vermehrt sich nach dem Prinzip kumulativen Denkens – jede neue Information ergänzt und verwandelt früheres Wissen.

Kumulatives Wissen. Etwas machen, das eine einflußreiche Idee darstellt – das jemand als eine einflußreiche Idee aufnimmt – das zu allem Wissen hinzukommt – der Weltgeist.

Denken ist kumulativ.

Eine Form der »Kunst«, die dieser Idee des kumulativen Denkens gerecht würde, müßte ein gewisses Interesse an der Zeit anerkennen – in der Zeit zu existieren –, das kumulative Wesen der Zeit bedenken und die Zeit umwandeln.

Das wäre zu erreichen durch zeitliche Festlegung (Malerei, Skulptur, Fotografie), aber es scheint mir, als wäre die Aufzeichnung von Zeit (Video, Film, Tonband) ein noch angemesseneres Medium zur Erforschung kumulativen Wissens. Kumulative Information.

Jede Existenz ist kumulativ.

Die Zeit in Büchern ist eine andere Zeit, weil man die Information mit verschiedenen Geschwindigkeiten ablesen kann und weil alle Informationen gleichzeitig präsent sind und nicht in der Zeit reisen – man muß aktiver Wahrnehmer und nicht passiver Empfänger der Information sein, wenn man Bücher liest.

Dito Gemälde, Skulpturen (Kunstobjekte).

Kunst Performance – Erleben.

Videoaufnahmen – Filme – Performances existieren innerhalb einer bestimmten Zeit – enthalten ihre vorgegebene »Zeitspanne« – Existenz – Dauer –

Kumulatives Wachstum – Zeit – existiert durch Veränderung.

Bewegung – Veränderung in der Zeit.

Ich kam nach Hause und holte alle Dinge aus meiner Tasche, die ich im Lauf des Tages aufgelesen hatte, und klebte sie auf eine Seite der *New York Times,* die ich auf dem Heimweg gefunden hatte. Es gibt mehrere kleine »Koinzidenzen« – Überlappungen von Informationen. Dinge, die deutlich etwas miteinander zu tun haben, obwohl willkürlich herausgegriffen.

Und dann ging ich in den Club 57, Reggae-Minigolf spielen.

> »Kritik ist die Erlösung der Kunst.«
>
> Joseph Laploca (im Gespräch)
>
> »Sinn – Metapher – Erinnerung.«
>
> Kermit Oswald (im Gespräch)

14. NOVEMBER 1979

Stücke von derselben Sache zu verschiedenen Zeiten. Zur gleichen Zeit, wo ich hier rede, rede ich auch mit dir zu anderer Zeit, weil ich in diese Schachteln rede, weil diese Schachteln die Zeit verwahren, weil diese Schachteln die Zeit aufnehmen und eine andere Zeit draus machen können. Zeitstücke in Schachteln. Sachen in Schachteln stecken. Stücke derselben Sache in verschiedene Schachteln stecken. Stücke derselben Sache zu verschiedenen Zeiten. Es ist dasselbe.

17. NOVEMBER 1979

BLICKE AUF
JEAN (SAMO)S
FENSTER BEI
PATRICIA FIELD.

BEMALTE SCHACHTELN
BEMALTE KLEIDER

SCHAUE GEMÄLDE AN,
DIE AN EINEM GESTELL HÄNGEN

Ich schaue gern Gemälde im Kleiderladen an.

SAMO bei Patricia Field.

Mittwoch, den 14., nach meiner 12-Stunden-Performance ging ich ins Kiev, um endlich etwas zu essen und um mit SAMO zu essen, und er sagte, er wüßte von der Performance, war aber nicht da. Er erzählte mir von dem Gemälde, das er an dem Tag gemacht hatte. Er kaufte sich bei Utrecht eine Leinwand und Farbe, drückte alle diese Farbe auf die Leinwand, ließ Autos drüberfahren und beschmierte sich ganz mit der Farbe, und dann stieg er in die U-Bahn und fuhr zu einem Termin bei Fiorucci, schmierte unterwegs die Farbe an ALLES, und bei Fiorucci schmierte er sie auf den Teppich und die Couch und die Pelze für die feinen Damen. Er wurde schon vor seinem Termin hinausgewiesen.

20. NOVEMBER 1979

Letzte Nacht bin ich mit Kenny zum Times Square gegangen, um Fotos zu machen, nachdem wir Barbara Buckners Video – *Pictures of the Lost* – in der Donnell Library gesehen hatten. Wir schauten einer unglaublichen Schwarzen in fluoreszierend orangerotem Poncho zu, die eine Elektroorgel spielte. Sie war die beste Orgelspielerin, die ich seit langem gehört habe. Sie brachte unglaublich abstrakte Akkordwechsel fertig. Sie achtete überhaupt nicht auf die festgelegte Struktur der Lieder, und das einzige, woran man erkennen konnte, was sie spielte, waren die Texte. Ihre Version von »Blue Suede Shoes« war die tollste, die ich je gehört habe. Bis auf zwei andere Männer waren wir die einzigen Zuschauer.

> »Sie sang den Blues zur Begleitung der Weltraumorgel.«
>
> Jet (Kenny) Scharf

20. NOVEMBER 1979 – BEUYS-AUSSTELLUNG

Hörte BEUYS am 7. Januar in der Cooper Union.

Sah ihn am nächsten Tag in der 125 Delancey Street – Real Estate Show.

> »Armut bedeutet nichts für einen Menschen mit einem Traum.
> Zeichnen ist die Redlichkeit der Kunst.«
>
> Nach Gesprächen mit Charles Stanley,
> während ich ihm zu meinen Porträt saß, im Januar 1980

30. NOVEMBER 1979

PENIS POEM
HE SAID TRAIN RUTGERS MEDIA ANSWER
SAMO. WINDOW LOOKING CONFRONTATION
FOLLOWING STREET LOOKING ALWAYS AFTER
FINALLY CATCHING
INTERPRET SEEING
WORDS BED FLOOR

Das ist wirklich passiert ... Ich traf diesen Jungen, weil wir spät noch in SAMOs Fenster bei Patricia Field reinschauten – folgte ihm zum East Village – ging heim – das erste Mal, daß es mir beim 69 gekommen ist. Liebe unter blitzenden Weihnachtslichtern – Nova-Convention-Plakate in der Eingangshalle – nie wiedergesehn.

30. NOVEMBER 1979

Worte, wie ich sie im Semiotik-Seminar hörte, fortlaufend aufgeschrieben.

PHYSICS   PURE   POINT   CAN'T   COMBINE
EASIEST   BLUE   YELLOW   YEAH   EASIEST
TO   SURE   THING   READILY   IT   SUPPOSE
RIGHT   OR   UP   EXPERIMENT   SUPPOSE
MARINE   RIGHT   NO   SO   SOMETHING   HOW
MEAN   INDIVIDUALLY   EYES   SUPPOSEDLY
COLORS   EQUIPMENT   EVERYBODY   O.K.
IS   PEOPLE   KNOW   O.K.   LEARNED   OTHER
SAID   LEVEL   HUH?   DEGREES   CONVERSATION
KNOW   IS   ABOUT   DISCUSS   SEE   ABSTRACT
WARM   OUT   TAUGHT   DIFFERENCE   EYES
DOESN'T   KNEW   INSTANCE   SNOW   TELL
ICE   IT   IS   UH   FORMED   UNDER   COOLER
SLEET   AM   TAUGHT   BEEN   CHANGE
SNOW   YOURSELF   GUESS   SOMEWHERE   MUCH
FACT   CODES   TO   COMMUNICATE   DO
CONSISTENT   ABOUT   DIFFERENT   POSSIBLE
THEM   ASKING   VERBALLY   ORANGEY   POINT
DOWN   AWARE   SEE   POINTING   LIGHTS
COLORS   WARM   COOL   ART   PAINTING   SEE

Bücher/Artikel   Gelesen/konsultiert

Interview William Burroughs, *Paris Review: Writers at Work*, 3. Folge

»The Uses of Observation: A Study of Correspondential Vision in the Writings of Emerson, Thoreau and Whitman.« Christopher Collins; 1971 (Mouton)

Informationstheorie und ästhetische Wahrnehmung von Abraham Moles

Cosmology – Charon

Phänomenologie der Erfahrung, R. D. Laing

Lolita – Nabokov

Artaud Anthology – hrsg. v. Jack Hirschmann, 2. Auflage 1965

»A Vision«, W. B. Yeats, 1937

»Performing Arts Journal/11«, Vol. IV/No. 1 und 2, 1979

»I've Left: a Manifesto« – Bern Porter

Elemente der Semiologie, Roland Barthes

»Learning from Las Vegas« – [Robert] Venturi

Die Entwicklung des Erkennens – Jean Piaget

Notre-Dame-des-Fleurs – Jean Genet

Ludwig Wittgenstein – *Tractatus logico-philosophicus*

»Joseph Beuys: His Life and Works«

Antonin Artaud: Poet Without Words – Naomi Greene

»Talking Poetics from Naropa Inst.« Bde. I & II

The Hidden Order of Art – Anton Ehrenzweig

»Meaning and Control« – D. O. Edge und J. Wolfe

Experience and Conceptual Activity – J. M. Burgers

Japanese Painting – Henry P. Bowie

Lady Chatterley – D. H. Lawrence

Dubliners – James Joyce

Finnegans Wake – James Joyce

Essaying Essays – Richard Kostelanetz

Der Übermann – Alfred Jarry

Mythen des Alltags – R. Barthes

Ubu Roi – Alfred Jarry

The Banquet Years – [Roger] Shattuck

1979

Sonderprojekte

Video Clones, Video/Tanz-Performance mit Molissa Fenley, New York
Haring organisiert Gruppenausstellungen im Club 57, New York.

1980

20. FEBRUAR 1980:
nach der Badeanstalt im Semiotik-Kurs

Wieder war es dasselbe, und ich fühle mich wieder genauso. Warte auf eine Antwort. Und du kannst sagen, was du willst. Ich sage gar nichts. Und da sitzen wir und reden über Barthes' »Liebesdiskurs«. Und ich habe alle diese Anzeichen verspürt – in geballter Form –, letzte Nacht, und vermutlich geht das immer so weiter. Und es ist genauso, wie du immer gewußt hast, daß es ist. Nichts hat sich geändert – immer noch dasselbe. Aber ich hab' es satt – und mache mir Vorwürfe, weil ich es satt habe. Distanz und keine Hoffnung mehr. O.K., gib's auf – geh nach Hause! Er will dich nicht – und nicht nur das –, und was hätte geschehen sollen, geschah nicht.

Unbehagliche Pause, und er steht auf und geht fort – aber er war die einzige Hoffnung – also geh nach Hause und mach dir nichts draus – und vor allem tu dir nicht selber leid – lies Nietzsche, klar? Rationalisierungen – ich meine, ich hab einfach zur rechten Zeit nicht das Rechte getan, aber das konnte ich zu der Zeit auch nicht steuern – so schnell, wie gesagt. Also steht er auf und geht, und ich geh auch – ich hab das ja auch schon von der andern Seite erlebt. Also was redest du noch! Du hast schon in seiner Haut gesteckt, eben mal wieder einen Korb gekriegt, aber diesmal bin ich nicht derjenige, der sich stark fühlt. Und es klingt so wie pures juveniles Geschwalle – albern, kindisch –, und wenn ich nicht mal mit meinem Selbstzweifel fertigwerde – mit was dann? Das ist keine Kleinigkeit. Das ist das einzige, woran ich noch denken kann, seit dies passiert ist – das hat mich fertiggemacht. Ein Mißverständnis, hat er gesagt. Mir ist übel vor kaltgewordener, verschrumpelter Begeisterung, habe ich gesagt. Manchmal bin ich richtig glücklich. Wann? hat er gesagt. Ich kann mich nicht erinnern, ob . . . ich bin mir nicht sicher, ob er . . . Wir können dir nicht helfen, hat er gesagt. Also geh wieder fort und sage dir, daß dir das vielleicht passiert, weil es für dich mehr ist als nur zurückgewiesen werden – für dich ist es noch etwas anderes. Ich bin nicht einfach traurig – ich kompensiere das schon durch Rationalisierung oder mit anderen – sie können mir so etwas tun, und ich kann sagen, es hilft mir – macht mich stärker, größer. Trauriges hab ich schon gesehen – die Tragödie zu Hause. Ich kann in sie hineinblicken und sie in mich aufsaugen, so daß sie in mir größer wird als ich und doch nur ich ist. Aber sie ist nicht nur ich – sie ist immer wieder dasselbe – die Tragödie – das letztliche Versagen des Geistes. Der Seele, hat er gesagt. Ich hab gesagt, ich geh nach Hause. Und wie kann dieser Junge aus der Badeanstalt mich dazu bringen, daß ich hier bin – und wäre er nicht aufgestanden und weggegangen, ginge es dir dann besser, und hast du es nicht selbst so angezettelt – hast du dir die Wunde nicht selbst zugefügt? Manchmal komme ich mir wahrhaft blöd vor, und manchmal weiß ich, ich bin es – Aber du, mein Junge aus der Sauna – du hast mein Innerstes wieder nach außen gestülpt und mich bloßgelegt – vor mir selbst – und ich denke, das war mal wieder gut so.

ERSTE »ECHTE« GRUPPEN-AUSSTELLUNG IN NEW YORK . . . SALSA ›N‹ COLORS, 28. FEBRUAR – 9. MÄRZ 1980

Ich zeigte ein großes Gemälde, 3 x 3 Meter, Rotschwarz auf Weiß, gemalt am 15. Januar 1979, auf dieser Gruppen-Ausstellung »Salsa ›n‹ Colors« in einer spanischen Schule in der Lower East Side – 107 Suffolk Street – in der Sporthalle.

18. MÄRZ 1980

Diese verflucht schönen Boys machen mich verrückt. Der Typ in der U-Bahn, wie der die Beine breit vor sich gespreizt hat – mit Absicht! Schaute zu mir her und gefiel sich darin, betrachtet zu werden. Der Typ in der Cafeteria. Prachtvoll! Ich stehe da und sag mir immer wieder: »Prachtvoll!« Ich finde einen Grund zu telefonieren, so daß ich noch ein bißchen länger bei ihm stehenbleiben kann, nur ein bißchen länger – diese hübschen – hübschen – hübschen Boys! Und ich gucke nur und weiß, es ist genauso schlimm, weil ich nur gucke und eine unglaubliche Phantasie habe. Ich kann alle diese Jungen haben, jeden von ihnen, alle. Heute nacht ganz allein mit mir im Dunkeln in meinem kleinen Zimmer – alles in meiner Phantasie – die dunklen Augen, dunklen Haare und prachtvollen Körper, der eindringende Blick. Um aus einem Essay von Jean Genet zu zitieren, den ich neulich gelesen habe: »Gieriger dicker Penis, aufragend aus einem Beet schwarzer Locken.« So rausschreiben! Es aus mir selbst rausschreiben – aufhören, daran zu denken und diese Energie in anderer Form verwenden. Diese Energie, sexuelle Energie, ist vielleicht der stärkste besondere Antrieb, den ich spüre – stärker als der zur Kunst? (!)

14. APRIL 1980

Ich habe den Kosmologie-Kurs versäumt. Hatte ihn vollkommen vergessen. Den ganzen Tag hab ich nicht daran gedacht, bis ich Kenny traf, und er sagte, »Gott ist das Licht«.

25. APRIL 1980: SEMIOTIK

Die Frage, *ob* es Texte oder eine Grammatik geben *sollte* oder *nicht*, um moralische Fragen zu stellen oder uns zur Definition unserer Werte anzuhalten, ist selbst eine moralische Frage.

Sind die Aspirationen der Futuristen und Konstruktivisten (die soziale Umwälzung der Werte durch die Einführung der abstrakten Kunst) verwirklicht worden?

21. JUNI 1980: NEW YORK CITY

- »Die Leute haben Angst, ›poppig‹ zu sein, aber es ist nicht leicht, einfach zu sein.« – Tony Shafrazi (mit Bezug auf B. Beckleys Abänderung eines Fotos in einem Bild)
- Letalitische Ausstellung in der Church Street gesehen
- Idee, daß Kritik die »Kunst« aus der Sphäre des Erlebens herausnimmt und in eine literarische Praxis umwandelt
- aus der Idee, daß jemand jetzt gleich über den Club 57 schreiben sollte, aber *ohne* es jemand anderem zu zeigen, weil aus dem Schreiben »über« sonst »Input in« wird
- Schreiben würde/könnte auf den Club Einfluß nehmen und ihn und seine Aktivitäten/ Beteiligung usw. beträchtlich verändern, etwa über Medien, Journalismus usw.
- über etwas reden heißt diese Sache verändern oder machen
- immer noch Respekt vor Kennys Bildern. Sie sind reich an Erleben, aber trotzdem neu genug, um in bezug auf Sprache, Geschichte usw. interessant zu sein.

26. JULI 1980 –
Nach »Acts of Life Art III«

Verstehe endlich den Konflikt zwischen der Arbeit, die ich zeigte, und den im allgemeinen »visuell« bestimmten anderen Arbeiten. Begreife, daß es ein total »visuell orientiertes« Programm war, mit meiner »sprachbegründeten« Präsentation als der Ausnahme.

Der Kontext (so wie er war) bleibt maßgeblich für Kritik und Vergleich: sofortige Reaktion.

Vielleicht wird die »sprachbegründete Präsentation« (d. h. kalkulierbare spezifische

Information) Teil des Abrufens durch ein anderes Aufmerksamkeitszentrum (Erinnerung): Assoziationen fixiert: nebeneinander (sagte er), und ich erinnerte mich.

Lese Gide, Lautréamont, Solanis: immer wieder Informationen über Selbst als Kunstwerk. Hugo Balls Tagebücher, Abschnitte daraus. Das Leben des Künstlers als ein Kunstwerk für sich. Siehe griechische Auffassung davon. »Der Mensch hält sich für schön« – doch das ist schlicht eine Rationalisierung, um mit der Erbärmlichkeit des Selbst fertigzuwerden. Menschheit als Quelle/Bit aufgefaßt, vielleicht Virus-Situation eintretend: wieder. »Malen ist eine Krankheit oder ein Fluch« – Frank Holliday. Valerie Solanis sieht im »Mann« die ewige Mutation: Abweichung: fehlgeborenes Weib. Männlicher Geist als schwach angesehen, in Opposition, sagte sie. Sie haben Andy Warhol erschossen, sagte sie.

1980

Sonderprojekte
Haring begann auf leere Werbetafeln in New Yorker U-Bahnstationen
zu zeichnen.

Gemeinschaftsausstellungen
Club 57 Invitational, New York
Times Square Show, New York
Studio Exhibition im P. S. 122, New York
Events: Fashion Moda, The New Museum, New York

1981

1982

18. MÄRZ 1982

Die Malerei hat gegenüber der Sprache der Worte einen zweifachen Vorteil. Erstens, die Malerei beschwört die Gegenstände mit größerer Kraft und kommt ihnen viel näher. Zweitens, die Malerei öffnet dem tanzenden Geist des Malers eine breitere Tür nach draußen.

Jean Dubuffet,
»Anticultural Positions«,
20. Dezember 1951

Geboren 1958, erste Generation des Weltraumzeitalters, hineingeboren in eine Welt der Fernsehtechnologie und der sofortigen Bedürfnisbefriedigung, Kind des Atomzeitalters. Aufgewachsen in Amerika während der sechziger Jahre, mit Nachrichten über den Krieg aus *Life*-Nummern über Vietnam. Tumulte im Fernsehen anschauen, in einem warmen Wohnzimmer, einigermaßen sicher im Amerika der weißen Mittelschicht. Ich glaube nicht an Lösungen. Die Dinge liegen außerhalb meines Einflusses und meines Verständnisses. Ich träume nicht davon, die Welt zu verändern. Ich träume nicht, ich könnte die Welt retten. Aber ich bin auf der Welt, und ich bin ein Mensch. Mit Telefon und Radio, Computern und Flugzeugen, weltweiten Nachrichten, Videobändern, Satelliten und Automobilen sind die Menschen von 1982 den Menschen vor 2000 Jahren immer noch erschreckend ähnlich. Ich habe eine Todesangst.

Ich glaube, ich bin von Geburt Künstler. Ich glaube, ich habe eine Pflicht, dem gerecht zu werden. Ich habe mein bisheriges Leben darauf verwandt herauszufinden, worin diese Pflicht besteht. Ich habe etwas erfahren, als ich das Leben anderer Künstler studierte und die Welt kennenlernte. Jetzt lebe ich in New York, das für mich der Mittelpunkt der Welt ist. Mein Beitrag zur Welt ist meine Fähigkeit, zu zeichnen. Ich will so viel zeichnen, wie ich kann, für so viele Menschen, wie ich kann, und so lange ich kann. Zeichnen ist im Grunde immer noch dasselbe wie in prähistorischen Zeiten. Es bringt Mensch und Welt zusammen. Es lebt von der Magie.

4. MAI 1982, AUF DEM BRÜSSELER FLUGHAFEN

Es ist lange her, daß ich das letzte Mal etwas aufgeschrieben habe. Viel ist seitdem geschehen. So viel, daß ich außerstande war, es festzuhalten. Ich sollte wohl jeden Tag etwas eintragen, aber es scheint, dazu komme ich nie. Heute ist also mein [24.] Geburtstag, und ich sitze auf einem Flughafen in Brüssel und warte auf den Rückflug nach New York. Die Ausstellung in Rotterdam ging gut, und in Amsterdam hat es mir auch gefallen. Beim Zeichnen mit Kreide auf der Straße in Amsterdam wurde mir klar, daß ich das überall auf der Welt tun kann (und mit ähnlichen Ergebnissen). Aber New York fehlt mir, und besonders Juan [DuBose]. Es ist komisch, aber seit ich hier gewesen bin, freue ich mich noch mehr, Amerikaner zu sein. Alle Leute hier wären anscheinend lieber in Amerika, auch wenn sie nicht genau wissen, wie es dort wirklich ist.

In nur einem Jahr hat meine Kunst mich nach Europa gebracht und mich irgendwie ins Rampenlicht geschleudert. Alle sagen, es ist geradezu beängstigend. Die Situation meine ich. Die Dinge werden wohl allzusehr hochgejubelt, dann konsumiert und schließlich irgendwo »sicher verwahrt« (Geschichte). Ich kann nicht bestreiten, daß dies mir in mancher Hinsicht doch angst macht, aber andererseits: was ist die Alternative? Elvis muß Elvis sein. Wenn ich Willem de Koonings scheußliche neue Bilder bei der Ausstellung im Stedelijk sehe, graust es mich. Lieber tot sein, als so einer werden! Aber wo ich jetzt stehe, gefällt es mir ganz gut. Ich meine, in gewisser Weise ist es die Situation, die ich mir immer gewünscht oder erträumt habe. Wo dieser Traum hergekommen ist, weiß ich nicht recht, aber er ist schwer zu verscheuchen, wenn er einmal angefangen hat. Ich denke, das Wichtigste ist, alles in der richtigen Perspektive zu behalten. Zu wissen, daß es an mir liegt, was als nächstes geschieht. (Und zu wissen, wo ich's nicht in der Hand habe.) Die eine Sache, die ich kontrollieren kann (und letzten Endes war es immer die einzige), ist das, was aus mir heraus und in die Welt kommt.

Es ist schwer, die Sache unter Kontrolle zu halten, sobald sie einmal heraus und in der

Welt ist. Aber nur ich kann sie in die Welt setzen. Die Welt will diese Sachen nicht und braucht sie nicht, aber wenn sie einmal da sind, sind sie da. Ihre Bedeutung kommt ganz aus dem, was andere Leute damit anfangen. Wenn diese Sachen in eine Situation gestellt werden, fügen sie der Situation etwas hinzu.

Jeder, der solche Sachen macht, fügt zu Situationen und zur Welt etwas hinzu. Darin liegt eine Art Verantwortlichkeit. Diese Verantwortlichkeit wird von verschiedenen Leuten, die Sachen in die Welt setzen, verschieden aufgefaßt. Es hängt davon ab, welches »Weltbild« jemand hat. Nicht jeder fühlt sich der Welt verantwortlich. Ich bilde mir nicht ein, daß die Dinge, die ich mache, die Welt verändern oder groß etwas bewirken können.

Menschen, die Kriege führen, verändern etwas. Menschen, die »Kontrolle« ausüben, sorgen dafür, daß etwas passiert. Das ist meine Absicht überhaupt nicht. Mein »Weltbild« ist eigentlich ganz einfach. Mein Platz in der Welt, so wie ich ihn verstehe, ist (hoffentlich) bescheiden und anspruchslos. Ich bin zwar erfüllt von einem gewissen Zweifel, welche Rolle ich in der Welt spiele. Aber das hindert mich nicht, an der Welt Anteil zu nehmen. Es hält mich nur davon ab, von der Welt etwas zu erwarten. Mir scheint, das einzige, was man auf der Welt tun kann, ist etwas »tun«. Das »Tun« ist die Welt. Ich tue nur, was ich schon immer getan habe, wenn ich Dinge mache. Ich weiß nicht, ob ich je verstanden habe oder verstehen werde, was das für ein Ding ist oder warum ich es mache. Aber ich weiß von anderen Menschen, die es schon immer gemacht haben, daß es etwas »Wirkliches« ist, was man macht, und daß es sich in der Welt zu halten scheint, wenn es einmal da ist. Die Menschen, die vor Tausenden von Jahren Höhlenwände bemalt haben, haben Dinge geschaffen, die immer noch existieren. Die Welt wird größer und größer. Menschen wie Jesus Christus haben zur Welt Dinge hinzugefügt, die auch nicht wieder verschwinden. Das ist eine noch größere Verantwortlichkeit. Im Vergleich damit sind die Dinge, die ich mache, nur ein sehr kleiner Beitrag.

Heute bin ich vierundzwanzig Jahre alt. Vierundzwanzig Jahre sind keine sehr lange Zeit, aber auch wieder Zeit genug. Ich habe viele Dinge zur Welt hinzugefügt. Die Welt ist dieses Ding rings um mich, das ich für mich gemacht habe und das ich mit eigenen Augen sehe. Die Welt wird zwar auch weitergehn, wenn ich nicht da bin, um sie zu sehen, nur ist es dann eben nicht mehr »meine« Welt. Das ist es, was mich an meiner jetzigen Situation am meisten interessiert. Ich setze Dinge in die Welt, die nicht verschwinden werden, wenn ich verschwinde. Hätte ich diesen »Erfolg« nicht gehabt, dann wüßte die Welt vielleicht gar nichts mehr von diesen Dingen, wenn ich nicht mehr da bin. Aber nun weiß ich, wenn ich dieses Dinge mache, daß es »wirkliche« Dinge sind, »wirklicher« vielleicht als ich, weil sie dableiben, wenn ich verschwinde. In meiner jetzigen Situation bin ich ein Vehikel für die »Dinge«, die ich in die Welt trage. Ich habe die Dinge nicht und mache sie nicht und warte auch nicht darauf, daß die Welt sie haben will. Aber die Welt wartet darauf, sie zu bekommen. Mit vierundzwanzig ist das wohl ein komisches Gefühl. Die Dinge, die ich mache, sind »in« der Welt, sobald ich sie mache. Das ist auch die Situation, die ich mir immer erträumt habe (glaube ich). Also habe ich so was wie einen Grund, diese Dinge zu

machen, und die »Dinge« werden in gewissem Sinne wichtiger als ich. Die Welt wartet auf die Dinge, und ich bin der einzige, der sie herbeischaffen kann. Darin liegt eine Art Freiheit. Darin liegt auch eine Art Hysterie, aber das hängt davon ab, wie man die Welt sieht. Ich denke nur, ich will derjenige sein, der die »Dinge« macht. Wie ich möchte, daß die Welt sein soll, weiß ich nicht. Aber nur ich kann diese »Dinge« machen. Diese Dinge, von denen man sagt, das sind die Werke von Keith Haring.

1982

Einzelausstellungen
Rotterdam Arts Council, Rotterdam
Tony Shafrazi Gallery, New York, zusammen mit L. A. 2.

Gemeinschaftsausstellungen
Still Modern After All These Years, Chrysler Museum, Norfolk, Viriginia
Fast, Alexander Milliken Gallery, New York
Young Americans, Tony Shafrazi Gallery, New York
Larry Gagosian Gallery, Los Angeles, California
Blum Helman Gallery, New York
New Painting 1: Americans, Middendorf Lane Gallery, Washington
Art of th 80's, Westport Weston Arts Council, Westport, Connecticut
Wave Hill, Bronx, New York
Young Hoffman Gallery, Chicago, Illinois
The Agitated Figure, Hall Walls, Buffalo, New York
Holly Solomon Gallery, New York
Painting & Sculpture Today, Indianapolis Museum of Art, Indiana
Richard Hines Gallery, Seattle, Washington
The Pressure to Paint, Marlborough Gallery, New York
Documenta 7, Museum Fridericianum, Kassel
The U. F. O. Show, Queens Museum, New York
Urban Kisses, Institute of Contemporary Art, London
Beast: Animal Imagery in Recent Painting, P. S. 1, Long Island City, New York

Sonderprojekte

Spectator Billboard, Times Square, New York; ein 30-Sekunden-Zeichentrickfilm auf einer
Leuchttafel, einen Monat lang alle 20 Minuten wiederholt.

Installation in der Paradise Garage, einer Diskothek in New York.

Druck und kostenlose Verteilung von 20 000 Plakaten für eine Anti-Atomkraft-Kundge-
bung am 12. Juni im New Yorker Central Park.

Fluoreszierende Bemalung der Mauer neben einem Ballspielplatz in der Houston Street
an der Bowery, New York.

Bücher und Kataloge

Keith Haring. Text: Robert Pincus-Witten, Jeffrey Deitch, David Shapiro (Tony Shafrazi
Gallery, New York)

Rotterdam Arts Council. Essay: Richard Flood

Marlborough Gallery. Essay: Diego Cortez

Drawings: Keith Haring. Appearances Press.

Katalog Documenta 7

1983

31. MAI 1983
Aus dem Katalog »Tendencias en Nueva York«, Ausstellung
im Palacio de Velasquez, Parque del Retiro, Madrid,
11. Okt.–1. Dez. 1983, mit Texten von Carmen Jimenez

Malen ist nichts Neues. Seit der Steinzeit haben Menschen gemalt und gezeichnet. In jeder Kultur, von der wir wissen, haben sie versucht, ihre Welt abzubilden, so wie sie sie sahen und empfanden. In den Materialien, die der jeweiligen Kultur zu ihrer Zeit zur Verfügung standen, wurden die Bilder gezeichnet, geritzt, gesprüht, geschnitzt, gebrannt oder gemalt. Von Menschen geschaffene Bilder waren immer ein wichtiges und notwendiges Element in jenem Ritual, das wir das »Leben« nennen. Sie schmückten unsere Behausungen, Werkzeuge, Kleider, Denkmäler, Gefäße, Leiber, Tempel und das Land selbst. Die verschiedenen Kulturen haben ihnen größeren oder geringeren Wert beigemessen und ihnen in verschiedenem Maße Sinn und Zweck zugewiesen. Aber immer gab es sie in der einen oder anderen Form. Malen gehört zur menschlichen Selbstvergewisserung und zur Feier der menschlichen Existenz.

In den letzten hundert Jahren haben wir die Entwicklung der Telekommunikation, des Radios, Automobils, des Fernsehens, der Luft- und Weltraumfahrt, des Computers, der Genetik, der Satelliten, der Laser-Technik und so weiter erlebt. Kurz, unsere Lebenserfahrung ist drastisch verändert worden. Die Rolle des Bildermachers kann nicht mehr so aufgefaßt werden, wie sie vor hundert oder sogar vor zehn Jahren noch erschien. Das Tempo der Veränderung beschleunigt sich, und der Künstler muß die Veränderung mitvollziehen. Der moderne Künstler kann die Existenz der Medien und der Technologie nicht ignorieren, und zugleich kann er sich auch vom Ritual und von der populären Kultur nicht abwenden. Vielleicht ist der Bildermacher heute wichtiger als zu jeder anderen Zeit in der Geschichte der Menschheit, weil er Eigenschaften besitzt, die einzig und allein menschlich sind. Die menschliche Phantasie kann nicht wie ein Computer programmiert werden. Unsere Phantasie ist die größte Hoffnung für unser Überleben.

1983

Einzelausstellungen
Fun Gallery, New York, mit L.A. 2
Galerie Watari, Tokio, mit L.A. 2
Galleria Lucio Amelio, Neapel
121 Art Gallery, Antwerpen
Matrix 75, Wadsworth Atheneum, Hartford, Connecticut
Robert Fraser Gallery, London, mit L.A. 2
Tony Shafrazi Gallery, New York

Gemeinschaftsausstellungen
Morton G. Neumann Family Collection, Kalamazoo Institute of Arts, Kalamazoo, Michigan
New York Painting Today, Carnegie-Mellon University, Pittsburgh, Pennsylvania
Biennial 1983, Whitney Museum of American Art, New York
The Comic Art Show, Whitney Museum of American Art, Downtown Branch, New York
Back to the U.S.A., Kunstmuseum, Luzern
Tendencias en Nueva York, Palacio Velasquez, Madrid
Bienal de São Paulo, São Paulo
Terrae Motus, Institute of Contemporary Act, Boston, Massachusetts
Post-Graffiti Artists, Sidney Janis Gallery, New York
Currents, Institute of Contemporary Art, Philadelphia, Pennsylvania
Pittsburgh Center for the Arts, Pennsylvania, mit L.A. 2

SONDERPROJEKTE

Einladung als Gastkünstler beim Jazzfestival in Montreux, Plakate

Stoffmuster-Entwürfe für Vivienne Westwood, London

Computer-Graphik für Plattenhülle für die *New York City Peech Boys*

Bemalung der Boutique Fiorucci, Mailand, mit L.A. 2

Bemalung des Tänzers Bill T. Jones, London, fotografiert von Tseng Kwong Chi

Zaunbemalung, Marquette University, Milwaukee, Wisconsin

Außenwandbemalung eines Gebäudes in Tokio, mit L.A. 2

Außenwandbemalung in der Avenue D im East Village, New York

BÜCHER UND KATALOGE

Champions. Essays: Tony Shafrazi

Tendencias en Nueva York. Text: Carmen Jimenez

Back to the U.S.A. Text: Klaus Honnef (Rheinisches Landesmuseum, Bonn, und Rheinland-Verlag)

1984

13. JUNI 1984

Diese Zeichnung machte ich zuerst in Milano. Es war etwas, worüber ich schon eine Weile nachgedacht hatte. Die Versöhnung von Kopf und Bauch. Reiner Intellekt ohne Gefühle ist ohnmächtig und sogar potentiell gefährlich (z. B. Computer in den Händen derer, die uns kontrollieren wollen). Expressionismus (Bauch) ohne Intellekt ist sinnlos und meistens langweilig. Das Problem, vor dem der moderne Mensch steht (die Versöhnung von Intellekt und Gefühlen/Hirn und Herz/Rationalem und Irrationalem/Geist und Seele/usw.), wird verschärft durch die zunehmende Macht der Technologie und ihren Mißbrauch durch die Inhaber der Macht, denen es nur um die Kontrolle geht. Die Mentalität von Leuten, die sich auf Kosten menschlicher Bedürfnisse

vom Profit motivieren lassen, ist wie geschaffen für den Computer. Computer sind vollkommen rational. Sie ersparen Zeit und Geld, sie können jeden Vorgang aufzeichnen (Telefongespräche, Bankgeschäfte usw.). Geld ist das Gegenteil von Magie. Kunst ist Magie. Die Welten der Kunst und des Geldes durchmischen sich beständig. Um diese Mixtur zu überdauern, muß die Magie in der Kunst auf neue Weise angewandt werden. Die Magie muß immer triumphieren.

»Keith Haring in Milano«

Im Juni 1984 war ich drei Wochen in Italien. In dieser Zeit habe ich alle dort ausgestellten Arbeiten produziert, außerdem eine Installation auf der Biennale in Venedig. Ich bin gewohnt, so zu arbeiten. Ich besuche ein Land und produziere Kunst an Ort und Stelle, unter Verwendung der dort verfügbaren Materialien und Hilfsmittel. Italien mag ich ganz besonders. In den letzten drei Jahren bin ich auf der Welt weit herumgekommen. Ich habe in Japan gearbeitet, in Australien, Brasilien und in vielen Ländern Europas. Wenn man ein Land nicht als Tourist besucht, sondern um dort zu arbeiten, lernt man es in einem volleren, authentischeren Sinne kennen. Das galt besonders für Milano. Während der drei Wochen, in denen ich dort an dieser Ausstellung arbeitete, gewann ich viele Freunde. In den Restaurants, Farbenläden, Tischlereien, Pizzerias, Clubs und natürlich in der Galerie. Obwohl ich nur sehr wenig Italienisch spreche, fiel mir die Verständigung leicht. Die Leute, die Pasta, die lässige, romantische Lebensart, das alles ergab in der Verbindung einen idealen Ort zum Arbeiten.

Ich besuchte zuerst eine Werkstatt in den Außenbezirken von Milano, die Terrakotta-Vasen herstellt. Ich suchte mir mehrere von verschiedener Form und Größe aus und begann am nächsten Tag, sie systematisch zu schmirgeln, zu waschen und dann die Oberfläche mit Marker-Tinte zu verschönern. In der größten war Platz genug, daß ich darin stehen konnte. Einige kleine Vasen reizten mich wegen der Ähnlichkeit ihrer Form mit den Kühltürmen von Kernkraftwerken. Aus der Konfrontation zwischen der Geschichte der Vasenmalerei und der modernen Malweise mit dem Filzstift und aus der Mischung moderner und antiker Symbole ergibt sich ein ironisches Nebeneinander der Gegensätze. Diese Ironie ist noch deutlicher in den Gipsplastiken, die ich mit L. A. 2 zusammen bemalte. L. A. 2 ist das Kürzel für Little Angel Two, einen Graffiti-Künstler aus der Lower East Side von New York. Ich arbeite mit ihm seit 1982 an Skulpturen, Gemälden und Installationen zusammen. Seine »Signatur« ist eine typisch New Yorker Version einer stilisierten Schriftform, von der ich meine, daß sie der fernöstlichen Kalligraphie so nahe kommt, wie es in der westlichen Welt nur möglich ist. Sein eigentümlicher »tag« oder seine Signatur stach unter denen der anderen Graffiti-Schreiber hervor, deren Bilder ich jeden Tag auf den Straßen von New York sah. Wir begannen unsere beiden Stile so zu verbinden, daß die gesamte Bildfläche mit ineinander verflochtenen Linien ausgefüllt wurde. In allen unseren Arbeiten geht es um die »Oberfläche«, und der behandelte Gegenstand wird gewöhnlich ganz bedeckt und verwandelt. Das erste Mal kamen wir nach Milano, um die Boutique Fiorucci mit Sprayfarbe zu bemalen. Wir brauchten dazu dreizehn Stunden.

Salvatore [Ala] ließ Angel eigens aus New York nach Milano einfliegen, um diese Gipsplastiken zu bemalen. Wir kauften die Plastiken in Torino, bemalten sie mit Day-Glo und bedeckten sie dann mit unseren »tags«. Ich wünschte nur, Michelangelo könnte sie sehen – aber vielleicht kann er's ja. Während Angel da war, bemalten wir zusammen auch einige Vasen und ein großes Totem.

Die Totems und einige hölzerne Wandbilder wurden in Pedanos Schreinerwerkstatt angefertigt. Es ist großartig, in der Welt herumzureisen und in einer fremden Stadt mit den einheimischen Handwerkern zusammenzuarbeiten. Sie machten ihre Sache unglaublich gut und schnell. Ich ging in Pedanos Werkstatt und zeichnete direkt auf große Holzplatten. Dann schnitten sie die Formen aus und befestigten sie auf einem Untergestell. Mit einem Werkzeug, das ich aus New York mitgebracht hatte, schnitt ich meine Zeichnungen ins Holz. Wie immer werden die Zeichnungen direkt ausgeführt, ohne Plan oder Vorzeichnung. Das Werkzeug ist so etwas Ähnliches wie ein Bohrer, schneidet aber Linien statt Löcher. Man braucht beide Hände und ein bißchen Übung, um es sicher durchs Holz zu führen. Etwas, das mich schon immer beschäftigt hat, ist die Vielzahl der Methoden, Zeichen herzustellen, und die Unterschiedlichkeit der Handhabungen, die doch alle dieselbe stimmige Linie hervorbringen können (z. B. Schneiden, Malen, Zeichnen). Jede erfordert ein anderes Maß an Zeit, Konzentration und Anstrengung, aber die Ergebnisse sind dennoch erstaunlich übereinstimmend. Meine neuesten Arbeiten mit Animationszeichnungen und Computern führen diese Idee noch einen Schritt weiter.

Die Gemälde, die den Hauptteil der Ausstellung bildeten, waren für mich eine Erlösung. Es waren einige meiner ersten Arbeiten mit Acrylfarbe auf gespanntem Musselin. Mit der Arcylmalerei anzufangen, hatte ich mich entschlossen, weil ich in meinen früheren Arbeiten auf Vinyl ein breites Farbenspektrum beiseite gelassen hatte. Ich glaube, außerdem wollte ich auch einfach beweisen, daß ich malen oder was auch immer tun konnte, wenn ich nur wollte. Für Musselin hatte ich mich entschieden, weil seine Oberfläche glatter und feiner ist als Leinwand. Von meiner Freundin Daniela ließ ich mir Day-Glo-Acrylfarben aus New York mitbringen, weil sie in Italien nicht aufzutreiben waren. Die Arbeit an diesen Bildern machte mir viel Spaß. Eines wurde vor Publikum gemalt, während einer Live-Fernsehsendung namens »Mister Fantasy«, wo ich neben David Byrne und anderen einen »Oscar« verliehen bekam.

Oft, wenn ich in einer fremden Stadt arbeite, werde ich von der Kultur und der Atmosphäre in dieser Stadt angeregt. In Milano kam ich auf viele neue Bilder und Ideen, die direkt in meine Arbeit eingingen. In der Galerie blieb ich immer bis spät in die Nacht und malte, bis mir die Hände weh taten und ich kaum mehr den Pinsel halten konnte, und dann ging ich zum Ausbaumeln ins Plastic. Das Plastic ist mein Lieblingsclub in Europa. Nicola [Guiducci] macht dort eine Musik, bei der ich mir wie in New York vorkomme.

In der Galerie ließ es sich wunderbar arbeiten, weil ich immer reichlich mit Essen versorgt wurde und jede Hilfe bekam, die ich brauchte, um in meinem hektischen Tempo loslegen zu können. Salvatore habe ich in liebevoller Erinnerung, wie er um zwei Uhr morgens für mich kalte Coca-Colas besorgen ging, und ebenso den Mann von Pink Panther Pizza, wie er mir Unmengen von meiner Mailänder Lieblingspizza brachte, mit reichlich Knoblauch.

Noch etwas Herrliches an der Ausstellung war die Eröffnung. Das Day-Glo-Poster, das auch überall in Milano und Venedig angeschlagen war, wurde an die Hunderte von Leuten, die kamen, umsonst verteilt. Es gab einen unglaublichen Kuchen, eine exakte Nachbildung der Ausstellungs-Postkarte. Eine Menge Leute waren da, viele witzige Jugendliche, Modemenschen und Kunstfreunde und sogar der Bürgermeister von Milano.

Ich nehme an, wenn einer das hier liest, wird er erwarten, daß ich über meine Arbeiten schreibe und zu erklären versuche, was ich damit sagen will, aber ich lasse doch lieber die Arbeiten für sich selbst sprechen. Ich versuche Bilder zu machen, die universell »lesbar« sind und sich selbst erklären. Wer nach einer einfachen Antwort auf seine Fragen sucht, wird wohl enttäuscht sein. Ein Künstler ist zu jeder Zeit in der Geschichte ein Sprecher seiner Gesellschaft. Seine Sprache wird bestimmt von seiner Wahrnehmung der Welt, in der wir leben. Er ist ein Medium zwischen dem, »was ist«, und dem, »was sein könnte«. Wenn ein Künstler wirklich ehrlich gegen sich selbst und seine Kultur ist, so läßt er seine Kultur aus sich sprechen und drängt sein Ich sowenig wie möglich in den Vordergrund. Wo kein Geheimnis ist, da ist nur noch Propaganda. Die Leute fragen mich immer: »Wo hast du nur all diese Ideen her?« Ich sage, ich weiß nicht genau, ich weiß nur, daß ich jetzt im 20. Jahrhundert lebe und mit wachsender Geschwindigkeit Informationen aufsauge. So geht es uns allen. Die Information kommt aus Quellen jeder Art, jeden Tag aus neuen. Die Technologie entwickelt sich immer schneller, vielleicht zu schnell, als daß wir Schritt halten könnten. Ich verarbeite die Informationen aus diesen Quellen, schleuse sie durch meine Phantasie und setze sie wieder aus in die Welt. Ich versuche immer wieder neue Wege zu finden, wie diese Dinge in die Welt gebracht werden können und wie die Definition, was ein »Künstler« ist, sich erweitern ließe.

Diese Ausstellung widmete ich Francesca Alinovi. Francesca war die erste Person aus Italien, die mir in New York begegnet ist. Ich lernte sie 1979 kennen, als sie eine Video-Ausstellung betreute, die durch Italien reisen sollte. 1980 versuchte sie für ein Museum in Florenz eine Ausstellung mit Diego Cortez zu organisieren. Mehrmals wurde sie aus Budgetgründen abgewiesen. Später organisierte Diego selbst eine ähnliche Ausstellung in New York, die er »New York, New Wave« nannte, die erste offizielle Veranstaltung, die die neue New Yorker Szene vorführte. Ich habe Francesca mehrfach in New York getroffen und einige Interviews mit ihr gemacht. Unter allen Kritikern, die ich kenne, war sie eine der ganz wenigen, die voll erfaßt hatten, was in New York passierte. Sie fuhr oft ganz allein in die Bronx und freundete sich dort mit den Graffiti-Künstlern an. Sie war die erste, die Ann Magnuson und Kenny Scharf, Pioniere der Performance Art aus dem Club 57, nach Europa brachte. Ich weiß noch, das beste Interview in meinem Leben habe ich Francesca gegeben. Im Gespräch waren wir auf die Welt der Maschinen und der Technologie gekommen, wie die Maschine unser Weltbild verändert hat usw., und als wir nach dem Tonbandgerät (Maschine) sahen, merkten wir, daß es stehengeblieben war und die vollständige Aufzeichnung unseres Gesprächs verweigert hatte. Wir machten danach noch mal ein Interview, aber es konnte das erste nicht ersetzen. Francesca fehlt mir, aber ganz besonders fehlt sie mir in Italien, denn ich weiß, sie wäre während der Ausstellung bei mir gewesen. Darum werden das Buch und die Ausstellung ihrem Andenken gewidmet.

30. OKTOBER 1984

Ich denke, das Beste an vielen meiner Bilder ist, daß sie sich nicht vollständig erklären lassen und für verschiedene Personen verschiedene Bedeutungen haben können. Das ist etwas, womit der Mensch immer weniger Geduld zu haben scheint, aber in früheren Zivilisationen waren Symbole oft mehrdeutig.

Sehr oft entstehen die Bildvorstellungen einfach aus dem Bedürfnis, etwas anderes zu machen. Manchmal kommen sie aus dem bewußten Willen, eine Idee rüberzubringen. Aber manchmal kommt etwas einfach aus meiner Phantasie, ohne daß ich versuche, ihm irgendeine spezifische Bedeutung zu geben. Entscheidend ist, ob man sich in einem Geisteszustand befindet, der Spontaneität und Zufall ermöglicht, bei dem aber dennoch ein Grad an Bewußtheit gewahrt bleibt, in dem man das Bild formen und steuern kann. Jede Zeichnung ist eine Performance und ein Ritual.

Der moderne Mensch konsumiert Informationen mit zunehmender Geschwindigkeit. Der moderne Künstler muß seine Bilder schnell und zügig genug hervorbringen, um mit dem Wandel unserer Welt Schritt zu halten. Die Elemente des Zufalls, der Magie und des Geistes dürfen diesem Bestreben jedoch nicht geopfert werden.

Die Freiheit des Künstlers ist ein Symbol des menschlichen Geistes in der ganzen Menschheit.

1984

Einzelausstellungen
University Museum of Iowa City, Iowa
Galerie Paul Maenz, Köln
Galleria Salvatore Ala, Mailand, mit L. A. 2
Paradise Garage, New York
Galerie Corinne Hummel, Basel
Semaphore East, New York, mit Tseng Kwong Chi

Gemeinschaftsausstellungen
Robert Fraser Gallery, London
Biennial III – The Human Condition, San Francisco Museum of Modern Art, California
Aldrich Museum, Ridgefield, Connecticut
Via New York, Montreal Museum of Contemporary Art, Montreal
New Gallery of Contemporary Art, Cleveland, Ohio
Arte di Frontiera, Galleria Communale d'Arte Moderna, Bologna
La Biennale di Venezia, Aperto 84, Venedig
Content, Hirshhorn Museum, Washington
Disarming Images: Art for Nuclear Disarmament, Wanderausstellung an verschiedenen
    Orten in den USA
Tony Shafrazi Gallery, New York
5/5 Figuration libre, France/USA, Musée d'art moderne de la ville de Paris
New Attitudes: Paris – New York, Pittsburgh Center for the Arts, Pennsylvania

Sonderprojekte

Wandgemälde in der National Gallery of Victoria, Melbourne

Außenwandbild an der Collingwood Technical School, Melbourne

Wandgemälde in der Gallery of New South Wales, Sydney

Artist-in-residence (Zeichenkurs für Schüler) an der Ernest Horn Elementary School in Iowa City, Iowa

The Kutztown Connection, Performances zugunsten des New Arts Program, Kutztown, Pennsylvania

Children's Festaville, Artist-in-residence, Wand- und Bühnenbild für ein Kinderfest des Walker Art Center, Minneapolis, Minnesota

Plakat- und Aufkleberentwürfe für das Autorennen in Le Mans

Wandmalereien in »George's Candy Store«, Avenue D, New York

»Don't be a Litterpig«: Logo für eine Sauberkeits-Kampagne der New Yorker Müllabfuhr

Gemälde im Museum für moderne Kunst, vor Ort ausgeführt, Rio de Janeiro

Bemalung von Fischerhäusern in Ilheus, Brasilien

Wandgemälde, Children's Village, Dobbs Ferry, New York

Körperbemalung Grace Jones, New York, fotografiert von R. Mapplethorpe

60-Sekunden-Zeichentrickfilm für das Bekleidungsgeschäft BIG in Zürich

Bühnenbild für *Secret Pastures,* Ballett der Brooklyn Academy of Music, New York (Choreographie: Bill T. Jones und Arnie Zane)

Wandgemälde für den Asphalt Green Park, New York

Entwurf für den Briefumschlag und eine Sonderbriefmarke der Vereinten Nationen zum »Internationalen Jahr der Jugend«, erscheint am 15. Februar 1985

Bücher und Kataloge

Pittsburgh Center for the Arts. Text: Fidel Marquez; Fotos: Tseng Kwong Chi

The Human Condition. Text: Henry Hopkins (San Francisco Museum of Miranda McClintic (Smithsonian Institution, Washington)

Primitivism. Herausgeber: William Rubin (The Museum of Modern Art, New York)

New Art. Herausgeber: Phyllis Freeman, Eric Himmel, Edith Pavese, Anne Yarowsky (Harry N. Abrams, New York)

Untitled 84. Einleitung: Robert Pincus-Witten; Text und Fotos: Roland Hagenberg (Pelham Press, New York)

Hip-Hop. Text: Steven Hager (St. Martin's Press, New York)

Art in Transit. Einleitung: Henry Geldzahler; Text: Keith Haring; Fotos: Tseng Kwong Chi (Harmony Books, New York)

Art at Work: The Chase Manhattan Collection. Text: verschiedene Autoren (E. P. Dutton, New York)

1985

Sonderprojekte
Organisation von *Rain Dance,* eines Wohltätigkeitsfestes und einer Ausstellung der Kommission der USA zugunsten von UNICEF für den African Emergency Relief Fund
Bühnenbild für das Ballett *Sweet Saturday Night,* Brooklyn Academy of Music, New York
Bühnenbild für das Ballett *Le Mariage du ciel et de l'enfer,* Ballett national de Marseille, Choreographie: Roland Petit
Umschlagillustration und Faltblatt für die *Scholastic News,* eine Publikation, die an drei Millionen amerikanische Schulkinder der Klassen eins bis sechs verteilt wird. Das Faltblatt ist ein Plakat mit der Schauspielerin Brooke Shields, fotografiert von Richard Avedon

Wandbild (7$\frac{1}{2}$ x 10 m), als permanente Installation in der Diskothek *The Palladium*, New York

Wandbild und kostenlose Verteilung von T-Shirts und Luftballons zum *Keith Haring Day* am Internat Dobbs Ferry, Childrens Village, New York

Gastlehrer bei einem Mal-Workshop und kostenlose Verteilung von Anmal-Büchern bei der ersten Children's World Fair zur Feier des *Internationalen Jahrs der Jugend*, Asphalt Green Park, New York

Druck und Verteilung von 20 000 Free-South-Africa-Plakaten

Malt ein Bild auf der Veranstaltung *Live Aid* im John F. Kennedy Stadium, Pennsylvania; der Auktionspreis geht als Spende an die Afrika-Hungerhilfe

Außenwandbild auf dem Ballspielplatz der öffentlichen Schule P. S. 97, New York

Körperbemalung Grace Jones für einen Auftritt in der Paradise Garage, New York

Bemalt Turnhallenwände im St. Patrick Day Care Center, San Francisco

Vier Entwürfe für Swatch-Uhren, New York

Zeichen-Workshop für Kinder am Musée d'art contemporain, Bordeaux

Bücher und Kataloge

Beyond the Canvas. Einleitung: Leo Castelli; Text und Fotos: Gian Franco Gorgoni (Rizzoli International Publications, New York)

America. Text und Fotos: Andy Warhol (Harper & Row Publishers, New York)

Notes from the Pop Underground. Herausgeber: Peter Belsito (The Last Gasp of San Francisco, Berkeley, California)

Keith Haring: Peintures, Sculptures et Dessins. Texte: Jean-Louis Froment, Brion Gysin, Sylvie Couderc (Musée d'art contemporain de Bordeaux)

New York '85. Texte: Roger Pailhas, Jean-Louis Marcos, Marcellin Pleynet (ARCA Centre d'art contemporain, Marseille)

Skulpturen im Riverside Park, New York 1987

1986

APRIL 1986

Ich finde, Skulpturen im öffentlichen Raum sollten unsere Wahrnehmung der Umwelt aggressiv in einem positiven Sinne verändern. Die Leute möchten mit Plastiken gern etwas anfangen können: auf ihnen herumklettern, sich draufsetzen, sie berühren und bewegen. Für mich wäre eine »öffentliche Skulptur« dann am besten gelungen, wenn sie zur visuellen und physischen Unterhaltung diente. Ich finde, Kunst im öffentlichen Raum sollte (sofern sie keine spezifische ideologische oder politische Botschaft trägt) angenehm wirken und die Umwelt aufhellen. Diese Skulpturen wurden dazu geschaffen, daß man auf ihnen spielen kann ... eine Art Spielplatz im Maßstab der Erwachsenen.

25. JUNI 1986 – NEW YORK

Der beste Grund zu malen ist, daß es keinen Grund dazu gibt.

Ich würde gern so tun, als hätte ich nichts gesehen, nichts gelesen, nichts gehört ... und dann etwas machen.

Jedesmal, wenn ich etwas produziere, denke ich an die Menschen, die es sehen werden, und jedesmal, wenn ich etwas sehe, denke ich an den, der es gemacht hat.

Nichts ist wichtig ... und darum ist alles wichtig.

Es ist schon so lange her, daß ich zum letzten Mal versucht habe, etwas darüber aufzuschreiben, was in meinem Leben geschehen ist (und geschieht).

Es ist so schnell vergangen, daß als Dokumente einzig die Flugtickets und die Zeitschriftenartikel von den vielerlei Reisen und Ausstellungen bleiben. Diese werden irgendwann wohl meine Biographie ausmachen.

Erst jetzt begreife ich, wie wichtig eine Biographie ist. Ich meine, daß ich die Biographien der Künstler, die ich bewundere, mit Vergnügen lese, war mir schon immer klar. Das war vermutlich mein wichtigster Bildungseinfluß. Zu Anfang meiner »Karriere« (was für ein gräßliches Wort!) wurde ich von einem Lehrer fehlgeleitet, der meinte, daß die Sachen, die ich damals schrieb, prätentiös und wichtigtuerisch seien. Jahre später, als ich die Sachen wieder las, die ich 1978 geschrieben hatte, fand ich sie gar nicht so prätentiös, denn fast alles, wovon ich geschrieben hatte, daß ich es »tun wollte«, hatte ich in den vier oder fünf folgenden Jahren wirklich getan.

Jetzt bedaure ich, daß ich nicht beständig weitergeschrieben habe. Besonders in den Jahren von 1980 bis 1985, als so vieles geschah, was mein Leben veränderte, und alles so schnell ging, daß es mir wie ein einziger großer Wirbel vorkommt. Wenn man diesen »Aufschwung zum Erfolg«, wie man das sarkastisch nennen kann, genauer ansieht und in eine logische Abfolge bringt, ist es gar nicht so erstaunlich und so »über Nacht« gekommen, wie es scheinen mag.

Die »gesellschaftliche Verantwortung«, die ich in meiner Arbeit finde, liegt in der LINIE selbst. Die Anerkennung meiner LINIE ist der Grund für meine Anerkennung als öffentliche Figur. Die Verbindung zur »primitiven« (wie ich das Wort hasse!) Kultur ist der Schlüssel zum Verständnis dafür, wie und warum meine Kunst in einer Zeit, die sich von diesen sogenannten »primitiven« Kulturen technologisch und ideologisch weit entfernt wähnt, vollkommen annehmbar und ganz natürlich geworden ist. Die Kunst erwächst eben aus den Grundfesten der menschlichen Existenz. Das Bedürfnis, uns einerseits abzusondern und andererseits einzubinden in unsere Umgebung oder Umwelt, ist ein Urbedürfnis aller Menschen.

Die Kunst wird zu demjenigen, wodurch wir unsere Existenz als Menschen definieren. Ich gebe zu, das klingt ein wenig pervers. Schon der Gedanke, daß wir von anderen Lebewesen (Tieren) und Dingen (Felsen, Bäumen, Luft und Wasser) so grundverschieden seien, ist wohl ein grober Irrtum, muß aber, wenn richtig verstanden, nicht unbedingt bösartig sein. Wir wissen, daß menschliche Wesen die Zukunft dieses Planeten bestimmen werden. Wir haben die Macht, zu vernichten und zu schaffen. Wir sind letzten Endes verantwortlich für die Zerstörung der Erde, die wir bewohnen. Egal wie langsam diese Zerstörung fortschreitet, egal wie »natürlich« diese Auflösung sich vollzieht, die Drahtzieher dieser Veränderung sind wir.

Wir sind jedoch nicht von Grund auf böse. Es gibt so was wie eine Entschuldigung, mit der wir uns herausreden möchten. Wir sind Menschen und wir »verstehen«, was Schönheit ist. Jean Dubuffet hat am Art Institute in Chicago eine Rede gehalten, in der er dieses Mißverständnis der Schönheit in der abendländischen Kultur deutlich aufzeigte. Diese Rede, auf die ich 1977 in Pittsburgh stieß, habe ich gelesen und wieder gelesen, und sie ist für mich eine der wichtigsten Schriften von einem anderen Künstler. Dieser Text und R. Henris *The Art Spirit* stellen die literarischen Quellen meiner Philosophie dar.

Ich habe noch vieles andere gelesen, auch viele informative Texte (z. B. Moles' »Informationstheorie« und Ecos »Semiotik« usw.), aber nur weniges hat eine so schlichte, tiefgreifende Wirkung gehabt wie diese Schriften von Dubuffet und Henri. Beide wurden Jahrzehnte vor meiner Zeit geschrieben, doch sind sie für die Kunst der Gegenwart wichtig und werden es wohl immer bleiben.

Manches ändert sich nicht. Alles dreht sich im Kreise, und Wiederholung ist ein Naturgesetz. Die Menschen sind überall auf der Welt gleich (oder ähnlich). Religion ist eine allen Völkern und Kulturen gemeinsame Reaktion auf die Existenz. Die Menschen setzen ihren Ehrgeiz darein, an etwas zu »glauben«. Sie brauchen diesen Glauben, um ihr Dasein zu erklären und zu rechtfertigen. Die verschiedenen Seiten (oder Gesichter) der Religion sind nur deshalb verschieden, weil die Menschen sich den Ideen der unterschiedlichen Kulturen und nationalen Werte verpflichtet fühlen. Der Nenner ist immer der gleiche. Ob Voodoo oder Buddhismus, am Ende kommt alles doch auf eines heraus.

Das gilt natürlich auch für die Kunst und Kultur. Es gibt einen gemeinsamen Nenner für alle Zeiten und alle Völker.

SPÄTER AM GLEICHEN ABEND ...

Die ganze Zeit denke ich schon, der Hauptgrund, warum ich schreibe, ist Todesangst. Ich glaube, ich begreife endlich, wie wichtig es ist, am Leben zu sein. Als ich neulich abend dem Feuerwerk zum 4. Juli zuschaute und meinen Freund Martin [Burgoyne] ansah, sah ich den Tod. Er sagt, er ist untersucht worden und ohne Aids-Befund, aber als ich ihn ansah, sah ich den Tod.

Das Leben ist so zerbrechlich. Eine sehr feine Linie trennt es vom Tod. Mir ist klar, daß ich mich auf dieser Linie bewege. Da ich in New York lebe und soviel mit Flugzeugen unterwegs bin, muß ich mit der Möglichkeit des Todes jeden Tag rechnen.

Und wenn ich sterbe, ist niemand da, der meine Stelle einnehmen könnte. Niemand, der heute arbeitet, ist mir in Stil, Einstellung und Prinzipien auch nur entfernt ähnlich. Das ist mein Ernst. Ich nehme an, dasselbe gilt für viele Menschen (oder für alle), denn jeder ist ein Individuum, und jeder ist insofern wichtig, als er nicht ersetzt werden kann. Aber gerade jetzt gibt es niemanden auf der Welt, der sich mit mir in eine Gruppe stecken ließe, so daß man uns eine Bewegung nenne könnte.

Meine Bewegung besteht nur aus einer Person. Es gibt mehrere Menschen, deren Arbeit mit manchen Aspekten oder Merkmalen dessen, was ich mache, Ähnlichkeiten hat, aber keiner hat sie alle.

Sogar Andy Warhol, mit dem ich oft verglichen werde, ist in Wahrheit eine ganz, ganz andere Art Künstler.

Andy hat großen Einfluß auf mich gehabt; er war sowohl Beispiel dafür, was man sein als auch was man nicht sein sollte. Ich habe von Andy etliches darüber gelernt, wie man mit Leuten umgeht und wie man mit dem »Publikum« und dem »Image«, das ich beim Publikum habe, zurechtkommt.

Nichts lernt man je durch Unterricht, sondern man lernt durch Zusehen (Beobachten) und stillschweigendes Bemerken. Ich habe viel Zeit damit verbracht, Andy zuzusehen und zuzuhören. Viele von den Lektionen, die ich im Leben gelernt habe, sagten mir, was ich nicht tun oder nicht sein will.

Ich weiß überhaupt nicht genau, was ich sein will, aber ich weiß, was ich nicht sein will.

Ich denke, wenn ich als öffentliche Figur eine »Verantwortung« zu haben glaube, dann unter anderm deshalb, weil ich weiß, es sind immer Leute da, die mir zusehen ... Leute, die in gewisser Weise zu einem aufblicken, besonders junge Leute. Ich wäre liebend gern Lehrer, denn ich liebe Kinder und finde, daß zu wenige Menschen vor Kindern Respekt haben oder begreifen, wie wichtig sie sind. Ich habe viele Projekte mit Kindern jeden Alters gemacht. Daran habe ich die schönsten Erinnerungen. Mit einundzwanzig habe ich einen Sommer lang »Kunst«-Unterricht in einer Kindertagesstätte in Brooklyn gegeben. Kein anderer Sommer in meinem Leben hat mich so befriedigt. Nichts freut mich mehr, als wenn ich ein Kind zum Lächeln bringen kann. Das Baby ist deshalb zu meinem Logo oder meiner Signatur geworden, weil es die reinste und positivste Erfahrung im menschlichen Leben darstellt.

Kinder sind die Träger des Lebens in seiner einfachsten und freudigsten Gestalt. Kinder sind hautfarbenblind und noch frei von all den Komplikationen, von Haß und Habgier, die ihnen dann allmählich fürs Leben eingeimpft werden.

Ich werde manche Erwachsenen nie vergessen, mit denen ich als Kind in Berührung gekommen bin. Schon sehr kurze Begegnungen haben manchmal einen Eindruck gemacht, der immer noch echt und nachhaltig ist. Wenn es mir möglich ist, Kindern einen solchen Eindruck zu machen, so wäre dies wohl das Wichtigste und Nützlichste, was ich tun kann.

Auf das Leben eines Menschen in positivem Sinne Einfluß zu nehmen, ist die engste mir mögliche Annäherung an die Vorstellung einer Religion.

Der Glaube an sich selbst ist nur ein Spiegel des Glaubens an andere und an jedermann.

Ich würde gern einmal ein Buch mit Fotos von mir machen, zusammen mit Kindern überall auf der Welt. Es gibt von allen Orten, wo ich gewesen bin, viele solche Bilder. Ich habe bei jeder Ausstellung und in jedem Land immer in irgendeiner Form Kontakt mit Kindern gehabt.

Das ist eins von den Dingen, an die ich denke, wenn ich sage, daß mein Leben und meine Kunst manche Aspekte haben, die sich bei keinem anderen Künstler, den ich kenne, wiederfinden.

Ich habe von Kindern aus aller Welt Briefe bekommen, die diese Verbindung bezeugen. Ich weiß nicht, ob es nun mein komisches Gesicht oder mein simpler Charakter ist, die zwischen ihnen und mir Gelächter und Sympathie anstiften. Aber wir haben etwas gemeinsam, das mir sehr wichtig ist, um zu verstehen, warum ich lebe und was das »Leben« für einen Sinn hat – wenn es denn überhaupt einen hat.

Kinder wissen etwas, das die meisten Menschen vergessen haben. Für Kinder hat ihre alltägliche Existenz eine Faszination, die etwas ganz Eigenes ist und die auch den Erwachsenen viel helfen würde, wenn sie nur lernen könnten, sie zu verstehen und zu achten.

Äußerlich bin ich jetzt achtundzwanzig Jahre alt, innerlich etwa zwölf. Ich möchte innerlich immer zwölf bleiben.

Ich glaube, es ist sehr wichtig, ins Leben verliebt zu sein. Ich habe Menschen getroffen, die schon über siebzig oder achtzig waren und die das Leben so sehr lieben, daß die Zahlen hinter den gealterten Körpern bedeutungslos werden. Das Leben ist sehr zerbrechlich und immer nur schwer zu fassen. Sobald wir es zu »verstehen« glauben, stehen wir vor einem neuen Geheimnis. Ich verstehe gar nichts. Das ist, glaube ich, der Schlüssel zum Verständnis von allem.

Arbeit am Wandbild mit den City Kids von Philadelphia, 1987

Immer wieder werde ich gefragt, wie der »Erfolg« mich verändert habe. Ich sage dann immer, daß der Erfolg die Reaktionen der Leute und ihr Verhalten mir gegenüber verändert hat und daß diese Veränderung auch mich beeinflußt, aber wirklich verändert hat er mich nicht. Innerlich fühle ich mich nicht anders als vor zehn Jahren. Ich war damals schon so glücklich wie heute.

Glück läßt sich nicht in Leistung oder materiellem Gewinn messen. Glück ist ein innerer Zustand. Allerdings hat der Erfolg mich sehr viel mehr negativ als positiv berührt, doch darein will ich mich nicht fügen. Ich bin so zufrieden wie vorher. Noch immer erlebe ich viele Siege und Niederlagen. Ich glaube, niemand kann immerzu glücklich sein. Es

kommt mir höchst seltsam vor, daß die Leute erwarten, »Erfolg« und Glück müßten gleichbedeutend sein, und das, wo sie doch sehen, wie alle ihre Medienstars leiden, sterben oder sich quälen.

Geld hat nichts zu bedeuten. Ich glaube, Geld ist die Sache, mit der ich am schwersten fertig werde. Es ist viel leichter, ohne Geld zu leben, als mit Geld. Geld macht schuldbewußt (wenn man überhaupt ein Gewissen hat). Und wenn man kein Gewissen hat, dann macht Geld böse. Das Geld an sich ist nicht böse, es kann ja sehr nützlich für das »Gute« sein, wenn es richtig verwendet und nicht ernst genommen wird.

Um vom Geld anständigen Gebrauch zu machen, muß man objektiv sein. Selbst wenn du mit deinem Geld andern Leuten hilfst ... bist du deshalb nicht besser als jemand, der kein Geld hat, dafür aber mitfühlend und aufrichtig herzlich gegen seine Mitmenschen ist.

Am großzügigsten sind meistens diejenigen, die selbst am wenigsten zu verschenken haben. Das habe ich aus erster Hand erfahren, als ich mit zwölf Zeitungen austrug. Die größten Trinkgelder kamen von den Ärmsten. Das hat mich überrascht, aber die Lektion habe ich mir gemerkt. Die Leute auf den Straßen von New York, die Bettlern Geld geben, sind oft Menschen, die selbst sehr wenig haben. Sie erwarten nichts dafür. Es ist ganz natürlich. Wohltätigkeit, um sich selbst besser vorzukommen, ist keine echte Wohltätigkeit.

Anonyme Geschenke sind die ehrlichsten und bewunderungswürdigsten.

Ich bin sicherlich alles andere als vollkommen und will nicht den Heiligen spielen. Jeder hat seine Fehler. Jeder hat eine Seite, nach der er selbstsüchtig ist, und in jedem steckt die Möglichkeit, böse zu sein.

Gut und Böse sind sehr schwer zu erklären oder zu verstehen. Ich bin sicher, das Böse existiert, aber es ist schwer zu isolieren. Gut und Böse sind ineinander verflochten und lassen sich unmöglich trennen. Sie sind nicht vollkommen gegensätzlich und oft überhaupt ein und dasselbe.

8. JULI 1986 – MONTREUX

Ich lese Timothy Learys Autobiographie, *Flashbacks,* die er mir neulich bei einem Besuch in Los Angeles gegeben hat.

Vor ein paar Wochen war ich in New York mit Timmy essen, und wir haben über Computer, Zeichnungen usw. geredet. Ich mache vielleicht ein paar Zeichnungen für ein neues Computer-Programm, das er entwickelt.

Er bemerkte, wie ideal meine Zeichnungen sich für die Übertragung in den Computer eigneten, weil der Zeichenstrich der Vorstellung einer Linie aus »Pixels« (den Rasterpunkten oder -rechtecken, aus denen ein computererzeugtes Bild sich zusammensetzt) schon sehr nahekommt. Ich erklärte ihm, daß ich schon 1983 in Tokio mit Computern gearbeitet habe, und noch früher, 1980 an der NYU, mit einem Bildschirmgerät. Mein größtes Problem mit dem Computer ist die Beschränkung des Bildes, insofern es in diesen Kasten (auf dem Schirm) eingesperrt und, vom Ausdruck abgesehen, immer in sehr kleinem Maßstab bleibt.

Was mich jedoch interessierte, war das taktile Geschehen beim Zeichnen, das auf dem Computer ein ganz anderes ist. Verzögerung (und/oder räumliche Koordinationsschwierigkeiten) treten auf, wenn mit einer »Maus« gezeichnet wird. Der Verzug in Bild und Bewegung schafft ein neues Problem, das der »Zeichner« lösen muß. Dafür hat er nun die zusätzliche Möglichkeit, Farbe, Größe und Plazierung eines Bildes zu beeinflussen. Das Bild wird zu einer Arbeitseinheit, die nur durch die Vorgaben des Programms, durch den Programmierer und durch den Bildschirm selbst beschränkt wird.

Unendliche Möglichkeiten wären auf diesem Gebiet noch zu prüfen. Vielleicht kann Timmy mich ja überreden, mich mit diesen Fragen noch mal zu beschäftigen.

Ich weiß, es stimmt, daß ich (wegen der deduktiven, zusammengesetzten Art meiner Linie) imstande bin, den Computer sehr effektiv zu nutzen. Diese Linie, die zugleich archaisch, universell und futuristisch ist (und daher computergeeignet), ist eine sehr »wirkliche« Linie.

Sie kommt, wie Brion Gysin geschrieben hat, einer geschnittenen Linie näher als einer gezeichneten.

Ich möchte an mehrere Freunde schreiben (Schriftsteller, Geisteswissenschaftler usw.) und jeden bitten, mir ein paar Zeilen über diese »Linie« zu schreiben, mit der ich arbeite. Ich glaube, es wäre interessant zu hören, was Bill Burroughs, Brion Gysin, Tim Leary, Allen Ginsberg, Pierre Alechinsky, Robert Farris Thompson usw. dazu sagen.

Es ist ein Privileg, diese Leute kennengelernt und Gelegenheit gehabt zu haben, mit ihnen zu reden. Besonders weil sie alle großen Einfluß auf meine Arbeiten gehabt und nun Interesse daran geäußert haben. Ich wiederum möchte ihnen für ihren Beitrag danken und zugleich auch versuchen zu verstehen, welches mein Beitrag ist.

15. ODER 16. JULI (WEISS NICHT WELCHER)
1986 – DELHI

Ich sitze in Delhi im Flugzeug, unterwegs nach Tokio. Es gibt noch eine Zwischenlandung in Hongkong. Heute morgen bin ich von Milano abgeflogen. Ich bin mit dem Zug durch die Schweizer Alpen gefahren und habe in Milano übernachtet. Es gab eine Pressekonferenz, wo die Enthüllung der »Freiheitsstatue« angekündigt wurde, die ich im Juni in New York mit Hilfe von 1000 Schülern gemalt habe und die am Schloß mitten in Milano aufgehängt werden wird. Diese Pressekonferenz war ein bißchen irritierend wegen der Art der Präsentation, mit der das Ganze erklärt wurde und mit der zur »Sponsorschaft« für die City Kids-Koalition aufgerufen werden sollte. Das hatte ich nicht in der Hand, weil ich kein Italienisch kann, und mit dem geschäftlichen Aspekt des Projekts habe ich ja auch nicht direkt zu tun. Trotzdem, es wirft ein Licht auf mich, und darum war ich ein bißchen nervös.

Die geschäftliche Seite der Sponsorschaft für solche Projekte – die letztlich den City Kids oder einer anderen guten Sache nützen sollen – kann leicht mißverstanden und als Ausnutzung aufgefaßt werden. Es ist ein heikles Thema: Ich bin beteiligt wegen meines Interesses an dem Projekt und an den Leuten, denen es zugute kommt, nicht um den Sponsoren (in diesem Falle Burger King oder Benetton) bei ihrer Öffentlichkeitsarbeit zu helfen. Aber die Entscheidung, mitzumachen oder nicht, ist gegen die kommerziellen Nebeneffekte abgewogen, und in diesem Falle, glaube ich, lohnt es sich, weil das Projekt immerhin etwas ist und weil es dabei zu einer positiven Zusammenarbeit mit diesen 1000 Schülern gekommen ist, die eine nachhaltige Wirkung auf sie haben wird, ebenso wie auf die Leute, die das Bild sehen. Obwohl in der Tat ein Risiko besteht, von den kommerziellen Sponsoren manipuliert oder ausgenützt zu werden. Mir ist klar, daß ich Kritik ernten werde, aber trotzdem meine ich, daß das Projekt selbst viel zu wichtig war, als daß ich mich wegen eines bißchens Kritik grämen müßte.

Wie in allen Dingen: Mit der Zeit werden die Ereignisse klar werden, die es jetzt nicht sind.

Dieselbe Frage stellt sich bei jeder kritischen Prüfung meiner Arbeit und Arbeitsethik im allgemeinen. Ich bin mir sicher, daß meine Arbeit mit der Zeit als eine sehr klare, wählerische, hoffentlich intelligente, politisch vernünftige, humanistische und phantasievolle Ausgestaltung der »Rolle« des modernen Künstlers verstanden werden wird.

Die Pressekonferenz war auch ein guter Vorwand, etliche Freunde in Milano zu treffen, die ich eine ganze Weile nicht gesehen hatte. Daniela Morera, Nally Bellati, Lisa Ponte von *Domus,* Al Grissani usw.

Und Nicola Guiducci, der mich Champagner trinkend und koksend bis 4 Uhr 30 morgens herumschleppte.

Dann flog ich weiter nach Rom. Auf dem Flughafen, als ich gerade mein vorausbezahltes Economy-Ticket gegen eines Erster Klasse umtauschte, bemerkte ich, daß die Dame vor mir ein Foto von Grace Jones in ihrem Notizbuch hatte. Ich war schon in Ver-

Plane mit dem Wandbild der Freiheitsstatue, New York 1986

suchung, sie danach zu fragen, da sah ich, daß sie auch Grace' Paß besaß. So bekam ich
Grace für fünfzehn irre Minuten auf dem Flughafen zu sehen, sie auf dem Weg nach New
York zur Premiere von »Vamp« (dem Film mit einer Striptease-Szene, für die ich sie be-
malt hatte), ich unterwegs nach Tokio. Die Reihe von Ereignissen, die zu unserer »zufäl-
ligen« Begegnung führten, bestätigt mir, daß ich mich noch immer im Einklang mit dem
Universum und auf dem rechten Weg befinde.

Mein Glaube an den »Zufall« und das Schicksal hat mich bisher nie fehlgeleitet, und
wenn etwas wie diese erstaunliche »Koinzidenz« eintritt, bin ich mir sicher, immer noch
auf dem richtigen Kurs zu sein.

Ich möchte hier abbrechen, um einen Brief an Timothy Leary zu schreiben. Irgendwo
im Flug mit 960 Kilometern pro Stunde über Norditalien habe ich gerade seine Autobiographie zu Ende gelesen. Sie hat mein Leben verändert ... wieder einmal.

Delhi, Indien
15. oder 16. Juli 1986

Timothy –

Ich schreibe Dir aus einem Flugzeug, das zum Auftanken in Delhi steht, auf dem Weg nach Tokio. *Flashbacks* habe ich gerade ausgelesen, in der Luft über Norditalien mit 960 Kilometern pro Stunde in 8800 Metern Höhe. Paßt doch gut, nicht?

Komisch, aber zu lesen angefangen habe ich in Montreux, in der Schweiz, was jetzt, nachdem ich's gelesen habe, auch wieder gut paßt. Ich hatte keine Ahnung, wie lang und verwickelt Deine Geschichte ist. Sie hat mein Leben verändert. Ich meine, ich bin 1958 geboren, darum habe ich, als ich aufwuchs, von den Ereignissen Anfang der sechziger Jahre nur aus einer seltsamen Mischung von Quellen etwas erfahren, die durch die schützende Aufsicht meiner Eltern gefiltert waren. Die meisten Informationen bekam ich aus dem Fernsehen, aus den Bildberichten in *Life* und auch manchen Verbindungen zu aufgeklärten Verwandten. Es hat mich aber stark beschäftigt und interessiert und, glaube ich, auch beeinflußt, zu einer Zeit, als meine Persönlichkeit und Ideologie in ihren »prägsamsten« oder beeindruckbarsten Stadien waren.

Ehrlich gesagt, ich hatte noch nie etwas von Dir gelesen, aber nach dem bißchen, was ich hier und da über Dich gehört hatte, empfand ich eine Art »blinden Respekt«.

Ich war ganz überwältigt von dem Buch und mußte unbedingt gleich Kontakt aufnehmen. Ich kann es kaum erwarten, ein langes Gespräch mit Dir zu führen, ohne die Ablenkungen durch die »Party«-Umgebungen, in denen wir uns bisher immer begegnet sind.

Es ist zuviel, um es alles jetzt in einem Brief unterzubringen, aber ich habe eine Menge Dinge auf dem Herzen, über die ich mit Dir reden möchte, weil ich mich damals erst entwickelt und entdeckt habe, als Du schon Geschichte machtest.

Ganz plötzlich (jetzt) wurde mir manches klar, ähnlich wie 1978, als ich mit dem Werk von William Burroughs und Brion Gysin Bekanntschaft machte. Ich meine, daß Dinge, die in meinem Kopf als Ideen schon vorhanden waren, die ich für meine eigenen hielt, Gestalt annahmen, sobald ich sie im Leben und Werk eines anderen verkörpert sah.

Es ist kaum zu glauben, aber ich entdeckte Burroughs, Ginsberg usw. erst 1978. Ich stolperte »zufällig« in die Nova Convention im Entermedia Theatre in New York hinein, und die Wirkung war für mich ganz erstaunlich.

Wie bei meinen Begegnungen mit Andy Warhol, mit dem Werk von Pierre Alechinsky, mit den New Yorker Graffiti-Malern, mit Grace Jones und mit Dir.

Um nur einige zu nennen.

Gestern habe ich Dir aus Montreux zwei Zeichnungen geschickt, die ich dort im Hotel gemacht habe. Ich wollte sie Dir schicken, weil sie mir wichtig waren und weil ich so tief in *Flashbacks* eingetaucht war, daß ich mich gezwungen fühlte, sie Dir zu schenken. Ich weiß nicht, wieviel Du über meine Arbeiten weißt. Ich schicke Dir auch den Katalog meiner Ausstellung im Stedelijk Museum (Amsterdam), die Du wahrscheinlich nicht gesehen hast.

Die Zeichnung von Grace in der Paradise Garage ist meine erste Zeichnung *von* ihr. Ich habe schon »auf« Grace gezeichnet, aber sie gezeichnet noch nie. Die Zeichnung entstammt einem Foto, das Du in dem Stedelijk-Katalog sehen wirst, aufgenommen während ihrer Performance in der Paradise Garage (wo ich Dich getroffen habe – während ich mit Grace die Vorbereitungen zu ihrem Auftritt besprach). Vielleicht weißt Du nicht, wie wichtig die »Paradise Garage« ist, jedenfalls für mich und den Stamm von Leuten, die dort zusammen viele kollektive spirituelle Erlebnisse gehabt haben. Auch die »Garage« hat auf mein Leben unglaublich viel Einfluß gehabt, durch mancherlei »Umprägungs«-Erfahrungen und Verwandlungen.

Ich »entdeckte« die Garage natürlich dank einem göttlichen »Zufall«, so wie ich auch die Grateful Dead 1975 »entdeckte«.

Ich müßte zuviel erklären, als daß es sich aufschreiben ließe: mein erstes LSD-Erlebnis mit fünfzehn und die anschließenden Trips auf den Feldern in der Umgebung der Kleinstadt in Pennsylvania, wo ich aufgewachsen bin. Die Zeichnung, die ich während des ersten Trips machte, wurde zum Keim aller folgenden Arbeiten und hat sich nun zu einer ganzen »ästhetischen« Weltanschauung (und Arbeitsweise) entwickelt.

Die Wirkung dieser Umprogrammierung auf mein Leben mit 16-17-18 ließ mich neue Freunde finden, Kutztown verlassen, »Gott« sehen und mich (mit vollkommener Gewißheit) in

mir selbst finden und an diese Idee von »Zufall«, Wandel und
Schicksal glauben.

Als ich heute morgen auf dem Flughafen in Roma mein Economy-Ticket in eines Erster Klasse umtauschte und wegen
»Komplikationen« an einem Umbuchungsschalter stand, bemerkte ich, daß die Dame neben mir Grace Jones' Paß vor sich
hatte.

Grace hatte in Rom eine Woche von ihren Aufnahmen aus-
gespannt und wollte nun zur Premiere von »Vamp« nach New
York fliegen. Fünfzehn irre Minuten lang warteten wir zusammen auf unsere Maschinen, ihre nach NY, meine nach Tokio.

Diese unglaubliche »Koinzidenz« machte mir klar, daß ich
wieder im Einklang mit dem Universum war und daß irgendein
»Schicksal«, das die Lebensläufe der Menschen zusammentreffen läßt, immer noch wirkt und daß ich immer noch »auf Kurs«
bin.

Ich schreibe Dir mit tiefster Bewunderung und bin überzeugt, daß unsere Begegnung auch so eine von diesen »Koinzidenzen« war, die noch sehr fruchtbar sein wird.

Ich bin jetzt ganz aufgeregt und begeistert davon, einen Weg
zu suchen, wie wir zusammen an einem Computer-Programm
arbeiten oder wenigstens irgendwann mal Ideen »austauschen«
oder »hochgehen lassen« können.

Ich danke Dir und freue mich darauf, Dich, Barbara und
Zack (und Deinen geilen Hund) bei erster sich bietender Gelegenheit zu sehen. (Wenn nicht früher.)

Herzlichen Gruß
Keith

26. JULI 1986

Ich sitze auf dem Flughafen in Milano und warte auf Juan [Rivera], der aus New York ankommen soll (Juan Nr. 2).

Vor zwei Tagen bin ich von Tokio nach Milano zurückgekehrt.

Nach der Ankunft in Tokio erfuhr ich, daß Brion Gysin gestorben war. Ich hoffe, er ist
gut aufgehoben. Ich hatte zu der Einäscherung letzte Woche aus Tokio eine Zeichnung geschickt, die mit ihm begraben werde sollte. Gestern erfuhr ich, daß die Person, an die ich
die Zeichnung geschickt hatte, einen Nervenzusammenbruch gehabt haben soll. Wer
weiß, was aus der Zeichnung geworden ist.

Ich erinnere mich, wie Brion mir erzählte, mehr als einmal, was für eine Angst er vor dem Tod hatte, einfach deshalb, weil er mit der Möglichkeit rechnete, alles, was er je in seinem Leben getan, gesagt, geschrieben und gemalt hatte, entgelten zu müssen. Was, wenn Gott nun eine Frau wäre – eine sehr wütende Frau?

Ich bin sicher, es geht ihm gut. Ich glaube, eine Menge Leute haben viel von Brion gelernt. Leider ist seine Bedeutung zum großen Teil unbemerkt geblieben oder zumindest nicht anerkannt worden. Ich schätze mich glücklich, ihm begegnet zu sein und für ein paar Jahre seines langen Lebens die Freude gehabt zu haben, ihn zu kennen. Er ist eine Legende.

Brions Schriften und besonders seine Bilder haben mir in einer sehr wichtigen Hinsicht geholfen, mich selbst und meine Arbeit zu verstehen. Es war schwer, ihm zu folgen. Eine Art Heiliger aus der Unterwelt (oder aus der Anderen Welt)?

Er verstand mein Werk (und Leben) auf eine Weise, wie nur er es konnte, denn er hatte es selbst durchlebt. Seine Gemälde bilden zu meinen einen historischen Präzedenzfall.

Brion Gysin und William S. Burroughs

Wegen seiner »Schriftgemälde« hat man ihn den »Großvater der Graffiti« genannt. Um die Kluft zwischen Osten und Westen zu überbrücken, hat er aus der Kalligraphie eine Art surrealistischer Schrift gemacht. Von seiner Ausstoßung durch André Breton aus der Surrealistengruppe (weil er schwul war) bis zu seinen Jahren in Marokko und Paris ist er ein »Outsider« gewesen. Gewöhnlich wird er aus der Kunstgeschichte wegretuschiert. Brion klagte manchmal über eine derartige Verschwörung des Nichtanerkennens, aber ich glaube, innerlich schöpfte er daraus so etwas wie eine heimliche Genugtuung. Er wußte, Popularität hat ihre Nachteile. Dadurch, daß er »der Outsider« war, blieb gewissermaßen seine Reinheit und »Andersartigkeit« gewahrt und wurde nahezu verklärt. Wie gewöhnlich wird die Zeit es uns lehren: Er und seine Beiträge werden noch auf Generationen hinaus respektiert werden.

Mir schien, daß Brion alles schon getan hatte... (überall dabeigewesen war) und irgendwie immer ganz vornean, aber ohne zu wissen, was vorn und was hinten war.

Ich werde Brion vermissen, hoffe aber, er lebt in gewissem Sinne weiter durch mich und durch die Sachen, die ich von ihm gelernt habe. Wenn ich nur einen Teil dessen leisten könnte, was er geleistet hat, wäre ich zufrieden.

Die Geschichte mit der Uhr

Ich habe vergessen, die Geschichte (oder Geschichten) von Timothy Learys Uhr aufzuschreiben.

Timmy hatte, bevor er mich kennenlernte, von seiner Frau Barbara eine Uhr geschenkt bekommen. Anschließend, während eines Aufenthalts in L.A., besuchte ich sie in ihrem Haus, nach einer schüchternen Einladung durch Barbara. Einer schüchternen, denn sie sagte, sie habe etwas, das sie mir zeigen wolle, hoffe aber, ich würde nicht böse werden. Ich war gespannt. Es stellte sich heraus, sie hatte ihren Eßzimmertisch à la Swatch rings um die Platte mit meinen Figuren bemalt. Ich war geschmeichelt und überrascht, nicht böse.

Manchmal kenne ich nichts, was interessanter wäre, als solche Anverwandlungen zu sehen. Wie die »Break-dancer«-Graffiti im Haring-Stil, die ich gestern in Milano sah. Es freut mich, wenn meine Bilder von Bewunderen nachgezeichnet werden, womit sie in die universell zugängliche BILDERBANK eingehen. Dadurch werden sie zu einem unbestreitbaren Teil der Wirklichkeit.

Die zweite Uhrengeschichte

Timmy erzählt diese herrliche Geschichte von seinem Zusammenstoß mit ein paar Campus-Polizisten, neulich im überfüllten Auditorium einer konservativen Universität. Die Polizei wollte, daß er seinen Vortrag abbrach, weil der überfüllte Saal eine »Brandgefahr« darstelle. Als die Studenten davon nichts hören wollten, kam Spannung auf. Timmy mußte mit den Polizisten reden und versuchen, eine andere Lösung zu finden, damit der Vortrag fortgesetzt und die Konfrontation entschärft werden konnte.

Timmy hatte gerade eine hitzige Auseinandersetzung mit dem »Captain« der Campus-Polizei, als der Mann mitten im Satz verstummte. Er hatte Timmys Keith-Haring-Uhr bemerkt und rief aus, »oh, was für eine tolle Uhr!«. Timmy erklärte es mit der »Kraft« dieser Uhr, die Aufmerksamkeit »sogar« dieses wütenden Cops auf sich zu ziehen und seine Laune zu ändern.

1986

Einzelausstellungen
Dag Hammarskjöld Plaza Sculpture Garden, New York
Stedelijk Museum, Amsterdam
Art in the Park, Whitney Museum of American Art, Stamford, Connecticut
Galerie Daniel Templon, Paris

Gemeinschaftsausstellungen
Life in the Big City: Contemporary Artistic Responses to the Urban Experience, Rhode
    Island School of Design, Providence, Rhode Island
An American Renaissance: Painting and Sculpture Since 1940, Ford Lauderdale Museum
    of Art, Florida
Spectrum: The Generic Figure, The Corcoran Gallery of Art, Washington
Masterworks on Paper, Galerie Barbara Farber, Amsterdam
American Art of the Eighties, Phoenix Art Museum, Phoenix, Arizona
Surrealismo, Barbara Braathen Gallery, New York
Linda Ferris Gallery, Seattle
Wiener Festwochen, Wien
Bienal de la Havana, Havanna
Contemporary Arts Center, New Orleans
Television's Impact on Contemporary Art, The Queens Museum, New York
Thomas Cohn Gallery, Rio de Janeiro
The First Decade, Freedman Gallery, Philadelphia

Contemporary Screens: Function, Decoration, Sculpture and Metaphor, The Art Museum
   Association of America, San Francisco
What It Is, Tony Shafrazi Gallery, New York

Sonderprojekte

Bemalung des MTV-Fernsehstudios während eines Auftritts von Nick Rhodes und Simon
   LeBon von den *Duran Duran,* New York
Wandgemälde in der Mount-Sinai-Kinderklinik, New York
Zusammenarbeit mit Brion Gysin an *Fault Lines*
Zusammenarbeit mit Jenny Holzer an Plakaten für die *Wiener Festwochen 1986*
Körperbemalung Grace Jones für den Spielfilm *Vamp,* Los Angeles
Außenwandgemälde 27 x 27 Meter, Amsterdam
Zeichen-Workshop für Kinder, Stedelijk Museum, Amsterdam
Eröffnung des *Pop Shop,* wo Haring-T-Shirts und andere Artikel verkauft werden, 292
   Lafayette Street, New York
Hintergrundbemalung für das Run DMC/ADIDAS-Plakat
Bühnenbild und Plakat für das Ballett *The Legend of Lily Overstreet,* Limbo Theatre, New
   York
Zeichen-Workshop, Children's Museum of Manhattan, New York
Farbzeichnung der Freiheitsstatue auf einer sechs Stockwerke hohen Plane, unter Mit-
   wirkung von 1000 Jugendlichen der Organisation City Kids *(City Kids Speak on*
   Liberty), zur Hundertjahrfeier der Freiheitsstatue am 2. Juli
Wanddekorationen im Club DV8, einem Jugendhaus in San Francisco
Crack is Wack-Wandbilder, New York
Permanente Wandbilder im Woodhall Hospital, Brooklyn, New York
Zusammenarbeit mit Grace Jones an dem Videoclip *I'm Not Perfect,* Paris und New York
Wandbemalung im Spielwarengeschäft Jouets & Cie, Paris
Wandbild an einem 100 Meter langen Stück der Berliner Mauer
Außenwandbild zwischen Washington und Adams Street in Phoenix, Arizona, unter Mit-
   wirkung von Schulkindern

Bücher und Kataloge

An American Renaissance: Painting and Sculpture Since 1940. Texte von verschiedenen
   Autoren (Abbeville Press, New York).
Keith Haring: Paintings, Drawings and a Vellum, Text: Jeffrey Deitch (Stedelijk Museum,
   Amsterdam).
Art After Midnight: The East Village Scene. Text: Steven Hager (St. Martin's Press, New
   York).

Input/Output. (Time-Life Books, Alexandria, Virginia).

What It Is. Herausgeber: Wilfried Dickhoff (Tony Shafrazi Gallery, New York).

Art in Transit (japanische Ausgabe). Einleitung: Henry Geldzahler; Text: Keith Haring; Fotos: Tseng Kwong Chi (Kawadee Shobo Shinsha, Tokio).

Von links nach rechts: Keith Haring, Zena Scharf, Tereza Scharf,
Andy Warhol und Kenny Scharf, 1984

1987

Sitze in Shorts draußen auf einer blaugelb gestrichenen Veranda mit blauen Tischen und Stühlen und Schwärmen von Fliegen und versuche mich zum Schreiben zu bringen.

Ich bin schon seit drei Wochen in Brasilien und habe noch nichts geschrieben. Ich habe *Neuromancer* von William Gibson gelesen, *The Autobiography of Malcolm X, Extermination* von Bill Bourroughs und Brion Gysins *Last Museum* wiedergelesen. Ich habe ein paar Bilder an die Wände von Kennys Haus am Strand außerhalb von Ilheus gemalt.

Und dann erfuhr ich, daß Andy Warhol gestorben ist. Seitdem kann ich kaum noch an etwas anderes denken. Das verändert irgendwie meine Pläne.

Am 16. März kehre ich nach New York zurück, und von da gleich weiter nach Europa. Nach Belgien, um mir das Haus in Knokke anzusehen, wo ich im Juni eine Ausstellung machen soll, und dann nach Deutschland, um in einem Stahlwerk bei Düsseldorf an Skulpturen zu arbeiten (ich sollte jetzt die Maquetten anfertigen), dann nach München, um bei Luna-Luna an das Karussell auf dem Künstler-Rummelplatz letzte Hand anzulegen. Dann zurück nach New York, rechtzeitig zur Gedenkfeier für Andy am 1. April. Dann kann ich in N. Y. bleiben und ein Bild für Mr. Chows neues Restaurant in Kioto malen, die Bühnenbilder/Kostüme für das Ballett mit Jennifer Muller und Yoko Ono fertigmachen. Nach der Premiere, am 21. April, fliege ich nach Europa. Schon wieder.

Ich nehme an einer Gruppenausstellung im Beaubourg in Paris teil, mache ein Wandgemälde in einem Kinderkrankenhaus dort, habe an den Skulpturen in Deutschland zu tun und muß dann nach Tokio, als Preisrichter bei einem Skulpturen-Wettbewerb für Parco. Soll wohl auch noch Straßenschilder für neue Straßen in Tokio entwerfen.

Keith Haring beim Bemalen des Hintergrundvorhangs für Jennifer Mullers »Interrupted River«, 1987

Dann zurück nach Europa oder Amerika bis 1. Juni, wenn ich für das Fernsehen in Brüssel oder Antwerpen sein und in Antwerpen am 4. Juni eine Ausstellung eröffnen muß. Bleibe dann in Europa zur Eröffnung der Ausstellung in Knokke, wegen des Skulptur-Projekts und vielleicht noch, um ein Wandbild in einem Gebäude in Düsseldorf zu malen.

Das wär's bis Juli, und bis jetzt ist das alles, was geplant ist.

Das läßt mir Zeit genug, in Bewegung zu bleiben und Geist und Körper beschäftigt zu halten – und um nicht mehr an all das denken zu müssen, was rings um mich verschwindet. Nachdem Bobby Breslau im Januar gestorben war, mußte ich mich allmählich an die neue Situation des Alleinseins gewöhnen. Bobby war immer eine Art (ästhetischer) guter Geist, der mir in den letzten Jahren geholfen hat, auf dem richtigen Weg zu bleiben. Letztlich lag die Entscheidung immer bei mir, aber sein Urteil fiel dabei stark ins Gewicht. Eine zweite Party of Life kann es ohne Bobby nicht geben, obwohl wir (Bobby, Julia Gruen und ich) schon beschlossen hatten, dieses Jahr keine zu machen. Komisch, wie sich dadurch alles ändert. So ähnlich, wie wenn ein Vogel aus dem Nest geworfen wird. In den letzten paar Jahren war es besonders wichtig und schwierig, die beste Wahl zu treffen und den richtigen Kurs abzustecken. Bobby und Andy haben mir dabei sehr geholfen.

Bobby war ein Heiliger, der mir als Bote und Schutzengel gesandt worden war wie die sprechende Grille dem Pinocchio. Er kannte jeden und brachte mich mit anderen Leuten zusammen, die für mich sehr wichtig wurden wie Grace Jones und Larry Levan. Was mir augenblicklich den Respekt der Leute sicherte, mit denen er mich bekannt machte, war nicht so sehr, daß er mich vorstellte, sondern daß er mich unterstützte und empfahl. Er hatte sein ganzes Leben in New York verbracht und gehörte seit den sechziger Jahren zur »Szene«. Jeder, der Bobby kannte, respektierte sein Urteil. Er hatte mit Stephen Burroughs gearbeitet, als der in den Siebzigern auf dem Gipfel seiner Karriere war. Und Anfang der Achtziger dann traf er mich und übernahm die Rolle meines Lenkers und Beschützers. Bobby war der perfekte Projektionsschirm für Ideen. Seine Reaktion, ob positiv oder negativ, ob man sich ihr anschloß oder nicht, war immer eine sehr konkrete Reaktion und ein sehr gewichtiges Urteil. Obwohl wir nicht immer in allem einig waren, half mir schon die Tatsache unserer Meinungsverschiedenheit, klarer zu sehen, wieweit ich von meinen Entschlüssen oder Meinungen wirklich überzeugt war.

Er verurteilte mich nie, rief mich aber oft zur Ordnung und zögerte nie, es mir zu sagen, wenn er etwas geschmacklos oder ungehörig fand. Er log mir nie etwas vor, ob man es ihm angeraten hatte oder nicht. Ich weiß noch, wie Bobby manchmal neben mir an meinem Arbeitstisch saß, eine Telefonnummer wählte und mir den Hörer reichte, ehe ich protestieren oder es mir überlegen konnte, so daß ich nun mit der Person am andern Ende sprechen mußte, ob ich wollte oder nicht, und gezwungen war, mich zu bedanken, mich mit etwas zu befassen oder zu sagen, was ich davon hielt – so wie ich es von vornherein hätte tun sollen.

Er konnte stark und doch sachte drängeln und hatte eine scharfe, aber taktvolle Zunge. Und wenn ihm etwas gefiel, trug er sein Lob nie zu dünn auf. Das unverkennbare Zeichen seines Beifalls waren die kleinen »Tänze«, wie Benny Soto sagte, die er aufführte, wenn er ins Atelier kam, ein Bild sah und anfing, auf und ab zu hüpfen und in die Hände zu klatschen. »Da geht's lang, Junge!« oder: »Junge, hast du das wieder hingekriegt!« Immer gab er Rückhalt und Ermutigung.

Und nicht nur mir. Vielen hat Bobby mit seinen Einsichten, Ratschlägen und Meinungen geholfen. Von Models bis zu Designern, von Malern bis zu Tänzern und Performance-Künstlern, Musikern, Fotografen, Geschäftsleuten oder einfach Freunden.

Er war schnell zur Hand mit Hinweisen auf greifbare Chancen und Alternativen, bereit, alle Projekte, die man mit ihm besprach, mit Zuversicht aufzunehmen. Er hatte das zu seiner Lebensaufgabe gemacht und beklagte sich nie. Zugleich war er selbst ein außergewöhnlicher Künstler und Handwerker. Der Brief von Diana Vreeland, der eingerahmt in seiner Wohnung hing, bezeugte es. Sie schrieb: »Du bist für das Leder, was Cellini für das Gold war.« Seine Lederarbeiten waren unerhört im Entwurf wie in der Ausführung. Das »Lederbaby«, das er für mich machte, war das Urbild für das »aufblasbare Baby«, das wir später in Hongkong anfertigten. Es war unglaublich, als ich im Dezember nach Hause in meine neue Wohnung in der Sixth Avenue kam und die neuen »Bobby-Kissen« vorfand, die er passend zu meiner Ledercouch angefertigt hatte. Es war das letzte, was er für mich gemacht hat, und sie sind wirklich schön.

Bobby war auch der Denker und Lenker hinter dem Pop Shop. Er respektierte mein beschränktes Interesse am »making money« und kannte die ästhetischen Gründe für die Existenz des Pop Shop so gut wie ich. Der Pop Shop ist eine erweiterte »Performance«, und obwohl Bobby erreichen wollte, daß er Geld einbrachte, hat er mich doch nie gedrängt und meine persönlichen Gründe und Absichten in bezug auf den Laden nie in Frage gestellt. Obwohl unsere Meinungen auseinandergingen, verstanden und respektierten wir uns.

*Bobby Breslau,
New York 1986*

Ich erinnere mich an eine unserer letzten Begegnungen, bei der Bobby, Julia und ich zusammenkamen, bevor Bobby ins Krankenhaus mußte. Wir sprachen über den Geschäftsführer des Pop Shop, über sein »Karrieredenken« und sein Unverständnis für meine persönlichen Ziele mit dem Laden. Bobby erklärte, bei meinen Gründen, den Laden aufzumachen, habe er immer »ein gutes Gefühl gehabt«, und er könne verstehen, warum ich nicht so sehr daran interessiert sei, damit Geld zu verdienen. Es gibt nicht viele Menschen, die verstehen können, warum jemand einen Laden aufmachen sollte, wenn er kein Geld verdienen will. Ich glaube nicht, daß Bobby schon mal für jemanden dieses Schlages gearbeitet hatte, aber er respektierte meine Einstellung und vollzog sie mit. Er gab mir zu verstehen, daß er annahm, ich wüßte schon, was ich tue.

Bobby hatte Feingefühl und Verstand eines Künstlers. Er war auch mein Auge und Ohr. Er war immer der erste, der in der *New York Times* oder in der *Post* etwas über mich entdeckte. Er schnitt ständig die interessanteren Artikel aus und brachte mir Tonbänder zum Anhören. Er hatte einen »Riecher« für Talent. Vor ein paar Jahren gingen wir einmal zu einer Party im Limelight von jemand von den Jacksons. Eine junge Sängerin trat auf, die wir noch nie gehört hatten. Er erzählte mir immer wieder, wie großartig er sie fand. Mir machte sie keinen so gewaltigen Eindruck, aber er blieb unerbittlich bei seiner Meinung. Wie üblich hatte er recht. Sie war Whitney Houston.

Aber er hatte meistens recht!

Bobbys Verlust bedeutete eine neue Verantwortung: nicht nur ohne Bestätigung durch ihn weitermachen, sondern auch die Lücke, die er hinterläßt, ausfüllen zu müssen, indem ich weiterhin andere Menschen unterstütze, die es nötig haben.

Das allerletzte, was ich erwartet hätte, als ich nach Brasilien abgereist war, war die Nachricht von Andys Tod.

Andy war die Ergänzung zu dem Rückhalt, den Bobby mir gab. Er war die zweite Bestätigung dafür, daß ich mit dem, was ich mache, auf dem richtigen Weg bin. Nicht, daß es keine anderen Menschen mehr gäbe, die mich unterstützen und ermutigen, nur daß Bobby und Andy wohl die beiden wichtigsten waren.

Andys Leben und Werk haben mein Werk erst möglich gemacht. Andy schuf den Präzedenzfall für die Möglichkeit meiner Art von Kunst. Er war der erste *wahrhaft* öffentliche Künstler in einem umfassenden Sinne, und seine Kunst und sein Leben haben unsere Vorstellung von »Kunst und Leben« im 20. Jahrhundert verändert. Er war der erste *wahrhaft* »moderne Künstler«.

Andy war vermutlich der einzige echte Pop-Künstler. Was mich neulich bei einer Ausstellung der »Katastrophen«-Serie in der Dia Foundation zutiefst beeindruckt hat, war ein Abschnitt in einer Broschüre zu den Gemälden. Es war ein Zitat von Lawrence Alloway über die Pop-art, das besagte, der Anfang sei eine Auflösung und Verschmelzung von Kunst und Leben gewesen (eine Feier der populären Kultur), auf die sich die Pop-Künstler zuerst eingelassen hätten. Nach und nach haben sich dann die Maler aus dieser Sphäre zurückgezogen und ihre Ideen wieder in die Form gebracht, die ihnen Eingang in die Arena des Kunst-»Establishments« verschafft. Das, so heißt es, war der Punkt, wo Andy sich vom Rest der Gruppe schied und den ursprünglichen Ideen der Pop-art die Treue hielt.

Andy ist ein Pop-Künstler geblieben. Er hat die Idee wiederentdeckt, daß das Leben des neuen Künstlers selbst Kunst ist. Er hat die Idee einer »sakralen« Definition der Kunst insgesamt in Frage gestellt. Er hat die Grenzen zwischen Kunst und Leben so sehr verwischt, daß beides praktisch ununterscheidbar wurde.

Er ist an die Phänomene der Kamera und des technisch aufgezeichneten Bildes in einer Weise herangegangen, die Duchamp nur angedeutet hatte. Er forderte die ganze auf den Warencharakter ausgerichtete Kunstwelt heraus und schlug sie mit ihren eigenen Waffen. Er ist zum Lehrmeister einer ganzen Generation von Künstlern geworden, jetzt und in Zukunft, die mit Pop aufgewachsen sind, die von Geburt an ferngesehen haben, die digitales Wissen »verstehen«. Ich bin fest davon überzeugt, daß er der bedeutendste Künstler seit Picasso war, ob die Leute das nun hören wollen oder nicht – und viele wollen es nicht. In der Welt der Museen und des Kunsthandels wußte man mit ihm nichts anzufangen. Der »Wert« seines Werkes war nicht gleich dem »Marktwert« seiner Werke. Theoretisch war er sicherlich viel bedeutender als Johns oder Lichtenstein, aber so hohe Preise wie sie erzielte er nie, weil er sich nicht an die Spielregeln hielt.

Ich wurde ständig mit Andy verglichen, weiß aber nicht, ob aus den richtigen Gründen. Für mich war der Vergleich ehrenvoll, obwohl ich glaube, daß wir beide sehr verschieden sind und auch Verschiedenes geleistet haben.

Aber daß ich in seiner Schuld stehe, werde ich immer anerkennen. Die größte Ehre waren die Unterstützung und Zustimmung, die er mir gewährte. Schon durch die Verbindung mit mir bezeigte er seine Billigung. Als wir anfingen, Bilder zu tauschen, tauschten wir zuerst Wert gegen Wert, aber als wir Freunde wurden, gingen wir schnell zum Tausch Werk gegen Werk über (eins zu eins, statt in disproportionalen Mengen). In den fünf Jahren, die wir befreundet waren, habe ich von Andy eine Menge gelernt. Er hat mich auf den »Erfolg« vorbereitet, der mir zustieß, als ich Andy schon kannte, und mir gezeigt, welche »Verantwortung« daraus erwuchs. Das meiste hat er mich durch sein Beispiel gelehrt, aber oft brachte er auch Ideen und Anregungen vor, manchmal scherzhaft und manchmal im Ernst. In den letzten Jahren war er einer der wenigen Künstler, mit denen ich über manche Dinge, die ich machen wollte, wirklich reden konnte. Außerdem war er einer der ganz wenigen Künstler, in deren Atelier ich mich dazu angetrieben fühlte, mehr und härter zu arbeiten. Ironischerweise war er es, der mir zuredete, mehr auf meine Gesundheit und meinen Körper zu achten. Als ich in der Factory war und er mehr Liegestütze machen konnte als ich, begriff ich, daß es Zeit wurde, etwas für die Kondition zu tun. Er war immer an allem interessiert, was ich gerade tat, und total eingeklinkt in alles, was um ihn herum geschah. Er war das personifizierte New York.

Man kann sich kaum vorstellen, was N. Y. ohne Andy sein wird. Woher soll einer wissen, wo man hingeht oder was gerade »cool« ist?

Eigennützigerweise habe ich das Gefühl, mehr zu verlieren als die meisten andern. Ich habe einen Freund verloren, einen Lehrmeister und meinen größten Anhänger in der wahren Kunstwelt.

Wie Bobby gab Andy mir die Sicherheit, die ich für den schwierigen Kurs, den ich steuern will, brauche. Er schuf den Präzedenzfall für meinen Vorstoß in den kommerziellen Bereich und in die populäre Kultur. Er ist der Prüfstein für die Art von »Seriosität« oder »Realitätstüchtigkeit«, auf die es bei meinem Drahtseilakt zwischen »hoher« und »niederer« Kunst ankommt. Seine Zustimmung hat mich die Geier der Kritik vergessen lassen, die auf einen falschen Schritt und den begierig vorausgesehenen Absturz lauern. Sein Verständnis bedeutete mir mehr als das jedes Kunstkritikers. Die meisten Kritiker schreiben sowieso bloß zur Verteidigung ihrer eigenen Ideen und früheren Urteile.

Andy hat mich eigentlich davon überzeugt, den Pop Shop aufzumachen, als ich schon anfing, kalte Füße zu bekommen. Er war immer bereit, eine neue Idee oder ein neues Vorhaben zu fördern. Seine Unterstützung des Pop Shop zeigte er außerdem, indem er ein T-Shirt für ihn entwarf und bei jeder Gelegenheit darauf hinwies.

Er hat mir Aufträge verschafft, Sammler an mich verwiesen und ständig Bilder mit mir getauscht.

Mir scheint, ich habe eine Verpflichtung, die Dinge weiterzuführen, die er angeregt und gefördert hat. Niemand anders kann ihm auf diese Art Ehre erweisen. Jedenfalls niemand, den ich jetzt kenne. Neue Künstler werden sicher irgendwo aufkommen, aber im Augenblick sehe ich keine. Es ist kein leichtes Vorhaben, und ohne Andy oder Bobby wird es noch schwieriger werden, aber es ist ein ehrenvolles Unternehmen und jedes Risiko wert, ob es nun verstanden wird oder nicht.

Mit der Zeit wird alles klarer werden. Es tut mir leid, wenn es sich prätentiös oder egoistisch anhört, aber ich habe eigentlich nie gedacht, daß irgendwer auf Andys Leistungen aufzubauen versteht, außer Andy selbst und vielleicht ich. Nicht nur in formaler Hinsicht, sondern auch konzeptuell und mit der gleichen ganzheitlichen Auffassung und Einstellung. Sein visuelles Vokabular, seine technischen Mittel und besonders der eigentümliche »look« seiner Kunst (seine Linie, sein »graphischer« Sinn) bestimmten und ermöglichten den weiten Anwendungsbereich und die Komplexität seiner Kunst und deren Integration in die populäre Kultur. Die graphische Qualität seiner Gemälde war wegweisend und vorentscheidend für die Möglichkeit, das Siebdruckverfahren anzuwenden. Von der Konzeption her sprachen die Fotos, Filme und Foto-Siebdrucke unvermeidlich den kommerziellen Bereich und die Massenmedien an. Er hat zum modernen Wertsystem der Bilder eine Philosophie beigesteuert. Zum »Wert« der »Bilder« und Bildmotive.

Die gesamte Philosophie von »Ruhm und Erfolg«, alle Porträts und Filme, die Rede von »Maschinenkunst« und »Geschäft als Kunst«, die gesamte Personifizierung dessen, was man schließlich Pop-art nannte, ging hervor aus der ehrlichen Entfaltung seiner graphischen Sensibilität, die er schon früh hatte. Das Werk ergab sich ganz natürlich, und die Dinge, die dann folgten, waren unvermeidlich.

Darin, glaube ich, habe ich mit Andy am meisten gemein. Ich glaube, die Arbeit, die ich leiste, und die Richtung, die mein Leben und meine Karriere genommen haben, wurden ganz von meiner graphischen Sensibilität (meinem Zeichenstil) bestimmt und vom sorgfältigen Auswerten und Verstehen dessen, was es ist, das diese Entwicklung bestimmt, und was es in sich birgt. Es geht darum, nicht nur die Werke zu verstehen, sondern die Welt, in der wir leben, und die Zeiten, in denen wir leben, und dies sozusagen zu spiegeln. Ich glaube, das ergibt sich wirklich ganz natürlich und unvermeidlich, wenn man gegen sich selbst und seine Zeit ehrlich ist.

Das ist der Grund, warum ich den Pop Shop habe, warum ich ein Video für Grace Jones machen, Computer verwenden, Skulpturenparks entwerfen kann, Wodka-Anzeigen machen und Bilder malen, ohne daß es sich gegenseitig widerspricht. Die Linie bestimmt das Werk. Die Philosophie und Einstellung der frühen Arbeiten (d. h. die U-Bahnzeichnungen, öffentliche Wandmalereien, graphische Beiträge) bestimmte den Öffentlichkeitscharakter des Werkes. Die populäre Kultur nimmt es in sich auf, ob mir das gefällt oder nicht.

Aber natürlich gefiel es mir, denn das war ja überhaupt die Absicht: die Kultur zu beeinflussen und zu durchdringen, indem man sie versteht und reflektiert; zum Begriff der Kunst und des Künstlers soviel wie möglich beizutragen und sie zu erweitern. Künstler

Keith Haring und Andy Warhol, New York 1985

helfen uns, durch Bilder, Parabeln, Handlungen uns selbst und unsere Zeit zu verstehen. Andy konnte das besser als jeder andere. Sein Leben war seine Kunst, und seine Kunst war sein Leben. Beide waren praktisch ununterscheidbar.

Andy hatte den Gedanken einer »modernen«, einer wirklich modernen Kunst erfaßt. Sein Leben war ein vollkommen »modernes« Leben. Ich meine, er hat die »moderne« Kunst neu erfunden.

Andy hatte einen unglaublichen Sinn für das »Timing«. Bei vielen Partys und »gesell-schaftlichen Anlässen« mit Andy konnte ich beobachten, daß er im richtigen Moment an-kam. Er kam immer erst, wenn die Party schon voll in Schwung war, aber vor dem Höhe-punkt. Eigentlich war sein Auftritt oft der Gipfel und das Zeichen, daß das Fest nun wirklich »angefangen« hatte. Ebenso gut berechnet waren seine Abgänge. Ich habe ihn oft dabei erwischt, wie er sich davonschlich, ohne sich zu verabschieden. Natürlich wäre es zu schwierig gewesen, *allen* auf Wiedersehn zu sagen, also ging er einfach, wenn niemand drauf achtete, und allmählich merkten es die Leute und sagten, »Andy ist weg, wann ist er denn gegangen?« Er wollte nicht mit seinem Abgang das Signal geben, daß die Party »zu Ende« wäre, darum machte er sich heimlich davon, wenn wir es am wenigsten erwarte-ten... geheimnisvoll und mit Stil. Jetzt ist er gegangen wie bei Hunderten von Partys... unbemerkt, aber sofort vermißt, eine verwirrende und unvermutete Abwesenheit. Die Party geht weiter, aber etwas wird nun anders sein. Andy ist fort, und schon fehlt er mir.

20. MÄRZ 1987
Im Flugzeug von Düsseldorf nach New York

Eine fortgesetzte Betrachtung bringt mich zu dem Ergebnis, daß das ganze Problem mit der »Oberfläche« des Gemäldes von der Unfähigkeit herrührt, ein Bild von hinreichender Kraft zu malen oder zu schaffen. Sogar die alten Maler hat dieses Problem der Oberfläche nicht viel gekümmert. Ihre Farbschichten sind eigentlich ziemlich dünn. Die Illusion wird durch Farbe, Perspektive, Raumaufteilung, Komposition usw. erzeugt.

Heute rührt die Konzentration auf die Oberfläche, glaube ich, von der Unfähigkeit des Malers her, das Gemälde selbst als ein Bild aufzufassen.

Andy Warhol ist das perfekte Beispiel dafür, wie wenig dazu gehört, ein Bild von zeitloser und monumentaler Qualität zu schaffen.

All die unnötigen Auftragungen von Wachs, Stroh, Handtüchern, zerbrochenen Tellern, Stühlen, Utensilien und hölzernen Konstruktionen, die dazu dienen, die Oberfläche »aufzubauen«, sind nur Entschuldigungen dafür, daß man nicht weiß, was man malen soll!

Die »moderne« Malerei erschöpft sich zumeist in formalen Studien, die eher für eine »Wissenschaft von den Materialien« taugen als für ein echtes Suchen nach Bildern und Interventionen und nach Kunst.

Jede »echte« Intervention in die Kultur setzt sich über die Beschränkungen der Materialien und der »formalen Elemente« hinweg.

Das Material sollte dem Maler verfügbar, doch keine Voraussetzung für das Gemälde selbst sein.

Zerbrochene Teller, Stroh, Wachs und Holzkonstruktionen sind nur eine Ausflucht und stellen keine Weiterführung von Ideen dar. Es ist ganz leicht, mit künstlichen Mitteln neue Diskussionsthemen in bezug auf »die Oberflächen« zu »erfinden«. Das ist nur eine Ablenkung von der wahren Bedeutung der Sache selbst.

Schließlich geht es in der Kunst um das Bild, das wir vor uns haben, um den nachhaltigen Eindruck und die Wirkung, die das Bild auf uns hat, nicht nur um das Ich des Künstlers, dessen Selbstbesessenheit ihn hindert, das Bild in einer weiteren Perspektive zu sehen.

Julian Schnabel ist kein Genie. Er ist wahrscheinlich nicht mal ein großer Maler. Sicherlich ist er heute in einem begrenzten Sinne von Interesse und hochinteressant für Sammler und Kunsthändler, aber auf lange Sicht ist sein Beitrag geringfügig. Das Gebiet der ambivalent-figurativen Abstraktion, als dessen Entdecker Julian Schnabel sich gebärdet, hat Joseph Beuys zum größten Teil schon erforscht.

Gewiß können seine Gemälde manchmal auf »neue Erfindungen der Natur« oder Dinge anspielen, die wir nie zuvor gesehen haben (neue Formen usw.). Aber was ist das? Ist es neu oder auch nur interessant?

Die Tatsache, daß er von der eigenen »Bedeutung« so überzeugt ist, macht ihn noch ungenießbarer. Mich ekelt vor seiner beharrlichen Wichtigtuerei. Für den Fall, daß er bei Andys Gedenkfeier am Mittwoch wieder eine seiner selbstbezogenen Ansprachen hält,

Juan Rivera und Keith Haring,
New York, 6. Oktober 1986

verspreche ich, mein Bestes zu tun, um ihn möglichst schnell zum Schweigen zu bringen.

Andy haßte seine Reden und hätte *niemals* gewollt, daß er bei seiner Gedenkfeier spricht.

Übrigens, Gedenkfeiern...

»Zufällig« bin ich in München George Condo in die Arme gelaufen (ich war dort, um Niki de Saint-Phalles Ausstellung zu sehen, hauptsächlich aber, um Jean Tinguely bei seiner Ausstellungseröffnung zu treffen). Am komischsten waren die großen dicken deutschen Frauen, die vor Nikis Skulpturen standen und genauso aussahen wie die großen dicken Skulpturen! Jean war komisch wie immer. Sehr schnell und sehr witzig! Zu dem anödenden Lunch brachte er Masken mit und veränderte augenblicklich die Atmosphäre!

Jean hat endlich eine Skulptur für mich gemacht, im Tausch gegen ein Bild, das ich ihm 1983 oder '84 in Lausanne gemalt habe. Es war ein zweiseitiges Gemälde, das ich als »Performance« im Museum bei einer Ausstellung »Neuer Kunst« aus Amerika malte.

Jedenfalls, George Condos Ausstellung war ganz unglaublich und ganz und gar *George*! Er ist mir immer noch der liebste Maler, neben Jean-Michel Basquiat natürlich, immer noch die  der Kunst...

Der Grund, warum ich anfing, dies zu schreiben (über Gedenkfeiern), war ein Interview im Anhang zu Georges Katalog, das ich während des Flugs von München nach Düsseldorf las. Zuerst war ich ganz deprimiert, weil ich mir sicher war, nachdem ich Georges Interview gelesen hatte, daß ich kein Intellektueller bin. Aber ein paar Tage Nachdenken haben mir den Unterschied zwischen unseren Bestrebungen sehr viel klarer gemacht. Und es gibt einen *großen Unterschied*. Wir haben manches gemeinsam, aber in vielem sind wir verschieden.

Jedenfalls, eine Frage geht nach dem Verhältnis von Kunst und Leben und was davon wichtiger ist, und George sagte, die Kunst ist wichtiger, weil sie unsterblich ist. Das hat mich sehr tief getroffen. Denn mir ist völlig klar, daß ich Aids haben oder es kriegen könnte.

Die Wahrscheinlichkeit ist sehr hoch, und die Symptome sind sogar schon da. Meine Freunde fallen um wie die Fliegen, und im Innersten weiß ich, daß nur ein *göttliches Eingreifen* mich so lange am Leben erhalten hat. Ich weiß nicht, ob mir noch fünf Monate oder fünf Jahre bleiben, aber ich weiß, daß meine Tage gezählt sind.

Darum sind meine Projekte und Aktivitäten jetzt so wichtig. *So viel tun wie möglich und so schnell wie möglich.* Ich bin sicher, daß das, was nach meinem Tod weiterleben wird, wichtig genug ist, um etwas an Privatvergnügen und freier Zeit jetzt dafür zu opfern. *Meine Arbeit ist alles, was ich habe, und die Kunst ist wichtiger als das Leben.*

Denk an Andy. Ganz plötzlich ist er weg. Alles, was ich habe, um ihn in der Erinnerung lebendig zu halten, sind die *Dinge,* die er hinterlassen hat. Alles, *jedes* Andenken gewinnt unschätzbaren, zeitlosen Wert. *Aber die »Dinge« werden mich überdauern, die Erinnerungen sterben mit mir.*

Ich habe nicht wirklich Angst vor Aids. Nicht für meine Person. Ich habe Angst, zusehen zu müssen, wie noch mehr Menschen vor meinen Augen sterben. Martin Burgoyne oder Bobby zusehen zu müssen war eine Qual. So will ich nicht sterben. Wenn es soweit ist, denke ich, dann ist Selbsttötung der würdigere Abgang und macht es den Freunden und Geliebten viel leichter. Niemand hat es verdient, einen solchen *langsamen Tod* mitansehen zu müssen.

Ich habe schon immer gewußt, seit ich klein war, daß ich einmal jung sterben würde. Aber ich dachte, es würde *schnell* gehen (ein Unfall, keine Krankheit). Und dann auch noch eine von Menschen geschaffene Krankheit wie Aids. Die Zeit wird es lehren, aber ich habe keine Angst. Ich erlebe jeden Tag so, als ob es der letzte wäre. *Ich liebe das Leben.* Ich liebe Babys und Kinder und auch manche Menschen, die meisten – na, *die meisten* wohl nicht, aber eine ganze Menge!

Ich habe bisher großes Glück gehabt, mehr als viele andere. Ich halte das nicht für selbstverständlich, kann ich versichern. Ich bin dankbar für alles, was geschehen ist, besonders für die *Gabe des Lebens,* die ich bekommen habe und die ein stummes Band zwischen mir und den Kindern geknüpft hat. Kinder können dieses »Ding« bei mir spüren. Fast alle Kinder haben einen besonderen Sinn für dieses »Ding« bei anderen. *Sie kennen das.* Einige ganz bestimmte Menschen kennen das auch. Meine Freunde sind zumeist solche Menschen. Juan Rivera ist einer. Ich bin mir sicher, darum liebe ich ihn. Zu diesen besonderen Menschen habe ich mich immer hingezogen gefühlt. Diese Eigenschaft ist es, die mich von anderen Künstlern trennt. Vielleicht versteht ihr das jetzt nicht, aber das kommt schon noch. Ich bin anders.

Viele Künstler haben ein Verständnis von der Welt, das sie von ihr trennt, aber nur manche von ihnen sind wirklich in der Weise anders, daß sie das Leben anderer Menschen berühren und durch es hindurchgehen können. Ich bin mir sicher, wenn ich sterbe, dann sterbe ich nicht wirklich, weil ich in vielen Menschen lebe.

Geister können alle Grenzen überschreiten. Andy ist jetzt in mir. Er lebt in vielen Menschen. Er hat all diese Dinge verstanden.

Die meisten wissen ihm dafür keinen Dank. Nach außen hin hat er das Image eines Menschen, der andere manipuliert, eines »Benutzers« von anderen Menschen. Tatsächlich ist das Gegenteil richtig – er wurde ausgenutzt und ließ sich ausnutzen. Er wollte für alle und jeden etwas besser machen. Er hat vielen Leuten geholfen, sich selbst zu sehen.

Durchsichtig war er nicht, aber vielleicht ein Spiegel. Niemand kann für das Leben anderer Menschen verantwortlich sein. Letztlich steuert jeder seinen eigenen Kurs.

Man kann den anderen nur helfen und ihnen Mut machen, ihr eigenes Leben zu leben. Am bösartigsten sind diejenigen, die so tun, als könnten sie alle Fragen beantworten. Die fundamentalistischen Christen, alle dogmatischen »Herrschaftsreligionen« sind böse. Die ursprünglichen Ideen sind gut. Aber sie sind so verbogen und verändert worden, daß nur noch ein Skelett von guten Absichten übrigbleibt...

Das Böse in der Welt geschieht im Namen des Guten (Religion, falsche Propheten, Kunstscharlatane, Politiker, *Businessmen*).

Die ganze Idee des »Business« ist böse.

Die meisten Weißen sind böse. Der weiße Mann hat immer die Religion dazu benutzt, habgierige und machthungrige Aggressionen voranzutreiben.

Business ist nur ein anderer Name für Herrschaft. Herrschaft über Geist, Leib und Seele. Herrschaft ist böse.

Alle Geschichten von der »Expansion« der Weißen und ihrer Kolonialherrschaft sind voller entsetzlicher Details über den Mißbrauch von Macht und von Menschen.

Innerlich bin ich ganz sicher nicht weiß. Aber sie sind nicht aufzuhalten. Sicherlich ist es unser Schicksal zu scheitern. Das Ende ist unvermeidbar. Darum ist es egal, wenn diese Schweine mich mit ihrer üblen Krankheit umbringen; sie haben schon immer getötet und werden weiter töten, bis sie in ihr selbstgeschaufeltes Grab fallen, stinken und verfaulen und sich in Vergessenheit auflösen.

Ich bin froh, daß ich anders bin. Ich bin stolz darauf, schwul zu sein. Ich bin stolz auf meine Freunde und Liebhaber jeder Hautfarbe. Ich schäme mich meiner Ahnen. Ich bin *nicht* wie sie.

Heute lese ich in der *New York Times,* daß alle Beamten, die Michael Stewart getötet haben, *abermals* freigesprochen wurden.

Für immer freigesprochen, aber in Gedanken werden sie ihn nie vergessen. Sie wissen, daß sie ihn getötet haben. Seine Schreie, sein Gesicht, sein Blut werden sie nie vergessen. Damit müssen sie nun für immer leben.

Ich hoffe, in ihrem nächsten Leben werden sie so gequält, wie sie ihn gequält haben. Sie sollten dann Vögel sein, schon in frühester Jugend gefangen und in Käfige gesteckt werden; und ein dickes, häßliches, übelriechendes Weib kauft sie und hält sie in einem kleinen, dreckigen Käfig dicht unter der Küchendecke, während sie den ganzen Tag blutige Würste brät, und das Blut bespritzt den Käfig, das Bratfett brennt sich in ihr verfilztes Gefieder, und vor den scheußlichen Dünsten des verbrannten Fleisches gibt es kein Entkommen. Eines Tages wird der Käfig herunterfallen, und eine dicke, fette, häßliche Katze stößt sie herum, spielt mit ihnen wie mit Bällchen, *tötet* sie langsam und läßt die Überreste auf dem Boden liegen, so daß die dicke alte Sau versehentlich auf sie tritt, weil sie wegen ihrer riesigen Hängetitten die eigenen Füße nicht mehr sehen kann.

Auge um Auge...

Wegen nichts, was ich je getan habe, habe ich Angst.

Ich schäme mich für nichts.

11. MAI 1987: TOKIO

Die ersten Teile hiervon abgeschrieben aus Notizen, die ich mir seit Anfang der Reise gemacht habe. Dies ist das erste Mal, daß ich die Zeit habe zu schreiben.

22. APRIL

Abflug von New York um 7 Uhr 30 nach Paris. Kamen in der Limo mit Adolfo Arena zum Flughafen. Rauchten während der ganzen Fahrt Gras.

Reise zusammen mit Juan und Kwong. Nehme zwei Valium und schlafe fast die ganze Strecke bis Paris.

23. APRIL

Ankunft morgens. Fuhren mit dem Taxi nach Paris hinein, um die Beaubourg-Leinwand (zu bemalen) und etwas Gepäck abzuladen. Rief George Condo im Vendôme-Hotel an. Auch das Hôpital Necker wünschte eine Besprechung, also sausten wir hin und redeten mit den Leuten dort. Sie hatten dort mehrere Kunstsachverständige (?), und wir sprachen mit den Krankenhaus-Direktoren.

Das Hôpital schien ein bißchen besorgt zu sein, was ich wohl malen würde. Sie hatten nur Bücher oder Kataloge gesehen und hatten ein paar Bedenken. Ich zeichnete rasch eine

Skizze und erklärte ihnen, warum ich nicht »genau nach Plan« oder Skizze arbeite. Das schien sie ein bißchen zu »beruhigen«. Wählte die Malfarben aus. Dann ging ich zurück zu Juan und Kwong und nahm ein Taxi zum Flughafen, zur 15-Uhr-Maschine nach Düsseldorf.

Ankunft in Düsseldorf um 16 Uhr. Abgeholt von Hans Mayer. Fahrt zur Galerie, dann gleich zur Fabrik in Essen um 17 Uhr. Wir sehen die Ausschnitte der Maquette zum »Roten Hund für Landois«. Scheint O.K. zu sein.

24. APRIL, 11 UHR VORMITTAGS

Treffen mit Hans und einem Direktor von Mercedes-Benz im Mercedes-Werk in Düsseldorf. Sprechen über die Möglichkeit, daß Mercedes meine Skulpturen bemalen läßt. Rundgang durch das Werk. Ganz unglaublich.

14 Uhr Rückkehr in die Essener Fabrik, versuchen die Maquette zusammenzubauen. Schien zuerst unmöglich. Alte Walze (tragbar) ausgeliehen für einen Versuch, den Stahl zu walzen. Deprimierend im Vergleich zu der Arbeit bei Lippincott.

Schließlich doch zufriedenstellende Resultate, gut genug, um wenigstens den genauen Radius, Position usw. der fertigen Maquette anzuzeigen.

Rückkehr nach Düsseldorf, um mit Helge Achenbach über das Wandbild im neuen Hauptbüro von B B D & O (große Werbeagentur, sagt man mir) zu sprechen und einen der Präsidenten von B B D & O zu treffen. Scheint O.K. zu sein.

Dann (überraschend) Essen mit dem Mann, mit dem Helge Achenbach mich ins Geschäft bringen will. Tückische Überraschung, aber unvermeidlich. Ich sagte ihm, ich würde es machen, wenn Sol Lewitt mitmacht, weil sie gesagt haben, Sam Francis und David Hockney hätten schon zugesagt, und sie sagen, Sol würde es auch tun. Daran glaube ich keine Sekunde, darum sage ich zu für den Fall, daß Sol mitmacht. Sicher macht er das nicht.

Wenn aber doch, dann mach' ich's auch.

Hatte Hans am Abend vorher von dem Wandbild erzählt und (verständliche) Bedenken wegen Achenbach geäußert. Hans meint, Tony Shafrazi sollte eingeschaltet werden. Ich meine das eigentlich nicht, weil Tony es manchmal fertigbringt, so ein Projekt zu vermasseln, indem er es überkompliziert macht, aber um Hans zu beruhigen, habe ich Tony angerufen und vorgeschlagen, daß er sich mit Achenbach zusammensetzt, damit er seinen Prozentanteil bekommt. Also verdienen natürlich alle daran, und ich... ich habe mal wieder die Arbeit.

Hans Mayer, Klaus Richter und Keith Haring in der Gießerei, Düsseldorf 1987

25. APRIL

Rufe Julian Schnabel im Hotel an (er wohnte im selben wie ich) und verabrede mich mit ihm bei seiner Ausstellung. Er installiert gerade seine Sachen im Museum. Es sah gut aus.

Kaufe eine Postkarte von meinem Wandbild in New York, die ich noch nie gesehen hatte, und signiere Bücher in einer Buchhandlung, wo man mich erkannt hat.

Fahre mit Hans in die Niederlande, um mir das Museum anzusehen. Möglicher Ort zur Ausstellung der großen Skulpturen. Großer Skulpturen-Park. Riesig. Großartig Dubuffet, Oldenburg und viel Lipchitz. Unglaubliche van Gogh-Sammlung, alles salonmäßig dicht an dicht aufgehängt, wegen Maler- oder Bauarbeiten im Hauptgebäude. Komische Situation. Ließ die Bilder alle wie billige Reproduktionen aussehen, so wie sie aufgehängt waren, Manet und Renoir und Monet alle durcheinander, Seite an Seite, mit wenigen Zentimetern Abstand. Komisch, wie wichtig doch der »Raum« ist...

Wenn ihre »Bedeutung« geschmälert wird und sie miteinander konkurrieren müssen, sind sie gar nicht mehr so »erhaben«. Nur die Großen halten dieser Prüfung stand. Wichtige Lektion in Kunstgeschichte und Realität.

Rückfahrt nach Düsseldorf mit 180 km die Stunde in Hans' BMW-Kabriolet, gerade rechtzeitig zum Duschen und Umziehen zum Dinner bei den Krupps.

Hübsche, »schicke« Villa. Sehr förmliches Couscous-Buffet. Wir sind die einzigen ohne Krawatten. Nette Leute, miserables Essen. »Plauderstündchen« mit Gespräch über Möglichkeit, die anderen Skulpturen bei Krupp montieren zu lassen, da das anfangs vorgesehene Werk anscheinend nur »schneiden«, nicht biegen und montieren kann. War dies eine eingefädelte oder eine echte »Koinzidenz«? Hans ist sehr clever. Wie bei Andy, viele Tischgesellschaften waren zugleich »getarnte Geschäftssitzungen«. Nur keine Zeit verschwenden! Ist mir auch plausibel...

Zeichnete ein paar Bilder für die Gäste, mitsamt des unvermeidlichen »für-meinen-sechzehnjährigen-Bruder«.

Wenn ich alle diese sechzehnjährigen Söhne, Brüder und Neffen, für die ich Zeichnungen mache, nur mal kennenlernen würde...

SONNTAG, 26. APRIL

Ging mit Hans die Kunstsammlung in Düsseldorf ansehen. Unglaublich! Warhols für mehrere Tage! Twombly, Rauschenberg, Beuys... Andy genießt in Europa so viel mehr Achtung. Kein Museum in Amerika hat eine solche Warhol-Sammlung. Kleines Museum, großartiges Licht.

Hans erzählt herrliche Geschichten von Sachen, die er mit Andy in Deutschland erlebt hat. Jeder, mit dem Andy soviel Zeit verbracht hat und dem er auch noch Gemälde verkauft und Gefälligkeiten erwiesen hat, muß O.K. sein.

Ich bekomme mehr Respekt vor Hans und frage mich, warum Tinguely mich vor ihm gewarnt hat?

Aber jede Geschichte hat ihre zwei Seiten. Ich muß es wissen!

Ging mit Hans zu seinem Haus, das gerade umgebaut wird. Er denkt daran, daß ich eine Skulptur für dieses seltsame kreisrunde Stück Land in der Mitte seines Grundstücks machen könnte. Sieht unglaublich aus. Reizt und ehrt mich.

Zurück ins Hotel, packen für den Rückflug nach Paris. Kwong Chi war im Park joggen und glaubt, den Straßenstrich gefunden zu haben, wegen weggeworfener Gummis und zertrampelter Büsche. Gut für ihn...

Lese *schon wieder* einen Artikel über Aids in der *Herald Tribune.* Artikel über zunehmende Homophobie an amerikanischen Colleges. Gewalt usw.

Sehr beängstigend, aber vollkommen voraussehbar.

Sogar ganz nach »Plan«, sicherlich.

15 Uhr – Fliegen nach Paris.

Absteigen im La Louisiane. Essen mit Juan und Kwong in einer Brasserie.

MONTAG, 27. APRIL

Gehe ins Hôpital Necker, nach den Farben sehen, Pinsel kaufen usw. Scheint in Ordnung zu sein. Gehe ins Beaubourg, den Leuten erklären, wie sie meine Leinwand aufhängen sollen, und nach dem Foto von dem Wandbild für die Ausstellung fragen. Erkundige mich, ob die Beaubourg-Video-Crew das Wandgemälde aufnehmen wird. Drei Frauen versichern mir, sie werden es tun. Natürlich lassen sie sich dann nie wieder blicken. Essen mit Condo, Mabe, Kwong und Juan.

DIENSTAG, 28. APRIL

10 Uhr vormittags – komme ins Necker, bereit zu malen.

11 Uhr 30: Farbe endlich da. Fange an zu malen. Hatte Juan gesagt, ich würde ihn wohl nicht brauchen, und nun muß ich bis 16 Uhr allein zurechtkommen. Anfang ist sehr schwierig. Begreife sofort, daß Farbanstrich für den ganzen Hintergrund lachhaft unmöglich ist. Mache Lunchpause und gehe selbst Rollpinsel kaufen. Krankenhauspersonal kann kein Englisch und versteht nicht, was ich sage. Kwong Chi kommt nach hektischen Anrufen der Sekretärinnen im Hotel. Ich arbeite in einem Kasten, der an der Stahltrosse eines Krans hängt. Gebäude ist acht Stock hoch.

Anweisungen zu Bewegungen werden dem Kranführer signalisiert. Zuerst schwierig, läßt sich dann aber manövrieren. Als Juan kommt, wird es viel leichter, weil wir beide gleichzeitig malen. Ich zeichne die Umrisse, er rollt.

Fertig um 20 Uhr. Zwei Farben, jede in zwei Schichten.

Essen mit Roger Nellens und Frau und ihrem wunderschönen Sohn in Otto Hahns Haus. Reden beim ganzen Essen übers Geschäft. Besprechen alle Aspekte der Ausstellung in Knokke.

Juan erklärt mir später im Hotel, daß Nellens eine etwas seltsame Prioritätenliste hat:

1. T-Shirts
2. Pop-Shop-Artikel
3. Plakate – Einladungen
4. Ausstellung
5. Möglicherweise Wandgemälde

Er hat recht, es ist verkehrt herum.

Hôpital Necker, Paris 1987

MITTWOCH, 29. APRIL

8 Uhr bis 20 Uhr 30: Wandgemälde. Mittags Treffen mit Julia. Kaufe noch mehr Pinsel. Viel schneller, wenn Juan den ganzen Tag dabei ist. Vierte Farbe ist nun aufgetragen, jede in zwei Schichten. Arme und Hände tun weh, mit Blasen von den Pinseln und Rollern.

22 Uhr: Essen in der Coupole zur Eröffnung von Jim Rosenquists Ausstellung. Sitze Jim gegenüber. Er weiß herrliche Geschichten aus seiner Zeit als Schildermaler in New York in den Sechzigern. Unglaubliche Geschichten, dagegen hört sich mein Wandgemälde nach nichts an. Spricht von 12 Meter großen O's... Julia ist da und sehr nett. Lerne schwedischen Händler kennen, der interessiert wäre, mich auszustellen; stellt auch Rauschenberg, Rosenquist usw. aus. Eine Belgierin, die eine Galerie in Brüssel hat. Muß ihr versprechen, sie zu besuchen...

DONNERSTAG, 30. APRIL

Wandbild verregnet – Gott sei Dank! Fühle mich sowieso zu kaputt. Das heißt, es ist unmöglich, vor Japan das Wandbild zu beenden *und* das Bild in Beaubourg zu malen. Also mache ich das Beaubourg-Bild, wenn ich zurück bin.

Ich gehe ins Beaubourg, um das zu erklären. Inzwischen haben sie die Leinwand schon aufgehängt. Sie hängt verkehrt herum (Nähte nach außen). Unmöglich, in diesem Museum jemanden zu finden. Es ist so groß, daß niemand Bescheid weiß. Sehr frustrierend. Jetzt sagen sie, sie machen vielleicht auch die Einkaufstüte nicht, für die sie mich um das Design gebeten hatten.

Gingen zu Templon, um Jim Rosenquists Ausstellung zu sehen. Hübsche Zeichnungen. Weiß nicht recht, was ich von den Gemälden halten soll. Gingen zu Bruno Schmidts Ausstellung und trafen uns dort mit Kwong Chi.

Hatte einen (albernen) Streit mit Juan, vorhin im Zimmer, denn ich hatte gesagt, er sei »dumm«, weil er die Blumen im Zimmer mit dem Duschkopf gewässert hatte. Darum wollte er im Zimmer bleiben. Aber auf der Straße vor der Galerie lief er mir über den Weg. Alles O.K.

Gehe mir Hervé DiRosas Ausstellung ansehen. Bin enttäuscht, hatte aber auch nicht viel erwartet. Ich bin mir sicher, den Unterschied zwischen guter und schlechter Malerei kann man sehen. Zur Zeit nirgendwo viel Interessantes. Basquiat und Condo sind die einzigen, die ich wirklich gut finde.

Aß zu Mittag in (meinem Lieblings-)Restaurant beim Beaubourg. Wahrscheinlich dort am liebsten, weil ich aus der Speisekarte klug werde und die Kellnerinnen nicht ganz so patzig sind. Traf mich mit Julia im Hotel, um die Liste für mein Geburtstags-Dinner durchzugehen. Kwong ist unterwegs und forscht nach einem Restaurant mit der richtigen »Hintergrund-Atmosphäre«.

17 Uhr: Interview mit Otto Hahn im Hotel für die Zeitschrift *Beaux-Arts*.

Unterbrochen durch Anruf von George Condo, lädt mich und Juan zum Abendessen in Claude Picassos Haus ein.

Interview ging O.K. Immer wieder versuchen, dieselben Sachen zu erklären. Anscheinend »verstehen« die Leute immer erst, wenn sie die richtigen Fragen gestellt haben. Jedes Interview hilft mir, selber besser zu verstehen, was ich denke.

Essen bei Claude und Sydney Picasso war interessant – sehr nett. An ihrem Kühlschrank hatten sie K H-Magneten. Es muß unglaublich sein, beim Essen, Schlafen, Fernsehen usw. immer diese Gemälde um sich zu haben.

Ich glaube, die besten Arbeiten kriegt immer die Familie. Viele Bilder, die ich noch nie gesehen hatte. Picasso scheint unendlich zu sein. Erstaunlich, wie viele Sachen man schaffen kann, wenn man lange genug lebt. Ich meine, ich habe ja kaum zehn Jahre ernsthaft gearbeitet. 50 Jahre, stell dir das vor! Der Fortschritt, die Entwicklung ist beachtlich. Ich würde gern 50 Jahre alt werden. Stell dir vor... wohl kaum möglich.

FREITAG, 1. MAI – FEIERTAG DER ARBEITER
Nicht für mich...

9 Uhr vormittags – fliege mit Kwong und Juan nach München.

Treffen Leute von Luna Luna auf dem Flughafen, fahren zum Hotel (Holiday Inn) in Augsburg, essen draußen zu Mittag mit Tulpen und Bier, betrachten die Hilfskellner in engen Hosen, mit hübschen kleinen Ärschen.

Dann sofort an die Arbeit an dem Karussell. Etwa eine halbe Stunde Fahrt von Augsburg, in einer Kleinstadt auf dem Lande. Erinnert mich an die Gegend um Kutztown. Es stellte sich heraus, daß der Typ, der an dem Karussell arbeitete (Peter Petz), mit solchen Dingen seinen Unterhalt verdient und sie in alle Welt verschickt. Er entwirft auch andere Schaubuden und bemalt oder restauriert ältere. Das Haus und die Umgebung waren unglaublich. Wie eines, von dem ich als Kind immer geträumt habe. Dreieinhalb Meter hohe King Kongs, Monster, Karussellteile, Statuen usw. usw. Die Familie erwies sich als richtig nett.

Das Karussell war herrlich, bis auf ein paar »unbekannte« Figuren, die ich nicht gezeichnet hatte, und eine Änderung in meinem Entwurf für die obere Platte, die sie angeblich »in meinem Buch gefunden« hatten. Die Karussell-Leute sagten, André Heller (Luna Luna) hätte ihnen gesagt, sie sollten es so ändern, und Heller sagt, sie hätten es von sich aus gemacht. Beides ist möglich. Die »Mund«-Figur verwendete ich nicht, und auf ihre Idee, zu meinem Entwurf eine Schlange hinzuzufügen, ging ich nicht ein; machte statt dessen abstrakte Linien.

Sie hatten Linien durch Bäuche hinzugefügt und sagten, so eine Zeichnung hätten sie auch in meinem Buch gesehen. (Na und?)

Davon abgesehen jedenfalls lief alles dort bestens. Ich bemalte die Innenseite des Karussells mit Comic-Figuren und den oberen Rand mit abstrakten Linien.

Luna Luna, Hamburg, Sommer 1987

Gegen acht wurden wir mit der Malerei fertig und aßen dann im Freien, was Peter Petz' Freundin gekocht hatte – zusammen mit Nichten und Neffen und der Ex-Schwägerin. Es war wirklich schön. Es sind Momente wie dieser, wo mir meine Arbeit wirklich Freude macht. Die Umgebung war wunderbar, surreal und friedlich, und die »Familie« hatte uns sozusagen adoptiert. »Wir haben festgestellt, wir mögen euch« – ziemlich erstaunlich, wenn man sich erst einen Tag kennt. Wunderbar, mit Menschen zusammenzuarbeiten, die einen wirklich respektieren und sich alle Mühe geben, es einem so angenehm wie möglich zu machen. Was für ein Kontrast zu Paris!

Später fuhren wir nach Augsburg hinein und gingen auf den Jahrmarkt dort, wo Peter viele von den Buden und Bahnen bemalt hatte. Es war unglaublich schön, sauber und gepflegt. (So wie Coney Island angeblich aussieht.) Kwong Chi war groß in Form in der Lachbude – schrie hysterisch und wurde zur Hauptattraktion.

Für mich und Juan waren die amerikanischen Boys von der Army die Hauptattraktion. Scheint eine große Garnison in der Nähe zu sein, darum sehen wir jede Menge knackige schwarze Boys. Fast wie New York City! Wir fuhren Auto-Scooter und bumsten gegen etliche unbehaarte, muskulöse braune Körper.

Feuerwerk zum 1. Mai! Mit großem Aufwand – sehr eindrucksvoll.

Dann zurück zum Holiday Inn (das deprimierendste amerikanische Hotel, in dem wir bisher abgestiegen sind). Ich rufe Tony an. Er macht sich immer noch Sorgen, denn der Kunstszeneklatsch besagt immer noch, ich hätte Aids. Er sagt, Christos Frau habe davon gehört und gefragt, ob es stimme. Die Leute gehn mir wirklich auf den Geist. Sie müssen einfach über irgendwas reden. Ich hab es satt, Tony erklären zu müssen, wie ich auf mich aufpasse. Wenn etwas mich unter Streß und Spannung setzt, dann ist er es und nicht das lange Aufbleiben oder die schwere Arbeit. Ich lebe für meine Arbeit.

SAMSTAG, 2. MAI

Rückkehr, um mit der Bemalung des Karussells fertig zu werden. Heute habe ich alle Figuren skizziert und ihre Plazierung auf dem Karussell angegeben.

Letzte Entscheidungen über Lichter, Farben usw. Viele Fotos mit der »Familie« und Freunden.

21 Uhr: Fahrt nach München.

Kwong hat seinen »Führer«, daraus hat er mehrere Bars und Discos herausgesucht, bei denen »vermischt, jugendliches Publikum« angegeben wird. Kaum was dran. Entweder spießig oder voller deutscher Tunten. Öcccch! Ins NY-NY kamen wir nicht rein, weil der Tunte am Eingang meine Turnschuhe nicht gefielen. Was für ein Witz! NY-NY – da ist sie wohl nie gewesen!

Noch ein paar miese Bars und schließlich nach Hause im Taxi, wo Kwong seine letzte Chance sucht – beim Fahrer. *Kein Glück.*

Wir müssen zu Bett, um morgen früh zum Flughafen zu fahren, weil der Papst morgen nach München kommt und »den Verkehr behindern« könnte, sagt der Mann an der Rezeption.

SONNTAG, 3. MAI

12 Uhr 30. Papst nicht getroffen. Kein Verkehr. Fliegen nach Paris und kommen etwa 14 Uhr dort an.

15 Uhr. Gehe mit Kwong Chi in den Train Bleu, um den Kuchen zu meinem Geburtstags-Dinner dort zu dekorieren.

Der zweite Chefkonditor erweist sich als überaus hübsch und auf eine sehr liebliche Weise schüchtern. Rosige Wangen und enge Hose, neunzehn oder zwanzig Jahre. Wir hatten Hasch geraucht, bevor wir hingingen (ein Fehler), aber das Ganze wurde viel netter, als ich gedacht hatte.

Kwong Chi hatte seine große Chance versiebt, dachte ich. Wäre ich allein in Paris, hätte ich mir genau den geschnappt! Oder es wenigstens versucht...

Zurück ins Hotel, ein bißchen schlafen, baden und zum Dinner anziehen.

Das Restaurant ist im Bahnhof, aber augenscheinlich ein sehr altes, sehr berühmtes Restaurant. Jede Menge Rokoko-Glitz. Sehr französisch!

Unter den Gästen:

Juan Rivera
Julia Gruen
Tseng Kwong Chi
George Condo und Mabe
Louis Jammes
François Boisrond
Rémy Blanchard
Jim und Mimi Rosenquist
James Brown
Donald Baechler
Mr. und Mrs. Daniel Templon
Andrée Putman mit Freunden
Bruno Schmidt
Chuck Nanney
Joe Glasco
…und andere

Nettes Dinner mit herrlichem Toast von Jim Rosenquist. Ging etwa so: There once was an artist named Haring, whose line was never wearing and also daring and also intent on sharing. (Zur genauen Mitschrift vgl. Kwong Chi.)

Gingen nachher zu Condo, mit Julia, Kwong, Roberto (Georges Assistent) und Joe Glasco; und dann tauchte Donald auf, jammerte nach mehr Koks und wurde lästig. Gingen heim und versuchten zu schlafen.

4. MAI 1987

Mein richtiger Geburtstag. Blieb bis 14 Uhr im Bett, stand dann auf und ging in die Matisse-Ausstellung. Deprimierend auf seine seltsame Weise. Zu viele Zeichnungen von Titten und Ärschen. Ich glaube, es muß ihn gelangweilt haben. Die Zeichnungen, wo bloß Köpfe oder andere »Situationen« drauf sind, waren interessanter. Außerdem alle abstrakteren einfachen Sachen, und natürlich sind die Collagen alle großartig. Trotzdem, irgendwie wurde ich nicht satt. Lief ein bißchen herum, aber es ist kalt und regnerisch. Ich frage mich, wie ich das Necker-Wandbild fertigkriegen soll. Wenn es nicht aufhört zu regnen, weiß ich nicht, wann ich es machen soll. Außerdem ist es sehr kalt und windig.

Ging zurück ins Hotel und habe viel in Joe Ortons Tagebuch gelesen.

Bin eingeschlafen.

5. MAI 1987

9 Uhr morgens: Stehe auf, um das Wandbild fertigzubringen. Regnet nicht, aber bewölkt und immer noch windig und kalt. Überrede mich aber, daß es nicht mehr so kalt ist wie gestern und nicht mehr so windig.

Ich gehe zum Krankenhaus, und der Kran ist noch nicht da.

Sehr nervös.

11 Uhr 30: Kran kommt, und ich fange an, die schwarzen Linien zu malen. Juan hilft, den Kran auszubalancieren und zu steuern, denn es ist sehr windig. Trage Handschuhe und Sweatshirt mit Kapuze, aber mit Handschuhen malt es sich zu schwer. Nach einer Weile spüre ich die Kälte nicht mehr.

Jim Rosenquist kommt dazu.

Ein paar Presseleute (nicht viele) kommen.

Otto Hahns Frau kommt.

Werde um 21 Uhr fertig. Sieht toll aus, ist aber immer schwer, etwas zu sehen, wenn man eben erst fertig geworden ist. Kommt mir aber gut vor.

Abendessen mit Dan Friedman, Kwong und Juan.

Rufe in New York an und rede mit Tony über das Gemälde auf der Auktion. Ist für nur

Keith Haring mit dem Konditor des Train Bleu, Paris 1987

12 500 Dollar weggegangen. Es hätten eher 17 000 bis 20 000 sein müssen oder mehr. Ich hatte Tony gesagt, ich würde es selbst kaufen, wenn es unter 15 000 bliebe. Aber Julia war hier bei uns, und wir hatten nicht rechtzeitig abgesprochen, daß jemand es kaufen sollte. Keine Katastrophe, aber enttäuschend.

6. MAI 1987

Werde von Anrufen geweckt. Schweizer Firma will von mir Design für Zigarettenpackung und vielleicht auch Wahl des Namens.

Habe Zweifel, bitte aber um Angebot in New York. Meine Kollektion nichtbeachteter Angebote ist einer meiner liebsten Aktenordner.

Mittagessen mit Julia und Juan. Julia fliegt heute zurück nach New York. Deprimierendes Gespräch über Veränderungen in der Situation der Galerien. Immer dieselben Geldprobleme. Vrej Baghoomian traue ich jetzt auch nicht mehr übern Weg. Von James Brown Schlimmes über Vrejs finanzielle Machenschaften gehört. Immer dasselbe! Wenn ich das Geld will, das sie mir schulden, ist es, als ob sie mir einen Gefallen tun müßten. Sie sehen's verkehrt herum. Vielleicht muß ich drastisch vorgehen und am Ende doch für mich allein arbeiten.

Rufe Tony an. Sprechen über Skulptur, die für das Kinderkrankenhaus auf Long Island in Arbeit ist. Sollte im Juli aufgestellt werden. Vrej hat die Galerie verlassen.

18 Uhr 30: Zurück zum Krankenhaus zum »Empfang« für mein Wandgemälde. Inzwischen hat jemand Slogans auf die Betonwand unter dem Gemälde gesprüht. Seit kurzem streiken in Paris die Medizinstudenten. Die ganze Geschichte, warum sie protestieren, hat man mir nicht erzählt, aber ich hatte schon einiges darüber gehört. Der Gesundheitsminister, M. oder Mme Balzac, wird zu dem Empfang erwartet, auch ein paar Journalisten. Also, denk' ich mir, wollten sie die Gelegenheit benutzen, auf sich aufmerksam zu machen. Mit der Politik in dieser Situation will ich nichts zu tun haben, aber die Graffiti stören mich auch nicht, weil mein Gemälde erst einige Fuß höher anfängt und weil sie wahrscheinlich wieder entfernt werden. Das Politische bleibt bei meiner Politik mit diesem Bild »außen vor«. Ich habe es gemalt, damit sich die kranken Kinder in diesem Haus daran freuen, jetzt und in Zukunft. Unvermeidlich wird das Wandbild die Komplikationen des Augenblicks überdauern. Ich glaube nicht, daß die Kunst sich aus der Politik immer heraushalten kann, aber in diesem Falle hat mein Wandbild sicher keinen Einfluß zugunsten der einen oder der anderen Seite. Seine Politik geht nur dahin, einen kreativen Beitrag zur Unterstützung eines Heilungsprozesses zu leisten und ein zuvor nichtssagendes, ödes Gebäude so zu verändern, daß es ein bißchen lebhafter wird. Niemand kann behaupten, daß darin eine Billigung der Regierungspolitik gegenüber den Medizinstudenten liegt.

Skulptur für das Schneider Children's Hospital, Long Island Jewish Medical Center, New Hyde Park, New York 1987

Von der Presse war fast niemand da. Vielleicht ein oder zwei Fotografen. Das Krankenhauspersonal hatte die Graffiti übermalt, bevor M. oder Mme Balzac eintrafen. Diese Übermalung hätte gute Presse gemacht (für mich und für die Medizinstudenten) und ein schönes Foto gegeben. Kwong Chi fühlte sich nicht wohl, und darum war er auch nicht zu dem Empfang gekommen. Die einzigen Aufnahmen davon sind also meine Polaroid-Fotos.

Der Gesundheitsminister kam schließlich und war sehr nett. Aber die ganze Geschichte war sehr offiziell und langweilig, abgesehen davon, daß diese protestierenden Medizinstudenten sozusagen den Empfang in die eigene Regie nahmen und zu einem Forum für ihre Sache machten. George Condo kam und überredete mich zum Fortgehen.

Also ging ich mit Juan und George zu George nach Hause, sah mir *Shining* (meinen Lieblings-Horrorfilm) auf Video an und kokste und malte. Joe Glasco kam und malte auch. George, Joe, Roberto und ich malten also alle zur gleichen Zeit und im gleichen Raum. Unheimlich, aber interessant. Ich malte drei kleine Bilder.

2 Uhr morgens: Zurück ins Hotel.

7. MAI 1987
12 Uhr 30: Abfahrt vom Hotel zum Flughafen.

14 Uhr 30: JAL-Flug nach Tokio über London und Anchorage. Beidemal mußten wir aussteigen. Anödend. Uns gegenüber saß ein widerlicher Typ, der während der ganzen achtzehn Stunden bis Tokio eklige Würg- und Spuckgeräusche machte und seinen Rotz runterschluckte.

Ich habe Ortons Tagebücher zu Ende gelesen, dann *Giovannis Zimmer* von James Baldwin. Ich muß noch mehr von Baldwin lesen, weil ich in zwei Wochen bei einem Projekt in Südfrankreich mit ihm zusammentreffen soll.

SAMSTAG, 9. MAI – TOKIO
11 Uhr 30: Sitzung mit den Parco-Juroren wegen des Beurteilungsverfahrens für die Nippon Object Competition und Diskussion über Entwürfe (Zeichnungen) zu den Straßenschildern für Parco und Vertragsbedingungen.

Dann Einkaufsbummel in Shibuja. Gebe Autogramme in einem Laden und löse Kettenreaktion aus. Schließlich verlassen wir den Laden, weil wir zuviel Gedränge verursachen.

16 Uhr: Besprechung mit einem Kunstkritiker über Urteilsbildung bei dem Wettbewerb usw.

18 Uhr: Nach Shinjuku, Neonschilder ansehen und Pachinko spielen. Tokio ist ganz erstaunlich. Wie ein einziger großer Vergnügungspark. Überall Video-Schirme und Neon, wie man sich's gar nicht vorstellen kann. Juan hat so was noch nie gesehn und glotzt sich die Augen aus. Dicht voll mit Leuten. Wir essen in einem sehr schicken taiwanesischen Restaurant unter einer Brücke. »Very *Bladerunner*.« Ich signiere Eßstäbchen für alle am Tisch.

21 Uhr: Juan und ich nehmen ein Taxi, holen Tina Chow in ihrem Hotel ab; dann mit ihr zu einem makrobiotischen Dinner im Haus ihres Freundes. Ihre Mutter und ihre Schwester Bonnie sind auch da. Außerdem ein Regisseur, ein japanischer Fernsehstar, ein Designer und ein paar interessante Leute. Ich kann all diese japanischen Namen nicht behalten. Ich kann überhaupt keine Namen behalten, Punkt. Ich habe das Gefühl, wir essen makrobiotisch, weil unser Gastgeber so aussieht, als ob er Aids hat. Dieses Aussehen kenne ich nur allzu gut. Ganz großartiges Essen, nettes Haus, nette Leute. Tinas Mutter ist echt cool und echt schön.

DIENSTAG, 12. MAI 1987

Fahre mit dem Zug nach Tama, um mir das neue Kulturhaus anzusehen (unglaubliches Gebäude) und mit Beamten der Stadtverwaltung zu reden. Sprechen über das Projekt, das ich dort im September oder Oktober mit Kindern machen werde. Zwei Wandbilder, die der Stadt gestiftet und im Kinderkrankenhaus, Sportzentrum, Bibliothek usw. angebracht werden sollen; außerdem das Projekt, Kindern beim Malen von Bildern auf kleinen Tonglocken zu helfen, die an einen hölzernen »Baum« gehängt werden, den ich für eine Art »Friedensfeier« entwerfen soll. Alle Einzelheiten betreffend Geld usw. werden von Seiko [Uyeda] geregelt. Mußte die Schuhe ausziehen, um dieses große städtische Gebäude zu betreten, weil es erst am 30. Oktober eröffnet wird und die »jungfräulichen« Fußböden nicht beschmutzt werden sollen. Ich könnte mir vorstellen, wenn sie das nach der Eröffnung weiter so halten, wie draußen Tausende Paar Schuhe aufgereiht stehen. Sie sagten aber, nach dem 30. Okt. dürften die Leute mit Schuhen hinein.

13 Uhr: Rückfahrt nach Aojama, um mit Kaz Kuzui und einem anderen Mann zu sprechen, der uns Platz für den Pop Shop einräumt. Großartiger Platz, großartige Idee. Grundstückspreise sind in Tokio so hoch, daß es fast unmöglich ist, einen Laden zu mieten. Wenn Firmen ein Stück Land kaufen, um darauf zu bauen, dauert es zwei, drei Jahre, bis sie die nötigen Genehmigungen usw. haben. Weil also diese Fläche frei ist, benutzen die Leute sie manchmal vorübergehend und zahlen dafür eine Miete an die große Firma, der das Grundstück gehört. Darum wird der Pop Shop in einem vorläufigen Gebäude an einem vorläufigen Ort für eine vorläufige Zeitspanne eröffnet. Perfekt. Das ganze Konzept stimmt vollkommen überein mit meiner Ästhetik.

DONNERSTAG, 14. MAI

Zwölfstundenflug nach Paris. Sehe mir *Jumping Jack Flash* mit Whoopi Goldberg an. Nehme Valiums und schlafe. *Crocodile Dundee* wurde auch gezeigt. In beiden Filmen sind meine T-Shirts zu sehen.

Stewardess erkennt mich und bittet um Autogramme auf Tellern.

Ankunft in Paris 17 Uhr 30 Pariser Zeit.

Rufe Julia und Tony an.

Pierre Keller ruft an, möchte nach Paris kommen, um über ein Projekt zu sprechen.

Gehe mit Juan zum Essen und begegne zufällig dem Kurator aus dem Beaubourg, sprechen über Ausstellung. Lucio Amelio wohnt im Hotel zusammen mit Joseph Beuys' Frau Eva und ihren zwei Kindern. Sie installieren eine Arbeit im Beaubourg.

FREITAG, 15. MAI 1987

10 Uhr vormittags: Zum Beaubourg, um Gemälde vorzubereiten. Kurze Besprechung mit jemand über die Plastiktüte, die ich für die Ausstellung entworfen habe. Bin einverstanden, 500 Tüten als Honorar anzunehmen, denn sie werden dort nicht verkauft.

Kaufe Farbe, Pinsel und Plastikbehälter für insgesamt 1000 Dollar. Farbe in Paris kaufen ist absurd!

14 Uhr: Zurück ins Museum, die Leinwandbahn aufhängen. Museumspersonal kann ich vergessen und hänge sie selbst auf.

Treffe Eva Beuys und Lucio.

Zurück ins Hotel, dann zu Fuß zu Georges Haus, um sie abzuholen und zu Claude Picasso zu gehn, der Geburtstag hat. Adolfo ruft mit Telefonnummer von Run DMC/Beastie Boys den Manager an, um Karten für Dienstag zu besorgen.

SAMSTAG, 16. MAI

8 Uhr 30: Schon wieder Anruf aus der Schweiz wegen Design für Zigarettenpackung. Sage endgültig nein.

9 Uhr 15: Treffe Pierre Keller im Hotel und gehe mit ihm zum Beaubourg. Setzen uns ins Café und sprechen über Projekt für Lucky-Strike-Plakate. Nenne ihm meinen Preis. Er gibt mir das zweite Foto, das er in meinem Atelier von Andy und mir aufgenommen hat, als wir das Plakat für Montreux machten. Hat auch ein Dia von der Skulptur, die Jean Tinguely für den Tausch mit mir gemacht hat. Toll!

10 Uhr: Vorbereitung der Farben, Plastik, Leiter usw. Gegen 11 Uhr fange ich zu malen an. Den ganzen Tag lang viele Leute. Sofort kommen die Damen, die in dem Kiosk um die Ecke arbeiten, und beschweren sich über die Musik. Ich erkläre ihnen, daß ich die Erlaubnis habe und nicht daran denke, sie leiser zu stellen (sie war nicht laut) oder, wie die eine vorschlug, »etwas Französisches« zu spielen. Den ganzen Tag lang kommen immer wieder Leute, um sich zu beschweren, und dann erklären andere wieder, daß alles O.K. ist. Einmal wollte diese »echte Französin« mir weismachen, daß sie von der Musik Kopfschmerzen bekommt. Ich schlug ihr vor, Aspirin zu schlucken oder den Tag freizumachen, denn ohne die Musik würde ich nicht malen. Je mehr sie sich beklagten, desto anstößiger wurde meine Musik, und als ich schließlich die Beastie Boys auflegte, schleppten sie den Leiter des Wachdienstes mit zwei Wärtern an. Es gab eine Konfrontation, und natürlich

behielt ich die Oberhand, denn mein Gemälde war letztlich doch wichtiger als die albernen Beschwerden von ein paar verbiesterten Angestellten.

Die Stewardessen von Japan Air Lines kamen und waren (gelinde gesagt) überrascht, mich zu sehen. Jede Menge herrliche Boys. Den ganzen Tag lang Autogramme gegeben und Buttons verteilt. Werde gegen 19 Uhr 30 mit dem Bild fertig, gebe ein Video-Interview. Noch mehr Fotos. Noch mehr Autogramme. Räume auf und nehme die Farbe mit ins Hotel (habe noch 80 % der gekauften), rufe Leor wegen der Beastie-Boys-Tickets an. Er ist da, zusammen mit E.K.

Abendessen mit Pierre und Juan, dann Kaffee mit Lucio und François Boisrond. Gehe mit Juan ins Attention (Schwulen-Disco) und treffen so einen Jungen (Paolo), der echt scharf aussieht, solange er den Mund nicht aufmacht. Er geht mit uns ins Kit Kat (unten im Palace). Ich treffe Peter Kea, Jean-Claude (der sagt, Boy George ist in Paris) und diesen Typ, den ich durch Lucio kennengelernt habe, einen schwarzen Opernsänger. Er ist unglaublich und hat heute Geburtstag. Ich sehe ein erstaunlich gut gefälschtes Shirt und signiere ein paar Shirts an heißen Boys. Dann kommt doch dieser große schwarze Typ, küßt Juan aufs Ohr und sagt, »später«. Also nerve ich Juan die ganze Zeit und sage, »warum gehst du nicht mit ihm weg?«. Er will wirklich gehen, ich ihm nach, und wir streiten uns und gehen fort aus dem Klub. Die Folge war, der Typ, mit dem wir hergekommen waren und mit dem wir eigentlich auch wieder weggehn wollten, fand es gar nicht lustig und ging nach Hause. Schließlich versöhnten wir uns wieder, gingen nach Hause und liebten uns wutentbrannt.

SONNTAG, 17. MAI

Anruf von Nellens. Sie kommen zur Eröffnung ins Beaubourg. Anruf von Schweizer Illustrierter wegen der Körperbemalung. Anruf aus Wien: soll hinkommen, um bei einem Film mitzumachen.

14 Uhr: Treffen mit Typen vom belgischen Fernsehen wegen der Sendung im Juni, in der ich auftreten soll. Langes Gespräch über tausend Dinge. Viel über Andy – manchmal fehlt er mir wirklich. Wir sollen Boy George mit Jean-Claude besuchen gehn. Aber ich merke, daß Jean-Claude ihn interviewen soll, und da möchte ich nicht mitmachen. Ich sage ihnen, sie sollen abends noch mal anrufen, wenn sie wollen, aber sie tun's nicht.

Dann finde ich in meiner Tasche eine Telefonnummer – Paul. Ich denke, das ist der Typ, den wir gestern abend kennengelernt haben, also rufe ich an und lade ihn ins Hotel ein. Er hört sich am Telefon anders an, aber er sagt, er ist eben erst aufgewacht, und versichert mir, er sei Paul und letzte Nacht mit uns im Kit Kat gewesen. Also klopft es um 16 Uhr an die Tür, und es ist der schwarze Sopranist, der, wie sich rausstellt, auch Paul heißt und mir seine Nummer gegeben hatte, damit ich sie Lucio gebe.

Sehr komisch. Wir gehen alle zum Tanztee ins Le Palace. Wir treffen auch den andern Paul, und er kommt mir nicht mehr so interessant vor. Hübsche Boys, aber langweilig.

Zum Abendessen gehen wir zu Condo und sehen uns noch mal *Shining* an. Das ist das dritte Mal, daß ich den Film zusammen mit George angeschaut habe.

MONTAG, 18. MAI

Pierre rief an, um den Auftrag für das Lucky-Strike-Plakat zu bestätigen. Treffe Leor und E.K. in ihrem Hotel und gehe in der Nähe des Beaubourg Mittagessen. Regen, Regen. Leor hat mir eine Anstecknadel gegeben, mit der ich bei dem Konzert morgen überall reinkomme, aber den Rest muß ich später noch von ihm kriegen.

Melde mich im Beaubourg, um die letzten Details zu erledigen. Rufe Hans Mayer in Düsseldorf an, um zu hören, wann wir an den Skulpturen weiterarbeiten können. Im Beaubourg trafen wir diesen netten Jungen, den ich neulich nachts im Palace aufgegabelt habe, wo er mit Jean-Claude zusammen war. Er kommt zu uns ins Hotel, und in der Zwischenzeit rufen Frederick Dayan und Jean-Claude an, daß wir mitkommen sollen, uns Rita Mitsouko im La Cigale ansehen. Der Junge läßt seinen Motorroller am Hotel stehen, und wir gehen alle zu Rita Mitsouko. Gute Vorstellung, echt französisch! Gehen alle ins Palace, trinken und tanzen bis 3 Uhr morgens. Junge kommt mit ins Hotel, seine Maschine abholen, sagt aber, er muß zu Hause schlafen. Echt französisch!

DIENSTAG, 19. MAI

10 Uhr morgens: Treffen die Nellens und Monique Perlstein im Hotel, um zur Eröffnung zu gehen. Kaufe nachgemachtes Free-South-Africa-Shirt nahe beim Beaubourg. Ausstellung ist seltsam. Treffe Jenny Holzer und rede mit ihr, treffe Daniel Buren und rede mit ihm. Das war das Interessanteste auf der Ausstellung. Ich glaube, Daniel Burens Arbeiten gefallen mir mit der Zeit immer besser. Jede neue Abwandlung gibt seiner Untersuchung eine Art Glaubwürdigkeit. Sehr klar, sehr rein, keine Lügen. Zum größten Teil ist die Ausstellung voller dicker Lügen. Wichtigtuerischer Lügen. Wenn das eine echte Bilanz der letzten zehn Jahre sein soll (ist es aber nicht), ist es ganz schön deprimierend. Ich bin froh, daß mein Bild im Erdgeschoß hängt und nicht zur Ausstellung gehört. Der Katalog ist dick und tonnenschwer, aber alles auf französisch, darum weiß ich nicht, ob ich darin gut oder schlecht wegkomme. Der Pop Shop steht aber mit in der historischen Chronologie, was wohl gut ist. Nun werden die Sachen doch allmählich ernst genommen – der erste Schritt zum Verstandenwerden.

Wir gehen zum Mittagessen mit den Nellens und mit Monique Perlstein. Monique hat die Karte von der Ausstellung meiner Zeichnungen in Antwerpen, und sie ist schön. Die Nellens sind eifersüchtig. Hoffentlich wird diese Ausstellung in Knokke keine Katastrophe. Schon wieder reden wir über T-Shirts usw.

Zurück ins Hotel, rufe Tony an. John Carmen ruft Tony an, und wir haben ein Konferenz-Gespräch, und dann kriegt John auch noch Grace an den Apparat, und es wird eine Vierer-Konferenz! Happy Birthday, Grace! Vielleicht kommt sie auch noch nach Belgien.

18 Uhr: Ins Beaubourg, George und Mabe treffen. Unterwegs treffe ich Louis Jammes, und er schlägt vor, daß wir noch ein Porträt machen. George, Mabe, Juan und ich gehen ins Grand Rex zu den Beastie Boys und Run DMC. Holen unsere Karten am Eingang ab und kriegen drinnen Sitzplätze. Ich gehe hinter die Bühne auf der Suche nach E.K., der nirgends zu sehen ist. Rede mit den DMC und Beasties. Frostig zuerst, aber schließlich werden sie lockerer. Mir war, als hörte ich, wie jemand mich Keith Gay nannte. Macht mir nichts, denn es klang eigentlich nicht wie eine Beschimpfung. Alle signieren meine Jacke. Reden über New York, Tokio usw.

Beastie Boys wollen weitermachen, mit »Lower the Flag and Play Rocky«. Gehe zurück zu meinem Platz. Tolle Show! Viel Publikumsbeschimpfung. Nach den Run DMC schließlich gerieten die vorderen Reihen außer Rand und Band, und jemand (aus der Band?) schmiß Mace. Gelindes Chaos, das bis auf die Straße hinausschwappt, und die Polizei löst die Menge auf. Allerhand für Paris! Niemand ernstlich verletzt. Wir gehen um die Ecke, etwas essen, und dann ins Palace zum »Dinner«. Tatsächlich sind von den Beasties und den Run alle da. Große Party. E.K. fängt Essensschlacht an.

Bleibe noch ein bißchen da, um mit französischen Anmachern zu reden, und gehe zurück ins Hotel.

MITTWOCH, 20. MAI

Abgeholt von einem Taxi zur Cartier-Stiftung. Ich nehme an, dies hat etwas damit zu tun, was Daniel Templon neulich über den Transport der Skulptur sagte. Wir kamen an und erfuhren zu meiner Überraschung, daß eine meiner liebsten Plastiken hier zu Hause ist, *Long-Term Parking* von Arman. Also war der Ort für mich schon mal O.K.

Tolles Lunch mit dem Direktor der Stiftung, Marie-Claude Beaud, wie sich herausstellte, ein guter Freund von Jean-Louis Froment und ebenso liebenswert. Wir fanden mehrere ideale Plätze für meine Skulptur. Daniel sagte, sie würden überlegen, ob sie sie kaufen sollten, aber sie sagten, lieber würden sie eine eigens für diesen Platz in Auftrag geben.

Hatte ein nettes Gespräch über die »östlichen« (d. h. japanischen, chinesisch-kalligraphischen) Aspekte meiner Arbeiten, über Ansatz, Methode, Einstellung usw. Ich finde, die Leute sehen meine Arbeit erst vollkommen klar, wenn sie den (mir selbstverständlichen) Zusammenhang mit der weiteren philosophischen und ästhetischen Tradition begriffen haben. Mir scheint, ich bin immer besser imstande, das zusammenhängend zu erklären, je mehr ich schreibe und je öfter ich Fragen dazu beantworte (Interviews, Vorträge). Ich glaube, intuitiv hab ich es immer gespürt und verstanden, aber es ist schwer zu erklären.

Mit dem Taxi zurück ins Hotel, machte und bekam Anrufe. Mehrere Anrufe wegen Projekt Schweizer Illustrierten-Cover. Suche ein Model, rufe Azzedine an und frage nach

Vorschlägen, rufe Iman an, rufe Zürich an. Rufe Hans in Düsseldorf an, um wegen Skulptur nachzufragen. George Mulder rief an, um Verzögerung des James-Baldwin-Projekts zu erklären. Baldwin liegt im Krankenhaus, hoffentlich ist er O.K. Wenn er das Projekt nicht mehr machen kann, schlage ich vor, Bill Burroughs zu nehmen. George sagt: »Wer ist William Burroughs?« Rufe Debbie Arman in Monte Carlo an. Rufe Kermit an, um mit ihm über sein/mein Problem zu reden, weil er umziehen muß, wieder ein Baby bekommt usw. Heißt wohl, er muß ein bißchen Kunst verkaufen, und wir müssen einen neuen Speicherraum finden. Kein großes Problem. Irgendwie werden wir schon Geld für ihn auftreiben. Sprechen auch über Herstellung der Modelle für die Düsseldorfer Skulptur. Anruf aus London. Das ICA [Institute of Contemporary Art] möchte, daß ich im Juli komme und einen Workshop für Kinder mache. Wahrscheinlich.

Dann beurteile ich die Zeichnungen zum »Spectra«-Wettbewerb für Mattel Toys, die sie mir aus New York geschickt haben. Hundertdreiunddreißig Zeichnungen von Kindern (6 bis 12): ihre Vorstellungen, wie ein Teenager aus dem Weltraum aussehen würde. Eine spaßige Aufgabe. Ein paar herrliche Zeichnungen. Manche hysterisch lustig. Ich wählte (natürlich) die mit der verrücktesten Phantasie aus. Gibt noch Hoffnung auf die künftigen Generationen.

Gingen mit Lucio Amelio und seinem Freund essen in einem vietnamesischen Restaurant nahe beim Hotel. Wir laden seinen Freund auf unser Zimmer ein, ohne Erfolg. Er ist erkältet, sagt er.

DONNERSTAG

Mache Polaroid-Fotos vom Beaubourg-Gemälde. Schlage auch vor, daß eine kleine Schranke davorgestellt werden sollte, weil es von Leuten, die es streiften oder sich dagenlehnten, schon beschmutzt worden ist. Suche überall in der Ausstellung nach Foto von dem Necker-Wandbild. Finde es nicht.

Nahm ein Taxi zu Louis Jammes, um mich porträtieren zu lassen. Kam an einem Lastwagen vorüber, von dem Warhol-Gemälde abgeladen wurden. Louis Jammes' Porträt-Sitzung war im Atelier von Robert Combas, der mich, wie es mir schon immer schien, nicht ausstehen kann. Er ist mir so oder so egal. Ist mir schlicht egal. Nach dem Foto kam so ein anderer Typ (irgendwie hübsch), und gleich mußten sie die Vorhänge zuziehen, um Drogen zu nehmen. Wie anödend! Ich kann's kaum glauben, aber sie spritzten sich vor mir H, als ob sie stolz darauf sind. Ich meine, ich kenne diese Leute doch kaum. Der (irgendwie) hübsche Typ prahlt damit, wie gut er Englisch spricht und erklärt, daß er in New York bei einer »Schwuchtel« wohnt, die bei der französischen Botschaft arbeitet. Er sagt: »Von allen Männern, mit denen ich je geschlafen habe, war das der einzige, der mich *nicht* angerührt hat.« Scheint ihn mächtig zu erstaunen. Ich hätte ihn gern gefragt, was mit all den andern Männern war, die mit ihm geschlafen *und* ihn angerührt hatten? Das waren wohl keine »Schwuchteln«, vermute ich mal, und darum war das in Ordnung.

Louis begleitet mich zur Métro-Station, und ich fahre zum Hotel zurück, um Juan zu treffen.

Ging zur James-Brown-Eröffnung in die Galerie Maeght-Lelong. Interessante Ausstellung. Nicht, was ich erwartet hatte (ist doch gut, nicht?), aber ein paar tolle Gemälde. Weiß aber nicht so recht. Müßte mir's noch mal ansehen.

Viele Leute da. Mehr Kunsthändler als Künstler. Ist eindeutig »Geldkunst«. Man sieht gleich, daß sie teuer ist. Ich glaube, mein Problem mit dem Markt ist, daß meine Bilder nicht teuer aussehen.

FREITAG, 22. MAI

11 Uhr: Kurzes Gespräch mit Frau, die kam und über Brion Gysin und das Problem reden wollte, ihn nicht in Vergessenheit geraten zu lassen. Außerdem müssen alle Werke, die Bill Burroughs geerbt hat, in die Obhut einer Stiftung kommen, um die lachhafte französische Besteuerung zu vermeiden. Ich möchte helfen, soweit möglich. Müssen eine Ausstellung von *Fault Lines* machen, damit wir anfangen können, Gelder für eine Stiftung zu akkumulieren. Brion Gysin und William Burroughs haben unglaublich viel Einfluß auf mich gehabt und eine Menge Inspiration gegeben. Nachdem Brion und ich Freunde geworden waren, ist er eine Art Lehrer für mich gewesen (wie Andy). Ich habe unzählige Dinge aus unseren Gesprächen gelernt, aber ebensoviel, glaube ich, aus seinen »Werken«. Es ist wichtig, daß sein Werk für künftige Generationen von Künstlern zugänglich bleibt. Gysins und Burroughs Werk gab mir eine Struktur vor, auf der ich aufbauen und innerhalb derer ich verstehen konnte, was ich schon geleistet hatte. Als ich ihr Werk 1979 entdeckte, war es eine große Offenbarung, die alles mir noch Fehlende ergänzte. Ich arbeitete damals schon, nehme ich an, in diese Richtung, aber noch ohne zu verstehen, was ich tat. Während der ersten Wochen ging ihr Einfluß nur von ihren »Werken« aus, aber nachdem ich sie kennengelernt hatte (vor allem Brion), kam es zu einem Geben und Nehmen von Informationen, das mir half, die intellektuelle Seite meiner Arbeit zu verstehen.

Außerdem war dies mein erster wirklicher Kontakt mit »der Bruderschaft« der Künstler, die durch die Zeiten hin fortbesteht. Sie haben mich in diese »Bruderschaft« gewissermaßen aufgenommen, indem sie mich in manche Geheimnisse und Intimkenntnisse aus ihrem Leben als junge schwule Künstler einweihten. Es gibt eine sehr reale historische Linie, die sich sehr weit zurückverfolgen läßt. Brion wußte alles darüber. Er sprach sehr beredt davon, und obwohl er bei weitem intelligenter war als ich, schulmeisterte er mich nie, sondern redete mit mir, als ob ich auch dazugehörte. Dank dem Vertrauen, das er in mich setzte, dank seiner Bestätigung und seinen Analogien, die mir meine historischen Entsprechungen zeigten, nahm ich es allmählich als Tatsache an, daß ich dazugehöre, ob die Geschichte das nun wahrhaben will oder nicht. Viele sind wie Brion von einer uninformierten, barbarisch (pseudointellektuell) konservativen und homophoben Öffentlichkeit aus der Geschichte herausgedrängt worden. Es ist Sache derer, die Brion gekannt und seine Bedeutung erfaßt haben, gegen seine Auslöschung anzukämpfen.

Jedenfalls, diese Frau sprach mit mir über Brion und sagte mir auch, wie wichtig sie es finde, daß ich weiterarbeite, weil ich ein Bild zu »komponieren« verstünde. Ihr Schlüsselwort hieß »Komposition«, und ich glaube, ich weiß, was sie meinte. Das ist es in gewissem Sinne, worüber Brion in der Einleitung sprach, die er zu meinem Katalog in Bordeaux geschrieben hat. Das Beaubourg-Bild ist betitelt (für Brion Gysin) »ohne Titel«, weil er es von seinem Fenster aus hätte sehen können.

Fahre zur Cartier-Stiftung und sehe mir noch mal die Ferrari-Ausstellung an. Kam hauptsächlich wegen Jean-Louis Froment, der aus Bordeaux kommen wollte, dann aber nicht auftauchte. Sah auch Yves Morisi, den Nachrichtensprecher, dem ich einmal für das französische Fernsehen während einer Live-Sendung von der Pariser Biennale 1985 seine Jacke bemalt habe. Traf zufällig auch Claude und Sydney Picasso, die mich auf der Rückfahrt nach Paris mitnahmen. Aßen zusammen zu Mittag im Café Trocadéro.

Zurück ins Hotel und Gepäck in Condos Haus abladen. Aß zu Abend im Restaurant in der Bastille mit George, Mabe, Juan und Joe Glasco. Tolle neue Gemälde bei George. Möchte auch so malen, bleibe aber dabei, daß ich der Versuchung widerstehen muß. Was ich mache, hat wirklich eine logische und stimmige Linie, und die, so frustrierend sie manchmal sein mag, muß weiterverfolgt werden. Ich bin mir sicher, wenn ich etwas immer wieder übermalen würde, könnte ich solche Bilder zustande bringen, aber das wäre eine Sache für sich. Viele Leute könnten das, aber nicht viele können anders.

SAMSTAG, 23. MAI

Stand auf. Schrieb Autogramme auf Handtücher für die Mädchen im Hotel, die mir seit zwei Wochen die Telefongespräche durchstellen. Taxi zum Flughafen. Fliege nach Nizza mit einer Maschine, die nach Johannesburg weiterfliegt. Von Yves und Debbie Arman vom Flughafen abgeholt und nach Monte Carlo gefahren. Sehe mir das Apartment an, gehe am Strand spazieren und spreche mit Alberto Vençago, dem Fotografen, der von Zürich angeflogen ist, um morgen die Fotos für das Titelbild mit der Sonnencreme-Bemalung für die *Schweizer Illustrierte* zu machen. Er möchte früh anfangen (7 Uhr 30), darum gehn wir zu Bett, um noch ein bißchen zu schlafen.

SONNTAG, 24. MAI

Stehe wegen der Bemalung um 7 Uhr auf. Fotograf und Model kommen um 7 Uhr 30. Erster Eindruck war nicht gut. Ich dachte, sie würden eine Schwarze nehmen, statt dessen ist es eine amazonische Farmerstochter aus Utah. Ohne Kleider sieht sie besser aus. Ich »bemale« sie mit den Fingern mit Sonnenschutz-Cremes in fünf Farben. Es ist das erste

Mal, daß ich einen Körper mit den Fingern bemale. Wie schade, daß es kein Junge ist!
Alberto macht eine Menge Fotos in der Wohnung. Yves und Juan knipsen auch.

Dann gehen wir raus. Die Reaktion der Leute ist toll. Haufenweise laufen uns fette
deutsche Touristen nach, um Bilder zu knipsen.

Wir machen eine »Monotypie«: ein weißes Laken wird aufs Gras gebreitet, und L'Ren
legt sich drauf. Das war sogar ihre Idee. Als wir gerade dabei sind, kommt die monegassi-
sche Polizei und verlangt, daß wir aufhören. Wir stellen den Abdruck fertig und kehren
mit den Polizisten in Yves' Wohnung zurück.

Polizisten gehen nach einer Weile.

MONTAG, 25. MAI

Schreibe ein bißchen, langer Spaziergang am Strand, gehe Schwimmen mit Debbie.
Schaue vierzehnjährigen Jungen am Strand beim Fußballspielen zu. Rufe Hans Mayer an:
nun brauche ich vor Montag nicht nach Düsseldorf zu kommen. Fange an (versuche), Bu-
chungen für Abreise von Nizza am nächsten Montag vorzunehmen.

DIENSTAG, 26. MAI

Fahre mit Yves zum Einkaufen nach Nizza. Besuchen Armans Atelier in Vence. Buche
Plätze in Zug und Flugzeug, um bis Montagabend nach Düsseldorf zu kommen. Kaufe Styrofoam für Sitzabdeckung in der Wohnung. Der Mann im Laden läßt mich mit seiner Säge
ein paar spezielle Formen zurechtschneiden. Kleiner Haufen Leute schaut zu. Zurück nach
Monte Carlo.

Rufe Julia, Tony usw. an. Tony immer noch wie besessen von Aids-Gerüchten. Ich glaube, bei Yves im Auto sitzen ist gefährlicher. Ich finde es abscheulich, daß die Leute nichts Besseres zu tun haben als auf das nächste Opfer zu warten – wie die Geier. Vielleicht nehmen sie Anteil. Ich weiß nicht, ich bin gewissermaßen drüber weg. Es kümmert mich eigentlich nicht mehr. Leben und Tod sind unvermeidlich. Ich finde, ich habe ein schönes Leben gehabt, und jeder Tag ist eine Überraschung. Ich freue mich, heute am Leben zu sein.

DONNERSTAG, 28. MAI
Rief in New York an, um mit Juan zu sprechen, und fand zufällig heraus, daß Adolfo eine Party in meinem Atelier machen wollte. Rief Adolfo an, um ihm zu sagen, daß die Party *nicht* stattfindet und daß er die Schlüssel abgeben kann, bis ich wieder da bin. Auch im Pop Shop braut sich Ärger zusammen. Ich finde, es wird höchste Zeit, da mal was zu ändern. Belgisches Fernsehen ruft an. Bestätige Ankunft Dienstag.

FREITAG, 29. MAI
Male das Kinderzimmer für Madison an, das Baby, das Yves und Debbie erwarten, meine Patentochter. Bemale auch Kinderbett und Kinderstuhl. Weitere Anrufe von Julia über die Situation in New York. Einigermaßen deprimierend, daß ich aus New York nicht fort kann, ohne daß Dinge in die Brüche gehn. Julia ist die einzige, auf die ich zählen kann. Ich muß wirklich mal anfangen, einen neuen Kurs zu bestimmen, eine neue Strategie (d. h. Tony, Pop Shop, Atelier usw.). Mir wird immer klarer, was zu tun ist. Machte einen langen Spaziergang zum Strand, setzte mich hin und sah zu, wie die Sonne unterging.

Yves Arman und Keith Haring,
Düsseldorf 1988

SAMSTAG, 30. MAI
Gehe zum Strand. Nicht unähnlich dem *Tod in Venedig*. Sitze auf einem Handtuch, in der Nähe eine Gruppe Jungen. Ringen, rauchen, greifen sich an die Schwänze. Sehr lieb.

Rufe Jean Tinguely im The Hermitage an, aber er ist schon abgereist. Abendessen mit Yves und Debbie, dann in die Drag Queen Bar in Nizza. Irgendwie langweilig, aber auch wieder interessant auf die Weise, wie die meisten Schwulenbars in der Provinz interessant sind.

SONNTAG, 31. MAI

Yves und Debbie wollen unbedingt den Grand Prix sehen. Wir schauen vom Dach herab zu, und Yves ist unten und läuft Grace Jones und Nicolo übern Weg. Wir schauen alle vom Dach beim Rennen zu, und Grace kommt auch herauf. Rennen ist ziemlich langweilig. Am interessantesten ist noch, wie die Kellnerin ein ganzes Tablett mit Champagnergläsern fallen läßt. Nach dem Rennen gehn wir mit Grace ins Café de Paris und begegnen Patrick (Bulgaris) Bruder. Wir essen nun alle in einem mexikanischen Restaurant bei Nizza und fahren dann zu Jimmyz (öde Disco in Monte Carlo). Publikum ist sehr alt, sehr bourgeois und sehr langweilig. Grace trifft (Prinzessin) Stephanie. Wir werden einander noch mal vorgestellt, aber sie kann sich nicht an mich erinnern. Wir haben nur mal vor zwei Jahren eine Nacht im Palladium rumgehangen, gekokst und Rick James veralbert. Juan und ich haben uns eine halbe Ladung Ecstasy geteilt, die Grace von jemand bekommen hatte. Sie und Nicolo werfen auch eine ein. Mit Yves zurück in die Wohnung. Grace und Nicolo und ich und Juan verbrachten die Nacht in einem Bett, meistens mit gegenseitiger Beobachtung. Hätten wir mehr X genommen, hätte alles passieren können.

MITTWOCH, 3. JUNI

6 Uhr 30 morgens: Stehe auf und mache vier Zeichnungen für Galerie 121. Werde mitgenommen zum Brüsseler Flughafen.

9 Uhr 30: Flug nach Hamburg (in winziger Maschine). Im Flugzeug sehen wir eine Nummer des *Stern* mit Bildern von Luna Luna. Kaufen auch eine Nummer von *Actuel* mit Pee Wee Herman auf dem Cover.

Nach der Ankunft in Hamburg Pressekonferenz – voller Leute. Kenny Scharf ist da. Gianfranco Gorgoni ist da, um Fotos für *Life* zu machen. Wir gehen zu Luna Luna, werden viel fotografiert und interviewt. Fast die ganze Zeit Regen. Luna Luna sieht noch besser aus, als ich erwartet hatte. Sehr professionell gemacht. Ich traf auch einen Typ von der *Schweizer Illustrierten,* der sagt, das Cover mit dem Mädchen aus Monte Carlo ist heraus. Er läßt mir ein Exemplar im Hotel. Wir gehn ins Hotel, in die Sauna und schwimmen. Illustrierte sieht super aus. Kenny hat aus New York ein Paket mit neuen Shirts usw. mitgebracht. Sieht toll aus. Rufe in New York an und spreche mit Julia. Zurück zu Luna Luna, um es bei Nacht zu sehn, und dann in ein italienisches Restaurant mit Gianfranco, Kenny, Juan, einer Frau, die für *Life* schreibt, und einem Mädchen, hinter dem Gianfranco her ist, und das ein Rundfunk-Interview mit mir machen will. Nach dem Essen interviewt sie mich.

MITTWOCH, 10. JUNI

Fahren nach Münster, Roter-Hund-Skulptur aufstellen. Treffen den Laster mit dem Roten Hund auf einem Rastplatz an der Autobahn. Der Hund ist noch weiß, nur mit Grundanstrich. Mit Klaus Richter und Juan und nur einem Kran schaffen wir es, ihn aufzustellen. Ganz erstaunlich, wenn man bedenkt, daß er aus massivem Stahl und einige Tonnen schwer ist. Sieht echt cool aus. Kommt mir ein bißchen klein vor, obwohl er bis zur Nase viereinhalb Meter hoch ist. Erstaunlich, daß es in Münster heute nicht regnet. Meistens regnet es.

Fahren zurück nach Düsseldorf und zeigen Hans die Fotos. Hans ist im Aufbruch nach New York, versucht ein Bild von Bacon zu verkaufen. Er fliegt mit der Concorde und kommt Freitag vormittag zur Eröffnung seiner Lichtenstein-Ausstellung zurück. Rede mit Tony am Telefon über den Warhol-Tausch. Ich soll ihm drei Zeichnungen geben, wenn ich Hans für den Warhol sieben gebe. Kommt mir lachhaft vor. Ich beteilige ihn überhaupt nur, weil Hans es vorgeschlagen hat und weil ich seine Wünsche respektieren muß. Ich werde Tony zwei geben und Hans acht, das scheint mir gerechter.

Wir gehen ins Hotel, und ich nehme ein Bad. Juan sieht fern – »The Night of 100 Stars« aus Radio City. Davon kriege ich Heimweh nach New York. Ich möchte lieber nicht daran erinnert werden. Aber komisch, New York fehlt mir jetzt weniger als früher auf einer dieser langen Reisen, und dabei bin ich doch noch nie so lange fort gewesen wie dieses Mal. Wir gehen bummeln, in die Nuttenbar und zum Bahnhof und landen schließlich im Gay Shop, einem prallvollen Zeitschriftenladen, wo es jeden Wonderboy gibt, der je gedruckt wurde. Erstaunlich, die Qualität dieser Sexshops in Deutschland. Irgendwie ist das aber alles sozusagen nostalgisch geworden; ich meine, anonymen Sex oder einen Straßenstrich im »ursprünglichen« Sinn des Wortes kann es nun eigentlich nicht mehr geben. Alles hat sich ganz dramatisch verändert. Wir haben auf dieser ganzen Reise mit niemandem Sex gehabt. Komischerweise bin ich irgendwie stolz darauf. Und wenn er noch so »safe« ist! Ich vermisse den Sex nur manchmal. Aber ich habe die Phantasie schon immer fast so genossen wie die Realität. Masturbation kommt nie aus der Mode.

DONNERSTAG, 11. JUNI

Rückkehr nach Münster, um den Anstrich des Roten Hunds zu beaufsichtigen. Wir kommen bei Regen an, und der Anstrich ist schon halb fertig. Wir setzen ein paar Rasenstücke um die Plastik wieder ein und gehen ins Landesmuseum, um Kaspar König zu suchen. Die Maler versichern uns, den Rest zu streichen, sobald es zu regnen aufhört. Wann das aber sein wird, kann man in Münster nie wissen. Im Museum finden wir Kaspar nicht, aber wir treffen Matt Mulligan und Daniel Buren. Daniel seh ich immer gern. Alle andern im Umkreis dieses Projekts kommen mir ein bißchen kalt vor. Der Führer (kein Katalog) für das Skulpturen-Projekt ist etwas enttäuschend. Die Erläuterung zu meiner Skulptur erklärt nicht viel und ist fast, als müßte man sich dafür entschuldigen. Ich glaube ehrlich gesagt nicht, daß sie mich bei dieser Ausstellung wirklich dabeihaben wollen. Ich glaube, sie fühlen sich auf eine nicht geheure Weise angegriffen. Alle sind immer in der Defensive.

Wir fahren wieder nach Düsseldorf, und ich verabrede, daß ich die Zeichnungen für Hans in der Galerie machen kann. Ich kaufe Gouache-Farbe und Tusche und richte mir einen Bereich am Fenster zur Arbeit ein. Die Galerie ist leer, bereit für die Lichtenstein-Ausstellung.

Ich mache 11 Zeichnungen. Die Mädchen, die in der Galerie arbeiten, holen ein paar Freunde dazu, und die Schwester der einen macht ein Video. Ein Junge, der auf der Straße vorüberkommt, erkennt mich, kommt herein und schaut mir fast die ganze Zeit zu. Er ist Skateboarder und Graffiti-Schreiber. Als ich fertig bin, mache ich noch kleine Zeichnungen für alle Anwesenden, mit Tusche auf Pappe. Alle sind angenehm überrascht, sie laden mich zum Essen in ein japanisches Restaurant ein. Tolles Essen, wirklich nette Leute. Nachher kaufen wir etwas Hasch und gehn rauchen in Manuelas Wohnung. Sie hat einen schönen Pseudo-Haring an der Wand, den ihr Freund ihr gemalt hat, ein Free-South-Africa- und ein Warhol-Plakat. Sie erzählten mir eine herrliche Geschichte, wie sie vor ein paar Wochen für 100 DM (50 $) eine Straßenwerbetafel gemietet und mein Free-South-Africa-Plakat aufgeklebt haben. Ich finde, das war wirklich toll. Sie sagte: »Du hast überall auf der Welt Leute, die für dich arbeiten«, als wenn das ganz einfach so wäre. Und ich glaube, es ist vielleicht auch so.

FREITAG, 12. JUNI

Gehe um 9 Uhr morgens in die Galerie, um die Zeichnungen von gestern abend zu signieren, die, wie es meistens ist, jetzt noch besser aussehen. Ich lasse Klaus sich eine aussuchen, weil er mir mit der Technik, Produktion, Aufstellung usw. usw. des Roten Hunds geholfen hat. Er nahm die, die mir selbst am besten gefällt, aber ich freue mich. Ich gehe mit Achenbachs Assistenten Farbe und Pinsel für das BBD&O-Wandbild kaufen.

Mitten in Düsseldorf sahen wir eine Ente über die Straße gehen (bei Rot an einem Fußgängerstreifen), ganz allein und an einer ziemlich belebten Kreuzung. Sie ging von der einen zur andern Seite einer Brücke über einen kleinen Bach. Sehr drollig.

Die Gestelle für das Gemälde waren noch nicht da, darum lief ich herum, besuchte Hans und ging mir *Fantasia* ansehen (auf deutsch). Um 17 Uhr ging ich mit Juan wieder zu BBD&O und half den Leuten, die riesige Leinwand (3 x 8 m) aufzuhängen. Nach einigen Schwierigkeiten mit Verwerfungen usw. sah es gut aus. Um 18 Uhr 30 begann ich mit einer Art grober schwarzer »Umriß«-Zeichnung in bezug auf »Medien, Kommunikation usw.«, in der etliche irgendwie zynische Witze versteckt sind.

Nach zwei Stunden machte ich Schluß, unter Beifall, und ging fort, um die Farbe über Nacht trocknen zu lassen. Wir gingen in die Galerie, um uns die »perfekten« Gemälde in der Lichtenstein-Ausstellung anzusehen, dann zum Essen mit Hans, seiner Frau und seinen Freunden.

SAMSTAG, 13. JUNI

Stehe um 8 Uhr auf. Gehe rüber zu BBD&O, um das Bild fertig zu malen. Ich beschließe, die Farbausfüllung rasch und tropfend aufzutragen, statt sorgfältig. Manchmal male ich um die überhängenden Tropfen herum und lasse ein ganzes Stück weiße Fläche frei. So hab ich's noch nie gemacht, und es sieht toll aus. Sehr amerikanisch, so was wie Andeutungen von Stella-Geschmier, Frankenthaler-Tropfen und Warhol-Strichen. Scheint allen zu gefallen. Gegen 14 Uhr 30 werde ich fertig und bringe die übrige Farbe für Klaus in die Galerie. Tony ist gekommen, ist aber nicht im Hotel. Wir telefonieren. Ich verabrede mich mit Tony für die Cocktail-Party, die so eine Frau für eine Gruppe Leute vom Guggenheim gibt, die auf einer Kunstreise sind. Größtenteils langweilige New Yorker, ein paar nette Leute wie Joe Hellman und Joyce Schwartz, und einige, die ich nie gesehen habe. Alle sind höflich, aber ich bin immer mißtrauisch. Wir sprachen mit einem Mann, der ein Projekt für sein Gebäude in der Umgebung von Düsseldorf in Auftrag geben möchte. Tony war irgendwie überschwenglich begeistert und riß das Gespräch an sich. Ich glaube, er wäre eigentlich lieber selbst Künstler statt Kunsthändler. Es war ein bißchen ärgerlich, obwohl ich weiß, daß er's gut meint. Das Projekt hört sich aber gut an.

Wir nehmen ein Taxi, um uns das Wandbild anzusehen und mit Achenbach und den Leuten von BBD&O essen zu gehen. Tony schnappt über, als er das Bild sieht, sagt, es ist das beste, das ich je gemalt habe. Vielleicht stimmt es. Ich finde immer das letzte am besten, aber das hieße stetiger Fortschritt zum Besseren. Halte ich für vollkommen möglich. Ich glaube, bei jedem Bild lerne ich etwas Neues, und zugleich stütze ich mich auf alles, was ich schon früher gelernt habe. Das würde erklären, warum jedes besser oder wenigstens besser informiert wäre als das vorige. Vielleicht ist das aber auch der Grund, warum die Leute ein altes Werk schätzen: weil es nicht über-informiert und über-deutlich ist.

MONTAG, 15. JUNI

9 Uhr morgens: Flug nach Genf über Zürich. Fliege ungern zu dieser Zeit, weil alles voller langweiliger Businessmen. Businessmen sind abscheulich.

Wir werden am Flughafen abgeholt von Pierre Keller und (überraschend) François Boisrond. Er hat eine Ausstellung in Lausanne. Wir gehen ins Hotel (Beau Rivage) und essen am Pool. Hotel ist schön, *wirklich* schön wohl erst, wenn es nicht regnet, denn es steht am Genfer See. Wir essen und gehen dann in die Sauna (privat), die sich als ein toller Platz zum Ficken erweist. Pierre kommt (wie gewöhnlich) pünktlich um 16 Uhr zu unserer Verabredung. Ich lasse mich beim Betrachten von François' Lucky-Strike-Plakaten fotografieren, und dann bin ich bis zur Zeit der Abfahrt zu François' Vernissage entlassen, wo wir Jean Tinguely treffen sollen. Wir gehen zu der Eröffnung, und ich kaufe zwei kleine Bleistiftzeichnungen. Ein wirklich hübscher Junge streicht um mich herum, der sich, natürlich, als der Sohn des Galeristen erweist.

Tinguely kommt sehr spät, weshalb Pierre sehr nervös wird, aber er macht ihm keinen Vorwurf. Jean kommt mit seiner neuen Freundin und Jeffrey (dem Typ, den ich in München zusammen mit Niki de St. Phalle gesehen habe). Jeffrey ist richtig nett, sehr gescheit und auf eine feine Art aufschneiderisch. Wir gehen alle ins Hotel zum Essen. Pierre hat natürlich die Tischordnung ganz genau vorbereitet, aber ich bin Ehrengast, und darum setze ich mich Jean und François gegenüber, zwischen Pierre und Jeffrey. Francis (der Sohn des Galeristen) sitzt ganz am andern Ende des Tisches, aber er sucht immer wieder meinen Blick und erwidert ihn mit einem Lächeln oder einem Hochziehen der Augenbraue. Das Essen ist interessant, nur habe ich ganz üble Magenschmerzen. Am Ende der

*Keith Haring
in Lausanne,
1987*

152

Mahlzeit signieren wir die Namensschildchen und die Speisekarten. Francis bekommt eine schöne Zeichnung von mir, und er wünscht sich, daß ich ihm ein paar T-Shirts schicke. Mach' ich natürlich. Ich gehe nach oben und zu Bett, versuche zu schlafen. Mitten in der Nacht werden die Magenschmerzen so schlimm, daß ich nur wenig schlafen kann.

DIENSTAG, 16. JUNI

Beim Aufwachen habe ich immer noch Magenschmerzen. Ich soll um 7 Uhr 45 abgeholt und zur Bank gebracht werden, dann zur Schule (Gymnase du Bugnon), wo ich Pierre treffe. Die Bank hat geschlossen, darum kann ich mein Geld noch nicht deponieren. Ich habe Dollars von dem Wandbild in Düsseldorf. Zur Schule kommen wir um 8 Uhr 30. Ich fange gleich an mit den Tuschezeichnungen für die Lucky-Strike-Plakate. Jedes Plakat muß das (gezeichnete) Logo von Lucky Strike enthalten. Ich mache neun Zeichnungen mit Abwandlungen verschiedener Ideen. Sie kamen sogar ziemlich cool heraus – dafür, daß ich mich so elend fühlte, als ich anfing. Die letzte Zeichnung (Nr. 10) war ein Skelett, das eine Zigarette raucht; das schenkte ich der Schule zum Aufhängen in Pierres Klassenzimmer. Der Mann von Lucky Strike fand das nicht lustig, aber das kümmerte mich nicht im geringsten. Ich hatte ein kurzes Gespräch mit ihm über die Plakate, und er wählte vier aus, unter Mitwirkung der Schüler. Dann wählte ich die Farben aus, machte eine Zeichnung, um die Farbangaben zu erklären, und sprach über die Bezahlung. Außerdem entwarf ich der Schule ein Design für einen Button. Die Schüler (manche davon wunderschön) waren ziemlich interessant und sehr interessiert.

Wegen Komplikationen kamen wir erst wieder zurück, als wir schon vor fünfzehn Minuten hätten nach Basel abgefahren sein sollen.

Pierre schäumte beinah, weil wir seinen Zeitplan umgeschmissen hatten. Er schmollte auf dem ganzen Weg.

Wir kommen in Basel an und gehen zur Eröffnung der Kunstmesse. Tony treffen wir an Hans' Stand, der am eindrucksvollsten ist. Große Installation von Andys *Abendmahl*-Bildern, mitsamt meinem Jesus-Porträt. Fast wären mir Tränen gekommen. Andy sieht immer besser aus. Ich sehe noch einige andere großartige Warhols an Klusers Stand.

Hans hat zwei meiner neu(er)en Gemälde und auch zwei von den neuen Zeichnungen an der Außenwand der Kabine aufgehängt, zwischen James Brown und Jean-Michel. Dort sehen sie ganz herrlich aus.

Auch Templon hat ein Gemälde von mir außen an seiner Kabine.

Ich bin sehr gut vertreten, wenn man annimmt, daß es am besten ist, mit möglichst wenig ausgestellt zu werden, an den höchstgeachteten Plätzen und in bester Gesellschaft.

Ich besuche auch Lucio Amelio, versuche immer noch, ihn zu einer neuen Ausstellung in Napoli zu bewegen. Über seinen Salvatore-Ala-Kater muß er noch hinwegkommen. Lucio mag ich wirklich gern.

MITTWOCH, 17. JUNI

Stehen ganz früh auf (5 Uhr 30) und fahren mit dem Taxi zum Flughafen. Fliegen nach Brüssel. Werden um 13 Uhr abgeholt und gehen mit Emy Tob Farbe und Pinsel kaufen.

14 Uhr 30: Beginne mit dem Wandgemälde in der Cafeteria [des Museums van Hedendaagse Kunst, Antwerpen]. Öffnungszeit des Museums für die Presse ist zu Ende, aber ein paar Fotografen erhalten Erlaubnis, wiederzukommen. Die Wand ist sehr glatt und der Farbauftrag teilweise schwierig. Ich muß der schwarzen Farbe Pigment und Tusche zusetzen, um einen dichteren Strich zu bekommen. Ich stelle das Gemälde in fünf Stunden fertig. Die Frau, die im Restaurant arbeitet, ist amüsant, scheint aber von dieser neuen Ergänzung ihrer Cafeteria richtig aufgewühlt zu sein. Sie bietet mir immer wieder Soda, Bier und Essen an. Ich mache viele Fotos und gehe ins Hotel, um ein Bad zu nehmen.

Um 22 Uhr werden wir von Monique zum Essen in Emys Haus abgeholt. Wirklich nettes Essen und schönes Haus mit großer Kunstsammlung. Interessantes Gespräch mit ihrem Sohn, der gerade aus London zurück ist, wo er zur Schule geht. Reden über Einfluß der Medien auf unsere Gesellschaft und Kultur, die Unterschiede zwischen Amerika und Europa, die Zukunft usw. usw. Nett, wenn man in einem Gespräch zur Abwechslung mal gefordert ist. Reden über Alechinsky, weil sie ein paar Bilder von ihm haben, über Japan, die Kalligraphie und mich. Netter Abend, dann nach Hause zum Schlafen.

DONNERSTAG, 18. JUNI

Stehen auf, packen und werden nach Knokke gefahren. Wir sehen das Haus, das mir als Atelier dienen soll – eine alte Teestube namens Pinguin. Es ist gleich neben dem Kasino, am Meer, mit den Fenstern zur Straße – perfekt. Die Farbe, die sie bestellt haben, ist dieselbe Marke wie die, mit der ich gestern an dem Wandbild zu arbeiten versuchte und die ich nicht mochte, also suchen wir nach einem anderen Laden (in Holland), um Farbe zu kaufen. Schicke Tony ein Telex mit Vorschlägen zum Vertrag über Malprojekt.

Der Mann, der im Haus arbeitet, hängt gerade ein Wildschwein auf, das Roger Nellens letzte Nacht geschossen hat – das größte, das er je geschossen hat. Sie ziehen ihm das Fell ab, während wir zu Mittag essen. Es ist eigentlich wie in einem Haus auf dem Lande hier und irgendwie zeitlos. Sie bauen allerhand Gemüse im Garten an, und die Küche steht im Mittelpunkt der Aufmerksamkeit. Die Gehilfen haben ständig zu tun mit Reinemachen oder Waffelnbacken. Sie haben eine große Saftpresse (Restaurantformat), neben der immer ein riesiger Korb Orangen steht, weil Roger gern frischgepreßten Orangensaft trinkt.

Erstaunlich, wie viele Vögel es hier gibt. Ich sitze draußen an einem Tisch, den Niki de St. Phalle gemacht hat und an dem auch noch zwei riesige Skulpturmenschen sitzen. Mir gegenüber das Drachenhaus, in dem wir wohnen. Es ist wirklich surrealistisch. Schreibe still vor mich hin, höre den Vögeln zu und betrachte diesen Drachen.

*Das Drachenhaus
in Knokke, 1989*

FREITAG, 19. JUNI

Wachen auf. Frischer Orangensaft. Tee und Brötchen mit frischem Erdbeergelee, Eier von den Hühnern auf dem Hof.

Mache zehn Gouache-Zeichnungen auf handgeschöpftem Papier. Arbeit macht Spaß, weil ganz systematisch, aber dennoch ein Abenteuer. Trage die Farben eine nach der andern bei allen zehn zugleich auf, und dann bekommt eine nach der andern das »Finish« mit chinesischer Tusche.

Mittagessen.

17 Uhr: Fahren nach Antwerpen zur Eröffnung des Museums, wo ich das Wandbild gemalt habe. Es wird mit einer Gordon-Matta-Clark-Retrospektive eröffnet. Treffe mehrere Leute, die sagen, daß sie Bilder von mir haben. Begegne auch Jason (dem Jungen, den ich bei meinem Auftritt im belgischen Fernsehen kennenlernte), der die Abzüge von seinem Baby-Foto dabei hat, um die ich ihn gebeten hatte. Ich nehme genug davon für zehn Zeichnungen mit. Ich gedenke sie für Collagen zu verwenden.

Wir fahren nach Knokke zurück und essen im Kasino. Ich rufe Tony an, und wir streiten wegen meines Telex' an ihn. In bezug auf seine Kommissionsgebühr ist er vollkommen unerbittlich.

Tereza Scharf ruft aus London an und sagt, nach Hamburg wollen sie hierherkommen.

11 Uhr: Beginne mit »Jasons Geschichte«, einer Folge von neun Zeichnungen mit Jasons Baby-Fotos. Dies ist eine der größten »Gruppen« von Zeichnungen, die ich seit langer Zeit gemacht habe. Daraus wurde so etwas wie eine Geschichte über Gut/Böse, Christus/Antichrist usw. Sie hängt zusammen wie die alte Serie von Zeichnungen, die alle aufeinander verweisen, aber ohne im einzelnen erkennbare Reihenfolge. Sehr ähnlich den Cut-ups, mit Verweisen auf vieles zur gleichen Zeit und zu anderen Zeiten.

SAMSTAG, 20. JUNI

12 Uhr mittags: Ins Kasino, um mit dem großen Wandbild zu beginnen. Wand ist etwa 4 x 15 m groß. Ich zeichne mit schwarzem Acryl eine detaillierte »Spielkasinoszene«. Mit großem Pinsel und ziemlich schnell. Ganz Dubuffet oder so was, mit einem Hauch Stuart Davis. Um 15 Uhr 30 werde ich unter Applaus fertig.

Zurück in den Drachen, signiere die Zeichnungen der letzten Nacht. Schreibe ins Tagebuch und esse zu Mittag. Fange weitere Tuschezeichnungen an. Monique Perlstein kommt zum Abendessen. Beende 11 Zeichnungen, darunter eine über einen Traum von gestern nacht, wie ich von meiner Großmutter in ihrem Keller mit zwei Jungen erwischt werde. Mache auch ein Porträt von Grace (nach dem Cover des Kasino-Programmhefts) und ein Selbstporträt.

SONNTAG, 21. JUNI

Stehe mittags auf. Leute kommen schon zum Essen. Einige Sammler, der Typ, der die Leinwand für das Kasino-Wandgemälde gemacht hat, ein paar Kritiker usw. Alle sind im Drachen und sehen sich meine Zeichnungen an. Ich habe schon das Gefühl, als wäre das hier meine Wohnung und sie würden unerlaubt hier eindringen. Signiere die Zeichnungen und habe etwas Mühe, die getrocknete Tusche nicht zu verschmieren. Lunch für 20 Leute: Wildschwein.

Gehe mit allen Lunch-Gästen ins Kasino, um das Wandbild zu Ende zu bringen. Fülle alle schwarzen Formen mit Farbe aus – immer eine Farbe auf einmal. Pinselführung ganz

»Cobra« und sehr tropfig. Werde gegen 21 Uhr 30 fertig, mit Rückenschmerzen und übelriechend. Gehe ins Haus zurück, um zu essen und Condo in Paris und Claude und Sydney Picasso anzurufen und sie für Sonntag nach Belgien einzuladen. Außerdem wollte ich zu Hause anrufen, weil ich schon lange nicht mehr mit ihnen gesprochen hatte. Das tat ich denn auch, und meine Schwester Karen sagte mir, daß Großmutter gestorben ist. Sie hatten es eben erst erfahren.

Es war wirklich seltsam, denn ich hatte gerade die Zeichnung zu dem Traum von ihr gemacht. Ich sprach lange mit meinen Schwestern Karen und Kristen.

Komisch, aber wenn man mit dem Tod schon aus nächster Nähe zu tun gehabt hat, fällt es nicht so schwer, mit ihm fertigzuwerden, wenn er jemanden trifft, der ein so langes Leben gehabt hat. Ich weiß, sie ist jetzt besser aufgehoben, und sie hatte das Glück, ein relativ langes und friedliches Leben zu haben, bei dem sie auch ihre Urenkel noch gesehen hat.

MONTAG, 22. JUNI

Stehe um 10 Uhr auf und gehe ins Kasino, um die Ausstellungsfläche zu sehen und mein Atelier zu organisieren. Fange an, Xavier Nellens' Windsurf-Segel und dann sein Surfbrett zu bemalen. Das Surfbrett ist aus Styrofoam und soll noch mit hartem Plastik überzogen werden. Kommt mir richtig cool vor, auf diese Weise Bilder zu malen. Ich will es versuchen. Rufe Alex Hernandez an, um mich zu vergewissern, ob er Samstag kommt. Telex Julia: Die Illustrierte *Esquire*, deutsche Ausgabe, will in ihrer ersten Nummer einen großen Artikel über mich bringen. Male den ganzen Tag im Pinguin-Atelier. David Neirings kommt zu Besuch, ebenso Viken Arslanian. Komisch, daß meine zwei größten Fans in aller Welt beide in Belgien leben.

Windsurfer in Knokke, 1987

DIENSTAG, 23. JUNI

Stehe um 8 Uhr auf und schreibe ins Tagebuch. Um 9 Uhr Fahrt nach Holland, um Pinsel zu kaufen, und dann in den Pinguin, um mit den schwarzen Linien anzufangen. Werde mit der Unterseite des Surfbretts fertig. Ich male den ganzen Tag. Währenddessen bricht in dem Hotel am Kasino ein großes Feuer aus. Ich male weiter. Am Ende des Tages kommt Leopold vorbei, der Bürgermeister, und später erfahre ich, daß er das Bild gekauft hat, an dem ich gerade arbeitete. Seltsames Bild... Zeichnung in Öl, halb abstrakt, aber es freut mich, daß es ihm gefällt. Es ist traurig, all diese Dinge zu machen und sie dann einfach zu verkaufen. Ich möchte alles für mich behalten. Bis zum Abend bringe ich sechs oder sieben Gemälde fertig. Abends kocht Monique und bringt mir das Essen in den Pinguin.

MITTWOCH, 24. JUNI

Male den ganzen Tag. Bringe alle Bilder fertig. Otto Hahn kommt, und sie gefallen ihm. Viele Leute kommen nun vorbei und sehen mir zu. Ich arbeite ununterbrochen den ganzen Tag. Um 22 Uhr gehen wir alle zum Essen ins Haus. Nettes Dinner, abgesehen davon, daß ich nach dem Malen gekifft hatte und darum nun ein bißchen weggetreten bin. Während des Essens rede ich nicht viel. Außerdem war am Tag der Arzt aus Antwerpen vorbeigekommen und hatte mir gesagt, Blut, Röntgenaufnahmen und alles wäre normal. Also war ich O.K., bis das Telefon klingelte und eine »Lady« vom *New York Newsday* dran war, die wissen wollte, was ich zu dem Gerücht sage, daß ich Aids habe. Ich kann's nicht fassen, wie das so außer Kontrolle geraten konnte, bloß weil ich mal zwei Monate nicht in New York bin! Ich war nervös, weil ich bekifft und müde vom Malen war, und wollte nichts sagen, was so klang, als ob ich meiner selbst nicht sicher wäre. Ich versicherte ihr, daß ich wohlauf sei, und versicherte ihr außerdem, daß es eine Unverschämtheit von ihr sei, mich überhaupt danach zu fragen. Sie bohrte immer weiter, bis ich ihr schließlich sagte, ich habe ihr mehr als genug von meiner Zeit geopfert, und mich wieder ans Essen machte. Das versetzte mich jedoch in eine üble Laune. Es kommt mir seltsam vor, zu einer Zeit, wo ich mehr arbeite als je zuvor und einige der besten Sachen meines Lebens male, besonders weil ich mich nun großartig fühle, nachdem ich selbst manche Zweifel gehabt hatte. Die Leute haben es zu eilig. Sie können nicht abwarten, bis du krank wirst! Deshalb brenne ich nicht so sehr darauf, nach New York zurückzukehren.

DONNERSTAG, 25. JUNI

9 Uhr morgens: Tony kommt aus New York an. Wir gehen ins Kasino, um die großen Gemälde aufzuhängen. Alles geht sehr schnell. Zurück ins Haus zu einem Lunch für die Presse – überwiegend die lokale, aber auch ein Mann von AP. Mit dem spreche ich extra, weil es wichtig ist, daß die Leute in den Staaten wissen, was ich seit drei Monaten in Europa mache... daß ich nicht im Sterben liege. Jason kommt mit dem Zug aus Antwerpen. Alle gehen ins Kasino, um die Pressekonferenz zum Ende zu bringen. Auch in den Pinguin, um die neuen Bilder anzusehen und ein paar Kindern die Hosen zu signieren. Er sagte, »ich möchte ein Männchen mit einem Pimmel«, also zeichnete ich ihm einen großen Pimmel.

Zurück in den Drachen, dies aufschreiben und mit den Zeichnungen anfangen. Seltsames Gefühl, so viele Sachen zu machen, daß man kaum mehr Zeit hat, sie richtig anzusehen. Während ich das große Wandbild im Kasino malte, hatte ich das Gefühl, daß ich nach dieser Ausstellung vielleicht keine mehr machen werde. Manchmal hab ich wirklich alles satt, was das Verkaufen angeht. Ich würde Dinge einfach gern nur machen, sie sich ansammeln lassen und sie stapeln. Ich mache sie gern, aber ich verkaufe sie nicht gern. All die Zeit, die ich daran denke, wieviel sie kosten müßten, wie viele Prozent ich nehme, welche ich für mich behalten und wie viele ich machen sollte usw. usw., scheint mir eigentlich kontraproduktiv und kunstfeindlich zugebracht zu sein. Das war nicht der Grund, warum ich Kunst mache und warum ich Künstler geworden bin.

Was mich wirklich erfüllt und befriedigt, ist, die Dinge zu machen und zu sehen, wie die Leute darauf reagieren, aber alles andere ist schwierig. Ich habe, so gut ich konnte, versucht, einen neuen Standpunkt, eine neue Haltung zum Verkaufen einzunehmen, indem ich in aller Öffentlichkeit malte und kommerzielle Sachen machte, die den Vorstellungen eines Waren anpreisenden Kunstmarktes zuwiderlaufen. Aber sogar diese Sachen werden kooptiert und von manchen als bloße Reklame für meine verkäuflichen Kunstwerke angesehen. Ich fürchte, aus dieser Falle kommt man nicht wieder heraus. Sobald man einmal anfängt, Dinge zu verkaufen (egal welche), macht man sich schuldig, weil man das Spiel mitmacht. Lehnt man es aber ab, irgendwas zu verkaufen, ist man ein Niemand. Bei meinem Entschluß, nach New York zu gehen und ein »öffentlicher« Künstler zu werden, wurde ich angespornt von dem Wunsch, zu kommunizieren und einen Beitrag zur Kultur und letztlich zur Geschichte zu leisten. Sobald ich mich dafür entschied, »sichtbar« sein zu wollen, statt mich nur selbst (masturbatorisch) an meinen Bildern zu erfreuen, habe ich mich auf das Spiel eingelassen. Ich habe immer geglaubt, wenn ich meine ursprüngliche Motivation und Integrität bewahrte (und das habe ich), dann könnte ich es vermeiden, ein Opfer zu werden, und könnte nach meinen eigenen Regeln spielen.

Ich habe immer wieder und so gut ich konnte zu beweisen versucht, daß es mir um ein sehr ehrliches Porträt ging, und ich habe mich bemüht, das System und die Politik der Kunstwelt bloßzustellen, indem ich so viele ihrer Regeln verletzte wie möglich, zugleich aber eine stärkere und stärkere Position als Künstler in der Welt aufzubauen. Manchmal habe ich darin Erfolg gehabt, aber alles in allem bin ich nicht sicher, ob es die Leute wirklich kapieren, und in gewisser Weise ist es, wie auf einer elektrischen Tretmühle zu rennen.

Es ist unmöglich, das Tun von seinem Ergebnis zu trennen. Der schöpferische Akt selbst ist vollkommen rein und klar. Aber aus diesem Akt resultiert sogleich ein »Ding«, das einen »Wert« hat, mit dem man rechnen muß. Sogar die U-Bahn-Zeichnungen, bei denen es ganz offensichtlich auf den »Akt« und nicht auf das »Ding« ankam, tauchen nun wieder auf, weil sie von beflissenen Sammlern vor der Vernichtung »gerettet« wurden. Möglicherweise sind nur die Gemälde auf Betonwänden, die sich nicht entfernen lassen, und die Computer-Zeichnungen, die man nach Belieben wiederherstellen kann, von solchen

Erwägungen frei. Das Problem ist, daß ich einfach gern »Dinge« mache, daß ich immer gern »Dinge« besitzen und »Dinge« von anderen Orten und aus anderen Zeiten sehen wollte. Das ist nichts Neues, aber es sind neue Kräfte im Spiel. Die Angelegenheit ist verwickelter geworden, und die Geschichte hat den »Wert« bestimmter Dinge auf mehrere verschiedene Weisen definiert: als Wert nach dem Maß der Veränderungen und Einflüsse, die von etwas ausgehen, und als Geldwert eines Dinges. Außerdem im Hinblick auf den zeitlichen Aspekt und die Kürze des Augenblicks.

Ich hoffe, daß mir einige Vorstöße gelingen, um dieses Spiel aufzubrechen. Der richtige Weg dazu wäre vielleicht, nichts mehr zu verkaufen. Oder vielleicht weiterzumachen wie bisher, aber sorgfältig zu entscheiden, welche Dinge ich mache und welche ich nicht mache, immer mehr »öffentliche« Kunst zu machen und immer weniger von meinen Arbeiten zu verkaufen. (Allerdings entstünde daraus nur ein noch größeres Problem nach meinen Lebzeiten – die Entscheidung über Eigentümerschaft und Verteilung – wenn ich einfach alles aufstapele.)

Glücklich bin ich nur, wenn ich arbeite. Wenn ich arbeite, stelle ich »Dinge« her. Ich will aber nicht mitansehen müssen, daß diese Dinge wie Aktien und Wertpapiere behandelt werden. Ich will nicht, daß die Dinge, die ich schon gemacht habe, denen, die ich noch machen will, im Weg stehen. Ich will nicht, daß das schon Gemachte mir diktiert, was ich noch machen oder nicht machen oder wieviel ich arbeiten sollte. Ich wünschte, ich könnte immerzu Dinge herstellen, ohne je daran denken zu müssen, was nachher aus ihnen wird; ich will sie einfach nur »machen«.

Nachdem ich dies aufgeschrieben habe, nehme ich zehn Gouache-und-Tusche-Zeichnungen vor, dann elf Tuschezeichnungen auf Japanpapier. Daß ich ein bißchen frustriert und müde war, mich aber zwang, weiterzuarbeiten führte in den letzten zehn Zeichnungen zu interessanten Ergebnissen. Ich zeichnete mit einem japanischen Pinsel auf Japanpapier und begann, abstrakte Figuren oder Schriftzeichen zu malen, die wie japanische Kalligraphie aussahen. Ich wählte für jedes Blatt einen anderen Pinsel und ein anderes Verfahren, und die daraus resultierenden elf Zeichnungen waren als Gruppe unvorhersehbar interessant. Ganz Brion Gysin, sehr japanisch, ein bißchen Condo und sehr nah an meinen ersten Arbeiten mit Sumi-Tusche aus den siebziger Jahren. Werde fertig, kaputt und erschöpft, und schaue ein bißchen *Reanimator* an.

FREITAG, 26. JUNI

Stehen auf und gehen ins Kasino, die Bilder aufhängen. Tragen alle Bilder aus dem Pinguin hinüber, nachdem sie fotografiert und signiert sind. Wir brauchen zwei Fotos von jedem: für Tony und für die Versicherung. Wir vergewissern uns noch mal wegen der bestellten fünf Prince-Karten für Montagabend. Der Mann von der Plattenfirma versichert mir, daß es kein Problem geben dürfte. Werden fertig mit der Anordnung der Bilder. Noch mal zum Arzt, um die Nebenhöhlen untersuchen zu lassen; er sagt, sie sind schon weniger geschwollen. Nachdem die Gemälde und Zeichnungen alle an ihrem Platz hängen, gehen wir eine Liste der Werke auf Etikette und Preisangaben durch. Lange Diskussion mit Tony über die einzelnen Bilder usw. Das ist sehr schwierig, aber vermutlich auch sehr wichtig.

Ich gehe zum Pinguin, um drei Vasen zu bemalen: eine für Monique Perlstein und zwei für Monique Nellens, in der Hoffnung, den Glauben an meine Kunst wiederzugewinnen, wenn ich male, statt Preise zu machen. Ich beschließe, allein fertig zu werden und mit dem Rad nach Hause zu fahren, darum lassen sich Juan und Jason von jemand anders heimfahren. Ich mach' es fertig, hol' mir einen runter und fahre feierlich zum Strand. Ich fahre ein paar Meilen weit durch die Sanddünen. Aus irgendeinem Grund muß ich immerzu an Martin Burgoyne denken, nur ist das jetzt nichts Trauriges mehr; das ist nun etwas anderes.

Hierin liegt irgendwo, was es bedeutet, Künstler zu sein. Künstler helfen der Welt voranzukommen, und zugleich machen sie den Übergang glatter und verständlicher. Oft ist die tatsächliche Wirkung von Künstlern auf die physische Welt der »Realität« im einzelnen schwer auszumachen: Ihre Wirkung ist so sehr Teil dieser »Realität«, daß sie auch Teil der Deutung oder des Erlebens von Realität wird. Wir sehen so, wie man uns »zu sehen« gelehrt hat, und wir erleben so, wie man es uns »vorgemacht« hat. Jede neue Schöpfung wird Teil der Interpretation/Definition des »Dings«, das als nächstes kommt; und zugleich wird es zu so etwas wie einer Summe all dessen, was ihm vorangegangen ist. Dieses stetige Im-Fluß-Sein wird in der Zeit durch Ereignisse markiert und innerhalb der Ereignisse durch die »Dinge«, von denen diese Ereignisse bevölkert, definiert und zusammengestellt werden. Weil der Künstler diese »Dinge« schafft, ist er für sie verantwortlich. Sie müssen mit Bedacht und Sorgfalt (Ästhetik) konstruiert werden, denn nur diese Dinge allein können den Ereignissen und damit unserem Leben »Sinn« und »Wert« verleihen. Mit Künstlern meine ich nicht nur Maler, Bildhauer, Musiker, Schriftsteller, Dramatiker, Tänzer usw. usw., sondern *alle* Arten von Künstlern im Bereich menschlicher Arbeitskraft: Tischler, Klempner, technische Zeichner, Köche, Blumenbinder, Maurer usw. usw. Jede Entscheidung ist letztlich eine ästhetische Entscheidung, wenn es darum geht, »Dinge« zu verändern, anzuordnen, zu schaffen, zu vernichten oder sich vorzustellen.

Sogenannte »primitive« Kulturen haben das in seiner Bedeutung verstanden und es auf alle Aspekte ihres Lebens angewendet. Dies half ihnen, sich eine sehr reichhaltige, sinnerfüllte Existenz in vollkommener Harmonie mit der physischen »Realität« der Welt zu schaffen.

Der Mensch von heute mit seinem blinden Glauben an Wissenschaft und Fortschritt, hoffnungslos irregeführt durch die Politik der Geld- und Besitzgier und den Machtmißbrauch, in dem Wahn, »die Situation« unter Kontrolle zu haben usw. usw., glaubt an seine »Überlegenheit« über seine Umwelt und die anderen Lebewesen. Das Gefühl für Sinn und Zweck des eigenen Daseins ist ihm abhanden gekommen. Die meisten Religionen sind so heuchlerisch vergreist und auf die besonderen Probleme früherer Zeiten eingestellt, daß ihnen die Kraft fehlt, Freiheit zu gewähren oder einen »Sinn« zu stiften, der über eine leere Metapher oder einen Moralkodex hinausginge. Die Sinnlosigkeit liegt mehr in den »Dingen« selbst als in den Gedanken und Vorstellungen, mit deren Hilfe wir diese »Dinge« beschreiben und erklären. Diese »Dinge« sind Teil einer zyklischen Ordnung, weil sie dazu dienen, andere »Dinge« zu erklären; sie sind Resultate von Vorstellungen, mit denen andere »Dinge« gehandhabt werden, und sie sind sowohl Ursprung wie Ergebnis von Gedanken und Vorstellungen. Sie sind sowohl Subjekt wie Objekt. Das ist der Grund, warum es für den Künstler so schwierig und so wichtig ist, in diesen laufenden Zyklus von Sinn und Metapher, Subjekt und Objekt einzugreifen (und ihn zu steigern). Die einzige Möglichkeit, den Zyklus anzureichern, ihn fruchtbarer und sinnvoller zu machen, bietet sich durch einen Eingriff vermittels ästhetischer Manipulation.

Wenn neue »Dinge« geschaffen werden, bilden die Gedanken und Vorstellungen, mit denen diese neuen »Dinge« gedeutet und beantwortet werden, zugleich die Quelle neuer Gedanken und Vorstellungen und wiederum neuer »Dinge«. Die Zeit steht nicht still...

Sicher, all dies ist nicht ganz wasserdicht, aber der Grundgedanke stimmt. Kunst ist wichtig, und wichtige Künstler (anerkannte Ideen) sind deshalb wichtig, weil ihre Werke und Vorstellungen weithin verbreitet und diskutiert werden. Die Verantwortung, die sich daraus ergibt, ist für mich geradezu beängstigend. Ich halte es für meine Pflicht, den Rest meines Lebens dem Versuch zu widmen, zu verstehen, welche Rolle der Künstler spielen sollte, und eine Position einzunehmen, bei der ich mich in vollkommener Harmonie mit mir selbst und mit der Welt befinde. Meine zweite Pflicht ist, diese Entdeckungen nach bestem Wissen und Können durch mein Werk (d. h. die »Dinge«, die ich schaffe) bekanntzumachen.

SAMSTAG, 27. JUNI

Ich signiere die Auflage der Drucke. Alex kommt um 8 Uhr 5 in Brüssel an. Juan holt ihn vom Flughafen ab. Ich gebe im Pinguin ein Fernseh-Interview, während ich Moniques Rock, Hose, Mantel, Hut usw. für morgen bemale. Ich hänge die letzten Bilder für die Ausstellung auf und esse zu Mittag. Noch ein Gespräch mit Tony über die Preise und darüber, wieviel ich verlangen will, wenn jemand ein Pauschalgeschäft anbietet. Sehr schwer festzulegen. Wir werden uns über ein Bild nach dem andern einig, und er versichert mir, daß ich eine detaillierte Liste der Arbeiten und der Beträge erhalte, die ich dafür bekomme. Mehrere Bilder sind schon verkauft, und es kommen noch weitere Sammler. Ich mache wieder eine lange Radfahrt zum Strand. Als ich zurück bin, ist inzwischen Pierre mit François Boisrond angekommen. Er hat die Andrucke und den Vertrag von Lucky Strike mitgebracht. Sieht alles toll aus, abgesehen davon, daß sie natürlich das Bild mit der zigaretterauchenden (Pseudo-Picasso-)Frau nicht verwenden wollen, weil es »zu stark« ist.

Ich möchte mir die Ausstellung in aller Ruhe ansehen, wenn keine Besucher da sind. Ich hole mir den Schlüssel und gehe rein. Nach zwanzig Minuten kommt so ein Junge herein (Baptiste Lignel), der wie eine hübschere und jüngere Version von mir aussieht, oder vielleicht wie eine Kreuzung zwischen mir und Tweety Bird. Jedenfalls, er ist richtig schüchtern, erklärt mir aber schließlich, daß er der Sohn eines Sammlers aus Paris ist und daß sie eigens wegen meiner Ausstellung hergekommen sind. Wir haben eine Weile geredet. Er hatte sehr entschiedene Meinungen, welche Arbeiten er vorzieht und warum. Unnachgiebig verlangte er, daß ich bei meinem klaren, einfachen Stil bleiben und mich weniger mit dem »neueren«, verwickelteren Stil abgeben solle. Er sagte: »Du bist der einzige, der das kann, also solltest du so weitermachen. Auf die andere Weise können andere Leute auch malen, aber so kann es niemand.« Wir sprachen auch darüber, wieweit ich in Frankreich präsent bin, und darüber, daß meine Pop-Shop-Artikel in Paris nicht erhältlich sind. Nach einer Weile sagte ich im Scherz, ich sollte ihn als Manager engagieren. Wenn ich es mir jetzt so überlege, wäre ein dreizehnjähriger Manager vielleicht gar keine schlechte Idee. Er war wirklich gescheit, und wir hatten ein sehr gutes Gespräch.

SONNTAG, 28. JUNI

Stehe auf. Leute treffen schon ein. Jean Tinguely mit Jeffrey Deitch und Jeans Freundin mit Hund. Marie Françoise von Daniel Templon kommt und sagt, Daniel ist auch schon unterwegs. Der Drachen ist voller Kids und anderer Leute, die sich die kostenlosen T-Shirts aus den Kisten greifen. Bei der ersten Partie T-Shirts hatten wir ein Problem mit der Tusche, darum kriegten wir sie zum Selbstkostenpreis und verschenken sie nun. Wie immer nahm das überhand, und wir mußten die restlichen wegstecken. Von überallher kamen Leute. Viele Freunde, die ich in den letzten zwei Monaten in Europa kennengelernt habe, kamen zum Lunch. Die Freunde aus Hans Mayers Galerie und Hans selbst. Hans war gestern noch in New York und kam heute nach Knokke – irre! Die zwei Freundinnen, die wir in Düsseldorf getroffen hatten, waren auch den ganzen Weg hergefahren. Jan Erik und seine Freunde aus Amsterdam. Helena mit ihrem neuen Ehemann aus Amsterdam. Patricia (tätowiert) und ein Freund aus Amsterdam. Plus alle Leute in Belgien, die ich im letzten Monat kennengelernt habe. Es war wie ein Hochzeitsfest. Auf dem Rasen war ein großes Zelt aufgestellt (für den Fall, daß es regnete), und ringsherum Tische; mehrere Kellner und Köche; Essen in drei Gängen mit kaltem Lachs, dann heißer Schinken, Spinat und Kartoffeln, dann hausgemachte Mousse, hausgemachtes Sorbet und Eis.

Überall spielten Haufen von Kids; Kids auf dem Trampolin, zeichnende Kids im Drachen. Das Lunch dauerte von 13 bis 17 Uhr. Das Wetter war unglaublich, der wärmste, sonnigste Tag, seit ich in Belgien bin. Es war fast schon zu warm! Wie der offizielle Sommeranfang. Alle waren guter Laune und quirlten durcheinander. Klaus Richter brachte mir ein kleines Gemälde, das wirklich schön ist. Alle trugen die T-Shirts und hatten viel Spaß. Als es Zeit wurde, ins Kasino zu gehen, war ich schon ganz erschöpft. Im Kasino mußten wir zuerst vor dem großen Wandbild stehenbleiben, während die Reden gehalten wurden, auf flämisch, französisch und dann auf englisch (der Bürgermeister). Dann hielt Roger eine nette kleine Ansprache auf englisch und schloß mit den Worten, »let the music

Wandbild im Kasino von Knokke, 1987

begin!«, und zur gleichen Zeit fing Rita Mitsouko an, über die Tonanlage zu schmettern. Den Ausstellungsraum durfte noch niemand betreten. Alle mußten warten, bis ich die Ausstellung offiziell eröffnete, indem ich mit dem Bürgermeister und einem Glas Bier hineinging.

Es war ganz erstaunlich; so etwas hatte ich noch nie gemacht. Es war eine herrliche »Vernissage«. Die Leute stürmten wie verrückt in den Ausstellungsraum, aber die meisten wollten zu mir. Alle, die gehört hatten, daß ich in Antwerpen Sachen »signiert« hatte, kamen nun mit weiteren Sachen. Weil ich inzwischen dafür bekannt bin, daß ich Sachen signiere, erwartet man das von mir. Das kann so was wie ein Problem werden. Es macht mir nichts aus, wenn ich's freiwillig tue, aber wenn ich mich dazu gezwungen fühle, verliere ich sehr schnell die Geduld. Viele Leute werden richtig grob, wenn man ihnen erklärt, daß man jetzt lieber mit seinen Gästen sprechen und nicht ihre Hemden signieren möchte. Eine ganze Reihe Leute waren von ziemlich weit her angereist, um mich zu sehen, und ich wollte wirklich mit ihnen reden. Nach einer Weile wurde ich sehr ärgerlich und lehnte es schlicht ab, noch irgendwelche Sachen zu signieren. Das Problem ist, man muß immer wieder eine Ausnahme machen: jemand, dem man es einfach nicht abschlagen *kann* (ein Freund, Auftraggeber, ein Kind usw.), und sobald man in diesem einen Ausnahmefall signiert, kommen sie alle angerannt.

MONTAG, 29. JUNI

Ich stand spät auf, frühstückte und trank Tee. Ich hatte der deutschen Illustrierten *Esquire* ein Interview versprochen, weil sie den ganzen Weg zu der Vernissage gemacht hatten. Der Interviewer war recht interessant und intelligent, so daß es ein sehr leichtes und lebhaftes Interview wurde. Wenn jemand alles versteht, was man sagt, und zu eindringlicheren Aussagen anregt, kann ich stundenlang reden. Wir hatten ein gutes, langes Gespräch, mußten aber Schluß machen, weil uns das Tonband ausging. Außerdem war der Mann hier, um das »Kurzvideo«-Projekt zu besprechen. Wir redeten ein bißchen darüber und tauschten Adressen und Telefonnummern aus, und ich fand, ich muß es noch mal überdenken, bevor ich mich entscheide, ob wir damit anfangen können.

Auf dem Rückweg zum Haus treffe ich Niki de St. Phalle, die zu meiner Ausstellung gekommen ist. Sie mag Gala-Vernissagen nicht, wollte aber die Ausstellung sehen und auch die Leute, die in ihrem Drachen wohnen. In der ganzen Zeit, die er jetzt hier steht – fünfzehn Jahre –, hat niemand wirklich drin gewohnt. Die Ausstellung hat ihr gefallen, und sie würde gern mal irgendwas tauschen. Ich würde gern ihre Häuser in Italien besuchen. Ich rufe in London an, um für morgen den Namen unseres Hotels zu erfahren. Wir müssen früh abfahren nach Antwerpen, um am Eingang die Tickets für das Prince-Konzert abzuholen. Wir fahren nach Antwerpen und bekommen die Tickets und die Pässe, die eigentlich nur Souvenirs sind, weil man damit nicht hinter die Bühne kommt.

Prince war unglaublich. Er hat mir wirklich Eindruck gemacht. Er hat sich mächtig verändert, seit ich ihn 1981 oder '82 im Palladium gesehen habe. Die ganze Show (Beleuchtung, Bühnenbilder, Kostüme usw.) richtig stark, sexy und gut. Viele Leute im Publikum erkannten mich, weil ich hier in letzter Zeit in den Zeitungen und im Fernsehen gekommen bin, und baten um Autogramme.

DIENSTAG, 30. JUNI

Stehe spät auf. Kurzes Gespräch mit Tony über letzte Geldvereinbarungen. Buche einen Flug nach London für 17 Uhr. Machen den Drachen sauber, der so aussieht und uns so vorkommt, als hätten wir ein ganzes Jahr drin gewohnt. Für die Fahrt nach Brüssel nehmen wir den Wagen und lassen ihn am Flughafen stehen, bis wir aus London zurückkommen. London ist anscheinend voller Wimbledon-Touristen usw., darum müssen wir in einem schäbigen Hotel absteigen. Wir sehen ein Kino, in dem *Prick Up Your Ears* läuft, der Film über Joe Orton und Kenneth Halliwell. Seit ich Ortons Tagebücher gelesen habe, brenne ich darauf, den Film zu sehen, und an welchem Ort lieber als in London!

Also gehn wir hin und sehn ihn uns an, und er ist wirklich großartig – ausgelassen und tragisch zugleich (zu genau gleicher Zeit).

Nach der Vorstellung fragen wir im Kino zwei Tunten nach Schwulen-Discos, und ich frage sie, ob das Heaven noch auf hat. Sie sagen uns, wo das Heaven ist. Wir gehen raus und laufen ein bißchen herum, essen in einem schäbigen Steakhaus. Abscheuliches Essen, echt englisch. Wir nehmen ein Taxi zum Heaven. Es ist fast noch so, wie ich es in Erinnerung habe, groß und schwul. Wir hängen irgendwie gelangweilt herum, bis Alex und ich merken, wie zwei Typen Juan anmachen. Sie sind irgendwie hübsch, auf eine altmodische Art. Muskulös, aber ein bißchen müde. Nachdem wir gesehen haben, wie trostlos die Szene ansonsten ist, entschließen wir uns, mit den beiden zu reden. Sie schlagen eine Tour durch London vor. Wir fahren ein bißchen herum und rauchen Hasch. Es stellt sich heraus, sie sind Stripper, womit sich ihre Physis erklärt, und unser Interesse nimmt ein wenig zu.

Als wir schließlich ein Striptease bei uns im Hotel vorschlagen, finden sie gleich, daß das eine gute Idee ist. Also gehen wir alle in unsere Absteige, schieben die Doppelbetten zusammen und treiben Safe Sex, bis die Sonne aufgeht (eine Stunde später). Wir bitten sie zu gehen, damit wir schlafen können, denn sie hatten gesagt, sie könnten nicht dableiben, und der Hübschere von beiden gibt uns ein Hochglanzfoto im Postkartenformat von sich aus seinem Notizbuch.

Irgendwie amüsant, für Londoner Verhältnisse, um so mehr, als dies ja der einzige Sex ist, den wir auf dieser Reise bisher gehabt haben, abgesehen natürlich von dem unter uns.

MITTWOCH, 1. JULI
Ziehen aus dem Hotel aus und gehen ins I[nstitute of] C[ontemporary] A[rts]. Sehen uns die Ausstellung »Komischer Ikonoklasmus« an. Viele interessante Stücke, aber es fehlt etwas. Vielleicht hat es etwas mit dem Ausstellungsraum selbst zu tun: funktioniert einfach nicht. Die Idee der Ausstellung ist großartig, wird aber durch zu viele minderwertige Exponate verwischt. Bei genauerer Auswahl, glaube ich, würde die Stärke der Idee klarer werden. Die Ausstellung läßt die Idee ein bißchen trivial aussehen.

Wir essen zu Mittag und bereiten den Raum für den Workshop vor. Anscheinend werden nur etwa 20 Kinder erwartet – lohnt kaum die Reise nach London. Erweist sich aber als O.K. Nette Kids und ein paar Groupies. Ich gebe ein Kurzinterview für das I C A-Video. Wir kriegen noch den Rückflug nach Brüssel um 19 Uhr.

SONNTAG, 5. JULI
Stehe spät auf. Viele Leute im Haus. Zeichne am frühen Nachmittag. Machte sieben Zeichnungen, die ich Roger schuldig bin: eine Art Serie über Schmetterlinge, Kokons und die Geburt. Dann bemalte ich vier Vasen. Drei für Monique und eine für Emy. Ich nahm Tusche statt Acrylfarbe, aber ich denke, wenn ich es mit irgendeiner Schutzschicht abdecke, müßte es O.K. sein. Tusche auf Terracotta macht sich prächtig, weil sie ganz schnell aufgesogen wird und eine Linie wie auf Papier ergibt. Ich mache noch ein paar Zeichnungen, darunter eine für Bo und eine für die Witwe von Hergé, dem Typ, der Tim und Struppi gezeichnet hat. Für sie zeichnete ich Tim auf einem Delphin mit roten Tupfen.

Ich gehe wieder in den Surf-Club, um den Hintergrund an der Wand zu malen, die ich von mir aus machen wollte. Der Club hat »Container« am Strand, zur Aufbewahrung der Ausrüstung. Die Seite eines Containers mißt etwa $2^1/_2$ x $7^1/_2$ Meter, perfekt zum Bemalen. Xavier hat sie abgekratzt und geschmirgelt, und ich habe einen weißen Grundanstrich aufgerollt. Wir hingen eine Weile draußen herum, dann gingen wir zum Abendessen wieder ins Haus.

Haring bemalt Vasen,
Antwerpen 1987

MONTAG, 6. JULI

Signiere Plakate für alle, die im Haus arbeiten. Mache mich auf zum Surf-Club, um mit der Wand anzufangen. Viele prachtvolle Surfer stehen herum und warten auf Wind. Ich beginne zu malen und ziehe sofort Zuschauer an. Bis ich fertig werde, unter Beifall, sind 50 bis 60 Leute da. Die Sonne brennt heiß, und ich trage Schutzcreme und einen Hut. Das Publikum ist unglaublich. Das ist nun wirklich Sommer: Surfer am Strand. Nur die Avenue D fehlt mir ein bißchen. Sogar spanisch aussehende Leute gibt es hier. Ein besonders hübscher Junge sagt, er ist Dominikaner. Ich mache viele Fotos von den Surfern und gebe Autogramme auf Hemden, Hosen, Helme usw. usw. Dann fahre ich mit Harry-Michel wieder mit dem Katamaran raus, dieses Mal ich am Steuer. Nicht viel Wind, aber schön, das Boot in der Gewalt zu haben. Fahren zum Strand zurück, nehmen die Segel ab und verstauen das Boot. Noch mehr Fotos.

Die Leute machen ein Barbecue am Strand. Richtig toll. Sonne geht um 23 Uhr unter. Immer mehr Leute wollen, daß ich ihnen etwas bemale. Dominikanischer Junge ist wieder da, immer noch in knappen Shorts. Er lächelt unentwegt, ich mache ihn unentwegt an. Richtig schönes Barbecue. Große Flasche Champagner für mich. Richtig nette Typen. Bruce Weber hätte seine Freude dran.

DIENSTAG, 7. JULI

Mache zehn Zeichnungen in Gouache und Tusche. Alle Zeichnungen im Kasino sind schon verkauft, darum mache ich noch ein paar, um den Vorrat aufzufüllen, bevor ich abreise. Ich lasse mich auch noch zu zwei kleinen Gemälden überreden. Ich bin der Arbeit ein

Haring-Vase im Gestell von Jean Tinguely, Knokke 1987

bißchen überdrüssig, aber wenn ich mich überwinde, komme ich irgendwie zu interessanten Ergebnissen, darum ist es schwer, nicht gespannt zu sein, was dabei herauskommt. Auch wenn ich es müde bin, kann ich trotzdem arbeiten, warum also nicht? Was gibt es denn sonst noch, letzten Endes? Die Frau von Rogers Assistenten ist gekommen, um mich bei der Arbeit an diesen zwei Gemälden zu fotografieren, und hat ihre beiden wirklich hübschen Jungen mitgebracht, Zwillinge, etwa sieben Jahre. Irgendwie ergab es sich dabei, weil sie mir zusahen, daß es in beiden Bildern um Zweier oder Zwillinge ging. Müßten interessante Bilder werden. Weil ich es schon versprochen habe, bemale ich auch noch die riesige Vase, für die Tinguely den »Halter« in den Hof gestellt hat. Ich nehme einen breiten Pinsel, und es geht ziemlich schnell.

MITTWOCH, 8. JULI

Ein Haufen Kids kommt vorbei, um auf Wiedersehn zu sagen und sich die Shirts signieren zu lassen. Ich weiß nicht, warum ich so viele hübsche Jungen anlocke, aber dadurch bleibt die Szenerie interessant. Ich mache die letzte Gruppe Tuschezeichnungen. Noch mehr Kids kommen und lassen sich Skateboards signieren. Spiele auf dem Trampolin im Hof. Zu Mittag wieder ein fabelhaftes Essen von Roger. Ich male Roger ein großes dreiäugiges Gesicht mit Ölfarbe auf den Kühlschrank und gehe mit ihm einen Sack kaufen für das Zeug, das ich angesammelt habe. Ich fahre zum Surf-Club, um mich zu verabschieden, mit dem Versprechen, nächsten Sommer wiederzukommen

Im Haus essen wir wieder ein neues Gericht von Roger – Bananenente. Außerdem frischen Tintenfisch, erst am Nachmittag gefangen, der beste, den ich je gegessen habe. *Life* ruft an, um zu sagen, daß der Luna-Luna-Artikel verschoben wird, und um noch ein paar Fragen zu stellen. Ich gehe mir zum letzten Mal die Ausstellung im Kasino ansehen. Komisch, wie ich manchmal jeden Glauben verliere und alles beschissen finde. Zum Glück hält das nicht lange an, oder vielleicht ist es auch gut, daß so was passiert, weil es mich weitertreibt. Hoffentlich bin ich nie zufrieden. Man muß immer versuchen, noch besser zu werden.

DONNERSTAG, 9. JULI

Stehe auf und packe die letzten Sachen ein. Letztes Frühstück à la Nellens mit frischgepreßtem Orangensaft. Wir beladen den Wagen, fahren mit Roger und Monique nach Paris und besuchen Niki. Zu Mittag essen wir bei Niki im Hinterhof. Rundgang durchs Haus und Atelier. Es steht voller Sachen von ihr und Jean. Wir reden über vieles, und sie gibt mir eine Menge Bücher mit, auch das Aids-Buch, das sie gemacht hat. Sie möchte auch Designs für Kondome machen, und ich sage ihr, daß ich mich nach den Möglichkeiten in Amerika und Japan erkundigen will, denn in Europa hat sie damit kein Glück gehabt. Ich erfahre den Namen eines Arztes, der ein großer Aids-Spezialist in Amerika ist. Ich will in Erfahrung bringen, wie es mit experimenteller Behandlung für diejenigen mit positivem Befund steht, bei denen Aids noch nicht akut ist.

Seit ich in Europa war, bin ich optimistischer und finde, es wäre eine gute Idee, länger zu leben. Ich glaube, ich könnte eine große Zukunft haben und sehr produktiv sein. Niki bringt uns in den Wald nahe bei ihrem Haus, um uns den »Kopf« zu zeigen, an dem Jean und andere seit fünfzehn Jahren arbeiten. Er ist wahrhaft unglaublich – riesengroß und mit beweglichen Teilen. Besser als Disneyland. Man kann drin herumlaufen und auf Treppen überall hindurchsteigen. Drinnen sind ein Theater und eine Wohnung. Ich kannte es schon von Bildern und hatte es einmal sehen wollen, seit Lüggenbühls Sohn mir davon erzählte, als wir '85 zusammen auf der Pariser Biennale arbeiteten. Sie zeigt uns auch Jeans Haus, wo sie früher auch gewohnt hat. Es ist ein richtiges altes (mittelalterliches) Schloß, vor dem draußen Schafe herumlaufen. Wir kehren in Nikis Haus zurück und treffen dort Marcel Duchamps Stiefschwiegertochter, die zugleich eine Enkelin von Matisse ist.

SAMSTAG, 11. JULI

Taxi zum Flughafen. Concorde nach New York.

SONNTAG, 13. SEPTEMBER 1987

Wir gehen an Bord der Maschine 002 von Kansas City zum La Guardia Airport. Eben kommen wir vom Haus eines Freundes von William Burroughs bei Lawrence, Kansas, wo wir geschossen haben. Ich hatte noch nie mit einer Pistole geschossen.

Wir kamen Freitag nachmittag hier an, nachdem wir am Freitagvormittag mit dem Bus von Kutztown nach New York zurückgefahren waren. Am Donnerstag abend machte ich die Vorbesichtigung zu meiner ersten Ausstellung in meiner Heimatstadt Kutztown, Pennsylvania. Wir hängten die Bilder auf, eine kleine Gemälde-Retrospektive, 1981–87, in James Carrolls Atelier in der Main Street.

Die Ausstellungseröffnung war ganz komisch. Es kamen phänomenal viele Leute. Ich habe zweieinhalb Stunden pausenlos Plakate signiert. Während der ganzen Eröffnung kamen immer wieder neue Besucher, viele College-Studenten, die meisten weiblich. Meine

Pistolenschießen mit William Burroughs,
Lawrence, Kansas, 1987

Großmutter und Mandy kamen, einige Onkel, Tanten und Cousins. Ein paar Schulfreunde, nun erwachsen und mit Kindern. Leute von der Stadtverwaltung, alte Lehrer von der Grund- und Oberschule. Die eine Cousine brachte einen entzückenden Freund mit, und ich hatte nicht mal Zeit, ihm die Hand zu geben. Reporter vom *Reading Eagle* und vom *Morning Call* waren da, auch von der Lokalzeitung, dem *Patriot*. Eine Gruppe hübscher barfüßiger Kids, die wie Surfer aussahen, brachte mir einen (1,80 m hohen) Gumby zum Signieren. Ich machte ihm rasch einen riesigen steifen Penis. Meiner Mutter gefiel's.

Es kam auch eine Bande richtig hübscher kleiner Kids, die Zeichnungen und Autogramme wollten. Alles in allem war es sehr nett und hektischer, als ich erwartet hatte.

Am nächsten Morgen um 7 Uhr stiegen wir in den Bieber-Bus nach New York City, fuhren mit der U-Bahn zum Atelier und mit dem Taxi zum La-Guardia-Flughafen.

Um 15 Uhr 30 kamen wir in Kansas City an und wurden am Flughafen abgeholt. Der erste, den ich sah, als wir ankamen, war Matt Dillon. Er dreht in Lawrence einen Film. Während der nächsten zwei Tage, die wir da waren, hörten wir den Lokalklatsch über Matt Dillon, meistens Geschichten darüber, wie er die einheimischen Teenager (Mädchen) verführt. Ob's nun stimmt oder nicht? Ist egal.

Sprachen mit Matt an der Ecke, auch mit Jim Carroll, der in der gleichen Maschine geflogen war wie wir, und mit Anne Waldman. Ein Wagen kommt um die Ecke, und jemand brüllt: »He, Keith!« Es ist Allen Ginsberg, er kommt zur Eröffnung seiner Foto-Ausstellung am andern Ende der Straße. Wir gehen hin, ich küsse Allen, und er führt mich durch die Ausstellung. Ein paar Fotografen und Video-Crews, auch ein deutscher Fotograf vom *Stern*, den ich von Area her kenne. Lerne allmählich die einheimischen Studenten kennen. Lawrence, wie ich erfahre, ist der Sitz der Universität von Kansas. Ziemlich hip, der Campus, viele Kunststudenten. Jemand in der Galerie bit-

Haring in Lawrence, Kansas, 1987

tet mich, doch eine Kreidezeichnung auf den Gehsteig vor dem Haus zu machen. Ich gehe drauf ein und mache eine Zeichnung für Allen. Allen schreibt zu der Zeichnung einen Haiku.

»Taking pictures of the sky
Naked on the sidewalk
The flasher rises in Kansas.«

Allen Ginsberg, 11. Sept. 1987

(Bilder vom Himmel knipsend
Nackt auf dem Gehsteig
Schwillt der Blinker in Kansas.)

Gleich nachdem die Fotografen ihre Schnappschüsse gemacht hatten, rannten die Frauen aus der Galerie herum und sprachen davon, wie man es »konservieren« könne. Am nächsten Morgen fand ich es mit Polyurethan überzogen. Die Kreide war teilweise weggespült, aber noch sichtbar.

Das war meine erste Kooperation mit Allen.

Ein paar College-Künstler nehmen mich und Juan im Wagen mit zum Hotel, wo wir Gras rauchen und nachsehen, ob Timmy Leary und Barbara schon angekommen sind.

Noch nicht. Wir rauchen. Timmy ruft an, er ist ohne Barbara gekommen. Wir verabreden uns für später zu einem Drink.

Mit den Kids gehen wir uns Lucifer ansehen, ein leerstehendes Studentenwohnheim, ganz voller lokaler Graffiti. Unheimliches Gebäude, wurde vor einigen Jahren nach einem Brand aufgegeben. Wir kommen zu spät zu der Lesung, nachdem wir bei ihnen im Haus Bier getrunken haben. In ihrer Küche hing ein Free-South-Africa-Poster. Wir hören Jim Carroll lesen und gehn wieder. Begegnen John Giorno. Zurück ins Hotel, um Timmy später in der Bar dort zu treffen.

Für den nächsten Tag haben wir vor, uns einen Skateboard-Platz zu suchen. Nach dem Frühstück ist nicht mehr genug Zeit bis zu Timmys Vortrag. Auf der Straße sehe ich ein Mädchen mit meinem T-Shirt und biete ihr an, es zu signieren, aber sie glaubt mir nicht, daß ich es bin. Vor Timmy spricht noch Jello Biafra von den Dead Kennedys, der in einem Obszönitäts-Prozeß in Los Angeles gerade freigesprochen worden ist, wo es um ein Poster von Giger ging (dem Künstler, der die Zeichnungen zu *Alien* gemacht hat), auf dem mancherlei Schwänze und Ärsche zu sehen waren. Unglaubliche Geschichte. Das Poster, das zwischendurch gezeigt wurde, war nichts im Vergleich zu manchen Bildern von mir. Die Geschichten über die Durchsuchung usw. sind ziemlich beängstigend. Ich frage mich, ob die Möglichkeit besteht, daß sie mich mal aufs Korn nehmen.

Er trug eine Menge empörende Sachen vor und war sehr beeindruckend. Timmys weitschweifiger Vortrag über alles mögliche, von Drogen bis zu Computern, war im Vergleich dazu ein bißchen müde, aber großartig. Er hatte einige interessante Ideen zu bieten und stellte mich dem Publikum als »die amerikanische Kunst der Zukunft« vor. Ich trug das T-Shirt mit der Aufschrift »Aids ist politisch-biologische Kriegführung«. Eine Frau kam nachher zu mir, um ihre (streng geheimen) Erkenntnisse über die wahrscheinliche Vertuschung mit mir zu besprechen. Sie war ein bißchen zu paranoid (kann man ihr's verdenken?), um mir viel zu sagen, denn sie kannte mich nicht, aber wir redeten eine halbe Stunde lang. Dann ging ich mit Juan und zwei College-Kids die Skateboard-Rampe suchen. Wir fanden sie schließlich, und ich malte mit der Spraydose etwas drauf. Leider ist die Rampe in schlechtem Zustand und wird wohl bald neu überzogen werden müssen. Ich bin gespannt, wo die bemalten Platten dann auftauchen.

Um 21 Uhr gehen wir zu der Lesung in der Liberty Hall. John Giorno ist großartig wie gewöhnlich. Auch Anne Waldman war wirklich gut. William war William (immer ein Leckerbissen), und Allen las »Howl« vor und sang zwei komische Lieder. Es ist das erste Mal seit der Nova Convention 1979, daß ich eine Gruppe wie diese sehe. Die Nova Convention war ein Wendepunkt in meinem Leben. Ich bekam das Gefühl, daß sich diese Veranstaltung zu einem ebenso starken und wichtigen Zeitpunkt abspielte – nicht nur in meinem Leben, sondern in der Geschichte. Das Wochenende war voller »historischer Momente«. Die Gespräche mit Allen und Anne auf der Party nachher im Hotel waren ermutigend.

Als wir mit Tim, Allen, einigen Kunstknaben und College-Kids in einer Hotelhalle

*Skateboard-Rampe
in Lawrence,
Kansas, 1987*

saßen, manche nur mit einem Handtuch bekleidet zum Swimming-Pool rennend, sah es aus wie auf einer Studenten-Party. Starker Moment. Traf einen Typ aus Detroit, der mit Jack Kerouacs Frau gekommen war und mir eine interessante Geschichte von einer kunstgeschichtlichen Vorlesung erzählte, in der ich mit Gustav Klimt verglichen wurde. Ein Junge aus Berlin hatte dort vor zwei Wochen eine »ernsthafte« Vorlesung über mich gehört.

Verteilte ein paar Aids-Shirts an Jello und die anderen. Ein fünfzehnjähriger Junge war da, der mit allen Leuten anbändelte, dann aber mit einer fünfzigjährigen Lesbe rummachte. Der Junge hat schwere Probleme. Mit dem Rest der Party zogen wir gegen 4 Uhr 30 auf unser Zimmer um. Meist College-Kids, wirrköpfige Kunststudenten usw. Wir (Juan und ich) gingen um 6 Uhr früh schlafen.

Standen um 12 Uhr auf und gingen zu Williams Haus. Wir sprachen über die Gemälde und Zeichnungen, an denen er arbeitet. Beschießt Platten mit Farbdosen und Bildern drauf. Manches ganz interessant. Seltsam, wie diese Pistolenschußbilder Brions Zeichnungen ähnlich sehen. Rauchte einen Joint mit William, weil es dann leichter wird, »in den Bildern etwas zu sehen«. Andere kamen. Matt Dillon, Jim Carroll, Terry Toye und Patricia, die aus Iowa hier heruntergefahren waren. Die meisten fahren mit uns aus der Stadt raus zum Schießen, beim Haus eines Freundes von William. Ich schoß mit einer Pistole. Macht schon irgendwie Spaß, aber auf Ziele zu schießen ist zu langweilig. Sprach mit William über den Amazonas, mit John über Aids, sagte allen auf Wiedersehn und fuhr ab zum Flughafen.

Letzte Nacht in seiner Lesung erwähnte William das Aids-Papier über biologische Kriegführung. Er hatte dasselbe Plakat, von dem ich den Spruch für mein Shirt hatte.

Wie gewöhnlich gab es an diesem Wochenende viele solche »kosmischen Koinzidenzen«. Ganz von selbst paßte plötzlich alles irgendwie zusammen. Die »Magie« ist sehr real. Im Wagen sprach heute jemand über Heilung und sagte etwas derart, daß gegen den Aids-Virus allein die »Magie« helfen werde: ganzheitliche Heilkunde, Visualisierung, Psychomedizin usw. Hoffentlich wird meine Generation imstande sein, die »Magie« weiterzuführen, die diese frühere Generation wieder ausgegraben hat und die sie uns behutsam beizubringen versucht. Sie haben etwas in uns befreit, das zu wichtig ist, als daß man drüber weggehn könnte. Wenn diese Juwelen unserer Epoche (ihre Gründerväter) wie Brion und Andy verschwinden, wird es immer wichtiger, das Feuer nicht erlöschen zu lassen und mit Hilfe ihres Wissens und ihrer Erfahrung die gegenwärtige und die künftigen Generationen auf die Welt, die sie erben werden, vorzubereiten.

Aus diesem Grund und noch tausend anderen war dieses Wochenende eine sehr wichtige Station in meinem Leben. Ich bin froh, daß ich da bin.

2. OKTOBER 1987

Ich sitze im Zug, der von Zürich abfährt. Als ich gestern ankam, schlief ich erst eine Weile und ging dann in das Trickfilmladen-Studio, um mich an die Arbeit zu machen. Wir mußten zunächst die Figuren entwickeln. Die sechs Ein-Minuten-Spots sollen Kinder über Sicherheitsvorkehrungen im Haushalt unterrichten. Es ist das erste Mal, daß ich meine »Cartoon«-Figuren für einen Trickfilm verwende. Es ist seltsam zu sehen, wie diese Figuren, von denen ich die meisten mit zehn oder elf Jahren erfunden habe, sich in »wirkliche Dinge« verwandeln. Es ist nett, wieder zu Rolf Baechler nach Hause zu kommen, wo ich vor drei Jahren für den Laden hier, der BIG heißt, meine ersten echten Trickfilmzeichnungen gemacht habe. Dieses Mal bin ich sozusagen der Art Director und Designer und muß nicht mehr alle Zeichnungen selber machen.

Rolfs und Yunias Kinder freuen sich alle echt, mich zu sehen. Es ist drei Jahre her, und sie sind gewachsen. Aber ganz stimmt das nicht. Vor drei Jahren hab ich sie zum ersten Mal gesehen, aber letztes Jahr traf ich sie beim Jazz-Festival in Montreux. Sie können's nicht lassen, auf mir herumzuklettern, und kichern unaufhörlich. Ihr Vater versucht immer wieder, sie zur Ruhe und Ordnung anzuhalten, aber sie können einfach nicht aufhören. Besonders Serafina, das kleine Mädchen, kichert schon, wenn man sie nur mit dem Finger anstupst. Ich bin so was wie ein Ehrenmitglied der Familie. Sie erzählen mir noch mal, wie die Kids vor drei Jahren nach meiner Abreise drei Tage lang geheult haben. Anscheinend adoptiere ich überall auf der Welt solche kleinen Familien.

À propos Familien: Ich sitze in einem leeren Zug, darum hab ich mein Radio ganz laut eingestellt. Ich spiele ein Tape ab, das Junior für mich aufgenommen hat, mit dem Titel *Paradise Lost*. Es will mir immer noch nicht in den Kopf, daß die Paradise Garage für immer zugemacht hat. Jedesmal, wenn ich ein Lied höre, das ein »Garage song« ist, werde ich ganz emotional. Ich kann nicht genau sagen, warum, aber bloß zu wissen, daß die Garage da war, war irgendwie schon ein Trost, besonders wenn ich nicht in New York City war. Immer hatte ich gleich nach der Rückkehr etwas, worauf ich mich freuen konnte. Ich habe sogar oft meine Reisetermine um die Garage herumgelegt: sonntags abfahren und samstags oder früher wieder zurück sein. Es war wirklich eine Art Familie. Ein Stamm. Vielleicht sollte ich einen Club aufmachen, aber die Kopfschmerzen möchte ich mir doch lieber ersparen. Dies ist der schlimmste Kummer, den ich je hatte. Es ist, als ob man einen Geliebten verliert, während alles gerade am schönsten ist. Es ist wie bei Andys und Bobbys Tod. Vielleicht ist die Paradise Garage in den Himmel umgezogen... dann könnte Bobby nun hingehn. Wäre nett.

Der letzte Abend war ganz unglaublich, aber nicht so traurig, wie ich gedacht hatte. Die Leute waren wie betäubt. Es ist ja auch unheimlich genug zu wissen, daß man viele von diesen Leuten nie wiedersehn wird. Es gab eine Menge Leute, die ich nur dort traf, eine Menge, mit denen ich in den fünf Jahren, die ich dort hinging, nie geredet habe, von denen ich aber das Gefühl habe, sie zu »kennen«, weil ich weiß, daß ich etwas mit ihnen gemeinsam habe. Grace kam für ein Weilchen, blieb aber nicht lange. Larry Levan spielte die ganze Nacht und den ganzen nächsten Tag bis nach Mitternacht. Ich mußte um Mitternacht gehen, weil ich am Montagmorgen mit der Vorbereitung auf diese Europareise zu tun hatte.

Die letzten zwei Wochen waren richtig hektisch. Das Wandbild in Philadelphia mit den City Kids, dann eine Reise nach Kansas, um Bill Burroughs zu besuchen, nach Detroit wegen einer Installation in der Cranbrook Academy of Art.

Cranbrook war richtig cool. Wahrscheinlich habe ich mein bisher bestes Bild dort gemalt! Die Wände im Raum waren fast fünf Meter hoch und elf Meter lang. Ich machte schnell einen gysinesken farbigen »Kalligraffiti«-Hintergrund mit breiten chinesischen

Wandbild im Cranbrook Academy of Art Museum, Bloomfield Hills, Michigan, 1987

Pinseln, und dann am nächsten Tag malte ich in Schwarz (Tusche/Farbe-Mischung) Linien in verschiedener Stärke und mit verschiedenen japanischen Pinseln. Jeder benutzte Pinsel wurde am Ende einer Linie an die Wand genagelt. Die großen chinesischen Pinsel sahen nach dem Gebrauch so cool aus, daß ich fand, es war eine gute Idee. Ich war ohne Materialien hingefahren und hatte erst, nachdem ich den Raum gesehen hatte, beschlossen, was ich dort machen wollte. Also kaufte ich mir alle diese Pinsel mit dem Geld von Cranbrook. Sie waren nicht sehr teuer und auch nach dem verschwenderischen Auftragen der Farbe nicht mehr gut weiterverwendbar, darum hielt ich es für eine gute Idee, und außerdem, weil dies ja eine befristete Installation war, sah ich darin eine Gelegenheit zu experimentieren. Pinsel faszinieren mich, und darum war es so was wie eine Huldigung an die Pinsel selbst, sie gewissermaßen dem Gemälde zu opfern. Das Ganze war sowieso eine Art Opfer. In einem Monat wird der Raum neu gestrichen.

Ich hatte Kwong mitgenommen, damit er Aufnahmen machte. Die Fotografie ist zu so einem wichtigen Teil meiner Arbeit geworden, weil so vieles davon nur zeitweilig Bestand hat. Letztlich sind es die Phänomene der Fotografie und des Videos, die das internationale Phänomen Keith Haring erst ermöglicht haben. Wie sonst hätten sich die Leute in aller Welt an meine Information anschließen sollen? Das meiste an Information über Kunst wird heute durch Fotos übermittelt. Manchmal kann die Fotografie täuschen, aber in meinem Fall ist sie Mittel und Zweck zugleich. Natürlich geht der Effekt des Größenmaßstabs in der fotografischen Abbildung verloren, aber fast alle anderen Informationen sind übertragbar.

Mein Vortrag in Cranbrook war wohl der beste, den ich je gehalten habe. Das Auditorium war gerammelt voll. Viele, sogar die meisten Leute dort waren keine Kunststudenten von Cranbrook. Viele waren aus Detroit gekommen, viele Kids von den privaten Mittelschulen in Cranbrook. Irgendwie kam ich in Fahrt und fand die richtigen Worte. Ich muß unbedingt bald die Tonbandaufnahme hören. Scharen von Leuten wollten nachher Autogramme. Meine Geduld reichte länger als gewöhnlich.

Ein Mädchen brachte mir ein Poster zum Signieren und sagte, das hätte sie in der Tate in London bekommen. Es ist mir wirklich unbegreiflich, wie alle diese Museen Poster- und Postkarten-Reproduktionen meiner Kunst verkaufen und sich zugleich weigern können, sie innerhalb des Museums auszustellen, zu sammeln oder auch nur zur Kenntnis zu nehmen. Ich möchte wetten, Peter Max ist noch nie im Buchladen eines Kunstmuseums verkauft worden. Sie wollen ihr Spiel mit mir treiben, haben aber nicht die Courage, jetzt zu mir zu stehen. Abwarten, sagen sie alle, nur abwarten, immer mit der Ruhe! Ich glaube, ich kann froh sein, daß ich noch außerhalb dessen stehe, was sie anerkennen. Das gibt mir eine Art Freiheit und etwas, wogegen ich arbeiten kann. Heißt das, ich bin immer noch Avantgarde? Haha, sehr witzig! Ich kann es nicht fassen, daß manche Leute so hohl sein können, sich darüber Gedanken zu machen, ob eine bestimmte Person wie Saatchi mich nun sammelt oder nicht. Wie kann ein einzelner so wichtig sein, wenn es darum geht zu bestimmen, was gut ist oder nicht? Überhaupt, wenn jemand versuchen könnte, seine Macht oder seinen Einfluß als Sammler zu benutzen, um seinen Geschmack durchzusetzen und den Geschmack der ganzen Kultur zu standardisieren, dann fällt der schwerste Verdacht, glaube ich, gerade auf solche Leute. Auf der Ebene ist alles nur Bank- und Investitionshokuspokus. Saatchi könnte ebensogut eine Bank sein. Der Kunstmarkt ist eine der gefährlichsten, parasitärsten und korruptesten Organisationen der Welt, gleich nach der katholischen Kirche und dem Justizsystem der USA. Wie naiv von mir, als ich noch dachte, die Kunst sei eine Insel der »Reinheit« in diesem riesigen Chaos aus Business und »Realität«! Rein bleibt sie nur, wenn man sie wirklich in aller Öffentlichkeit betreibt, ohne finanzielle Entschädigung, oder ganz für sich im stillen Kämmerlein. Sogar jetzt, wenn ich vor Publikum male, kommen die Autogrammsammler manchmal nur in der Hoffnung, daß meine Signatur einmal etwas »wert« sein wird, und nicht, weil sie meine Bilder mögen oder bewundern. Aber jetzt gibt es für mich kein Zurück mehr. Ich habe mich nun mal darauf eingelassen und muß damit fertigwerden. Ich finde, bisher mache ich meine Sache nicht schlecht.

Ich wollte, ich könnte in New York Tagebuch führen. Anscheinend habe ich dort immer so viel zu tun, und so viel ist dort los, daß ich nie Zeit habe, dran zu denken, geschweige denn, etwas aufzuschreiben.

Wenn ich die letzte Seite noch mal durchlese, muß ich ergänzen, daß Reinheit auch in den Momenten möglich ist, wo ich mit Kindern arbeite. Wenn ich mit Kindern arbeite oder für sie zeichne, herrscht ein Grad der Aufrichtigkeit, der mir wahr und rein vorkommt. Zugegeben, selbst Kinder bewahren ihre Autogramme manchmal deshalb auf, weil man ihnen sagt, »sie könnten später mal etwas wert sein«. Aber die meisten bewahren sie auf, weil sie ihnen gefallen.

3. OKTOBER 1987

Ich sitze wieder im Zug. Was für ein Scheißtag! Vierundzwanzig Stunden kamen mir vor wie eine Woche. Pierre holte mich [in Lausanne] vom Bahnhof ab, und wir gingen gleich mit Mrs. Rivolta und ihrem sechzehnjährigen Francis zu Mittag essen.

Es war dasselbe feine kleine Restaurant, in dem sie Jean Tinguely für den Lift-Mechaniker gehalten hatten, als er im Overall kam. Ich trug mein »Safe Sex«-Sweatshirt, mit dem groß herausgestellten Cartoon-Pimmel. Unnötig zu sagen, die Gesichter wandten sich ab.

Pierre hatte 50 Stück von den »condom button-boxes« bei sich, die ich in der Schweiz für den New Yorker Pop Shop produzieren lasse. Sehen toll aus. Nach dem Mittagessen besuchten wir kurz das Dolce Vita, den Nachtklub, der mein »Wein-Etikett-Design« für Aufkleber, T-Shirts usw. verwendet hat. Ich nahm mir zwei Päckchen Aufkleber und verlangte, daß T-Shirts sofort nach New York geschickt werden. Wir tranken noch ein Gläschen Schweizer Weißwein. Dabei war ich schon angesäuselt von dem Wein, den wir zum Essen getrunken hatten. Nun noch auf einen Sprung ins Gymnase du Bugnon, die Schule, wo Pierre unterrichtet und die vor schönen jungen Männern nur so aus den Nähten platzt. Pierre, um sich ja keine Gelegenheit zur Arbeit entgehen zu lassen (ein dreifach Hoch auf Pierre!), hat einen Fototermin mit einem ganz berühmten Fotografen vereinbart, der »Persönlichkeits-Porträts« auf Stühlen für eine Stuhlfirma macht. Todschick! Bisher hat er schon Godard, Issey Miyake usw. geknipst. Ich soll 5000 Schweizer Franken für eine Zehn-Minuten-Sitzung bekommen, und das Foto wird nur in angesehenen Zeitschriften in aller Welt erscheinen (z. B. *Domus, New York Times Magazine, Der Spiegel* usw.) Die Aufnahmen laufen toll.

Rémy Fabricant, der Typ, der für die Werbeagentur arbeitete, die mich vor drei Jahren in Zürich den ersten Zeichentrickfilm machen ließ, kommt mit seiner Freundin. Offenbar arbeitet er jetzt für eine neue Agentur, die die Stuhl-Kampagne macht. Es kommt zu einer amüsanten Konfrontation zwischen Pierre und Rémy. Anscheinend haben sie beide, weil sie mich gut genug kennen, die Verantwortung dafür übernommen, mich zu den Fotos zu überreden. Natürlich triumphiert Pierre und ist sehr mit sich zufrieden, wie ein verzogenes Kind. Ich mag Pierre, aber manchmal wird er mir ein bißchen zuviel. Bei seinen Attacken allerdings liegt er oft richtig.

Nun rückt die Zeit für die Vernissage allmählich heran. Wir gehen zum Hotel, um mich anzumelden. Pierre hat ein Zimmer im Beau Rivage Palace für mich bestellt, eines der schönsten Hotels, in denen ich je gewohnt habe. Zwei Telexe warten schon auf mich. Eines von Julia, die mir alles berichtet, was jetzt in New York los ist. Ein zweites von Eunice Kennedy Shriver, der Vorsitzenden der *Special Olympics*, die mir für das Cover dankt, das ich für ihre Weihnachts-Schallplatte gemacht habe, die jetzt eben herauskommt. Sie bittet um die Erlaubnis, das Bild auch für ihre Weihnachtskarte zu verwenden. Warum nicht? Klar, Eunice, nur zu! Ich rufe Julia an; sie soll Mrs. Shriver das telefonisch bestätigen. Anscheinend alles O.K. in New York.

Wir gehen zu der Vernissage. Die Ausstellung sieht nett aus. Es ist eine kleine Galerie, und alles paßt perfekt. Mehrere junge Leute sind da, meist Schüler von Pierre, und warten auf mich. Es werden mehr, aber nie erdrückend viele. Ich mache etwa zwei Stunden lang Zeichnungen auf Hemden, Hosen, Schuhe usw. Viele kaufen Drucke. Die Galerie hat eine hübsche Ankündigungskarte gemacht, die ich auch signiere. Aus irgendeinem Grund bringt die Schweiz die schönsten Jungen der Welt hervor. Ich zeichne auf Babys, Portemonnaies, Hosenbeine, erigierte Brustwarzen unter T-Shirts, weiche Ärsche. Leute, die Drucke kaufen, lassen sie aus den Rahmen nehmen, damit ich eine Widmung draufschreibe. Gegen Ende des Abends gebe ich einem Ballettkritiker ein kurzes Tonband-Interview über meine Kooperationen mit Tänzern (z. B. Bühnenbilder usw.).

Nun werden wir abgeschleppt zum Essen in ein herrliches kleines Landgasthaus in einem Dörfchen bei Grandvaux, wo ich schon zweimal gegessen habe. Sie haben das ganze Restaurant reserviert, und wir essen Fondue. An meinem Tisch sitzen Mr. und Mrs. Bonnier, die eine Galerie in Genf haben. Wir führen »ernsthafte« Kunstgespräche. Irgendwie habe ich immer ein Gefühl, als müßte ich Leute durch »Bekehrung« auf meine Seite bringen. Bin ich denn ein »Missionar«? Jedenfalls bin ich hier in keiner »Mission«.

(Da setzt sich so ein Typ neben mich und starrt mich an, als hätte ich ihm seinen Platz weggenommen. Anscheinend hatte er seinen Koffer auf dem Gestell über dem Sitz. Leck mich am Arsch, Marie... Hätte der Koffer auf dem Sitz gestanden, hätte ich mich woanders hingesetzt. Ich hatte keine Ahnung, wem das Gepäck gehört, es saßen schon viele Leute in der Nähe. Er soll glotzen, soviel er will, ich setze mich doch nicht weg, bloß damit er unter seinem Gepäck Platz nehmen kann. Wenn es eine alte Dame wäre, vielleicht. Aber für einen Schweizer Yuppie... sorry!)

Nach dem Essen mache ich Zeichnungen für die Köche und Kellner, die alle zur gleichen Familie zu gehören scheinen. Sie schenken mir drei große Flaschen Schweizer Wein. Dieses kleine Restaurant soll für den Umfang seiner Weinkarte ziemlich berühmt sein. Außerdem schenkt mir Pierres Freund Philippe eine Flasche Armagnac von 1958. Er ist ein junger Sammler, sehr groß und schlank und hübsch, mit einer großen Nase, wie sie mein Vater hat. Er hat schon zehn Bilder von mir (Zeichnungen und Drucke). Tatsächlich hat er mir vor ein paar Jahren schon mal eine Flasche 58er Armagnac geschenkt, die ich noch nicht aufgemacht habe. Ich warte noch auf den passenden Geburtstag. Ach, ich vergaß – in der Galerie gab es zur Vernissage einen speziellen Wein, dessen Etikett mit der Einladungskarte übereinstimmte. Von dem schicken sie mir eine Kiste, aus der ich nun vier Flaschen entnehme. Acht muß ich also noch mitschleppen.

Wir machen noch einen kurzen Besuch bei Pierre zu Hause, nachdem wir die Gesichter von Lokalpolitikern auf einem Plakat durch Veränderung der Nasen und Ohren in Schweinsköpfe verwandelt haben.

Wenn ich einmal angefangen habe, kann ich nur schwer wieder aufhören.

Von Pierres Haus gehen wir ins Dolce Vita. Es ist eine Art Punk-Disco, spielt einen Mix aus New-Wave, Rap, Heavy Metal usw. Alle sehn mir so aus, als ob sie auf Heroin sind. Wenn ich in der Schweiz leben müßte, könnte ich vielleicht verstehen, warum.

Nachdem wir eine Stunde angeödet herumgestanden haben, macht sich ein tiefschwarzes Mädchen an mich heran und möchte mit mir fotografiert werden. Danach kommen die ersten Leute und bitten mich, ihre Sachen zu bemalen. Eine Art junger Punk möchte, daß ich ihm was auf die Brust zeichne. Er ist schlank, mit einer hübschen, unbehaarten Brust, eine in der Tat verschönerungswürdige Fläche, scheint mir. Ab und zu zwicke ich ihn zu seinem Vergnügen in seine schon erigierten Brustwarzen und zeichne einen Mann, dessen Kopf die Brustwarze ist. Wir werden fotografiert. Ich trinke ein Bier nach dem andern. Ein richtig hübscher Saubermannstyp bittet um eine Zeichnung auf seinem Hemd. Mach' ich. Und das schwarze Mädchen nun, das mir erzählt, sie ist aus Boston und lebt in Paris und Lausanne, sagt, ihr Freund möchte, daß ich ihr auch die Titte bemale. So was hab ich noch nie gemacht, außer bei Grace, darum sag ich, warum nicht? Sie zieht ihr Hemd hoch und macht eine wirklich schöne kleine Brust frei, die sogar mich reizen könnte. Ich zeichne eine ähnliche Figur wie bei dem Jungen, nur mit größerem Kopf, weil ihre Brustwarzen größer sind. Wir posieren für Fotos.

Man macht mich mit einem Mann bekannt, der den örtlichen Radiosender leitet. Alle beschließen wir, ins Studio zu gehn, jetzt, um 3 Uhr früh. Sie nehmen Champagner mit, der hübsche Saubermann, Pierre und die Club-Inhaber, und wir machen uns auf zum Sender. Irgendwie wird Brion Gysin erwähnt, als wir über Leute reden, die in Lausanne gewesen sind. Auch Timothy Leary hat eine Weile hier gewohnt. Es freut mich, jemanden zu treffen, der Brion kennt und ihn schätzt. Gleich fühle ich mich hier wohler.

Ich wähle ein paar Platten aus: Rita Mitsouko, Grace Jones, LL Cool J, Michael Jackson und Tom Tom Club. Ich gebe eine Art Interview, wobei Pierre, der nun schon ziemlich voll ist, soviel wie möglich übersetzt. Ich sage, daß ich Michaels Versuch anerkenne, die Schöpfung zu seiner eigenen Sache zu machen und eine weder schwarze noch weiße, weder männliche noch weibliche Kreatur zu erfinden, mit Hilfe der plastischen Chirurgie und der modernen Technik. Er ist total verdisneyt! Zumindest ein interessantes Phänomen. Vielleicht ein bißchen unheimlich, aber trotzdem bemerkenswert und, finde ich, irgendwie ein gesunderes Vorbild als Rambo oder Ronald Reagan. Er leugnet, daß Gottes Schöpfung endgültig ist, und nimmt die Sache selbst in die Hand, und dabei stellt er sich die ganze Zeit in vorderster Front der amerikanischen Pop-Kultur zur Schau. Ich finde, noch cooler wäre es, wenn er bis in die letzte Konsequenz ginge und sich die Ohren spitz machen oder einen Schwanz ansetzen ließe oder so was, aber das kann ja noch kommen!

Ich werde müde, und wir beenden die Sendung. Es ist nun 4 Uhr 30. Der Saubermann bringt mich zum Hotel. Wir haben eine schwerfällige Diskussion über Leben und Tod und den Papst, und er geht nach Hause, bevor ich mich zu einem Annäherungsversuch aufraffen kann. So sehr interessiert er mich nun auch wieder nicht. Ich rufe Juan in New York an und rede ein Weilchen mit ihm. Nachts fehlt er mir am meisten.

Am nächsten Morgen weckt mich der Anruf einer Frau aus London, die für *House & Garden* arbeitet. Sie sagt, sie soll ein »Update« oder so was machen. Nicht heute morgen...

Pierre holt mich ab. Er hat einen Kater. Ich signiere ein paar von den kleinen Lucky-Strike-Drucken, die wir veröffentlichen werden. Einen Druck widme ich Philippe (dem jungen Sammler), und dann muß ich mich beeilen, um den Zug um 12 Uhr 37 nach Zürich zu kriegen. Der Zug fährt gerade ein, als wir ankommen. Er ist voller erstaunlich fad aussehender Soldaten. Jetzt muß ich nach Zürich und mich an die Arbeit machen. Die Versuchung ist groß, statt dessen den Zug nach Milano zu nehmen. Wär das nicht schön? Aber ich vergesse, ich bin hier, um zu arbeiten, nicht um mich zu amüsieren!

Kam in Zürich an, aß noch einen Apfel auf dem Bahnhof, nahm ein Taxi zum Hotel und rief Rolf an. Kurzer Besuch in Bruno Bischofbergers Galerie, um Francescos Ausstellung zu sehen. Ich hatte die Gemälde schon in seinem New Yorker Atelier gesehen, aber in einer sterilen Atmosphäre wie hier sehen sie noch besser aus. Ich ließ Bruno eine Flasche Wein mit meinem Etikett und ein Briefchen da. Ich bin immer noch ein bißchen traurig, in seiner Galerie nicht vertreten zu sein, denn er stellt fast alle meine Lieblinge aus. Eigentlich müßte ich in seiner Galerie sein. Das Dumme ist, daß ich mich 1982 voreilig gegen Bruno entschieden hatte, als er mich ausstellen wollte. Ich befolgte Tonys Rat und sagte nein. Jetzt will Bruno mich nicht mehr, weil ich ihn zu Anfang abgewiesen habe, oder irgendwie so. Aber in meiner Paranoia denke ich immer, er findet mich einfach nicht gut genug. Eigentlich sollte ich mir über so was keine Sorgen machen, aber es fällt mir schwer, es zu lassen. Ich weiß, daß am Ende nicht irgend so eine Kleinigkeit darüber entscheiden wird, wie wichtig etwas ist.

4. OKTOBER 1987

Die beiden letzten Tage waren wirklich ein Erlebnis. Es ist wie ein Schnellkurs für Animationszeichner. Franz und Rolf sind großartig, und ich lerne wirklich eine Menge. Irgendwie kommt es alles ganz wie von selbst. Die Hände tun mir weh vom vielen Zeichnen. Im Grunde habe ich nun die drei Figuren und den Hund entwickelt, d. h. ich habe sie in verschiedenen Positionen und mit wechselndem Ausdruck gezeichnet, so daß Rolf und Franz hinreichend Material für die Animation haben. Es ist wirklich cool, denn genauso wurden auch all die Disney-Sachen und andere Cartoons hergestellt. Irgendwie habe ich das schon immer machen wollen, und jetzt habe ich eine Gelegenheit dazu, obendrein mit so was wie Autorität und Zielstrebigkeit, weil ich vorher schon soviel anderes gemacht habe. Wäre ich zuerst Trickfilmzeichner gewesen, hätte ich wohl nicht dieselbe Beziehung dazu wie jetzt. Jetzt ist es sozusagen nur eines mehr, wovon ich mir beweisen will, daß ich es kann. Ich glaube, es gibt wirklich meinem Zeichen-»Sinn« eine ganz andere Dimension, und dieser Aspekt kommt in meiner Entwicklung gerade zur rechten Zeit. Es ist eine Art inneres Zurücktreten, um bestimmte Aspekte dessen, was ich intuitiv schon getan hatte, genauer zu betrachten. Alles, was geschieht, hat seinen Grund. Und ich bin sicher, alles, was geschieht, geschieht zur rechten Zeit und am rechten Ort.

Es ist auch wirklich eine Freude, hier zu arbeiten. Jeden Tag esse ich mit der Familie, und heute sind wir mit den Kindern zwei Stunden im Park gewesen und haben Drachen steigen lassen. Abwechselnd habe ich die Kinder auf die Schultern genommen, sie an den Händen gehalten, auf einem Zaun balancieren lassen und die ganze Zeit meinen Spaß daran gehabt, mit ihnen zu spielen. Ich mag diese Familie wirklich. Ich glaube, solche Erlebnisse sind wichtig. Sie sind es, weswegen alles andere die Mühe und die Kopfschmerzen lohnt. Wie ein paar Tage vor meiner Abreise aus New York, als ich Nina und Chiara Clemente besuchte und mit ihnen Bilder an ihre Wände malte. Wahrscheinlich ist das einer der denkwürdigsten Augenblicke in meinem Leben. Was immer ich sonst sein mag, ich bin wenigstens vielen Kindern ein guter Spielkamerad gewesen und habe ihr Leben vielleicht in einer Weise berührt, die in der Zeit weiterwirken könnte, und ihnen eine Art einfacher Lektion im Teilen und Anteilnehmen vermittelt. Manchmal wünsche ich mir wirklich, ich könnte selbst Kinder haben, aber vielleicht ist dies eine viel wichtigere Rolle, wenn man sie in mehr als einem Leben spielt. Irgendwie glaube ich, daß das der Grund ist, warum ich noch am Leben bin. À propos am Leben sein, Andy fehlt mir manchmal wirklich. Immer wieder kommen Leute drauf zu sprechen, daß er nicht mehr da ist. Ich wüßte gern, ob man mich auch so vermissen wird? Was für ein selbstsüchtiger Gedanke! Schafft der Künstler denn nur etwas, um sich Unsterblichkeit zu sichern? Auf der Suche nach Unsterblichkeit – vielleicht ist es so...

Ich kann nicht mehr schreiben, die Finger tun mir so weh! Die Delle in meinem Finger ist richtig groß. Ich habe das seit meiner Kindheit, aber wenn ich viel zeichne, wird sie wirklich tief.

Ich werde mir Kurt Vonneguts neues Buch, *Blaubart*, wieder vornehmen und schlafen gehn.

6. OKTOBER 1987

Die Abreise gestern abend war ein bißchen traurig. Wir arbeiteten den ganzen Tag, um mit den »character sheets« [den Grundfiguren] fertig zu werden, und machten ein paar

Tests mit den Hintergrundfarben, die ich vorgeschlagen hatte. Alles sieht toll aus. Rolf machte einen 15-Sekunden-Test mit dem kleinen Breakdancer (kein bestimmtes Vorbild), der wirklich ganz wie BIPO aussieht. In der englischen Fassung der Filme wollen wir ihn BIPO nennen. Mit Sonya und Serafina machte ich mittags Kreidezeichnungen, wirklich nett. Nach dem Abendessen mit der Familie wurde es Zeit, den Kindern auf Wiedersehn zu sagen, die ein bißchen aus der Fassung waren, weil ich ihnen versicherte, ich würde bald nach Weihnachten wiederkommen, um an den Filmen weiterzuarbeiten. Serafina erzählte aus dem Stegreif eine herrliche Geschichte, zu der sie der Salat beim Essen inspiriert hatte. Sie erklärte uns, daß eine fliegende Salatschüssel sie alle mitsamt ihrem Haus nach New York tragen würde, damit wir

Jean Tinguely und Keith Haring, Lausanne, 1988

alle zusammen dort wohnen könnten. Ich sagte, ich würde morgen vom Fenster des Flugzeugs nach ihrer fliegenden Salatschüssel Ausschau halten. Mach' ich bestimmt!

Ich machte eine Zeichnung für Franz und Rolf und fotokopierte alle meine Zeichnungen, so daß ich die Originale mitnehmen konnte. Sie gaben mir eine Kopie von den vorläufigen Testfilmen. Wir umarmten uns und nahmen Abschied. Sie versprachen, mir die kleinen Schlumpf- und Schlumpfine-Eisbehälter zu schicken, die ich zuvor geleert hatte.

Ich kam zum Flughafen, checkte ein und stieg in die Maschine nach Brüssel. Als ich dort mein Gepäck geholt hatte und aus der Zollabfertigung kam, sah ich Jean Tinguely, der auf mich wartete. Er war mit der gleichen Maschine aus Zürich gekommen, hatte ein Erster-Klasse-Ticket für mich und hatte mich beim Einsteigen verpaßt. Das Personal im Flugzeug konnte ihm nicht sagen, ob ich an Bord war oder nicht, darum hatte er nachher gewartet. In einem Wagen, den Roger geschickt hatte, fuhren wir zusammen nach Knokke. Es war eine herrliche Fahrt. Worüber wir redeten: woran wir jeder gearbeitet hatten, Japan, Skateboard-Rampen, Graffiti in New York, sein Strafmandat für Fahren mit 230 km/h, Bemalen von Rennwagen, Bemalen von Flugzeugen, Niki de St. Phalles bemaltes Flugzeug, Paris, Kooperation an Zeichnungen, die Pierre Keller edieren kann, das Guggenheim, Brunnen, Arbeiten und Nichtarbeiten, Rogers Kochkunst, Kalligraphie, das Beaubourg, Pontus Hulten, die Galerie Beyeler, Bruno Bischofberger, Geld, das Restaurant in Kioto, das er gemacht hat, Blumen-Arrangements, seine nächste Reise nach New York usw. usw. Schließlich machten wir auf dem Rücksitz Zeichnungen, bis wir nach Knokke kamen. Er sagt mir immer ganz erstaunliche Dinge und gibt mir echte Bestätigung. Er versicherte mir, er könne Pontus Hulten dazu bewegen, mir die Erlaubnis zu verschaffen, das

»versunkene Foyer« des Beaubourg zu sehen, weswegen ich vor ein paar Jahren vergebens vorgefühlt hatte. Er ist so cool, er versteht meine Auffassung der Kalligraphie, und er hält mir vieles zugute, was andere gar nicht bemerken. In seiner Gesellschaft fühle ich mich richtig wie zu Hause. Wir machten zusammen ein paar coole Zeichnungen, meistens mit Ergänzungen von mir zu Sachen, die er zuvor gezeichnet hatte, aber wir beschlossen, nächstes Mal ganz von vorn anzufangen und uns mehr in gleichem Sinn zu bemühen. Unsere Zeichengewohnheiten ergänzen sich ganz prächtig.

7. OKTOBER 1987

Nach seltsamen Träumen wurde ich früh wach. Etwas mit Motorrad-Gangs und Morden, meinen Schwestern, Kermit, Juan, Umzug oder Wohnungsreinigung, einer Leiter, die ich auf der Straße vor der Kirche stehenließ, einer Pizzeria, Betrachtung der U.S.-Landkarte im Büro der Rhode-Versicherung, Entlassung eines Hausdieners usw. usw., und das alles in Kutztown oder in einer Kombination von Kutztown und New York. Der Mond war letzte Nacht fast voll, und im Drachen beim Nellensschen Haus zu schlafen war ganz seltsam. Draußen war es beinah taghell, und durch all die runden Fensteröffnungen strömte das Licht herein. Ich schlief allein, stand ein paarmal während der Nacht auf, um zu pinkeln und aus den Fenstern zu schauen. In Nikis Drachen zu schlafen ist sowieso schon ganz wie ein Traum. Ich erinnere mich, auch in diesem Sommer hier schon seltsame Träume gehabt zu haben. Ich frage mich, wieviel Einfluß dies auf meine Arbeit hier und auf mein unbewußtes Selbst gehabt haben könnte.

Eben bin ich ins Flugzeug nach Nizza gestiegen. Ich find' es komisch, auf wie viele verschiedene Arten mein Name auf den Bordkarten geschrieben wird, aber das ist jetzt die beste. Ich kenne schon Harding, Harving usw., aber hier steht nun Harinck. Sieht aus und hört sich an wie eine Verbindung von *Inc.* [Aktiengesellschaft] und *ink* [Tusche]; das hab ich gern.

Heute morgen fuhr ich mit Monique nach Brüssel, traf mich mit Pierre Staeck und ging zu der Schule, deren Leiter er ist. Er ist ein großer Fan und Anhänger meiner Arbeit. Ich lernte ihn kennen, als er mich voriges Jahr in der Galerie Daniel Templon in Paris interviewte. Er hat über mich Vorträge gehalten und Artikel geschrieben. Er sagt, er möchte bald einmal eine längere, ernsthafte Arbeit über mich schreiben. Sein Institut ist klein, konzentriert aber einiges. Es heißt Zentrum für graphische Studien oder so ähnlich, bildet aus in Video, Zeichnen, Malen, Werbegraphik und ist die berühmteste belgische Schule für Cartoon-Zeichner. Sie hat nur etwa 180 Studenten. Er hat einen improvisierten Lichtbilder-Vortrag für 9 Uhr morgens angesetzt. Ich komme hin, schiebe meine Dias ein und sage kurz etwas dazu, mit einer Pause nach jedem Satz für die Übersetzung.

Anscheinend kam ich gut an, aber das ist immer schwer zu sagen, wenn man einen Dolmetscher braucht. Knifflige Dinge zu erklären ist dann sehr schwierig. Einer Frage hat die Notwendigkeit zu vereinfachen, vielleicht genützt: Macht es einen Unterschied, ob man ein Bild auf der Straße oder in einem Museum malt? Schadet es dem Bild etwas, wenn sein Kontext wechselt? Ich antwortete, daß es sich natürlich verändert, einfach weil jedes Bild in einem Museum anders wahrgenommen wird als an einem öffentlichen Platz. Meine Arbeiten nehmen nicht unbedingt mehr Schaden, nur weil sie mit der Straße in Verbindung gebracht werden. Ein Wechsel des Kontextes verändert *jedes* Bild gleichermaßen, aber das Werk bleibt dasselbe!

Einen anderen Gedanken brachte ein Lehrer vor, der meine Verwendung von Farbblöcken mit schwarzen Linien drauf mit Léger verglich. Er fragte, ob es mich nicht störe, daß wir tatsächlich nach einem fast identischen »System« arbeiteten. Ich sagte, für mich könne es nur ein Kompliment sein, von einem Betrachter mit Léger verglichen zu werden, denn das Verfahren, durch das ich zu diesem Ergebnis komme, sei ein ganz anderes als bei Léger. Ich gebe zu, daß ich ihm verpflichtet bin, ebenso wie allen älteren Künstlern, von denen ich etwas gelernt habe (wie Picasso, Warhol, Matisse usw.). Entscheidend ist aber, daß ich seine Technik der Farbe mit darübergelegten schwarzen Linien zwar entlehnt oder (wenn man so will) gestohlen haben mag (sie wird auch von Miró verwendet), daß ich sie mir aber zu eigen gemacht habe, indem ich sie auf meine Weise anwende.

Anders als Léger arbeite ich die Farbe/Linie-Beziehung nicht erst mit dem Bleistift heraus und überarbeite sie dann so lange, bis sie mich zufriedenstellt. Ich mache das nicht auf einer Leinwand als eine Art Studie der formalen Beziehungen. Das hat Léger schon gemacht, also muß ich es nicht noch mal machen. Ich verwende diese Technik, um große Flächen zu bedecken, gewöhnlich an Wänden, manchmal auf Leinwand (und jetzt auch Cartoons), als ein Werkzeug oder Vehikel meiner Arbeit. Ich male spontan die farbigen Formen und zeichne dann direkt die schwarzen Linien auf, genauso spontan, in bezug zu den farbigen Formen (und oft von ihnen inspiriert). Dies wird zu einem Verfahren (voller Zufälle), das ich als Werkzeug benutze, um zu einem wirkungsvollen Resultat zu kommen.

Es hat, nehme ich an, einen kalkulierten Effekt, denn ich weiß, daß es funktionieren wird. Meine Aufgabe ist es, diesen Effekt auf eine Weise einzusetzen, die sowohl für mich interessant als auch für den Betrachter richtig ausgewogen und herausfordernd ist. Die Fertigkeit des Zeichnens und Ausbalancierens ist das Entscheidende, nicht die Technik. Die Gemälde haben nicht nur ganz selbstverständlich eine Ähnlichkeit mit denen von Léger, sie rufen auch Vergleiche mit afrikanischen, indianischen, aztekischen und anderen traditionellen Gestaltungsweisen hervor, nicht weil sie diese imitierten, sondern wegen der Eigenschaften der Zeichnung. Die auf Farbblöcke gezeichneten Bilder sind ganz anders als bei Léger und haben, glaube ich, mehr mit der Kunst und den Bildvorstellungen der soeben erwähnten anderen Kulturen gemein. Während sie durch die Verwendung linearer, zweidimensionaler und sogar dekorativer Elemente mit den sogenannten »primitiven« Kulturen verbunden sind, ist die Information, die sie übermitteln, vollkommen modern, und zwar in den meisten Fällen eine, die es zuvor nicht gab oder gegeben haben könnte. Sie sind inspiriert von der Technologie, der Populärkultur und dem Informationszeitalter.

Sie erkunden den »Effekt« dieser neuen Realitäten auf die Verfassung des Menschen und das Erleben des »Selbst«.

Auch die Art, wie diese Bilder ausgeführt, und die Orte, wo sie ausgeführt werden, sind ganz anders als bei Léger. Ich glaube, er wäre recht froh, diese Bilder von dem Publikum »akzeptiert« zu sehen, das er zeit seines Lebens verzweifelt zu erreichen versuchte. Wegen seines Interesses am Sozialismus und an der Politik versuchte er seine Gemälde an öffentlichen Arbeitsstätten anzubringen und war ziemlich enttäuscht, wenn die »Arbeiter« in der Fabrik sie nicht haben wollten. Das ist bei mir anders. Die meisten meiner Gemälde werden an öffentlichen Orten angebracht (Schulen, Krankenhäuser, Schwimmbäder, Parks usw.), und ziemlich selten erfährt eines eine negative Reaktion. Ich fand sogar, daß es das Publikum geradezu eilig hatte, meine Arbeiten anzunehmen und anzuerkennen, während die bourgeoise und »kritische« Kunstszene sehr viel weniger empfänglich war und sich über solche Arbeiten erhaben dünkte.

Wie Pierre Staeck mir auseinandersetzte, waren die populäre Kultur und die Künstler zu Légers Zeit so weit voneinander getrennt, daß die Künstler ihn nicht akzeptieren konnten. Jetzt, nach 50 Jahren Cartoons, Fernsehen, Werbung, Pop-art, Video-Musik und -Filmen, hat sich der Abstand soweit verkürzt, daß ein Künstler wie Keith Haring möglich geworden ist. »Offizielle« und »populäre« Kultur vermischen sich oft und werden manchmal sogar identisch. Der Künstler muß sich nicht mehr von der Öffentlichkeit fernhalten. Dies hört sich für mich nicht gerade wie ein neuer Gedanke an. Wer war doch gleich Andy Warhol? Das Informationszeitalter und die Kamera haben die Grenzen zwischen hoher und niederer Kunst verwischt. Wenn Léger heute lebte, würde er nicht auch mit dem Computer zeichnen wollen? Wäre er nicht ganz froh, wenn seine Bilder durchs Fernsehen zu den »Massen« getragen würden, für die zu arbeiten er sich sehnlichst wünschte? Gewiß, heute kann man in ein Museum gehen und sich an einem Bild von Léger erfreuen. Wahrscheinlich sind nun viel mehr Menschen bereit, es sofort zu akzeptieren, aber das ist etwas anderes. Mit der Zeit wird alles genießbar. Auch Picasso sieht nicht mehr so schockierend aus wie zu Anfang. Er kann gefahrlos als »künstlerisches Genie« eingeordnet werden, dessen Bilder durch die enormen Preise, die sie erzielen, als »bedeutend« und sogar »klassisch« ausgewiesen sind. Der Markt hat bewiesen, daß sie eine solide *Kapitalanlage* sind. Leute tragen Kleider, die mit Formen ähnlich denen von Léger und Picasso bedruckt sind, und das schon seit fünfundzwanzig Jahren. Wie könnten sie diese Kunst immer noch vulgär und radikal finden wie vor fünfzig oder sechzig Jahren?

Aber wir sprechen nicht von Sachen, die *später* einmal akzeptiert werden, wir sprechen vom *Jetzt*. Die Zeitspanne, in der etwas den Prozeß des Konsumiert-, Akzeptiert- und Imitiertwerdens durchläuft, wird immer kürzer und kürzer. Auch die Pop-art brauchte mindestens zehn Jahre, bis sie der Kultur assimiliert war. Jetzt aber ist das anders! Meine Arbeiten erschienen in allen Erdteilen schon auf T-Shirts und Kleidern, *bevor* ich auch nur ein einziges echtes KH-T-Shirt hergestellt hatte. Bevor ich auch nur eine einzige Museumsausstellung gehabt hatte. Bevor ich tot war. Bevor man auch nur daran gedacht oder

bewiesen hatte, daß sie einen »finanziellen Anlagewert« besaßen. *Das ist das neue Phänomen.* Dies ist die Kunst eines Informationszeitalters, das sich so schnell voranbewegt, daß es vielleicht bald nicht mehr einholbar ist und sich selbst davonläuft, wobei die populäre Kultur den Künstlern ihr Handeln diktiert und eine elitäre Separatkultur obsolet macht. Ein entsetzlicher Gedanke für diejenigen, die ihr ruhiges Plätzchen in der »Kunstszene« bewahren wollen, wo sie unter sich und etwas Besonderes sind. Ich bin sicher, daß irgendwann jemand mein Beispiel zum Ausgangspunkt nehmen und über das, was ich getan habe, hinausgehen wird, so weit, bis ich eines Tages so »alt« und »klassisch« aussehe wie Léger. Und ich bin sicher, daß eines Tages ein Künstler gefragt werden wird: »Stört es Sie nicht, daß Sie diesen Effekt mit einer ähnlichen Technik wie Keith Haring erzielt haben?« Und ich bin sicher, er (oder sie) wird die Antwort darauf ebenso parat haben wie ich.

Ich komme in Nizza an und fahre zu Yves und Debbie.

8. OKTOBER 1987

Das erste, was ich sehe, als ich gestern bei Yves und Debbie ankam, ist ein schönes tunesisches Mädchen, etwa siebzehn Jahre alt, in kleinem Hausmädchen-Outfit mitsamt Strümpfen und hohen Absätzen. Nun weiß ich, daß ich hier richtig bin. Das Baby, meine Patentochter, ist unglaublich entzückend. Madison sieht aus wie ein neugeborenes Lamm, dem noch kein Fell gewachsen ist. Echt cool. Sie haben eine hübsche junge Deutsche als zeitweiliges »Kindermädchen«. Yves hat ein anderes Wort dafür, etwas in Französisch, das bedeuten soll, erklärt er mir, »schönes junges Mädchen, das sich um die Kinder kümmert«.

Ich komm' da nicht mit! Jedenfalls, das Haus sieht toll aus, und ich bin sehr erleichtert, endlich ohne Termine oder Verpflichtungen in dieser sozusagen paradiesischen Atmosphäre zu sein.

Gestern abend aßen wir zusammen mit Grace. Sie ist hier, um sich in Paris eine Wohnung zu suchen, denn sie hat vor, dieses Jahr lange in Europa zu bleiben. Gestern nacht ist sie mit Debbie im Meer schwimmen gegangen, darum ist sie heute übel erkältet und hört nicht auf zu jammern. Ich bin überzeugt, sie wird sich nicht besser fühlen, solange es nicht allen andern noch schlimmer geht als ihr, denn sie stöhnt und klagt ständig, »warum gerade ich?«.

Jedenfalls, es war nett, sie zu sehen. Sie kam zum Essen, und ebenso Marisa Del Re und eine Assistentin aus ihrer Galerie. Sie haben mit einer Skulpturen-Ausstellung am Kasino zu tun, wo ein riesiger Lichtenstein an der Vorderfront neben dem Calder und dem Appel aufgestellt wird. Die Installation/Plazierung ist gräßlich, aber die Skulptur ist phantastisch. Ich kann mir nicht vorstellen, welche Skulptur diese Plazierung vor dem Kasino überhaupt aushalten könnte. Es ist so kitschig und überladen, daß nur ein wirklich mieser Bronzebrunnen damit konkurrieren könnte. Wir redeten ein bißchen über Kunst. Marisa sagte, meine Skulptur in Münster habe ihr gefallen. Kann man sich die vor dem Kasino vorstellen? Am besten eingeklemmt zwischen all den andern, die da schon stehen, na sicher! Igitt! So was wie ein Flohmarkt im Museum!

Grace mußte die ganzen zwei Straßen weit von Yves und mir nach Hause gebracht (gefahren) werden, und natürlich bestand sie darauf, daß wir mit reinkamen, und bettelte praktisch um eine Massage. Aber gegen Yves' bessere Einsicht beschlossen wir zu gehen. Vorher hatte sie uns unbedingt noch die Zäpfchen vorführen müssen, die Patrick ihr gegen ihre Erkältung gekauft hatte: Ach, der Vollmond . . .

Ich lief noch länger herum, ging mir die Lichtenstein-Skulptur aus der Nähe ansehen. Sie ist wirklich unglaublich. Muß Aluminium sein. Sie ist richtig dick. Drei Pinselstriche ins Riesenhafte vergrößert und entsprechend bemalt. Unglaubliche Sache. Sie ist wohl neun Meter hoch. Echt cool und echt pop. Ich wüßte gern, was Claes Oldenburg davon hält . . .

Ich betrachte sie, mit dem Vollmond dahinter, und gehe lange um sie herum.

9. OKTOBER 1987

Endlich bin ich wieder im Haus. Es ist sieben Uhr früh. Anscheinend wird die Haustür unten um 5 Uhr abgeschlossen. Ich war um 5 Uhr 15 zurück und kam nicht rein. Niemand ging ans Telefon, bis jetzt eben. Was für ein herrlicher Morgen. Jetzt scheint die Sonne so hell, daß ich nicht schlafen gehn kann. Alle hatten nach dem Abendessen Valium genommen, darum hörte niemand das Telefon. Verbrachte den ganzen Tag mit Nichtstun. Kaufte Kunstmaterialien, besuchte Grace, aß tunesisch. Draußen eine Weile mit einem marokkanischen Kellner herumgebummelt. Alles lief auf nichts raus, aber das ist wohl der Reiz von Monte Carlo . . . Nichtstun.

In New York hat mein Gepäck sich angefunden. Es sollte heute ankommen. Außerdem sind meine Sachen bei der Auktion für sehr gute Preise weggegangen. (Davon mehr, wenn ich diesen Schreiber weggeschmissen habe, schlafen gegangen und wieder aufgestanden bin und weiterschreibe.)

Ich finde es irgendwie absurd, daß ich diese Dinge nun so genau verfolge, aber ich habe begreifen müssen, wie wichtig es ist zu wissen, was sich auf diesem Gebiet tut. Da meine Arbeiten auf den Auktionsmarkt gebracht werden, muß ich mich mit der Situation befassen, ob ich mag oder nicht. Sie einfach nicht zu beachten würde sie nur noch heikler machen. Bis jetzt habe ich noch nichts selbst zurückgekauft, aber ich habe angefangen, die Auktionen zu verfolgen, um wenigstens zu erfahren, ob Sachen verkauft worden sind und für wieviel. Besonders weil es da draußen Leute gibt, die versuchen könnten, mir den Markt zu verderben, indem sie den Anschein entstehen lassen, als gäbe es einen allgemeinen Trend, meine Sachen auf den Markt zu kippen, was eine Art »Kurseinbruch« hervorrufen kann, wenn alle nachziehen. Um mir zu schaden, kann jemand auch einen überhöhten Schätzpreis für etwas angeben, und wenn die Sache bei der Auktion dann diesen Preis nicht erreicht, sieht es so aus, als ob sie im Wert gefallen wäre. Das war es, was ich bei dieser Auktion befürchtete. Es waren mehrere Arbeiten dabei – zwei Holzreliefs und vier Zeichnungen –, die viel höher angesetzt waren als manche ähnlichen auf der letzten Auktion. Wenn sie niedriger weggingen, wäre vielleicht der Eindruck entstanden, daß sie nicht mehr gefragt sind. Das Üble daran ist, daß dadurch die Nachfrage nach meinen neuen Arbeiten beeinträchtigt würde. Um mir also für das, was ich jetzt mache und was ich in Zukunft machen möchte, einen Markt zu sichern, muß ich mich vergewissern, daß meine älteren Sachen noch verlangt werden. Was für ein sonderbarer Zyklus!

Übel ist auch, daß meine früheren Arbeiten schon in Konkurrenz mit denen stehen, die ich jetzt mache. Ich bin neunundzwanzig und habe seit etwa 1982 meine Arbeiten auf der internationalen »Galerieszene« (d. h. dem Kunstmarkt) ausgestellt. Bei Auktionen tauchten meine Sachen zuerst etwa 1984 auf, und seither bei vielen Auktionen. Leider haben viele von den Leuten, die meine Sachen schon 1982 oder '83 kauften, darin nur eine Kapitalanlage gesehen. Es war ihnen egal, ob sie ihnen gefielen, wenn sie nur Geld brachten. Ich hielt viele dieser Leute von Anfang an für Arschlöcher und war so naiv, ihnen Arbeiten zu verkaufen, die vielleicht nicht meine besten waren. Jetzt verkaufen sie diese Sachen und verdienen mehr Geld daran, als sie mir damals gezahlt haben.

Das ganze System stinkt zum Himmel, aber es ist fast unmöglich, sich ihm zu entziehen. Welcher junge Künstler ließe sich nicht von der ersten Gelegenheit dazu verführen, seine Sachen zu verkaufen? Auch deshalb, weil die ersten Verkäufe helfen können, Interesse an seinem Werk zu wecken und ein Publikum dafür zu finden. Was mich angeht, so wollte ich natürlich lieber Bilder verkaufen, als Lieferfahrer für Zimmerpflanzen werden. Es ist ein Teufelskreis: 1) Du wirst von Kunstkritikern und/oder vom Publikum kritisch aus deiner »Gruppe« hervorgehoben. 2) Das erzeugt beim Publikum, bei Kunsthändlern und Galeristen ein Interesse an deinen Arbeiten. 3) Denen wird klar, daß sie dein Werk nun verkaufen können, also bieten sie dir Ausstellungen an. 4) Die Leute kaufen deine Arbeiten, was es dir ermöglicht, neue zu machen, größere und bessere Materialien und Arbeitsräume zu kaufen und dich ohne kunstfremde Arbeit durchzubringen. 5) Das bedeutet zugleich, daß befreundete Künstler dich nicht mehr als Mitglied der »Gruppe« ansehen, weil du nun Geld verdienst, und damit ändert sich deine gesamte soziale Situation. 6) Du wirst nun gleich auf den »Kunstmarkt« geworfen, weil Leute anfangen, deine Arbeiten zu kaufen. 7) Viele kaufen deine Sachen, weil sie noch nicht teuer sind, denn du bist noch relativ unbekannt, und deine Preise werden entsprechend niedrig angesetzt. 8) Je mehr du verkaufst, desto mehr Nachfrage entsteht durch die Flüsterpropaganda unter denen, die solche Dinge »sammeln«. Viele sehen in dir nun allmählich eine Kapitalanlage, wenn auch eine riskante. Da deine Arbeiten noch billig sind, können sie das kleine Risiko eingehen. 9) Du produzierst noch mehr, weil du nun mehr Zeit und Geld und ein neues Publikum hast und weil du natürlich wegen des wachsenden Interesses und des neuen »Marktes« für diesen »aufstrebenden« jungen Künstler mehr Angebote zu Ausstellungen bekommst. 10) Mit steigender Nachfrage steigen allmählich auch die Preise. 11) Weil man dich sammelt und ausstellt, beginnen mehr Kritiker und Journalisten über dein Werk zu schreiben. Der »Hype« der Kunstszene beginnt zu eskalieren. 12) Alle haben etwas davon, auch du. 13) Schließlich tauchen die Arbeiten bei Auktionen auf, weil die Preise erheblich gestiegen sind und manche dieser »Anleger« es eilig haben, nun den Gewinn abzukassieren, bevor womöglich ein Preisverfall einsetzt. 14) Diese »spekulativen« Sammler, die wohl von vornherein nicht an den Wert des Werkes geglaubt haben, möchten es nun schleunigst loswerden und mit der nächsten »riskanten Geldanlage« auf einen neuen Künstler setzen, dem sie zutrauen, daß er ihnen ein paar Dollar einbringen könnte. 15) Die zur Auktion stehenden Arbeiten konkurrieren nun mit denen, die du weiterhin produzierst, und zwischen beiden muß ein Gleichgewicht gefunden werden. 16) Der Künstler muß nun seine Produktion so regulieren, daß er dieses »Gleichgewicht« wahren kann.

Das ist ein »allgemeines« Szenario. Mein Fall im besonderen liegt etwas anders wegen der zusätzlichen »Situationen«, mit denen ich das System gestört und herausgefordert habe. Mein »populärer Erfolg«, mein Eingetauchtsein in die populäre Kultur, auch die Sonderprojekte, die ein Grundbestandteil meines Lebens und Wachsens in der Kunstszene gewesen sind, werden nun zu Faktoren meiner Position auf dem Kunstmarkt. Die meisten von ihnen haben meinen Marktwert negativ beeinflußt, ähnlich wie das, was Andy tat, seine Beziehung zum Markt beeinträchtigt hat. Bisher habe ich meine Marktpotenz ohne künstliche Nachhilfe bewahren können. Aber das war ein mühsames Geschäft, denn meine Anhänger sind nicht so zahlreich wie jene, die mich zum Teufel wünschen. Aber ebenso wie Andy werde ich für immer in ihrer kleinen Welt herumspuken, ob es ihnen gefällt oder nicht.

Diese Gesamtsituation erklärt, warum ich mich jetzt für die Auktionen interessiere. Ich kann nicht einfach drauf hoffen, daß sie sich von allein auflöst, wenn ich mich nicht drum kümmere. Und bei dieser Auktion habe ich mich sehr gut gehalten. Alle Arbeiten kamen mir überbewertet vor, was hätte schlimm werden können, wenn sie die im Katalog genannten Preise nicht erreichten. Aber sie brachten sogar noch mehr als den obersten Schätzwert, manche Zeichnungen bis zu 5500 Dollar. Das ist gut, wenn man bedenkt, daß dieselbe Zeichnung in einer Galerie maximal 3000 Dollar kosten würde. Das einzige Bild, das unter dem Schätzwert blieb, war eines von LA ROCK. Im Katalog war angegeben, es sei von Keith H und LA ROCK, aber kein Strich daran war von mir. Es wurde sogar im Katalog gesagt, daß es von LA signiert war und nicht von KH und LA. Diese Zeichnung brachte 1500 Dollar. Das ist immer noch O.K.

11. OKTOBER 1987

Seit der Eintragung vom 9. Oktober morgens bin ich nicht mehr zum Schreiben gekommen. Der Rest des Tages verlief ziemlich ereignisreich. Nachdem ich aufgehört hatte zu schreiben, holten Debbie und ich Jan vom Bahnhof ab – er kam aus Amsterdam übers Wochenende. Wir kamen ins Haus zurück und fuhren mit Yves und Debbie nach Nizza. Zuerst besuchten wir Ben [Vautier], der ein Haus am Stadtrand hat. Es ist ziemlich cool, vorn und auf einer Seite ganz bedeckt mit Gemälden und Objekten, wie bei einem etwas liederlicheren, europäischeren und älteren Kenny Scharf. Innen war es noch besser, alle Wände voller Postkarten und Bilder von ihm und anderen. Er hatte einen kleinen Macintosh-Computer, den er gerade benutzen lernt. Er sagte, er lese jeden Tag die Zeitungen, und ließ überall im Haus Nummern von *Le Monde* herumliegen, um es zu beweisen. Er schien für alles Schachteln und Aktenordner zu haben, die er immer wieder als seine »Archive« bezeichnete. Er gab mir ein paar Aufkleber und ein Plakat, auf das ich etwas zeichnete und das ich ihm dann zurückgab. Dann gab er mir einen Druck, auf dem nur stand »no More Art – Ben«, und schrieb ihn voll. Wir blieben eine Weile da, schauten alles an und ließen uns Geschichten erzählen. Es war irgendwie sehr französisch. Wir tranken Wein, aßen Hühnerflügel und redeten.

Wir fuhren weiter nach Nizza, wo wir eine Verabredung in der Galerie Ferrero hatten, der Galerie, die ich schon am Tag zuvor mit Yves besucht hatte. Sie stellt meistens nur die Arbeiten von Arman aus, aber auch Cesar und Ben, und hatte eine Menge kurioser Antiquitäten und Drucke von Picasso, Miró, Braque usw. Es ist eine Art Mischmasch von allem und jedem, aber durch das ganze Durcheinander schien sich eine gewisse Sensibilität zu ziehen. Es gab dort eine unglaubliche Maschine, wie ich sie noch nie gesehen hatte, die Schnellfotodrucke machen konnte – ähnlich wie ein Fotokopierer, aber mit sehr akkuraten Reproduktionen auf Fotopapier. Yves kam auf die Idee, daß ich meine Hand bemalen und eine kleine Druckauflage davon machen sollte. Hörte sich gut an, also warum nicht? Zwei Dinge in der Galerie wollte ich sehr gern eingetauscht haben. Das eine war eine Picasso-Radierung mit dem Künstler und seinem Modell, wo der Künstler sein Modell fickt, ohne Pinsel und Palette aus der Hand zu legen. Das andere war ein Aschenbecherhalter in Form eines ausgestopften Alligatorkopfs, mit einer Glaskuppel und zwei kleinen Krebsen innerhalb des Glases. Es war sehr eigenartig, und ich konnte kaum widerstehen.

Also machte ich mit einem kleinen japanischen Pinsel und chinesischer Tusche eine sehr detaillierte Zeichnung auf meiner linken Hand und stellte fotografisch eine Auflage von zehn Drucken her. Drei APs und zwei PPs. Neun Drucke und ein PP gab ich für den Picasso und den Alligator-Aschenbecher. Ein PP gab ich Yves. Es wurde richtig cool.

Die Tusche war sehr beständig, und ich behielt sie an der Hand. Wir fuhren zurück nach Monte Carlo, aßen zu Abend und machten Fotos mit meiner Hand, ich nackt, Debbie nackt und Bea (das deutsche Mädchen) ebenfalls nackt. Jan machte Schnellfotos. Wir nahmen Ecstasy. Je mehr das X wirkte, desto stärker wurden die Fotos, bis mich schließlich Yves fotografierte, wie ich nur in meiner Lederjacke, in Spitzenhöschen und den Adidas-Schuhen mit Bea herummachte – sie nur mit schwarzen Strümpfen, hochhackigen Schuhen und Strumpfhaltergürtel.

12. OKTOBER 1987

Gerade Kurt Vonneguts neuen Roman *Blaubart* ausgelesen. Ich glaube, wir fliegen über Rußland. Der Flug von London nach Tokio hat eine Zwischenlandung in Moskau. Ich habe ein bißchen Angst.

Die Unterbrechung in Moskau war interessant. Aus der Luft oder auf dem Flughafen war nicht viel zu sehen. Ziemlich trüb und kalt. Es gab eine Erster-Klasse-Lounge, wo ich Eis und Tee bekam. Haufenweise Zeitschriften lagen herum, aber nicht viel auf englisch. Der ganze Laden sah sehr nach Propaganda aus – mit Sachen über die Strategische Verteidigungsinitiative und jede Menge Bilder von Rußland, aber alle in höchst unzeitgemäßem Stil. Es entsprach all den stereotypen Vorstellungen, die ich von der UdSSR hatte. Ich überlegte, ob ich einen »tag« auf der Toilette machen sollte, aber an der Decke waren offene Streifen, die mich eine versteckte Kamera befürchten ließen. Wir waren froh, wieder an Bord der Maschine zu gehen.

13. OKTOBER 1987: TOKIO

An der Tür des Flugzeugs wurde ich von einer Frau begrüßt, die gekommen war, um mich durch den Zoll zu bringen und dafür zu sorgen, daß alles glattging. Ich war beeindruckt. Jemand aus der Maschine mußte sie benachrichtigt haben, daß ich ankam, und man hatte befunden, ich sei wichtig genug für eine Eskorte. So wirst du in Japan empfangen... Ich fragte sie, ob sie dieselbe sei, die vor ein paar Wochen Michael Jackson begrüßt hatte, und sie sagte ja. Nun bin ich erst recht beeindruckt.

Den ganzen Nachmittag bin ich herumgelaufen, meist um gefälschte KH-T-Shirts zu kaufen. Die besten bisher gab es bei Hysteric Glamour. Vergrößerungen nach Club-DV8-Shirts, Pop-Shop-Wandfotos über die Ärmel gedruckt. Ziemlich scheußlich! Am besten von denen, die ich kaufte, gefiel mir ein guter KH-Raubdruck in zweiter Generation. Viele hatten einfach bloß das Pop-Shop-Logo. Solche haben wir noch gar nicht gemacht, ist aber eine gute Idee.

14. OKTOBER 1987

War in einem neuen französischen Restaurant, das grad erst vor drei Tagen aufgemacht hat. Drinnen war es echt cool. Eine Art anthropomorphes Bio-High-Tech. Ein hübsches Mädchen, ein neuer Gesangsstar in Japan, traf sich dort mit uns. Sie ist ein großer Fan und genau die Art japanisches Prachtweib, von der ich immer dachte, daß ich so eines mal heiraten würde. Zu schade, daß ich an Frauen absolut kein Interesse mehr habe. Wir gingen alle zusammen in so einen anderen Club, den der Typ eingerichtet hat, der *Bladerunner* gemacht hat. Einige hatten ihn mir als so wie das Palladium geschildert, aber er geht weit drüber hinaus! Wie das Innere eines Raumschiffs.

Um 2 Uhr 30 morgens kam ich nach Hause und rief Juan an. Er sagt, er kommt nur nach Tokio, wenn ich eine Hochzeitskapelle antreten lasse. Natürlich erzählt er mir dann gleich, wie er unvermeidlich von allen in New York »attackiert« wird, die mit ihm schlafen wollen. (Was für ein furchtbares Problem!) Er ist überzeugt, wenn ich mich an ihn binden würde, wäre er nicht mehr in Versuchung herumzuficken. Ich bin da nicht so sicher. Tatsächlich ficke ich keineswegs herum, so wie er sich das vorstellt. Mir schmeißen die Leute sich nicht so mir nichts, dir nichts an den Hals. Ich schau' mich um, aber na und? Nichts tut sich. Ich bin sicher, bei ihm ist das anders, denn er ist ein wandelndes Sexualobjekt. Ich weiß wirklich nicht, was ich will. Manchmal denke ich, ich möchte unabhängig sein, aber wenn er mich anriefe und sagte, er wollte für immer Schluß machen, und machte es wirklich, ich glaube, ich würde ausflippen.

Ich bin darin noch nie gut gewesen. Ich habe nie richtig verstanden, was Liebe ist, oder eine Beziehung gehabt, in der alles glattging. Anscheinend fordere ich immer die Ablehnung heraus, und je mehr ich geliebt werde, desto weniger bin ich bereit, es mir gefallen zu lassen, denn ich *will* wohl gekränkt werden. Ich tue mir gern selbst leid oder so. Vielleicht ist es wirklich an der Zeit, daß ich heirate. Ich bin mir nicht sicher, ob ich ohne Juan leben kann, wenn es wirklich soweit kommt. Ich bin so erbärmlich eifersüchtig, und doch erregt mich zugleich die Vorstellung, daß er ein Sexualobjekt ist. Die ganze Geschichte war zu sehr wie Schicksal. Und mit dem Schicksal kann man nun mal nicht ficken. Jedenfalls, er kommt nun in zwei Tagen nach Japan, und bis wir am 30. Oktober wieder abreisen, muß ich mich entweder gebunden haben oder für immer goodbye sagen. Das ist nichts, was man am Telefon entscheiden kann.

DONNERSTAG, 15. OKTOBER 1987

Traf mich um 8 Uhr 30 mit Seiko. Fuhren nach Tama, um mit meinem Freiwilligen-»Stab« zu sprechen und die Bäume, die ich entworfen habe, und die Platten anzusehen, auf die wir die Wandbilder malen sollen. Die Bäume haben sie nur etwa 1,80 m hoch gemacht, sehen aber O.K. aus. Sie hatten nicht die richtige Art Pinsel, aber das wird alles noch vorbereitet. Die Glocken sind kleine Metallglocken, statt aus Keramik, wie anfangs beabsichtigt. Angesichts all der Abänderungen und des Regens (es heißt, ein Taifun ist im Anzug) kann alles noch sehr heiter werden.

TOKIO –

Ich ging ins Kaufhaus *Tokyu*, um für morgen Pinsel zu kaufen. In dem Haus gibt es einfach alles, was man sich denken kann, sogar mein Poster für das Jazz-Festival von Montreux 1983. Außerdem ging ich zu Parco, um Bruce Webers Bilder über Rio de Janeiro zu sehen. Zumeist waren es dieselben Fotos wie in dem Buch, aber einige waren noch nicht veröffentlicht. Ein Bild von Eriksen (dem Kickboxer), wie er aus dem Wasser steigt, mit perfekt sichtbarem Umriß seines Schwanzes. Was für ein vollkommenes Exemplar unserer Gattung! Mein »Eriksen« muß nun jeden Augenblick ankommen. Juans Maschine sollte um 16 Uhr 15 landen, aber bei dem Feierabendverkehr braucht er vielleicht ein paar Stunden, um herzukommen. Habe auch Francesco Clementes Buch *India* angeschaut, das wirklich schön ist. Außerdem Michael McKenzies Buch über Kunst der achtziger Jahre in New York. Drin herumgelesen; manche guten Sachen, viel Scheiß. Cover von Cutrone, voller Kostabi-Mist. Eine falsche Angabe sah ich gleich. Bei einer Abbildung des entstellten Wandbilds aus der Houston Street steht: »Anders als KHs Wandbild, das eine Auftragsarbeit war, schienen alle anderen, die schließlich über dem von Haring standen, einfach dort aufgetaucht zu sein.« Was für ein Quatsch! Die wahre Geschichte dieses Wandbilds ist sehr viel komplizierter. Wie kann er behaupten, daß Tom Otterness die Sache in Gang gebracht haben soll, wo wir doch über 20 Säcke Müll davor weggeschaufelt und weggeschleppt haben, bevor wir es überhaupt erst bemalen konnten! Einen Auftrag hatten wir nie. Ich habe bezahlt, die Farbe beim ersten Mal, für alle späteren Reparaturen, auch beim zweiten Mal, als ich eine Schicht Silberfarbe auftrug, um das Verschmierte zu überdecken, und auch die Farbe für die sieben anderen Graffiti-Maler, die auf meine Anregung später daran mitarbeiteten, habe ich bezahlt. Warum kann er das nicht richtig erzählen!

Juan ist da, Schluß mit Schreiben…

SAMSTAG, 17. OKTOBER 1987

Im Zug nach Tama. Ich habe mit Seiko darüber gesprochen, wieweit die fundamentalen Unterschiede zwischen den Menschen hier und im Westen mit der Religion zu tun haben. Jedermann hier ist von Geburt an Buddhist, ob er die Religion nun praktiziert oder nicht. Die Grundeinstellung zur Welt und die Auffassung vom »Selbst« ist eine ganz andere als die westliche, die hauptsächlich vom Christentum bestimmt ist. Irgendwie scheint mir der

Buddhismus eine Grundprämisse von Frieden mit der Welt und dem Selbst zu begünstigen und so etwas wie Achtung sowohl vor dem Individuum wie vor dem »Ganzen« einzuflößen. Die allgemeine Grundeinstellung der Menschen hier hat eine mir ungewohnte Art von Intensität. Aufmerksamkeit für Details und ästhetisches Feingefühl sind eine »selbstverständliche« (unbezweifelte) Tatsache. Die Leute glauben nicht wie im Westen, daß »Kunst« ein Begriff oder eine Sache für sich ist. Es besteht ein ungeschriebenes Einverständnis, sich zu respektieren und zu koexistieren.

Gewiß ist das auch kein Utopia hier; Probleme gibt es auf allen Ebenen. Vielerlei moralische Dilemmas und Konfrontationen zwischen der Tradition und ihren Verhaltensnormen und den »moralischen Codes«. Ich will nur sagen, daß die Grundeinstellungen und die ästhetischen Empfindungsweisen jede Situation zu durchdringen scheinen. Der Sinn für »Ordnung« ist nichts Aufgezwungenes, sondern etwas, das in allem und jedem steckt. Die Normen werden nicht durchgesetzt, sondern empfunden und wortlos befolgt. Es ist ein »Vergnügen«, hier zu arbeiten, und ein »Vergnügen«, die Regeln einzuhalten, weil man es anscheinend aus freien Stücken tut und nicht, weil es einem befohlen wird. Die Situation ist viel komplizierter, als sich mit diesen simplen Bemerkungen erklären läßt, aber ich glaube, ich habe eine Vorstellung vom Innern dieses komplizierten Systems.

Wir nahmen den Zug nach Shibuya, und ich ging mit Juan zum Hotel. Wir trafen Leute, die ich aus New York kannte. So ein Typ, der eine Art Wanderausstellung über eine tote Marilyn Monroe macht. Sie erzählten uns von einer coolen Bar. Wir aßen etwas und gingen dann hin, um sie dort zu treffen. Es war die Schwulengegend von Shinjuku, aber keine Schwulenbar – so was wie »gemischtes« Publikum und ein großartiger DJ. Am Eingang hing ein Pop-Shop-Poster. Es war nett, weil ich gleich drauf einstieg und mich hinreißen ließ, seltsame und erotische Sachen zu zeichnen. Wir blieben, bis ich keine Lust mehr hatte, Sachen zu signieren. Dann gingen wir in einen Schwulen-Buchladen und kauften eine Zeitschrift. Ein paar fette amerikanische Touristen streiften herum, und der eine schmachtete Juan an: »He, mein Schöner, wie komm' ich dir in die Hose?« Sonst noch was?

SONNTAG, 18. OKTOBER

Hier zu arbeiten, hier zu sein ist wirklich erstaunlich. So was kenne ich nirgendwo sonst auf der Welt. Auch nachdem ich mir in New York bei der Arbeit neun Jahre lang den Arsch aufgerissen habe, kriege ich dort nicht den Respekt und die Anerkennung wie hier schon für die kleinsten freundlichen Gesten. Alles, was man tut, wird hier anscheinend dankbar gewürdigt. Ich habe zu diesem Land und zu dieser Kultur eine Verbindung, die sich schwer erklären läßt. Ein Gefühl, wie wenn ich von hier herstammte, oder so ähnlich. Vielleicht bin ich früher schon mal hier gewesen. Kwong Chi sagt immer, ich sei in meinem früheren Leben eine Navajo-Indianerin gewesen, aber ich glaube, ich könnte ein japanischer Maler gewesen sein.

MITTWOCH, 21. OKTOBER

Die letzten zwei Tage hatte ich so viel zu tun, daß ich nicht zum Schreiben kam. Wichtige vierstündige Sitzungen mit den Pop-Shop-Mitarbeitern in Tokio. Alle Produkte durchgegangen, die hier hergestellt werden können, und beschlossen, was aus New York zu schicken ist. Am schwierigsten ist, zu entscheiden, was wir *nicht* machen sollten, weil es so viele Möglichkeiten gibt. Alles scheint gutzugehn. Ich sprach mit einem Brillenfabrikanten, der vielleicht interessiert wäre, mich Designs machen zu lassen. Sie stellen hochwertige Produkte her und waren ganz begeistert von der Idee, mit mir zusammenzuarbeiten. Über Geld müssen wir natürlich erst noch reden.

Heute hat jemand aus einer Galerie auf der Ginza ein Picasso-Gemälde gestohlen. Er hat den Galeriebesitzer umgebracht, um es zu stehlen, und ist damit entkommen. Ganz unglaublich!

Heute war ich in einer großen Druckerei, um zu sehen, was sie leisten könnte. Sie war unerhört groß und zu allem fähig, was ich mir nur vorstellen kann. Tätowierungen, Klappbilder, Daumenkino, Hologramme, Vinyltüten ... alles! Es ist richtig aufregend zu sehen, was für eine Qualität sie produzieren können. Ich kann es kaum erwarten, daß wir anfangen.

FREITAG, 23. OKTOBER

Stand auf und ging Material einkaufen, damit ich Samstag an meinen Zeichnungen arbeiten kann. Kaz schlug vor, daß ich Fran in New York anrufe, um besser zu verstehen, was sie zu erklären versuchte. Ich rief an, und es wurde klarer, obwohl sie manchen von meinen Beschwerden zustimmte. Wir fuhren in den Vorort, uns den Platz ansehen, wo wir die Container aufstellen, in denen der Pop Shop untergebracht wird. Wir haben noch mal neu überlegt, wie wir die Container bauen wollen, und beschlossen, wo die Fenster, Türen usw. sein sollen. Es sieht nun allmählich alles schon ganz real aus. Juan meint, die Leute sollten die Schuhe ausziehen müssen, bevor sie eintreten. Ich fand zuerst, das ist zuviel verlangt, aber vielleicht ist es doch cool. Ich muß es mir noch überlegen. Von dem Container-Platz fuhren wir zurück nach Tokio, um uns das Lokal anzusehen, das wir für die »Disco«-Party zur Eröffnung des Ladens mieten können. Ich wünsche mir ein Lokal, das 2500 Leute aufnehmen kann, aber das scheint für Tokio vollkommen unerhört zu sein.

Dann fuhren wir nach Roppongi zu einem Dinner mit der Tunte, der ein ganzes Gebäude voller

Restaurants und Discos gehört. Ich hatte den Mann schon mal getroffen, als ich für Parco hier war. Er besitzt eine miese Laser-Disco. Als wir eintraten, trug einer der Kellner eine Anstecknadel mit meiner Zeichnung und dem Logo der Disco. Er verschwand sofort, bevor wir ihn danach ausfragen konnten, und als er wiederkam, war der Anstecker auf geheimnisvolle Weise verschwunden. Kaz und ich wurden gleich mißtrauisch und spürten schließlich den Geschäftsführer auf, gerade als der Eigentümer ankam. Der sagte, er hätte ihnen erlaubt, es zu drucken, solange sie es nicht verkauften. Er sagte, sie hätten nur 50–100 Stück gedruckt. Für wie blöd hält er mich? Wer hat der Tunte die Erlaubnis gegeben?

Im übrigen war die Eröffnung eher komisch und sinnlos, mit Dinner in einem seltsamen chinesischen Restaurant in seinem Gebäude. Das Essen war gut, aber voll MSG [Monosodium-Glutamat; chemischer Geschmacksverstärker].

Er möchte, daß ich ihm eine Disco bemale, die er in Hawaii baut. Verlaß dich nicht drauf, Marie!

Das Komische ist, obwohl er eine absolute Tunte ist, schleppt er immer ein aufgeputztes weißes Mädchen mit herum. Echt schleimig und echt Tokio-Pop.

SAMSTAG, 24. OKTOBER

Stand auf und ging ins Kaufhaus Tokyu Hands, Papier kaufen, dann zu Satos Büro in Shinjuku, um Designs für den Pop Shop zu machen. Es goß in Strömen, der perfekte Tag zum Arbeiten. Ich arbeitete sieben oder acht Stunden an Designs für Telefonkarten, die neue Pop-Shop-Tüte, Aufkleber, T-Shirt-Labels und einem Design für einen Trainingsanzug. Sehr mühsam, alle Linien mit einem feinen Stift und Deckweiß nachzuziehen, damit sie vollkommen glatt werden. Die mit dem Marker gezogenen Linien müssen bereinigt werden, aber die mit dem Pinsel gezogenen, die ich morgen mache, lasse ich, wie sie sind, so daß man die Pinselstriche sehen kann.

SONNTAG, 25. OKTOBER

Zurück ins Studio, um an den Designs für den Pop Shop Tokio zu arbeiten. Ich machte ein paar Drachen-Zeichnungen für eine Neujahrskarte und einen posterartigen Kalender. Dann gab es ein unglaubliches Essen mit Eiko in einem italienischen Restaurant. Wir sprachen über alles mögliche, von ihrer beabsichtigten Zusammenarbeit mit Grace

Jones bis zum Faschismus in der Kunst und dem Mißbrauch der Künstler durch japanische Firmen. Sie arbeitet an Bühnenbild-Entwürfen für eine Oper von Philip Glass und ein Broadway-Stück *(M. Butterfly)*. Ein sehr eingehendes Gespräch über Kunst und mein Verhältnis zur japanischen Kultur, eines der lebhaftesten und anregendsten, die ich seit langem gehabt habe. Wir verstanden uns von Anfang an, und es war sehr leicht, miteinander zu reden. Sie brachte eine Menge interessanter Bemerkungen dazu vor, wie die Japaner den Begriff »Kunst« auffassen.

MONTAG, 26. OKTOBER 1987

Stand um 8 Uhr 30 auf und ging ins Studio, um an den Tuschezeichnungen für die Shirt-Designs zu arbeiten. Ich machte ein Neujahrs-Shirt mit Drachenhaut-(Schuppen-)Ärmeln und Muster für ganzflächig bedruckte Long-Sleeves. Sie wurden ziemlich cool. Ich befürchte nur, es gibt schon so viele Shirts mit imitierten ganzflächigen Mustern, daß ich hoffen muß, meine werden besser aussehen als die imitierten (oder wenigstens ebensogut).

Ich fing an, die Farbangaben zu den Entwürfen der letzten beiden Tage zu machen, aber ehe ich wußte, wie es kam, war es 15 Uhr 30 und Zeit für die Taxifahrt zurück ins Hotel, um Seiko zu treffen.

Seiko kam und sagte mir die Adresse, und wir fuhren im Taxi zu dem Vortrag. Wir kamen ins Amerika-Haus, ich sprach mit den Dolmetschern und steckte meine Dias in die Trommel.

Der Vortrag ging irgendwie schief. Alle waren *sehr* ruhig und *sehr* ernsthaft. Es dauerte eine Weile, bis die Leute Fragen stellten, aber schließlich kamen sie doch in Fahrt, und die Fragen wurden besser. Trotzdem, ein bißchen bedenklich. Vielleicht überschätze ich das Verständnis der Leute hier für meine Art Kunst. Die eine Frage lautete, ob ich glaube, daß die Menschen in Japan, die doch von meinen eigentlichen Werken, abgesehen von denen in Büchern und Zeitschriften, nur sehr wenig gesehen haben, es verstehen werden, daß ich hier einen Laden aufmache – es sei denn als Modespektakel oder Geschäft mit dem Zeitgeist?

Ich weiß es nicht. Meine Antwort war: »Da ich nun seit fünf Jahren darauf warte, hier auch kommerziell zu arbeiten, haben die Leute Zeit genug gehabt, sich über mich zu informieren, und die meisten haben von meinen anderen Arbeiten eine ziemlich klare Vorstellung.« Hoffentlich stimmt es. Wir werden sehn. Für Zweifel und neue Überlegungen ist es zu spät.

Nachher gab ich ein paar Autogramme und verabschiedete mich von allen. Eine Anzahl von den Freiwilligen, die mir in Tama geholfen haben, waren auch gekommen. Manche schenkten mir Fotos, die sie während der Tage in Tama von mir gemacht hatten.

Essen ging ich mit Seiko und den Mitarbeitern, die das Projekt in Tama organisiert hatten. Eine interessante Diskussion dreht sich um das anfängliche Konzept des Projekts. Der ursprüngliche Vorschlag war ein »Land-art-Projekt« gewesen, verwirklicht von *allen* Einwohnern der Stadt zwischen sechs und achtzehn Jahren mit Spiegel in den Händen. Aus der Luft gesehen, wäre das Bild meines »Krabbelkindes« entstanden, vom Flugzeug und auch von einem Satelliten aus fotografiert. Sie hatten schon die Größe und alles ausgerechnet, was erforderlich gewesen wäre, damit man es vom Satelliten aus sehen könnte! Das Bild, zusammengesetzt aus den das Sonnenlicht reflektierenden Spiegeln, würde fotografiert und »den Kindern von Tama einen Eindruck von ihrem Platz auf der Insel Japan und ihrer Teilhabe an der bewohnten Erde vermitteln«. Nach dem »erweiterten Konzept« wären Satellitenfotos dieser Art überall auf der Welt aufzunehmen gewesen. Sie sagten, der NASA-Satellit, über den sie sich erkundigt hatten, sei so terminiert, daß er um 9 Uhr morgens über Großstädte hinwegzieht. Man stelle sich vor, mein krabbelndes Baby... erzeugt durch das Sonnenlicht auf den Spiegeln in den Händen von Kindern in mehreren Großstädten in aller Welt: Moskau, Paris, Tokio, Schanghai, Neu-Delhi, New York, Los Angeles usw. Mein Baby würde buchstäblich um den ganzen Erdball krabbeln. Hört sich an wie ein Riesenprojekt... kann man sich die Organisation überhaupt vorstellen? Möglich ist alles. Oder nicht?

Taxi zurück zum Hotel durch den Regen. Nun muß ich noch Julia in New York anrufen und schlafen gehen, damit ich morgen früh aufstehen kann.

DIENSTAG, 27. OKTOBER

Stehe auch diesen Morgen wieder um 8 Uhr 30 auf und gehe ins Studio, um die Farben zu allen Sachen, die ich hier entworfen habe, endgültig festzulegen. Werde gerade noch rechtzeitig fertig, um mit Juan, Sato, Kaz und dem Mann von der Keramik-Fabrik aus Nagoja zum Bahnhof zu hasten und den Hochgeschwindigkeitszug nach Nagoja zu kriegen, zwei Stunden Fahrt. Die meiste Zeit während der Fahrt lese ich *Time*. Die Titelgeschichte handelt vom Leben in der Sowjetunion. Ich weiß nicht, ob ich jetzt besonders scharf darauf wäre, dort hinzukommen. Vielleicht können sie dort keinen »Outsider« gebrauchen, der zu ihnen kommt und dafür sorgt, daß sie sich selber mehr wie Außenseiter vorkommen. Nach der Lektüre des Artikels habe ich eine andere Vorstellung davon, was es wirklich bedeutet, ein sowjetischer Bürger oder sowjetischer Künstler zu sein. Wenn ich dort hinkäme, würde ich vielleicht nur bewirken, daß ihnen ihre knappen Mittel noch knapper erscheinen. (Eine Art Verarschung. Und niemand läßt sich gern bloß »anmachen«.)

Gegen sechs Uhr kamen wir ins Studio der Keramik-Fabrik. Wir sollten in zwei Stunden die Formen der Reisschalen auswählen, die ich bearbeiten wollte, und einige Musterstücke bemalen. Ich brauchte schließlich vier Stunden, bemalte in dieser Zeit aber vier kleine Schalen und zwei große (zusammen mit Kindern), manche mit figurativen Mustern, so daß die Schalen eher afrikanisch oder indisch als japanisch aussahen, manche mit ganz einfachen Fischbildern. Je mehr ich malte, desto besser lernte ich mit dem Glasurpigment auf der Ton-Oberfläche umgehen, je mehr ich mich hineinfand, desto weniger Lust hatte ich aufzuhören. Wir kamen gerade noch rechtzeitig zur Stadtbahn-Haltestelle (30 Sekunden nachdem wir durch die Türen gestürmt kamen, fuhr die Bahn ab). Jetzt reicht die Zeit eben aus, um zum Bahnhof von Nagoja zu kommen, wo wir den letzten Zug nach Kioto um 23 Uhr nehmen können.

Ich liebe meine Arbeit wirklich. Ich schwöre, sie ist eins von den Dingen, die mich sehr glücklich machen, und anscheinend wirkt sie ähnlich auf alle, die dabei sind. Jetzt sind Juan, Kaz, Sato und ich alle in ausgelassener Stimmung; wir albern und reden irres Zeug.

Wie gern würde ich mal einen Monat oder zwei in einer kleinen Stadt in Italien oder Spanien einfach Töpferware bearbeiten, sie bemalen und Sachen daraus bauen.

MITTWOCH, 28. OKTOBER: KIOTO

Da wir schon mal in der Nähe waren, suchten wir nach Mr. Chows Restaurant, in dem mein Gemälde hängt. Wir fanden es gleich neben dem »Tinguely«, dem Restaurant/Café, für das Jean die Lichtskulpturen und die Tische und Stühle gemacht hat. Ich ging erst mal ins Tinguely, machte Fotos und kaufte einen Katalog. Es war echt cool, aber schicker, als ich gedacht hatte; vielleicht *allzu* schick. Nachdem man uns hinauskomplimentiert hatte, ging ich um die Ecke zurück zu Mr. Chows Restaurant. Es hatte zu. Warum es an einem Mittwochabend geschlossen war, weiß ich nicht.

Zurück zum Hotel.

Wir duschten, und Juan ging Socken kaufen. (Wir hatten keine sauberen mehr dabei und wollten zum Abendessen in ein Geisha-Haus, wo wir natürlich die Schuhe würden ausziehen müssen.)

Dies war der Höhepunkt der Fahrt nach Kioto. Das Geisha-Haus war echt cool. Es ist schwierig (sogar für Japaner), zum Besuch eines Geisha-Hauses Gelegenheit zu bekommen. Ich nehme an, das ist so ähnlich wie mit einem jüdischen Country Club. Sehr exklusiv. Aber Kaz kennt einige von den Frauen, die das Haus betreiben, und die eine von ihnen hat das Essen für uns arrangiert.

FREITAG, 29. OKTOBER 1987

Heute nehmen wir um 9 Uhr morgens den Zug von Kioto nach Osaka. Wir besuchten die Firma, die Brillen und Sporthelme (für Ski-, Rad- und Motocrossfahrer) herstellt. Sie haben großes Interesse daran, mit mir Brillen zu machen, und anscheinend können sie Hervorragendes leisten. Wir sprachen mit dem Präsidenten, und er war angetan und gab das Siegel seiner Zustimmung. Nun müssen wir noch die Einzelheiten und Bedingungen mit ihnen aushandeln. Sie interessieren sich auch für Skateboards und Motorradzubehör und -kleidung. Das Gespräch war produktiv und erscheint sehr verheißungsvoll. Völlig unklar, was ich eigentlich tun soll und wieviel sie zahlen wollen. Die ganze Sache könnte theoretisch auch noch den Bach runtergehn, wenn die Verhandlungen beginnen.

Wir gingen mit Leuten aus der Firma zum Lunch und aßen Shabu-Shabu.

Als nächstes sahen wir uns den Ausstellungsraum der National in Osaka an. Es war überaus langweilig, und wir haben mit ihrem »Spielzeug« hauptsächlich nur gespielt. Ich mag die Panasonic-Radios eigentlich nicht und würde mir wohl nie selbst eines kaufen. Diese Sache möchte ich sehr behutsam angehen lassen. Weil sie zuerst an mich herangetreten sind, reden wir mit ihnen, aber lieber würde ich mit Sony reden. Sony ist aber nicht zu mir gekommen, also müssen wir erst mal den Laden aufmachen und sehen, was passiert.

Und nun geht es also wieder zurück nach New York. Ich kann's gar nicht glauben, wieviel Arbeit dort auf mich wartet. Ich habe etwa einen Monat, bis ich im Dezember zur Eröffnung des Ladens wieder nach Tokio komme. Ich muß noch etwas an den Cartoons für die Schweiz machen, das Atelier und meinen neuen Speicherraum neu organisieren, eine Menge Sachen mit Tony durchsprechen (besonders wegen Hans Mayers Skulpturen-Projekt), noch mehr Designs für Tokio machen (die Fächer- und Kimono-Drucke), die Kunst in meinem Haus aufhängen, an dem Druckprojekt für Marty Blinder arbeiten, das Druckprojekt mit Bill Burroughs, die Ausstellung meiner Gemeinschaftsarbeiten mit Brion Gysin organisieren, die am 15. Dezember in Tonys Galerie eröffnet wird, usw. usw. usw.

Nimmt das denn kein Ende?

Hoffentlich nicht.

4. NOVEMBER 1987

Zurück in New York. Mußte dies aber aufschreiben. Es ist fast Vollmond. Heute kamen Claude und Sydney und Jasmine Picasso zu Besuch. Tina Chow rief an, um guten Tag zu sagen. Rief George Condo an, wegen Julian Schnabels Vernissage morgen im Whitney. Habe auf einer Auktion eins meiner Bilder für 10 000 Dollar gekauft. Morgen ist die Stephen-Sprouse-Modenschau, aber ich kann nicht mal einen Gast mitbringen. Allen Ginsberg rief an, um mich als seinen Gast zum Dinner in der American Academy of Arts & Letters einzuladen, aber ich kann nicht hingehen, weil ich schon versprochen habe, in die Dia Foundation zu kommen, wo meine Freundin Molissa Fenley tanzt. Yves und Debbie Arman sind in New York und versuchten mein Bild zu ersteigern, stiegen aber bei 8000 Dollar aus. Grace Jones hat mich zum Dinner eingeladen. Larry Levan schaute herein. Was für ein Tag! Ist das New York bei Vollmond 1987, oder was?

13. NOVEMBER 1987

Ich sitze im Flugzeug von Frankfurt nach New York, kurz vor der Landung. Ich bin gestern mit Tony nach Düsseldorf gekommen, um zur Kölner Kunstmesse zu gehen und die Skulptur zu sehen, die aus Cor-ten-Stahl nach meiner Maquette gemacht worden ist. Es ist die erste, die in diesem Maßstab vergrößert worden ist (zweieinhalb Meter), und die nächste wird siebeneinhalb Meter hoch sein. Sie sah super aus. Hans hatte auch eins von meinen Gemälden an seinem Stand. Zufällig hing am benachbarten Stand eines von Penck direkt gegenüber. Ich hab' ihn weggefegt. Neben Penck hänge ich besonders gern, das macht den Unterschied so deutlich. Jedenfalls, zu dem Flug nach Deutschland hatten wir uns in letzter Minute entschlossen. Die Reise ging ganz glatt, und wir waren den ganzen Mittwoch auf der Messe in Köln, sahen uns auch die andern kleinen Maquetten in Hans' Speicher an, besuchten das Ludwig-Museum (eine Enttäuschung), sahen scharenweise Kunstszenemenschen und standen meistens im Mittelpunkt der Aufmerksamkeit. Ich traf viele Leute aus New York, Belgien und Paris usw. Der einzige Künstler, der mir begegnete, war Keith Sonnier.

Der eigentliche Grund, warum ich das hier aufschreiben wollte, sind die erstaunlichen Dinge, die am Dienstag vor dieser improvisierten Deutschland-Reise passiert sind. Ich ging mir Bill T. Jones' und Arnies Tanztruppe bei einer Kindervorstellung im Manhattan Community College ansehen. Das war um 10 Uhr vormittags. Ich war um 9 Uhr aufgestanden und mit der Bahn in die Stadt gefahren. Als ich, einen Apfel essend, ins Auditorium kam, setzte ich mich auf einen Platz in der bis dahin leeren vordersten Reihe. Nach ein paar Minuten kam eine Schulklasse, und die Lehrerin sagte mir, daß ich meinen Platz räumen müsse. Ich stand auf und sah mich nach einem andern in der Nähe der Bühne um. Plötzlich fragte mich eine Lehrerin: »Sind Sie Keith Haring?« Ich sagte ja, und sie sagte, sie habe einen Platz für mich mitten zwischen ihren Schülern. Sie waren alle im Alter der High-School-Unterstufe. Der einzige freie Platz war zwischen der Lehrerin und einem schönen puertoricanischen Jungen mit einem schwarzblauen Auge. Ich setzte mich, und die Lehrerin erklärte mir: »Er ist es, der Sie erkannt hat.« Alle Kids fingen an, sich von mir Autogramme auf ihre Programmhefte schreiben zu lassen. Ich sprach mit dem Jungen neben mir. Nach einer Weile erzählte er, daß er mich das letzte Mal gesehen habe, als ich im Schwimmbad in der Carmine Street malte. Plötzlich begriff ich, daß er der »geheimnisvolle Knabe« war, mit dem ich zwar nicht gesprochen hatte (weil ich mit dem Malen zu beschäftigt war), den ich aber den ganzen Tag von weitem beobachtet hatte. Ich habe ein Schnellfoto, das Kwong von ihm gemacht hatte, und ich habe es viele Mal angeschaut. Ich habe es sogar als Vorlage für ein Gemälde verwendet, das jetzt gerade im Atelier ist. Ich hatte nie gedacht, daß ich Gelegenheit haben würde, den Jungen kennenzulernen oder ihn auch nur wiederzusehen. Er sagte, er wohnt an der Lower East Side und weiß schon lange, wer ich bin, hat mich aber noch nie kennengelernt. Was für eine unglaubliche Koinzidenz! Eine Gottesgabe. Solche Ereignisse lassen mich denken, daß das Schicksal sehr oft stärker ist als der Zufall. Er war einverstanden, mich nach der Schule besuchen zu kommen. Aber ein paar Stunden später saß ich schon im Flugzeug nach Deutschland.

Zweite Koinzidenz: Auf dem Flughafen (zehn Minuten vor dem planmäßigen Abflug) ging ich Batterien kaufen. Im Souvenirladen begegne ich einem Jungen, dem ich vor einer Woche bei einem Essen mit Grace Jones in ihrem Restaurant durch den ganzen Raum hindurch Augen gemacht habe. In dem Restaurant hatten wir nicht miteinander geredet, aber jetzt kam er zu mir. Er war auch unterwegs nach Deutschland, nur daß er nach Frankfurt flog und ich nach Düsseldorf. In wenigen Minuten hatten wir die Telefonnummern ausgetauscht, hallo und auf Wiedersehen gesagt. Zufall(?). Was für ein Tag ist das bloß?

1987

Sonderprojekte

Gastvortrag an der Yale University, New Haven, Connecticut

Zeichenworkshop und Vortrag, Whitney Museum of American Art, Stamford, Connecticut

Zeichenworkshop mit Finalisten des *WNET/13 Student's Art Festival*, New York

Bühnenbild- und Kostümentwürfe zum Ballett *Interrupted River* (Choreographie: Jennifer Muller, Musik: Yoko Ono), Joyce Theatre, New York

Außenwandbild am Kinderkrankenhaus Hôpital Necker, Paris

Gestaltung des Karussells für *Luna-Luna,* reisender Vergnügungspark und Kunstmuseum

Jury-Mitglied bei der *Nippon Object Competition* und Straßenschildentwürfe für die Firma Parco, Tokio

Körperbemalung eines Models für Titelbild der *Schweizer Illustrierten,* Monte Carlo, Monaco

Wandgemälde im Kasino Knokke, Knokke-le-Zoute, Belgien

Teilnahme an *Art Against AIDS,* New York

Wandgemälde, Museum für zeitgenössische Kunst, Antwerpen

Wandgemälde, Channel Surf Club, Knokke-le-Zoute, Belgien

Wandgemälde in der europäischen Zentrale der Werbeagentur TEAM BBD & O, Düsseldorf

Zeichenworkshop für Kinder im Institute of Contemporary Art, London

Wandgemälde im Freibad in der Carmine Street, New York

Gemeinsames Wandgemälde mit Philadelphia Citykids, Pennsylvania

Wandgemälde *Boys Club of New York,* 135 Pitt Street, New York

Wandgemälde und Skulptur, Schneider Children's Hospital, New Hyde Park, New York

Artist-in-residence und Wandgemälde-Installation im Cranbrook Academy of Art Museum, Bloomfield Hills, Michigan

Zeichenworkshop, Brookside School, Bloomfield Hills, Michigan

Zeichenworkshop und zwei gemeinsame Wandgemälde mit 500 Kindern in Tama, Japan; Gemälde der städtischen Kunstsammlung von Tama gestiftet

Platten-Cover, Poster und limitierte Siebdruck-Auflage für A&M Records, *A Very Special Christmas,* Erlös gespendet für Special Olympics (Platinplatte, Kassette und CD)

Bücher und Kataloge

Avant-Garde in the Eighties. Text: Howard N. Fox (Los Angeles County Museum of Art, Los Angeles)

Kunst aus den achtziger Jahren. Text: Sabine Fehlemann, Raimund Thomas (A 11 Art Forum Thomas, München)

Comic Iconoclasm. Text: verschiedene Autoren (Institute of Contemporary Art, London)

L'Époque, la Mode, la Morale, la Passion: Aspects de l'Art d'Aujourd'hui, 1977–1987 (Centre Georges Pompidou, Paris)

Digital Visions: Computers and Art. Text: Cynthia Goodman (Harry N. Abrams, New York)

Skulptur-Projekte in Münster 1987. Text: Klaus Bussmann und Kasper König (Hg.) (Dumont Buchverlag, Köln)

Luna Luna. Text: André Heller und Hilde Spiel (Wilhelm Heyne Verlag, München)

1988

3. JANUAR 1988

Ich komme gerade aus der Frank-Stella-Retrospektive (seiner zweiten) im MoMA.

Ein paar Bemerkungen:

Die großen quadratisch geometrischen Gemälde (etwa $3^{1}/_{2}$ x $3^{1}/_{2}$ Meter) sehen »poppiger« aus als irgendwas sonst.

Sie sehen aus wie stereotyp »moderne« Gemälde.

Rein moderne, abstrakte Malerei, aber mehr noch als das scheinen sie eine Summierung dieser Art von flacher, abstrakter, geometrischer Farbflächen-Malerei zu sein.

Fast ein Witz über diese Art Malerei... Der Betrachter wird allein von der Größe schon aufgerieben und überwältigt.

Die Farben geometrisch, mathematisch ausgewählt. Eine Art »Veralberung« des Malvorgangs.

Der Raum in diesen Gemälden ist vollkommen flach, aber dennoch innerlich »beweglich«... er blinzelt. Eine optische Täuschung (Wissenschaft) versetzt das Bild in Bewegung, und der Raum durchdringt die Oberfläche und die Wand, an der sie hängt.

Mehr noch als bei Jasper Johns scheint das Bild ein konkreter, begrifflich klarer Kommentar zu »sich selbst« zu sein.

Das Bild eines Bildes.

Ein moderner Witz.

Literarischer Witz?

Und nun die Konstruktionen.

Da muß ich mich doch fragen, was ihm durch den Kopf geht.

Da müssen mir doch Zweifel kommen.

Fragen, ob das auch ein Witz ist.

Macht sich lustig über die Oberfläche aller Gemälde. Macht sich darüber lustig, wie die Bilder an der Wand hängen. Macht sich lustig über den Zustand der Malerei 1987.

Die Farbkombinationen scheinen absichtlich »schlecht« gewählt zu sein.

Sieht fast so aus, als ob er das »Schlechte« nötig hätte, weil es »neu« ist. Der schmierige Farbauftrag und die gräßlichen Farbkombinationen scheinen ein Versuch zu sein, den abstrakten Expressionismus noch mal zu überlisten.

Will beweisen, daß er das kann.

Will beweisen, daß es egal ist, wie sinnlos die Striche aussehen und wie beliebig die Wahl der Farben ist.

Will beweisen, daß die Aufgabe für ihn zur Zeit eher konzeptuell als taktil ist. Er setzt lauter »richtige« Elemente mit lauter »falschen« Teilen zusammen und hat Erfolg damit wegen der Größe und Stärke seines Marktes und wegen seiner »Häßlichkeit«.

Seine »Häßlichkeit« gewährleistet seine »Neuheit«. Wenn er uns jetzt häßlich vorkommt, denken wir vielleicht, daß er uns nur zu »neu« ist und mit der Zeit schön werden wird. Er weiß, daß es für ihn kein »Risiko« mehr gibt, und darum versucht er, ein »Risiko« zu schaffen.

Das ist eine wahre Schmiererei. Im Vergleich zu Tobey, Pollock, Warhol, de Kooning, einfach zu allem und jedem... sieht es »schlecht« aus. Falsche Farben. Uninspirierte Gesten. Den Unterschied sieht man auf den ersten Blick. Er ist nicht blöd. Das muß Absicht gewesen sein!

Aber was bedeutet das? Glitzerfarbe und verschwommene, kindische Farbzusammenstellungen wie auf der Kunsthochschule... mit Absicht.

Technisch saubere Arbeit. Offensichtlich teuer in der Herstellung. Großformatige, kostspielige Materialien.

Auffällig unbeholfene Striche. Dubuffets Spätwerk sieht dagegen elegant und meisterlich aus.

Also warum? Um etwas zu beweisen? Um den Witz noch mal aufzuwärmen? Um die Kunstszene zu veralbern, die ihn vergöttert?

Ein wohlbedachter handfester Jux? Jawohl, »handfest«.

Handfest oder »praktisch« insofern, als genau die richtigen Regeln befolgt und genau die richtigen verletzt werden. Die Auswahl ist klug und vorbedacht.

Vielleicht sogar irgendwie tiefgründig.

Aber man kann schon wütend werden, wenn Arschlöcher wie Robert Hughes dann Sachen behaupten, wie, daß Stella als einziger Künstler fähig sei, die »graffitiartige« Verwendung schriller Farben und Gesten in ein gelungenes Kunstwerk umzusetzen. Das ist *so* schäbig! Stella macht absichtlich »Mist« und streicht obendrein das Lob für die Verwendung von Dingen (Ideen) ein, die dieser Kritiker nicht versteht. Er benutzt Stella, um dem ganzen »stereotypen« Mißverständnis der anderen jede »Qualität« absprechen zu können. Wenn es das ist, was Stella von dem hat, was Hughes »Graffiti« nennt, dann wären »Graffiti« wirklich Mist.

Beide gehen an der Sache weit vorbei. Stella macht Witze über die Qualität. Qualität des Sehens, des Lebens, und Geld, Geld, Geld ...

Er treibt sein Spiel mit der Kunstszene und macht sich einen Jux mit dem Kunstmarkt. Ich glaube nicht, daß er meint, seine Sachen hätten irgendwas mit »Graffiti« zu tun, und wenn doch, wäre er ein Idiot.

Robert Hughes (Robert Who Cares) ist ein anderer Fall, über den es sich nicht lohnt, lange nachzudenken.

Viele von den Konstruktionen sind wirklich schön. Ich schaue sie gern an. Ich kann mir nur nicht erklären, warum. Offenbar sind Größendimension, Form und »Raum« raffiniert und mit prächtigen Resultaten »ausgearbeitet«, aber warum dann die »schlechten« Farben?

Ob diese Farben in zehn Jahren wohl so gut aussehen werden wie Pollocks Farben heute? Sahen Pollocks Farben so schlecht aus, als sie neu waren?

Ich nehme an, ich bin einfach zu besessen von Linienführung und Farbe und habe zuviel Respekt vor dem, was ich bisher gesehen und getan habe, um alles über Bord zu werfen und mir diesen Scheiß anzusehen. Ich laß mir nicht einreden, daß dies »quality« ist und ich bin's nicht.

Ich liebe die Bilder zu sehr, liebe die Farbe zu sehr, liebe das Sehen zu sehr, liebe das Fühlen zu sehr, liebe die Kunst zu sehr, liebe zu sehr ...

Ich muß einfach denken, er lacht sich eins, wenn er diese Sachen malt. Er veralbert uns alle. Und mich besonders.

Ich will ihm zugute halten, daß er sich mit Konstruktionen, Formen, Raum und Oberfläche auskennt. Und ich kann nicht leugnen, daß der Gesamteindruck der Sache trotzdem ganz »richtig« ist und perfekt in den Lauf der Welt paßt, besonders in die vom Markt hervorgebrachte Auffassung vom Geschichtsverlauf. »Genau die richtigen Schritte!«

Aber das löscht all die Dinge nicht aus, mit denen er herumpfuscht und über die er sich lustig macht. Sein Mißbrauch von Gesamtmuster und Farbgebung bedeutet *nicht*, daß er es »richtig« macht und andere nur »halbwegs«. So zu malen kann gut und interessant sein. Es muß nicht »schlecht« und »häßlich« sein, um »neu« zu sein. Mehrere Bilder scheinen sich über meine gemusterten Oberflächen »lustig zu machen«. Die Museumsszene, manche Kritiker und der blinde Glaube an eine »marktorientierte« Kunstszene würden gern Robert Hughes Glauben schenken und die Versuche aller anderen abtun, um für eine klare, schlichte »Lesart« der Kunstgeschichte zu sorgen. Ja, das ist nun schon Frank Stellas zweite Retrospektive im Museum of Modern Art. Von mir haben sie noch nicht ein Bild ausgestellt. Für die existiere ich gar nicht.

Und weil zum Schaden der Spott nicht fehlen darf, haben sie in der »Sammlung« im Obergeschoß Barbara Kruger, Robin Winters, Mark Inerst, Judy Pfaff, Eric Fischl usw. usw.

Ich frage mich, wie viele Leute im MoMA nach ihrem Keith Haring suchen.

Na ja, von einem New Yorker Museum, in dem nur ein Warhol hängt, kann man auch nicht erwarten, daß es allzu informativ ist.

Am Ende der Ausstellung, bei den Arbeiten von 1987, rückt Stella so weit von der Wand ab, daß sie aussehen wie an die Wand gelehnte Skulpturen. Manche sind nur an einem kleinen Punkt befestigt. Sie sind vollkommen dreidimensional, mit Kegeln und geodätischen »Kugeln«. Das scheint eine Fortführung des reinen »Juxes« über moderne Malerei zu sein, über die Malerei im allgemeinen, die Oberfläche, die Materialien und die Funktion des »Malraumes«.

Beim Betrachten einer dieser 87er Arbeiten, die dem Stedelijk gehört, frage ich mich, ob die Museumsszene mich wohl jemals so aufnehmen wird oder ob ich mit meiner Generation verschwinde.

Ein Mann kommt zu mir und sagt: »Keith, meiner Meinung nach bist du es, der ihm Anfang der 80er Jahre erst die Freiheit geschaffen hat, so was zu machen.«

Dieser Mann arbeitet natürlich nicht im Museum, leider.

REISE ZUR ERÖFFNUNG DES POP SHOP
MITTWOCH, 20. JANUAR 1988

Stehen spät auf, packen die Koffer, schauen bei Dr. Goldberg wegen der Blutuntersuchung herein und brausen zum Flughafen. Rauchen unterwegs einen Joint und wissen, es ist der letzte für die nächsten drei Wochen. Wir kaufen Ringe (Silber mit Türkis) in einem Laden auf dem Flughafen, der mit Indianerzeug handelt. Sind das Hochzeitsringe? Flug ohne Zwischenfälle. Wir haben Plätze auf dem Oberdeck. Drei Valiums, damit der 14-Stunden-Flug schneller herumgeht. In der Maschine nahm ich mir eine Nummer des *Spiegel* zum Durchblättern und fand ein ganzseitiges Bild von mir auf einem Stuhl, wofür ich im Oktober in der Schweiz »posiert« hatte. Es ist eine Art Anzeige für einen Luxusmöbelhersteller. Die Stewardeß sah das Bild, das ich rausgerissen hatte, und suchte in der Maschine für mich nach einem zweiten Exemplar der Zeitschrift, fand aber keines.

FREITAG, 22. JANUAR

Wir standen um 8 Uhr auf und fanden unter unserer Tür eine Postkarte von zwei »Japan boys«, die schrieben, sie wohnten auch im Hotel und würden uns gern kennenlernen. Wir riefen sie an, luden sie zu uns aufs Zimmer ein und hofften das Beste, aber natürlich, sie waren nicht hübsch. Trotzdem sehr nett. Ich signierte ihnen ihre Karten und sagte dann, wir müßten nun frühstücken und zur »Arbeit« gehen. Sie waren begeistert und gingen ganz zufrieden fort, nachdem sie noch ein paar Fotos gemacht hatten.

10 Uhr vormittags: Wir trafen uns mit den Pop-Shop-Leuten, die mit uns Laternen, eine Glückskatze und ein Schilderhäuschen für den Shop kaufen gingen. Zuerst zeigten

sie uns die »Container«, in denen der Shop untergebracht wird. Sie sahen so aus, wie ich sie mir vorgestellt hatte, nur noch sehr im Rohzustand. Sie bekommen gerade den letzten Schliff, und es fällt mir schwer zu glauben, daß sie in zwei Tagen fertig sein werden. Wir fanden prächtige Laternen und ein Schilderhäuschen, das sich angemalt hübsch machen wird – in der Nachbarschaft einer Küchenbedarfs-Großhandlung, ähnlich wie in der New Yorker Bowery. Kwong Chi hatte seinen Spaß, als er sich all die Plastik-Lebensmittel für Schaufenster-Auslagen ansah.

Das Gespäch mit Sato um 16 Uhr war spannend und frustrierend zugleich. Die Ware ist zum großen Teil ganz toll, aber Kommunikationsfehler haben allerhand kleine Probleme geschaffen. Kwong und Juan kommen zurück mit einer Nummer der Illustrierten, für die Kwong die »Dinner«-Fotos gemacht hat und die drei Seiten über meine Pariser Geburtstagsfeier im Train bleu gebracht hatte. Juan brachte auch eine Nummer von *Popeye* mit, in der eine meiner Jacken aus dem New Yorker Pop Shop zu sehen ist, ausgepreist mit 600 Dollar. Außerdem zeigten die Mitarbeiter mir sechs Zeitschriften mit Fotos und Vorankündigungen für den Pop Shop. Sah ganz gut aus. Was mich am meisten störte, waren Probleme mit den Plänen für die Pop-Shop-Party am nächsten Dienstag. Juniors Name steht nicht mal auf der Einladung, und die Kosten der Party betragen 3500 Yen. Der Klub kann nur 500 Leute fassen, heißt es. Mir sind 50 Firmen-Einladungen gestattet. Die Verwirrung kommt zum großen Teil daher, daß das Party-Lokal nach dem Unglück in Turia (wo die Party ursprünglich stattfinden solle) kurzfristig gewechselt werden mußte.

SAMSTAG, 23. JANUAR

Stand auf und las Julias Fax. Tony hat von Hans Mayer endlich das Geld für die Gemälde bekommen, die er ihm vor drei Monaten mit hohem Preisnachlaß verkauft hat. Die Summe kommt mir nicht richtig vor, aber ich muß warten, bis ich wieder in New York bin, um es zu überprüfen. Dieser Galerie-Scheiß macht mir genausoviel Kopfschmerzen wie der Shop. Manchmal würde ich mich am liebsten um den Kunstmarkt überhaupt nicht mehr kümmern und nur noch meine Arbeit machen. Zwischen den Leuten, mit denen ich es auf dem Kunstmarkt zu tun habe, und denen im kommerziellen Betrieb ist kein großer Unterschied. Wenn das Kunstwerk erst mal zum »Produkt« oder zur »Ware« wird, ist man in beiden Welten im Grunde in der gleichen kompromittierenden Position. Manche »Künstler« glauben sich darüber erhaben, weil sie »reine« Kunst machen und sich aus der »Kommerzialisierung« der Pop-Kultur heraushalten, weil sie keine Werbung machen und nicht speziell für die massenhafte Vermarktung produzieren. Aber auch sie verkaufen Sachen in den Galerien und haben ihre »Händler«, die sie und ihr Werk gleichermaßen manipulieren. Ich glaube, es ist sogar noch betrügerischer zu behaupten, man stünde außerhalb dieses Systems, als seine Zugehörigkeit einzugestehen und sich auf eine »reelle« Weise daran zu beteiligen. Die Kunst ist ebensowenig »rein« wie die Werbung. Sie ist sogar noch korrupter. Die große Lüge.

Keith Haring in Harajuku, Tokio, 1988

SONNTAG, 24. JANUAR

Stehe auf und gehe bei Tokyu Hands einen Pinsel kaufen und sehen, was es an Kreide gibt. Suche ein großes Stück (oder mehrere), mit dem ich in Harajuku auf dem Straßenpflaster zeichnen kann, zwecks Fotos für die Zeitschrift *Freitag*. Ich fand nur Stücke in normaler Größe, darum kaufte ich eine ganze Schachtel. Wir waren mit den Fotografen der Zeitschrift für 13 Uhr am Container verabredet. Ich malte die erste Schicht auf den roten Kreis, und dann brachen wir auf nach Harajuku. Unter einer Fußgängerbrücke machte ich mehrere Kreidezeichnungen, wobei ich die vorhandenen Straßenmarkierungen zum Ausgangspunkt nahm. Zu den weißen Rechtecken auf der Straße fügte ich Körper hinzu, ebenso zu den Parkplatzeinteilungen auf dem Pflaster. Fast sofort sammelte sich eine riesige Menschenmenge. Ein Polizist versuchte uns zu hindern; er nannte meine Zeichnungen »vulgär«, was ich belustigend fand, denn ich zeichnete nur Skateboarder und ein großes »Mutter-und-Kind«-Bild. Nachdem der Fotograf ihm alles erklärt und ihm gut zugeredet hatte, ließ er uns in Ruhe. Es wurden tolle Fotos, und ich verteilte Buttons und gab Autogramme. Als wir weitergingen, zum Hauptteil von Harajuku, wo sich die Tänzer versammeln, lief uns eine Schar Kids nach, die Autogramme wollten. Eine Art Prozession, wie hinter dem Rattenfänger.

Ich kam zurück ins Hotel, duschte schnell und traf mich mit Kwong und seinem Freund Yoshi, um ins Kino zu gehen. Wir sahen Ann Magnuson in *Jimmy Reardon* mit River Phoenix. Es war cool, Ann Magnuson in einem Kino in Tokio zu sehen. Es war kein sehr guter Film, aber er hatte ein paar komische Stellen, und River Phoenix ist ganz schön scharf. Nach der Vorstellung aßen wir in so einem drolligen Restaurant, wo es nur ein Gericht gab, und gingen dann zurück zum Hotel.

MONTAG, 25. JANUAR 1988

Wurden um 8 Uhr 30 vom Lärm einer Blaskapelle geweckt, die draußen auf der Straße am Hotel vorbeimarschierte. Ich habe diese Klänge morgens in diesem Hotel schon öfter gehört, aber nie erfahren, warum und wozu. Wir schliefen noch mal ein und wurden um 9 Uhr 45 von Tacey geweckt, der anrief und fragte, ob ich nicht wegen der Auslegung des Bodens zum Container kommen wolle (der Pop Shop Tokio wurde aus zwei Speditions-Containern L-förmig zusammengebaut). Ich dachte, ich hätte schon alles Nötige dazu gesagt, wollte aber sichergehen und versprach, um 10 Uhr 30 dort zu sein.

Ich wurde allmählich ein bißchen nervös, weil es mit dem Container nicht voranging, und ließ meinen Ärger an Kaz aus. Er versicherte mir, daß wir versuchen wollten, die Probleme zu lösen. Nachdem ich mit den Leuten gesprochen und betont hatte, wie wichtig es war, rechtzeitig fertig zu werden, fingen sie an, die Sache ernster zu nehmen. Ich ging zum Hotel und holte meine Farbe, um das Schild am Tor und den roten Kreis zu malen. Juan hatte sich bereit erklärt, zum Flughafen zu fahren, um die Leute aus New York abzuholen. Ich arbeitete an dem Eingangsschild über dem Dach des Containers und fing dann mit dem roten Kreis an. Anscheinend hatten Kaz und meine Predigt am Morgen etwas bewirkt, denn nun schien alles sehr schnell erledigt zu werden. Die Zimmerleute kamen und legten den neuen Boden ein, die Steine für den Hof trafen ein, das Tor wurde aufgestellt usw. usw. Endlich sieht es so aus, als ob die Sache wirklich zustande kommt.

Kwong Chi kam, als ich gerade mit dem roten Kreis fertig wurde. Er sagte, er sei im Schwimmbad gewesen, und hatte viel Gutes von den Duschräumen und den unbehaarten Körpern dort zu berichten. Ich freue mich schon drauf, morgen schwimmen zu gehn. Nach Hause gingen wir zu Fuß durch Harajuku. In einem Laden dort fanden wir mehrere komisch imitierte T-Shirts. Ein besonders komisches hatte eine Kopie von meinem Baby, irgendwie rennend und mit der Unterschrift: »Rennt weg, Kinder!« Andere hatten Kopien von Zeichnungen mit unverständlichen Texten. Als ich wieder ins Hotel kam, läutete das Telefon. Die Crew aus New York war angekommen.

Wir gingen alle durch Shibuya und sahen uns die Neon-Schilder an: Wir sind schon ein Haufen, alle zusammen: Junior, klein, weiß und irgendwie drollig, wie er ständig alle und jeden anblafft (ja, Miss Girl!); Adolfo [Arena], der wie ein Mulatte und ein ganz lieber Teddybär aussieht; Jessica [Gines], sehr hübsch und ganz die New Yorker Puertoricanerin; Brian [McIntyre], den alle für Eddie Murphy halten; Kwong Chi, den alle für einen Japaner halten, der aber für mich eigentlich gar nicht sehr japanisch aussieht; Juan, schön für alle Zeiten, mit seinem Chamäleongesicht, das sich überall anpaßt, so daß er mal wie ein Brasilianer, mal wie ein Marokkaner oder hier wie ein halber Japaner aussieht; und ich (kein Kommentar).

Alle sind müde, also gehn wir zurück zum Hotel. Vorher noch kurz ins Mister Donut, wo diesen Monat *Big River* das Thema ist, der ganze Laden mit Tom Sawyer-Dekorationen bedeckt, manches Cartoon und manches realistisch. Auf den Tüten ist eine Pastellzeichnung von Tom Sawyer auf einem Floß mit Harry Belafonte. (Ich schwöre bei Gott, es ist sein Gesicht.)

DIENSTAG, 26. JANUAR

Werde wieder von der Blaskapelle geweckt. Heute haben wir den Grund erfahren: Hinter dem Hotel ist eine Schule, und jeden Morgen um 8 Uhr 30 tritt die Marschkapelle zur Probe an. Sie ist wirklich gut. Ich rief den CBS-Korrespondenten an, der für die CBS-Morgennachrichten über die Eröffnung unseres Shops berichtet, und ging noch mal unseren Zeitplan durch.

MITTWOCH, 27. JANUAR

Ich kam gegen 15 Uhr 30 zum Container, deckte den Boden mit Papier ab und begann Wände und Decke zu bemalen. Sie hatten ein Gasheizgebläse besorgt, um die Farbe zu trocknen. Mir wurde übel von den Gasdünsten, und die Arbeit ging nicht so schnell voran wie erwartet. Taka, der »hübsche Junge«, den wir für den Pop Shop angestellt haben, half mir, den Boden von Farbtropfern zu säubern. Als Juan, Jessica [Gines], Brian [McIntyre] und Adolfo [Arena] endlich kamen, wurde mir ganz schlecht, ich bekam Durchfall und mochte nicht weitermachen. Juan konnte sich an Taka nicht gewöhnen, und Brian wollte Taka gleich an die Luft setzen. Ich beschloß, mit dem Malen jetzt aufzuhören und den ganzen Innenraum heute abend zu Ende zu bringen. CBS hatte schon gedreht, und nun wollte noch eine andere Crew von einer Sendung namens *11 PM* etwas aufnehmen. Ich überwand mich, für die Fernsehkameras noch ein wenig zu malen, und hörte dann für heute abend auf. Sato und Taka machten mir eine Shiatsu-Massage, um den Schmerz in Hals und Schultern vom Bemalen der Decke zu lindern.

DONNERSTAG, 28. JANUAR

Stehe früh auf und gehe zum Shop, um weiterzumalen. Heute geht es mir viel besser, und das Malen läuft glatt. Den Trockner benutzen wir nicht, wegen der Dünste. Das Personal macht sich an die Schaukästen, ich an den Fußboden. Brian, Jessica und Juan kommen. Adolfo nicht. Das ärgert mich mehr und mehr, und ich frage, was denn los ist. Junior und Adolfo beklagen sich anscheinend, daß sie hier sind und nun keinen Spaß haben. Ich versuche, mich auf das Malen zu konzentrieren, aber die Situation gibt mir zu denken. Als ich eine Pause mache und mit Juan, Jessica und Brian nach draußen gehe, bin ich erschöpft, aber auch stolz auf unsere Fortschritte. Ich sage etwas zu Juan, wie toll ich es finde, daß wir in so kurzer Zeit so viel geschafft haben, und seine einzige Antwort ist, daß er unseren Mitarbeitern Schlamperei vorwirft und ein paar Kleinigkeiten beanstandet. Ich explodiere und sage: »Scheiß auf dich, davon will ich jetzt nichts mehr hören!« Ich bin wirklich sauer, denn ich habe mir den Arsch aufgerissen, und er hat statt Beifall nur Kritik. Ich gehe allein über die Straße und sage mir, daß es mir reicht und daß ich so einen nicht mehr um mich haben möchte. Ich überlege mir noch mal seinen Gedanken an eine »Scheidung«. Klingt wie eine gute Idee. Ich versuche, dies beiseite zu schieben und weiterzuarbeiten, aber als er mit etwas zum Essen in den Shop zurückkommt, beachte ich ihn nicht. Brian bleibt da, Jessica und Juan gehen weg.

Etwa vier Stunden später, um 1 Uhr nachts, werde ich mit der Malerei fertig und bin total erschöpft. Ich hatte die Farbe auf dem Boden sehr dick aufgetragen, damit sie länger hält. Kaz, Kwong, Brian, Julia und ich gehen essen in einem kleinen Restaurant, und um 2 Uhr 30 komme ich ganz kaputt wieder ins Hotel. Juan schläft schon, und ich vermeide es, ihn zu wecken, weil ich immer noch wütend bin wegen seines »Gehabes« von vorhin.

FREITAG, 29. JANUAR

Stehe um 6 Uhr 45 auf, um mit Kwong Chi die Einrichtung zu fotografieren. Ich rufe Adolfo an, um dafür zu sorgen, daß er wenigstens um 12 Uhr 30 zu der Pressekonferenz kommt; er soll Junior und Jessica mitbringen. Kwong und Brian sind schon im Shop und rufen an, um mich drauf vorzubereiten, daß der Boden noch feucht ist. Ich mache mich auf den Weg. Als ich ankomme, stehen sie draußen vor dem Container. Wir stellen das Heizgebläse an, um die Farbe zu trocknen. Der größte Teil des Bodens ist O.K., aber manche Stellen sind noch klebrig. Der Kunststofftisch und der Tisch für die Poster-Auslage sind noch richtig feucht. Wir fangen mit den Fotos auf der trockenen Seite an. Der Trockner scheint zu funktionieren, aber alle sind nervös, weil der Laden in vier Stunden für die Eröffnung fertig sein muß und bis jetzt noch keine Produkte ausgelegt sind. Wir fotografieren weiter die Einrichtung, obwohl immer wieder der Strom ausfällt. Das Personal kommt um 8 Uhr 30 und macht sich im Lagerraum und draußen an die Arbeit. Um 10 Uhr sind wir mit den Fotos fertig und beginnen mit dem Auslegen der Waren. Es wird ziemlich hektisch, weil ich alles beaufsichtigen und die Auslagen anordnen will. Aber unter Druck arbeiten sie alle tüchtig. Die New Yorker Crew kommt an, offenbar nun mit weniger Gehabe, aber eine große Hilfe sind sie auch nicht. Die ersten Presseleute kommen, auch ein AP-Fotograf.

Um 19 Uhr mache ich Schluß und kehre erschöpft ins Hotel zurück.

Ich gehe sofort zu Adolfo aufs Zimmer, um mit ihm über all das »Gehabe« und die Klagen zu sprechen, von denen ich immerzu hintenrum höre. Er bestreitet alles, natürlich, nur Junior sei der Meinung, daß er zu früh gekommen sei. Ich bin richtig sauer. Wer hat Junior denn gebeten, so früh zu kommen? Ich hatte vorgeschlagen, daß sie zehn Tage bleiben, weil ich dachte, ihnen würde's gefallen, nicht meinetwegen. Jetzt wünsche ich mir, sie wären nie gekommen, und versichere ihm, daß sie beide abreisen können, wann sie wollen. Ich bin zu müde, um die ganze Sache gleich auch noch mit Junior zu besprechen, und wir treffen uns ja bald wieder zum Dinner. Ich gehe auf unser Zimmer.

Aber das Essen wird eine Katastrophe. Wir gehen in ein nettes italienisches Restaurant in der Nähe von Harajuku. Inzwischen sind alle schon in Abwehrhaltung und im Begriff, Partei zu ergreifen. Es besteht eine Spaltung zwischen denen, die gern in Japan sind, und denen, die es nicht sind, Ausnahmen auf beiden Seiten. Einzelne können einander schon nicht mehr ausstehen, besonders Junior und Brian, Julia und Junior und Adolfo, und alle können Jessicas Mundwerk nicht mehr ertragen. Kwong und Julia sitzen am einen Ende des Tisches, mit Brian, Kaz und Fran, ich in der Mitte. Juan sitzt zwischen ihnen fest und leidet unter meiner Frustration darüber, daß ich der Situation nicht gewachsen bin. Er will sich auf keine Seite schlagen, wechselt aber den Platz, um vom »intellektuellen« Ende des Tischs abzurücken. Diese Bemerkung von ihm, zu der noch ein dummer Fehlgriff Brians hinzukommt, der Juans Essen verspeist, weil es der Kellner versehentlich vor ihn hingestellt hat, mehrere hämische Bemerkungen von Junior über Juan und mich – daß sich zwischen uns im Bett nichts mehr abspielt (was, wie ich zu meiner Empörung bemerke, an diesem Ende des Tisches allgemein bekannt ist) –, Jessicas störende Tischmanieren und ihr lautes Mundwerk, all dies summiert sich zu einer schrecklichen Mahlzeit. Ich könnte ausflippen, wenn ich dran denke, daß das noch fast eine Woche so weitergehen soll und kein erfreuliches Ende in Sicht ist.

Nach dem Essen, als wir noch bei Tisch sitzen, erfahre ich von Julia mehr darüber, wie ihr bei alldem zumute ist. Sie redet mir zu, mich nicht aufzuregen, aber natürlich rege ich mich auf. Endlich gehn wir. Wegen der Tischgespräche bin nun wieder wütend auf Juan. Drei Tage ohne Sex, und schon ist die Sache allgemeines Gesprächsthema! Ich bin wieder angeödet, wütend, durcheinander und fühle mich verraten.

Auf dem Heimweg findet Juan auf einem Abfallhaufen einen Plüschsessel und will ihn mitnehmen. Ich habe es satt und will ihn in meinem (unserem) Zimmer nicht haben. Bis wir zum Hotel kommen, wird alles noch schlimmer. Wir gehen alle in Adolfos Zimmer und sehen uns die dußlige Fernsehsendung an, die etwas über den Shop bringt. Der Bericht ist ziemlich doof, matte Game-Show-Atmosphäre mit Tanzgirls. Nach der Sendung gehen Juan und ich auf unser Zimmer. Ich habe Magenschmerzen (vermutlich Nervensache) und bin sauer wegen der Gespräche bei Tisch. Jetzt bin ich entschlossen, unseren Nicht-Sex meinerseits zum Thema zu machen, indem ich den Kontakt mit Juan weiter vermeide. Wir gehen fast sofort schlafen.

SAMSTAG, 30. JANUAR

8 Uhr 30: Werde wach, höre Juan unter der Dusche und wie er mit seinen Kleidern herumfummelt; nehme an, er steht auf, um spazierenzugehn oder um mir einen Schreck einzu-

jagen, indem er den ganzen Tag verschwindet. Ich stelle mich schlafend und lasse ihn gehen, unterbewußt mit dem Wunsch, daß er nicht wiederkommt. Um 10 Uhr stehe ich auf, dusche, rasiere mich und mache mich auf zum Shop, wo heute der große »Eröffnungstag« für das Publikum sein soll. Als ich ankomme, ist niemand da, keine Schlangen vor der Tür, keine Fans, die auf mich warten, niemand. Aber die CBS News kommen wieder, um die erwarteten Menschenmassen zu filmen. Offenbar ist unsere Voraus-Publicity nicht bei den richtigen Leuten angekommen. Die Fernsehsendung gestern abend würde ich nicht gerade als gute Publicity bezeichnen. Die vier Fotoserien, die wir letztes Wochenende für den *Freitag* machten (ein populäres Wochenblatt), wurden von einem Chefredakteur aus »politischen« Gründen gekippt. Offenbar wußten die Leute gar nicht, daß ich den ganzen Eröffnungstag über im Shop sein würde, und all die Autogrammsammler und Fans, die mir sonst überall begegnen, hatten von der »Eröffnung« keine Ahnung.

Ein paar Leute tröpfeln herein. Ich gebe ein kurzes Fernseh-Interview und gehe dann in den NY-Diner frühstücken. Aus Schuldgefühl rufe ich im Hotel an, ob Juan da ist, und hinterlasse ihm eine Nachricht, daß er zum Shop kommen soll. Kwong und Julia kommen, schauen trübsinnig drein und reden mit Kaz, um das Gespräch mit mir zu vermeiden. Ich frage, was denn los ist, und sie erklären mir, daß Juan in eine Maschine nach New York gestiegen ist. Daß er wirklich abreisen würde, hatte ich doch nicht erwartet. Ich zittere irgendwie, versuche mich »normal« zu benehmen, bin aber nun aus der Fassung. Ich nehme ein Valium, das ich mir in Voraussicht hektischer Signierstunden eingesteckt hatte, und bemühe mich, rational zu bleiben. Adolfo, Junior und Jessica kommen. Adolfo bringt mir eine Flasche Absolut. Sie wissen es offenbar schon alle. Junior, Adolfo und Brian lassen sich zu einer Besichtigung des Kaiserpalastes überreden. Jessica bleibt da und tröstet mich, während ich versuche, mit freundlichem Lächeln meine Autogramme zu geben. Der Zulauf ist konstant, aber spärlich.

Jessica und ich gehen zum Hotel, um die JAL anzurufen und zu erfahren, ob er wirklich abgeflogen ist. Sie sagen, er ist an Bord einer Maschine nach Chicago gegangen und wird nach San Juan umsteigen. Ich nehme an, er will zu Paul in Puerto Rico. Er hat nichts mitgenommen – kein Geld, keine Schlüssel usw. Ich muß zurück zum Shop und versuche mich abzulenken. Ich habe Besprechungen und gebe Autogramme. Gegen 19 Uhr kommen die Cover Girls vorbei und bleiben eine Weile. Wir machen Fotos, und ich sage ihnen, daß ich sie wahrscheinlich nächste Woche in New York wiedersehe, bei der Neueröffnung des Studio 54, wo sie auftreten. Besprechung mit dem Keramik-Typ, der sich über die Reisschalen Gedanken gemacht hat. Mit Junior, Jessica, Brian und Adolfo zum Hotel mit der U-Bahn – wobei wir Absolut trinken. Wir sitzen im Zimmer herum, und ich rufe JAL an und bitte sie, in Chicago eine dringliche Nachricht für Juan zu hinterlegen, wenn er dort umsteigt. Sie sagen, sie wollen es versuchen. Wir gehen alle (außer Junior) in Shinjuku essen und nachher in den Boogie Boy, wo wir uns alle einen ansaufen. Julia ist besonders blau und sehr nett beim Tanzen. Gegen drei Uhr morgens fahren wir mit dem Taxi nach Hause.

SONNTAG, 31. JANUAR

Um 11 Uhr muß ich schon wieder auf sein, wegen eines Interviews im Shop. Juan geht mir nicht aus dem Sinn, und es fällt mir schwer, »nett« zu sein. Zurück ins Hotel – keine Nachricht von Juan, aber er ist wahrscheinlich in Chicago gar nicht zum Benachrichtigungs-Schalter gegangen. Esse mit Jessica zu Mittag und gehe dann auf mein Zimmer, um zu schreiben.

Morgens um 4 Uhr 30 ruft Juan an. Er ist bei Nicky. Er sagt, es tut ihm leid, aber er braucht etwas Zeit für sich, und er sagt, ich müßte mich entscheiden, was ich will. Stimmt. Er sagt, ich sollte in New York nach der Rückkehr eine Weile allein bleiben. Mir ist am wichtigsten, daß es ihm gutgeht, und ich sage ihm, er soll sich den Wohnungsschlüssel holen. Er sagt, er warte lieber, bis ich wieder da bin. Wir sagen uns beide, daß wir uns lieben. Wir reden eine Stunde lang. Mir geht es besser, seit ich weiß, daß er O.K. ist, aber ich muß nun wirklich entscheiden, was für mich am besten ist. Rational gesehen, denke ich, kann die Sache nie so richtig gutgehen, aber andererseits liebe ich ihn immer noch. Ich muß wohl noch eine Weile drüber nachdenken.

FREITAG, 22. JULI 1988

Fahre um 9 Uhr ab aus New York zum Flughafen, nachdem ich die ganze Nacht, oder beinah, aufgewesen bin und wie üblich in letzter Minute den Koffer gepackt habe. Alain war aus Paris zu Besuch, darum bin ich mit ihm essen gegangen und dann ins Studio 54, aber wir kamen nicht rein (zu voll) und gingen ins World. Blieben eine Weile und gingen dann heim. Gestern abend kamen alle zu Besuch ins Atelier. Als ob ich für lange Zeit verreisen würde – ist aber nur für eine Woche.

Ich habe gerade Jean Dubuffets *Asphyxiating Culture* ausgelesen (eine neue Übersetzung). Es ist irgendwie weitschweifig und wiederholt sich, aber die Botschaft ist glockenrein und erschreckend richtig. Das gesamte Konzept der Kultur wird von einer elitären Verschwörung von Geld/Macht fabriziert, mit Verbindungen zur katholischen Kirche, den regierenden Parteien und den »herrschenden Gewalten« allgemein. Das Konzept einer offiziellen Kultur, die von den Reichen und Mächtigen dokumentiert, erklärt und gefördert wird, ist selbst nur eine weitere Art, wie sie sich Kontrolle und Herrschaft sichern.

Die Museen und »Geschichts«-Bücher sind voller »objektiver« Aussagen, die sich als *Fakten* ausgeben. Aber die »Kultur« ist erfunden. Sie ist so, wie sie sagen. Was sie zu ignorieren oder aus »ihrer Geschichte« herauszuhalten beschließen, wird naturgemäß irgendwie vergessen und bleibt außerhalb ihrer »Kultur«. Ab und zu wird man ihm vielleicht mal symbolisch huldigen, aber erst nachdem es weißgewaschen und nach ihren Konzepten und »kulturellen Bewertungen« erläutert worden ist.

Kurz, die Kunst wird noch immer von der reichen und gebildeten weißen Minderheit zu ihren Gunsten manipuliert. Alles andere, was zufällig Erfolg hat, bleibt eine Kuriosität.

Nichts hat sich geändert, alles ist nur subtiler geworden. Die Künstler geben sich unabhängig. Natürlich läßt man ihnen ihre kleinen Freiheiten und ermutigt sie sogar, »subversiv« und »politisch« zu sein; wodurch die Kontrolle undeutlicher erkennbar, tatsächlich aber verstärkt wird.

Aber das ist alles nicht neu. Es war nicht neu, als Dubuffet darüber schrieb, und nicht neu, als Jesus davon sprach. Aber auch Dubuffet und Jesus konnten alldem nicht entkommen. Ich glaube, das ist der Grund, warum ich so hoffnungslos und verwirrt bin. Es ist ein nie endender Zyklus. Die Bedingungen, unter denen man 1988 Mensch ist, sind schon schlimm genug, aber wenn man außerdem dazu begabt ist, Künstler zu sein, werden die Aussichten keineswegs besser.

Ich meine, was kann ich denn schon ausrichten? Die Situation, in der ich mich befinde, ist nicht sehr verheißungsvoll. Wir werden kontrolliert. Diese Kontrolle ist so tief verwurzelt, daß sie vollkommen verhüllt bleibt und in alles hineinreicht: Sprache, »Kultur«, Geographie, Religion, die Wirtschaft, Technologie, Geschichte, Erziehung, alles, alles.

Ja, und? Ich kann es sehen, viele können es sehen. Aber zum Beispiel Südafrika: Wie ist es möglich, daß die Apartheid immer noch besteht? Dr. King hat schon vor zwanzig Jahren dagegen geredet. Alle Welt weiß, daß sie schlecht ist: Journalisten, Proteste, Bücher, Lieder, Filme – egal, wer alles dagegen ist, heute, 1988, besteht sie noch immer und ist so stark wie eh und je.

Aids, Crack, militärische Eskalationen, Wahlen, Fumdamentalisten: es ist zu viel, und es ist zu spät.

Die Kunstszene ist nur ein verkleinertes Abbild oder eine Metapher für die Große Kontrolle. Alles, was du tun kannst, sind Kleinigkeiten, um die Situation anzuheizen. Versuchen, sie bloßzustellen und die Dinge ein bißchen erträglicher zu machen. Nach Hiroshima fahren, P. S. 97 malen, einen Umschlag für ein Aids-Buch für Teenager machen, in die UdSSR reisen, malen, was du siehst und fühlst. Aber *die Scheiße wird in die Geschichte eingehen.* Die Welt dreht sich immer weiter, aber die Dinge ändern sich immer schneller.

Und hier stehe ich. Ich meine, stell dir das vor: Stell dir die Erde aus der Ferne vor, als so eine große Kugel. Gestern war ich auf der einen Seite, und in ein paar Stunden bin ich auf der andern. Eine Reise, die vor wenigen Jahren noch Monate (oder Jahre) gedauert hätte.

Wir kommen voran, wir haben die Mittel, aber noch immer sind wir in der gleichen Situation. Und noch immer kämpfen wir.

Mit allen erforderlichen Mitteln.

Mit allen erforderlichen Mitteln.

Mit allen erforderlichen Mitteln.

24. JULI 1988

Ich gehe mit Fran und Kaz essen, um über die Zukunft des Pop Shop zu sprechen. Anscheinend kann er auf dem jetzigen Niveau nicht weitergehen, wenn er noch Geld einbringen soll. Das Geld, das Toko investiert hat, muß zurückgezahlt werden, damit wir sie dauerhaft ausbooten können. Toko hat seine Aktivität die ganze Zeit simuliert und Geld eingestrichen, im Bestreben, die Investitionen wieder hereinzuholen. Es sieht nicht gut aus. Wir versuchen uns über den Betrag, den wir ihnen schulden, zu einigen, ohne sie zu verklagen.

Um wieder in Gang zu kommen, brauchen wir Geld. Geld für die Produktion der Güter und Geld für die Erhaltung des Shops. Der Absatz geht zurück oder stabilisiert sich auf niedrigem Niveau. Die vielen Imitationen haben vielleicht auch etwas damit zu tun, aber ich glaube nicht, daß es daran liegt. Kaz möchte den Shop nach Hokkaido (Sapporo) verlegen, als eine Art Lizenzbetrieb, und dann einen permanenten Laden in Tokio eröffnen. Mehrere Möglichkeiten sind zu bedenken.

All dies ist deprimierend und zermürbend. Kann ich mit einer noch komplexeren Situation in Japan fertigwerden? Ich weiß, es ist die einzige Möglichkeit, wie ich Geld verdienen und zugleich die Kultur durchdringen kann. Ich bedenke alle Optionen und überlege, ob ich aufgeben soll.

MONTAG, 25. JULI

Habe nicht sehr gut geschlafen. Wurde gegen 7 Uhr wach, blieb liegen und grübelte über das Dilemma mit dem Pop Shop. Um ihm eine Zukunft hier zu sichern, müßte ich den Pop Shop mehr auf japanische Art betreiben, was hieße, die Sachen in mehr als einem Laden zu verkaufen, wie es alle machen. Ich glaube nicht, daß die Leute meinetwegen große Umwege machen werden, um zum Pop Shop zu kommen, besonders, wenn es die Imitationen überall gibt. Ich befürchte, daß die Leute meine Sachen vielleicht satt haben, weil sie wegen all der Imitationen schon soviel davon gesehen haben. Und wenn keine größere Firma beteiligt ist, wäre es zu kostspielig und zeitaufwendig, die Nachahmer alle zu verklagen. Ich muß mich wohl entscheiden, ob ich damit zu tun haben will oder nicht – oder eine Lösung finden, bei der ich weniger eingespannt bin, aber dennoch mit meinen Sachen präsent bleibe. Vielleicht muß ich einfach in New York jemanden engagieren, der als so was wie ein Agent oder Manager für meine »Sachen« auftritt. Von K. Haring als Massenartikel scheine ich mich mehr und mehr distanziert zu haben, und selbstverständlich interessiert mich das Erfinden mehr als das Verbreiten.

Ich ging mit Kaz zu einer kurzen Besprechung bei Tatsuno (dem Anwalt), um offiziell die Anzeige und Klage gegen Indio zu Protokoll zu geben, die Firma, die wir stellvertretend für alle andern verklagen wollen. Wir können mit Proben und mit Fotos aus ihrem Katalog nachweisen, daß sie Sachen von mir aus der inneren Umschlagseite von *Art in Transit* kopiert haben. Der Fall ist ziemlich klar. Hoffentlich unternimmt die Polizei diese Woche schon etwas, damit wir es der Presse vorweisen können, solange ich noch hier bin.

Nach der Besprechung lief ich noch herum, sah mir eine Ausstellung von Andys Druck-grafiken an (wo ich von allen Mitarbeitern der Galerie belagert wurde) und ging »einkau-fen«. Es ist kaum zu glauben, wie viele Imitationen es nun gibt. Man findet kaum noch einen Laden, der nicht ein paar Pseudo-K H -Artikel oder K H -inspirierte Sachen hätte. Ich habe aufgehört, sie zu sammeln, sofern sie nicht besonders amüsant sind.

Es ist interessant zu sehen, wie die Bilder gewissermaßen eine Gattung gebildet haben. Sie bezeichnen nicht mehr wirklich K H, sondern etwas, das eher dem kollektiven Be-wußtsein oder der »universalen Kultur« anzugehören scheint. Manchmal sind sie als Zeich-nungen von mir kaum mehr zu erkennen. Das ist bis zu einem gewissen Grad interessant, aber wenn es soweit kommt, daß sie meine eigenen Sachen überschatten, wird es doch eher zum Problem. Dies bringt mich in Tokio in eine seltsame, doch interessante Position. Ich weiß nicht recht, welche Lösung ich da finden kann, und im Gehen versuche ich mir eine auszudenken.

Nach dem Herumlaufen, einer Pizza im Restaurant gegenüber dem Hotel und weite-rem Herumlaufen schickte ich ein Fax an Julia und beschloß, daheim zu bleiben und zu lesen, statt nach Shinjuku in die Bars zu gehen. Ich las das erste Kapitel von *Cities on a Hill*, über Schwulen-Politik und Schwulen-Befreiung im Castro-Bezirk von San Francisco (prä- und post-Aids). Es war ziemlich packend zu lesen, gab ein objektives Bild und machte mir daher manches klarer, als es mir bisher gewesen war. Diese erstaunliche Verwandlung des Schwulenlebens seit Anfang der siebziger und während der achtziger Jahre ist genau das, was ich in New York durchgemacht habe. Es ist so was wie ein Bericht über meine Generation und die vorige, für diejenigen unter uns, die sich entschlossen haben, in aller Offenheit und nicht im stillen Kämmerlein so zu leben. In vieler Hinsicht machte es mich stolz und erweckte manche Sympathien. Es ist nicht leicht, in dieser Zeit zu leben, und vielleicht noch schwerer, in dieser Zeit zu sterben.

DIENSTAG, 26. JULI

Stand auf und ging in Harajuku und Shibuja einkaufen. Hustete viel und fühlte mich gar nicht wohl. Es ist schwer, sich nicht zu sorgen oder zu spekulieren, ob man »krank« ist, be-sonders wenn man letzte Nacht bis drei Uhr früh ein Buch über Aids gelesen hat. Lief herum, besuchte den Pop Shop (leer) und war irgendwie niedergeschlagen und entmutigt. Sah noch mehr Fälschungen oder Nachahmungen meiner Bilder auf Sachen jeder Art. Das ist so sehr zum Bestandteil der visuellen Kultur Japans und so sehr assimiliert worden, daß es jede Verbindung mit mir verloren hat – als wäre so etwas hier schon immer bekannt gewesen, etwas Ähnliches nun wie die Buchstaben des englischen Alphabets.

Traf mich mit Kaz und Tatsuno, und wir gingen zur Polizeiwache in Shibuja, um offi-ziell Anzeige gegen Indio zu erstatten. Es schien gutzugehen, und vielleicht unternehmen sie noch etwas, bevor ich aus Tokio abreise. An die Presse oder die Medien können wir uns nicht wenden, bevor nicht die Polizei das Ihre getan hat.

Danach kehrten wir ins Büro zurück, und ich ging mit Fran etwas essen. Wir sprachen über ihren nächsten Film und über Geschlechts- und Standesrollen in Japan, um zu verstehen, warum die Menschen sind, wie sie sind, oder tun, was sie tun. Weil es hier keinen Moralkodex wie in unserer Bibel gibt, ist die Sexualität mehr nach der traditionellen Definition von Mann und Frau als durch eine »Moral« geregelt.

Ein Typ von der Swiss Air erzählte mir von einem Dinner mit vielen bedeutenden Kunsthändlern, an dem er vor kurzem teilgenommen hat und wo er die Saatchis fragte: »Arbeiten Sie mit Keith Haring zusammen?« Am Tisch wurde es totenstill, und später sagte man ihm, das Thema hätte er nicht zur Sprache bringen sollen. Wie konnte er's wissen?

In einem langen Gespräch versuchten wir uns klarzumachen, wie die Japaner die amerikanische Kultur auffassen, besonders in bezug auf mich. Indem ich versuchte, ihre Fragen zu meiner Situation in Japan, jetzt und früher, zu beantworten, wurde mir deutlich, daß ich im Begriff war, mein naives Vertrauen auf das Verständnis der Japaner (oder ihre Verständnisbereitschaft) für meine Kunst zu verlieren. Ich hatte immer geglaubt, daß die Dinge in meinen Arbeiten, auf die Leute ansprachen, mit ihren eigenen Traditionen verknüpft seien, mit der des »Zeichens« und der Geste und mit dem »Geist der Linie«, der in ihrer Sumi-Malerei und ihrer Kalligraphie so deutlich hervortritt. Ich dachte, hier seien Leute für mein Werk aufgeschlossener als im Westen, weil sie es verstünden und es klarer und tiefer mitempfinden könnten. Das Wuchern dieser Imitationen hat mein Vertrauen gemindert. Die Sachen, die man kopiert, werden gewöhnlich nachgezeichnet, und die ganze »Kraft« der Linienführung geht dabei verloren. Das ist für mich sehr ärgerlich, denn ich glaube, daß mein Werk ganz wesentlich auf diesem Konzept der »Geste« und des »Geistes der Linie« als Ausdruck von Individualität beruht. Was bleibt, ist nur eine Art »Schick« und Moderummel. Ich hätte wirklich gern geglaubt, daß die Leute hier mein Werk aus den richtigen Gründen schätzen und daß es ihnen sogar mehr sagt als den Europäern und Amerikanern, weil sie es auf diese Weise »empfinden« und »lesen« können. Ich glaube immer noch, daß dies zutrifft, aber nur für eine Minderheit. Die Mehrheit kennt mein Werk nur aus all den Sachen, die man auf Kleidern und in Zeitschriften sieht.

Das ist nicht unbedingt schlecht, aber es ist Tatsache. Ich meine, ich bin einfach ein neues Phänomen, weder »gut« noch »schlecht«, weder »richtig« noch »falsch«. Es ist eben so, wie es ist.

Meine Sache ist es nun, mit dieser Situation fertigzuwerden, zu sehen, daß ich mit meiner Arbeit weiter vorankomme und meine Position und meine Kunst definiere. Ich glaube, mit der Zeit wird alles schon klar werden.

MITTWOCH, 27. JULI

Eine sehr emotionale Besprechung mit Fran und Kaz beim Essen im koreanischen Restaurant. Wir beschlossen, mit dem Pop Shop weiterzumachen, waren uns aber einig, daß wir alle über uns hinauswachsen müßten, um es zu schaffen. Außerdem erklärte ich Kaz, daß ich ihm als meinem Agenten in Japan mehr Verantwortung übertragen würde, wenn ich dächte, daß er imstande sei, damit fertigzuwerden. Keith Haring ist ein Full-time-Job. Er muß jemanden anstellen, der unter ihm für mich arbeitet. Bis jetzt sah es eigentlich nicht so aus, als könne er soviel Zeit für mich aufbringen, daß es gerechtfertigt wäre, ihm einen Vertrag mit prozentualer Beteiligung und die Vollmacht zu geben, für mich Aufträge zu suchen und auszuhandeln. Ich meine, er ist (theoretisch und ästhetisch) dazu fähig, müßte aber jemanden haben, der unter seiner Leitung all die Laufereien erledigt. Ich würde gern weiter mit ihm zusammenarbeiten, wenn wir uns darüber einig werden können. Ich habe ihnen auch klargemacht, wie wichtig es ist, dies so bald wie möglich in Angriff zu nehmen, denn, realistisch betrachtet, könnte alles sich sehr schnell ändern, wenn ich krank werden sollte. Ich möchte alles so geregelt haben, daß es ohne mich weitergehen kann, wenn ich vielleicht tatsächlich nicht mehr da bin. Ich möchte etwas geleistet haben, das fortwirkt und weiterlebt, mit mir oder ohne mich.

DONNERSTAG, 28. JULI

Stand auf und traf mich in der Lobby mit Fukuda und seiner Frau. Wir fuhren zum Flughafen und nahmen einen Flug nach Hiroshima (anderthalb Stunden), wo wir von einer Fernseh-Crew und einem Fotografen erwartet wurden, die uns vom Flughafen bis zum Hotel folgten. Wir meldeten uns an und wurden den Leuten vorgestellt, die unsere Gastgeber sein sollten. Sie hatten schon die Möglichkeiten für ein Wandgemälde erkundet und wollten mir mehrere Stellen zeigen.

Wir besuchten alle das Friedensmuseum und die Gedenkstätte, ein lebendiges Dokument für die Greuel von Hiroshima. Man kann sich das Ausmaß der Bombenwirkung unmöglich vorstellen, wenn man dieses Museum nicht selbst gesehen hat. Der Fotograf verfolgte mich, was unangenehm war, aber den Schock über das, was ich dort sah, nicht mindern konnte. Viele Familien mit Kindern waren zur gleichen Zeit im Museum. Natürlich hatte ich schon über Hiroshima gelesen und auch Fotos gesehen, aber so empfunden habe ich es noch nie. Es ist unglaublich, daß diese Zerstörung von einer 1945 hergestellten Bombe ausging und daß das technische Niveau und die Anzahl der atomaren Sprengköpfe seither noch gesteigert worden sind. Wer könnte wollen, daß so was noch mal geschieht? Und wem? Das Erschreckende ist, daß die Leute über das Wettrüsten reden und diskutieren, als ob es um Spielzeug ginge. Diese Männer sollten alle mal hierherkommen, statt an einen Verhandlungstisch irgendwo im sicheren Europa.

Ich sah ein Foto von einem Stapel menschlicher Schädel, das einfach unfaßlich war. Die Bilder von den Nachwirkungen der Radioaktivität blieben hinter Science-fiction-Horror nicht zurück. Beschreibungen schwarzer Regentropfen, Fotos von geschmolzenen Gesichtern usw. usw.

Was mir den stärksten Eindruck machte, waren sonderbarerweise zwei Fotos von

Jimmy Carters Besuch des Museums im Jahr 1984. Auf beiden Bildern sieht man Amy (damals etwa 17 Jahre alt) an seiner Seite. Ihr Gesichtsausdruck sagt alles. Es ist wohl das archetypische Gesicht, wie es jeder intelligente und feinfühlige amerikanische Teenager machen würde, wenn ihm zum ersten Mal die tiefe Wahrheit über unsere brüchige Situation aufgeht. Auf dem einen Bild sieht man nur ein Auge und einen Teil des Kopfes, weil sie hinter ihrem Vater steht. Das Entsetzen in ihrem Auge ist so echt und aufrichtig, daß mir die Tränen kamen.

Nachdem wir das Museum verlassen hatten, gingen wir stumm durch den Park. Es war nicht nötig zu reden, denn alle verstanden. Wir besuchten einige Denkmäler im Friedenspark und den Dom, ein Gebäude, das bei der Explosion (teilweise) stehengeblieben war und zur Erinnerung an die gewaltige Zerstörung dort so belassen wurde.

Auf dem andern Flußufer gegenüber dem Dom steht die Schule, wo ich malen will. Ihre Nähe zum Park und die perfekte, ihm zugewandte Außenwand machten diese Wahl verständlich. Als ich sie sehe und begreife, wie wichtig sie ist, versuche ich den Leuten zu erklären, daß ein mosaikartiges Wandbild angemessener und dauerhafter wäre. Alle stimmten mir zu. Wir gehen um die Schule herum und dann zu einer Sitzung im Büro des Bürgermeisters, um ihm meinen Vorschlag zu erklären. Die Männer, mit denen wir dort sprachen, waren voller Bedenken und brachten alle möglichen Ausreden vor (unter anderem den Einfluß eines Wandbildes auf den Bildungsprozeß), warum ich dort nicht malen sollte. Sie meinten, der bestmögliche Ort wäre in dem neuen Museum für zeitgenössische Kunst, das in Kürze fertiggestellt wird. Ein Gespräch mit einem der Museumsdirektoren hatten sie schon anberaumt. Sie verstanden nicht, warum ich mein Bild lieber in eine lebensnähere Situation bringen wollte, und führten all die üblichen Gründe dagegen an.

Jedenfalls, ich brauchte für das Schulprojekt gar keine Genehmigung seitens der Stadt, und das Museum interessierte mich auch. Wir sprachen mit dem Direktor, und er war bereit, uns morgen dort herumzuführen und uns die Wände zu zeigen, an die sie gedacht hatten. Dann gingen wir uns einen sofort verfügbaren Platz beim YMCA ansehen. Aber dort ein Bild zu malen, fanden wir, hätte das Interesse des Museums geschwächt und das Interesse der Stadt nahezu erlöschen lassen. Also gingen wir in einem sehr schicken Lokal essen (traditionelle japanische Küche) und besuchten die »Galerie« eines unserer Gastgeber – sie erwies sich als Bilderrahmen-Handlung. Dort lernte ich seine 76jährige Mutter kennen (eine Überlebende der Bombenexplosion), die ein großer Fan von mir war. Sehr zu ihrer Freude machte ich eine große Zeichnung für sie. Als wir fortgingen, kam sie zu den letzten Verbeugungen und Abschiedsgrüßen die Treppe herab, und als wir die Straße entlanggingen (ein ganzes Stück weit), blieb sie an der Tür stehen und blickte uns nach. An der Ecke drehte ich mich um und sah nach, ob sie immer noch da stand, doch eigentlich wußte ich es schon. Eine letzte Verbeugung. Wegen solcher Augenblicke liebe ich dieses Land: Feinheiten und Nuancen des Alltags und Werte, die den Menschen im Westen überhaupt nicht mehr bewußt sind. Alles Leben hat hier eine Art Poesie, und jede Handlung scheint etwas zu symbolisieren.

Ich schrieb ein Fax nach New York und fing an, das Kapitel über Jerry Falwells Kirche in *Cities on a Hill* zu lesen. Ich schlief ein und hatte seltsame Träume.

SONNTAG, 31. JULI

Stehe um 12 Uhr auf. Gehe mir noch einen Koffer kaufen, für all das Zeug, das ich hier gekauft habe. Kaz und Fran holen mich ab und bringen mich im Taxi zur Bus-Haltestelle, von wo ich zum Flughafen fahre. Nun sitze ich in der Maschine heim nach New York. Kaum zu glauben, daß dies alles in einer Woche passiert ist.

NOTIZEN:

Vor ein paar Wochen war ich in Bob Rauschenbergs Atelier eingeladen, zu einem Empfang für Vertreter der sowjetischen Künstlergewerkschaft (die regierungsnahe Organisation, der alle künstlerischen Tätigkeiten unterstehen). Allein schon durch die Einladung fühlte ich mich geehrt, denn die einzigen anderen Künstler waren Roy Lichtenstein, Christo, Laurie Anderson und noch einige. Ich lernte die russischen Delegierten kennen und sprach mit ihnen über Dinge, die ich dort möglicherweise machen könnte. Ich erklärte ihnen, daß ich schon mal versucht habe, dort etwas in Gang zu bringen, aber mit wenig Glück. Informationsmappen und Briefe waren über die UN und Yoko Ono dorthin gelangt, aber ich hatte keine Antwort bekommen. Sie versicherten mir, daß sie die einzigen seien, die mir da helfen könnten. Ein Mann, den ich dort traf – er leitete ein Projekt in Florida, das Gruppenausstellungen mit amerikanischen Künstlern wie Lichtenstein, Johns, Rauschenberg usw. macht, sagte mir, daß er derjenige sei, der für Bobs Ausstellung in Moskau arbeitet, und daß er persönlich eine Informationsmappe für mich abliefern könne.

Ich schwätzte lange mit Roy Lichtenstein und verabredete für nächste Woche einen Besuch in seinem neuen Atelier. Als ich dort war, tauschten wir ein paar Drucke aus.

Ich schreibe dies nur auf, weil es mir viel bedeutet, eingeladen zu sein und von diesen Künstlern anerkannt und von gleich zu gleich behandelt zu werden, während die Kunstszene (zumindest Kritiker, Händler und Museumsleute) mich meistens als leicht zu ignorierende Kuriosität behandelt. Solche Momente geben mir das Selbstvertrauen wieder, das mir durch die Ignoranz der Kunstzeitschriften und durch eine Kritik, die so tut, als ob es mich nicht gäbe, ständig abgesaugt wird. Die Anerkennung durch diese Künstler, die ich achte und denen mein Werk, glaube ich, historisch nahesteht, bedeutet mir mehr als die irgendeines Kritikers, Museumsdirektors oder Kunsthändlers. Jedenfalls, das wollte ich nur aufschreiben, damit ich's später nicht vergesse.

Keith Haring und George Condo,
Paris 1988

MONTAG, 22. AUGUST

Condorde nach Paris
Ins Hotel George V.
Zu George Condo ins Atelier
Bleibe auf bis 3 oder 4 Uhr morgens
Zurück zum Hotel

DIENSTAG, 23. AUGUST

Schlafe bis 16 Uhr 30
Zum Beaubourg (geschlossen)
Zu Condos Atelier
Zu Dave (Chinois) – nett gegessen
Zum Hotel Lotti (Condos Zimmer)
Zu unserem Hotel

MITTWOCH, 24. AUGUST

Zum Flughafen über La Défense, um großen Bogen zu sehen
15 Uhr: Ankunft in Düsseldorf
Hans holt uns vom Flughafen ab
Zur Galerie – Text zu den T-Shirt- und Poster-Entwürfen hinzufügen
Zur neuen Galerie – Bilder aufhängen und Skulpturen aufstellen
Essen in Fischrestaurant
Ins Hotel, dann Buchhandlung und Bar

DONNERSTAG, 25. AUGUST

Mit Vera Papier und Tusche kaufen
Zur Galerie, Zeichnungen machen
Dennis Hopper, Katherine, Tony und sein Freund und Barbara kommen in die Galerie
Mache etwa 11 Zeichnungen
Schenke einige davon Vera, Hans, Klaus, Stephanie und Dennis
Jan mit Freundin auf der Rückreise aus Budapest – besuchen mich in der Galerie
20 Uhr: Zurück ins Hotel – Essen mit Dennis, Tony, Hans usw.
23 Uhr 30: Mit Juan ins Bordell. Langweilig. Dann Bar. Langweilig.

FREITAG, 26. AUGUST

Farbe kaufen

Zur Galerie, Wände bemalen

Fotos

Malen und den Typen zusehen, die Sockel für große Skulptur aufbauen

Herumlaufen auf der Ausstellung

Zum Hotel

Gehe zu Hans' Galerie, zur Eröffnung von Dennis Hoppers Foto-Ausstellung

TV-Paparazzi

Viele Freunde aus Europa kommen an

Alain per Autostop aus Paris (Traf ihn auf der Biennale '85 in Paris)

Yves kommt aus Monte Carlo

Jason, Vik und Emys Sohn kommen im Auto aus Belgien

David (aus Belgien) kommt mit Frau aus Antwerpener Galerie

Monique und Emy aus Antwerpen

Pat Steir und Freundin kommen aus Amsterdam

Jörg Schellmann aus München

Wir gehen alle zusammen meine Ausstellung in der anderen Galerie ansehen, weil sie erst morgen eröffnet wird und manche heute nacht schon wieder heimfahren müssen

Zu Hans' Haus, unglaublich großes Dinner im Freien für 250–300 Leute

3 Uhr 30 morgens: Zum Hotel

SAMSTAG, 27. AUGUST

Lunch mit Dennis, Tony, Hans

Mit denselben zum Museum nach Münster

Zurück zum Hotel

Fahre zu meiner Vernissage mit Yves und Juan

Voller Leute, signiere drei Stunden lang Poster (T-Shirts, Hosen usw.)

Graffiti-Kids stehen herum

Großes Essen im Fischrestaurant

Zum Hotel mit Yves, Mädchen und zwei Graffiti-Boys

Herumhängen im Hotel – langweilig

SONNTAG, 28. AUGUST

Abreise und Fahrt mit Yves – verfahren uns bei Bonn

Rauchen, Rauchen

Sehen bayrische Schlösser

Fahren durch bis Lausanne

22 Uhr: Ankunft in Lausanne
Belegen Zimmer im Beau Rivage
Fondue mit Pierre Keller
Stricherpark

MONTAG, 29. AUGUST

Zur Bank
Zur Schule mit Pierre
Signiere Lucky-Strike-Drucke
Mittags: Abfahrt nach Genf
Lunch mit Galerie Pierre Huber
Abfahrt nach Frankreich
Problem mit Juans Visum – zurück nach Genf, auf dem Konsulat Visum holen
Nach Frankreich – durch den Montblanc-Tunnel – durch Italien
22 Uhr: Ankunft in Monte Carlo
Sehe Madison, Debbie, Salawa

DIENSTAG, 30. AUGUST

Lunch mit Prinzessin Carolines Sekretär im Haus
Zum Strand – Fahrt mit Hot-dog (Schlauchfloß, gezogen von Schnellboot); sehe italienischen Jungen
18 Uhr: Nach Roussillon zu Yves' Mutter und Schwester
Essen, Champagner – Sterne – Stille – Nachdenken

MITTWOCH, 31. AUGUST

Stehe früh auf
Schreibe den Jean-Michel-Artikel für *Vogue*
Lunch
13 Uhr: Zurück nach Monaco
14 Uhr: Besprechung mit Guido Pastor wegen Atelierraum. Will mir in neuem Gebäude ein Atelier umsonst überlassen. Sprechen über Wandbild-Projekte
16 Uhr: Zurück zum Haus
Zum Strand – Hot-dog-Fahrt mit Yves, Debbie und Juan – sehe den Jungen wieder
Redigieren und Umschreiben des Artikels über Jean-Michel
21 Uhr: Versuche Fax nach New York (geht nicht)
Mexikanisches Essen in Villefranche
Schlafen

DONNERSTAG, 1. SEPTEMBER

9 Uhr: Aufstehen – Artikel faxen

Mache 14 Gouachen

15 Uhr: Zum Strand – spreche mit dem italienischen Jungen – reite mit ihm auf Schläuchen hinter Boot. Reden bis 18 Uhr

18 Uhr 30 nach Hause

Anrufe in New York, Knokke

Juan kocht – essen – schlafen

Guter Sex mit Juan

FREITAG, 2. SEPTEMBER

11 Uhr Mannequin für Yves und Debbie bemalt

14 Uhr Polaroid-Film kaufen und zum Strand gehen

Schlauchreiten mit Massimo, mache Fotos – bringe ihn zu seinem Hotel – niente

Anrufe in New York

21 Uhr: Dinner im Haus mit Prinzessin Caroline, Roberto Rossellini, Guido Pastor usw.

Helmut und June Newton sagen ab, weil sie zu spät aus Rom kommen

Spreche mit Caroline über mögliches Bühnenbild fürs Ballett von Monaco

Spreche mit Guido über Atelier

Kooperationsangebote von Bruno – er bittet mich, für Katalog zu schreiben

Nette Gesellschaft, viel Champagner

T-Shirts für Caroline

SAMSTAG, 3. SEPTEMBER

Flug nach Düsseldorf

Stephanie holt uns ab

Zur Galerie – mache Fotos

Zum Lunch

Zum Haus

Zu Klaus Richters Vernissage (Gruppenausstellung)

Fahren nach Köln zur Party in Hoffmanns Haus

DJ aus London, wüste Performances

Bleiben bis 2 Uhr morgens

Zurück zu Mayers Haus

Reden – schlafen

SONNTAG, 4. SEPTEMBER

MITTAGS: Frühstück und Fahrt nach Knokke mit Klaus Richter

15 Uhr 30 Ankunft in Knokke

Sehen Xavier, Monique und Roger

Monique Perlstein und Emy kommen an. Sprechen über Keramik-Projekt

Jan von Kreon kommt mit Proben für Lichtanlage – sprechen über Fortsetzung des Projekts

Signiere Poster – verschenke T-Shirts

Zum Beach Club. Club hat sich verändert, neuer Besitzer will den Container, den ich bemalt habe, nicht hergeben

Zurück zum Haus. Pierre Staeck kommt an

Abendessen

Mit Vik, Jason, Juan und Roger ins Kasino zur Botero-Ausstellung

Zum Schlafen in den Drachen

MONTAG, 5. SEPTEMBER

Male drei Bilder: eines zum Tausch mit Otto Hahn für Lichtenstein-Zeichnung, eines für Xavier, eines zum Tausch gegen Buddha-Bild

Zeichne auf Jacques' Fahrrad

Zeichne auf Christophes Jacke

Mittagessen

Fahrt nach Paris mit Xavier und Roger

Essen bei Otto Hahn und seiner Familie

Zum Hotel – Condo ruft an

Zu Georges Hotel

Zu unserem Hotel, schlafen

DIENSTAG, 6. SEPTEMBER

Zum Flughafen, zur Concorde

Sehe Toukie Smith und Bob de Niro

Concorde nach New York

1988

Einzelausstellungen

Michael Kohn Gallery, Los Angeles

Gallerie Hans Mayer, Düsseldorf

Tony Shafrazi Gallery, New York

Hokin Gallery, Bay Harbor Islands, Florida

Gemeinschaftsausstellungen

Committed to Print, The Museum of Modern Art, New York

Hokin Gallery, Bay Harbor Islands, Florida

Penson Gallery, New York (zusammen mit Gianfranco Gorgoni)

Bernice Steinbaum Gallery, New York

Leo Castelli Gallery, New York

Gran Pavese: The Flag Project, Museum van Hedendaagse Kunst, Antwerpen

Ideas from Individual Impressions and Marks, Leigh University Art Gallery, Bethlehem,
Pennsylvania

Sonderprojekte

Eröffnung des *Pop Shop,* Tokio

Kostüme und Bühnenbilder für das Ballett *Tribal Dance* (Musik: Zazoue-Bikaye/Cram
034, Choreographie: George Faison) auf dem Tanzfestival *Body and Soul,* München

Artist-in-Residence, Toledo Museum of Art, Toledo, Ohio

Plakat und Fernsehspot für die *Literacy Campaign* des Verbands der New Yorker öffentlichen Bibliotheken, gefördert von Fox Channel 5

Easter at the White House: Tafel-Wandbild, gemalt auf dem Rasen des Weißen Hauses,
gestiftet für das Kinderkrankenhaus des National Medical Center, Washington

Vortrag und Zeichenworkshop am High Museum of Art, Atlanta

Wandgemälde für den Warteraum der Kinder-Unfallstation am Grady Hospital, Atlanta

New York City Ballett 40th Anniversary/American Music Festival: Bilder für Plakat, Programmheft, Bühnenprojektionen und T-Shirts

Umschlag und Lithographie (limitierte Auflage) zur UN-Sonderbriefmarke zum *Internationalen Freiwilligen-Jahr 1988 Don't Believe the Hype:* Wandbild an der Schule P.S. 97, Houston Street am FDR Drive, New York

Bücher und Kataloge

Keith Haring 1988. Einleitung: Martin Blinder; Essay: Dan Cameron (Martin Lawrence Limited Editions, Van Nuys, Kalifornien)

Collaborations: Andy Warhol, Jean-Michel Basquiat. Einleitung: Keith Haring (Mayor Rowan Gallery, London)

The Dog in Art from Rococo to Post-Modernism. Text: Robert Rosenblum (Harry N. Abrams, New York)

1989

10. FEBRUAR 1989

Fliege aus New York, nachdem ich zum ersten Mal im Leben meine Amex-Karte verloren habe. Hole mir auf dem Flughafen eine andere und steige ungeniert in die Concorde.

Flug geht glatt und schnell. O Technik! Beim Zoll werden wir durchsucht (Koffer), aber sehr zu seiner Enttäuschung findet der Mann nichts.

Hotel ist O.K. Nah an den Champs-Élysées und am Eiffelturm. Wir essen, rufen Lysa [Cooper] an und machen uns bereit zum Aufbruch zu den Bains Douches. Als wir in der Lobby auf die Concierge warten, die uns die Adresse geben soll, treffen wir Hubert (den Besitzer der Bains Douches), und er fährt uns hin. Draußen stießen wir auf den schwarzen Opernsänger (Paul Étienne), mit dem Andy mich bekannt gemacht hatte. Er sagt, Lucio Amelio ist auch in der Stadt. Der Club ist voll, und ich weiß gleich wieder, was ich an Paris hasse. Oder vielmehr, eins von den Dingen an Paris, die ich hasse. Im Gedränge stoßen die Leute aneinander und treten sich auf die Füße, ohne daß jemand sich entschuldigt. Nach NY ist es schwer, sich daran zu gewöhnen. Der Club ist zu voll. Wir finden Lysa und ihre Freunde und bleiben eine Weile, aber diese Menschenmengen sind zu anstrengend. Gil [Vazquez] ist müde, und ich möchte auch lieber gehen. Wir kehren ins Hotel zurück und reden stundenlang. Ist anscheinend echt schwierig für alle andern, sich damit abzufinden, daß wir eben Freunde sind; ständig möchte jemand sich einmischen. Mir kommt das alles ganz einfach vor. Ich weiß nur, mit ihm fühle ich mich zufriedener und attraktiver als mit allen, die mir in meinem Leben je begegnet sind. Er bringt allerhand Sachen in mir zum Vorschein, die dicht unter der Oberfläche auf der Lauer lagen. Wir können stundenlang miteinander reden. Wir bleiben bis 6 Uhr morgens auf, frühstücken und versuchen dann zu schlafen.

Baptiste [Lignel] ruft an. Wir verabreden uns für 17 Uhr am Beaubourg. Wir sind »fast« pünktlich da. Mit Baptiste, einem Freund von ihm und seiner Mutter schauen wir rasch in Hervé DiRosas Laden bei der Galerie Beaubourg hinein. Es ist eine Art Pariser Pop Shop à la DiRosa. Sie haben dort manche von den Sachen aus meinem Laden. Wir gehen in die Galerie nebenan und treffen Hans Mayer. Überraschung. Wir reden, verabreden uns für später und gehen zum Museum. Gleich darauf treffen wir Stephanie, Hans' Frau, mit ihrem Bruder, Schwägerin, Mutter usw. usw. Als ich mit ihnen rede, kommt auch noch Dino (Freund aus Zürich) dazu. Also immer einer nach dem andern, ziemlich verblüffend.

Im Museum: Jean Tinguelys Ausstellung ist sehenswert. Leider haben Gil und ich noch nichts gegessen und müssen die ganze Ausstellung mit leerem Magen durchwandern. Trotzdem, sie ist ganz unglaublich. Viele neue Arbeiten von 1988. Es ist großartig, die zu sehen, denn vor anderthalb Jahren schien er todkrank zu sein. Unglaublich, was er seither fertiggebracht hat. Großartig auch, wie die Leute auf die Sachen reagieren oder damit umgehen. Kinder können einfach nicht anders, als sie anfassen und bestaunen. Es ist völlig bezaubernd und auf vielerlei Weise zugänglich. Voller Metaphern für alles, von Leben und Tod bis hin zur Industrialisierung und ihren Folgen für das Leben der Menschen. Zwei Arbeiten waren wahrhaft beängstigend. Die eine, von 1988, war so etwas wie ein ungeheuerlicher teuflischer Hofstaat, eine Art Vision des Bösen unter der Aufsicht eines gehörnten Tieres (Stierschädel). Es hatte einen beweglichen metallenen »Flügel«, und davor saßen zu beiden Seiten die »Hofnarren«, die wie boshafte kleine Science-fiction-Kreaturen aussahen.

Es gibt so etwas wie ein geheimnisvoll naturalistisch-phantastisches Gefühl, nicht zu wissen (oder wissen zu wollen), wo etwas hergekommen ist, aber dennoch zu glauben, daß es wirklich ist. So wirklich, daß es aus den eigenen Träumen hervorgeht. Es kommt von anderswo und aus einer anderen Zeit. Der Anblick dieser Arbeit für sich allein, in einem anderen Kontext (außerhalb eines Museums oder einer Galerie), könnte selbst den kaltblütigsten Betrachter verstören. Zwischen all den anderen, manchmal überwältigenden Arbeiten ist es schwer, seine Gefühle und Reaktionen zu sondern. Es ist eine total aggressive Ausstellung. Der Betrachter wird *gezwungen,* sich zu ergeben. Dies ist etwas sehr Seltenes. Die meisten Ausstellungen erreichen das nur mit aktiver Einwilligung des Betrachters. Man darf sich verführen »lassen«. Diese dagegen zwingt einen (wenn auch noch so höflich), sie zu sehen, zu empfinden, mit ihr eins zu werden. Sehr deutlich wird diese Wirkung an den Reaktionen der Kinder. Ich sah ebensooft auf die Gesichter des Betrachters wie auf die ausgestellten Werke. Es ist mir eine wundervolle Lektion. In mancher Hinsicht strebe ich dies auch immer an, erreiche es aber nur ab und zu einmal. Es ist die höchste Bestätigung.

Eine Arbeit von 1967 mit dem Titel »Requiem für ein verdorrtes Blatt« ist eine riesige Maschine (eine Reihe Flaschenzüge, Räder und Riemen), vollkommen schwarz und von verwickelter Konstruktion, die allein zu dem Zweck dient, ein weißes Stück Metall in Bewegung zu setzen, auf dem ein trockenes (vielleicht abgefallenes) Blatt befestigt ist. Diese Arbeit brachte mich wirklich aus der Fassung, denn es ist die genaueste Entsprechung, die ich je gesehen habe, zu dem »Traum«, der mir immer wieder gekommen ist, seit ich ein kleiner Junge war, oft in Verbindung mit hohem Fieber oder in Zeiten der Verzweiflung. Ich habe ihn jetzt schon eine Weile nicht mehr geträumt, erinnere mich aber an das Gefühl des Isoliertseins, das ihn begleitete und oftmals, in Momenten, wo es besonders heftig wurde, in den Zustand überging, in dem ich meinen Körper zu »verlassen« glaubte. Letzte Nacht zum Beispiel, als ich im Dunkeln lag und mit Gil redete, schwebe ich langsam davon, das Zimmer wird größer und immer größer, und mir ist, als ob ich weit, weit weg bin. Der Traum begann gewöhnlich mit etwas (so gut ich's in Worte fassen kann) wie Fasziniertsein von so einer riesigen, starken, ominösen *Maschine*. Sehr dunkel und laut, aus Metall (schwerem, unwiderstehlichem Metall) und in ständiger drehender Bewegung. Die Bewegung der Maschine und ihre Stärke ist mir immer bewußt, und dann passiert etwas Seltsames ... sie produziert eine Blume oder pflückt sie (ein Gänseblümchen, glaube ich). Manchmal gibt sie die Blume dann, glaube ich, einem kleinen Kind (mir?). Aber der überwältigende Eindruck ist der dieses Riesenapparats, der nur dieser kleinen Geste wegen da ist. Ich weiß nicht, was das bedeutet. Ich habe es nie zu erraten versucht. Ich nehme es so hin. Ich habe nie versucht, es zu malen, denn meine Fähigkeit, es zu erklären oder es mir als Bild vorzustellen, reicht nicht an die Deutlichkeit heran, mit der ich es im Traum sehe. Diese Skulptur ist von allem, was ich je gesehen habe, das erste, was mich sofort wieder an diesen Traum erinnert hat. Unglaublich!

Nach der Ausstellung aßen wir Sandwiches und fuhren mit der Métro zum Hotel zurück. Als wir hineinkamen, ging Shirley MacLaine gerade aus. Zu cool!

Hans hat nicht angerufen. Ich rief Lysa an und traf eine Verabredung zum Abendessen. Die Telefonistin des Hotels bittet um ein Autogramm. Hahaha!

Gingen zum Essen mit Lysa, Joanne und ihren Freunden. Sie kamen 45 Minuten zu spät, aber in dem Restaurant trafen wir Aras Schwester und Bruder und redeten mit ihnen, während wir warteten.

Dann in einen Club. House Music? Der DJ trägt ein KH-Shirt vom CAPC Musée in Bordeaux. Wir nehmen Pilze. Stehen rum – tanzen – reden mit dem DJ, der ein großer Fan ist. Komisch, wie ich anscheinend überall auf der Welt Verbindung zu den DJs habe. Hat es was mit Rhythmus zu tun?

Wir verlassen diesen Club. Einer ihrer Freunde hat ein BMW-Motorrad und nimmt mich mit. Ich fahre gern Motorrad auf dem Rücksitz, besonders hinter einem großen, schönen Franzosen. Wir gehen ins La Palace und hängen herum. Männliches Model trägt KH-Shirt. Groß, schön und doof. Strohdumm! Lerne viele Leute kennen. Netter Trip. Im Untergeschoß ist noch ein Club – für die After-Hours. Dort gehn wir hin. Stellt sich raus, Jean-Yves (Grace Jones' Freund aus dem *Vie en rose*) ist der Inhaber. Große Überraschung. Tanzen, haben Spaß. Ein Arschloch (1 m 95 und mit Brille) belästigt die Mädchen. Ich war mir grad etwas zu trinken holen, als ich zurückkomme, hat Gil ihm in die Visage gehauen. Der Typ blutet. Er ist echt blöd und hat immer noch nicht genug, bis sie ihn endlich rauswerfen. Gil ist bei der ganzen Sache richtig cool.

Zusammen mit den Mädchen gehn wir fort, kaufen Brot und Gebäck. Ich und Gil fahren mit dem Taxi zum Eiffelturm und laufen im Park herum, spüren immer noch ein bißchen Restwirkung von den Pilzen und müssen von dem ganzen Abend irgendwie erst wieder runterkommen. Es ist unglaublich schön, bewölkter Himmel, Leute, die ihre Hunde ausführen, und Jogger. Schauen den Schwänen und Enten zu und nehmen ein Taxi zurück zum Hotel, um nach Shirley MacLaine Ausschau zu halten. Statt dessen frühstücken wir auf dem Zimmer und schlafen ein. Es ist alles so scheißschön.

SONNTAG, 12. FEBRUAR

Standen um 17 Uhr auf und gingen zu Claude Picassos Haus. Besprachen noch mal unsere Pläne für Spanien, studierten die Karte und überlegten den genauen Reiseweg. Trafen uns zum Abendessen mit Jean und Baptiste. Baptiste schlug vor, ich könnte seine Wohnung in den Olympischen Türmen mieten – für 15 000 Dollar im Monat. Klingt lachhaft, aber ich weiß nicht, könnte nett sein. Nach dem Essen brachte er uns mit dem Wagen zu unserer Verabredung mit Lysa und den Mädchen, und wir gingen in eine miese Schwulen-Bar namens *Boy for tea dance*. Es war voll, aber irgendwie deprimierend. Manchmal kann ich mit diesen Tunten überhaupt nichts anfangen. Gil und ich gingen weg und kamen zum Schlafen wieder ins Hotel. Morgen müssen wir abfliegen.

MONTAG, 13. FEBRUAR

Flug nach Madrid. Taxi zum Hotel. Taxameter raste. Nehme an, es war präpariert. Seither haben wir schon längere Fahrten für ein Drittel des Preises gemacht. Na ja...

Christopher Makos ist in der Lobby, und wir erfahren, wo die Matisse- und die Magritte-Ausstellung sind. Wir verabreden uns fürs Abendessen. Die Matisse-Ausstellung war großartig – einige selten gesehene Gemälde aus einer Sammlung in der UdSSR. Einige herrliche Bilder, die er in Marokko gemalt hat.

Im Hotel treffen wir uns mit Christophe zum Abendessen. Leider ist er mit Mark Kostabi unterwegs, einem der wenigen Menschen, die ich wirklich verabscheue. »Ekelhaft« wäre ein höflicher Ausdruck. Ich wußte, daß Kostabi hier sein würde, hatte aber nicht vor, ihn zu sehen. Es gelang mir zwar, jedes Gespräch mit ihm, jede Nachbarschaft im Gehen oder Sitzen zu vermeiden, aber seinem beharrlich stechenden Blick auszuweichen war unmöglich. Dies ist tatsächlich der Grund, warum ich ihn von Anfang an nicht ausstehen konnte. Noch bevor er selbst Künstler zu werden versuchte, war er schon immer dieses »Gesicht« in der Menge bei Vernissagen und Veranstaltungen in New York. Er stellte sich einfach nahe vor einen hin und starrte einen an. Das machte er so mit vielen Leuten. Dabei läuft es mir kalt den Rücken runter. Und auch jetzt, wo er sich doch für einen »berühmten Künstler« hält, macht er das immer noch. Ich kann es nicht ausstehen, um so weniger, als er auch noch ein entsetzlicher Künstler ist. ÖrccccH! Jedenfalls… wir aßen auch zusammen mit dem Designer Moschino aus Milano und noch ein paar Freunden von Christophe. Nachher beschlossen wir, in einen Club zu gehen, und es war eine Katastrophe – furchtbar pompös mit schlechter Musik. Wir fragten ein paar amerikanische Girls dort nach anderen Möglichkeiten, und sie nannten uns zwei Adressen, waren aber wohl nicht allzu optimistisch, weil es Montag abend war. Das erste Lokal, wo wir es versuchten, hatte zu, und ein paar Leute standen draußen, aber niemand wußte, wo man sonst noch hingehen könnte. Das andere sollte erst um 5 Uhr morgens aufmachen. Wir beschlossen, nach Hause zu gehn und zu schlafen und dann früh wieder aufzustehen.

DIENSTAG, 14. FEBRUAR: VALENTINSTAG

Haha – früh? Wir standen um 16 Uhr auf und machten unsere Liegestütze, Aufsetz- und Bein-über-Kopf-Übungen (soll bald zur täglichen Gewohnheit werden). Ich kriege tatsächlich schon ein paar Muskeln. Um 18 Uhr gingen wir in den Prado und hatten noch genug Zeit, uns vollkommen überwältigen zu lassen. Ich ging mir sofort den *Garten der Lüste* von Hieronymus Bosch ansehen. Ich habe ein Buch mit Reproduktionen der Details des ganzen Gemäldes und schaue es mir ab und zu an, aber es ist unglaublich, wie stark der Eindruck des echten Bildes ist. Es öffnet die Sinne auf eine ganz erstaunliche Weise. Später, als wir über dieses Bild und über das andere sprachen, das wir dort auch gesehen haben, erklärte ich Gil, wie mich der Eindruck einer Hyperrealität in diesen Bildern verblüfft. Wir können uns nur schwer vorstellen (weil wir im Zeitalter des fotografischen Bildes leben), wie es gewesen sein muß, wenn man um 1500 so sah und dachte. Bevor die Kamera unsere Vorstellungen von der Realität durch einen greifbaren erstarrten Moment aus der Realzeit ersetzte, den wir nun als Realität betrachten, war dies alles, was es gab. Gemälde. Heute haben die Menschen

diese Auffassung von der Realität als dem »Faktischen«. Ein rational begreifliches Ding, das man aufzeichnen, beweisen, berechnen kann. Die »Realität« in diesen Gemälden ist eine imaginierte oder in hohem Grade ästhetisierte Realität – fast Hyperrealität. Der Grund hat etwas mit der Menge der in diesem stehengebliebenen Bild eingekapselten Zeit zu tun. (Kondensierte Zeit.) Jedes Gesicht besteht aus vielen Gesichtern. Die Entstellung der Körper (anatomisch und gedanklich) und die Verwendung des Lichtes verleihen diesen Dingen eine eigene Realität, wie sie ein Foto nie besitzen kann. Sollten wir je ein Verfahren finden, fotografisch aufgenommenen Bildern (Foto, Film, Video) während oder nach der Aufnahme solche ästhetischen Eigenschaften zu geben, und sollten wir eine Möglichkeit finden, die rational und wissenschaftlich aufgefaßte »Realität« zu manipulieren, vielleicht würden wir dann etwas zustande bringen, was diesen Gemälden ähnlich ist. Es müßte mit einer Art Computer gemacht werden, der die »Realität« neu anordnet und das physisch »Sichtbare« nach seinem eigenen ästhetischen Empfinden gestaltet. Dies wird wahrscheinlich früher möglich werden, als wir denken. Einstweilen haben wir den Sinn für diese Hyperrealität völlig verloren und haben uns in unsere Überzeugung davon, was »real« ist, verirrt.

Wir gingen nachher noch zur ARCO (Kunstmesse), die zufällig gerade in Madrid ist. Sie ist total langweilig und wirkt auf mich wie das genaue Gegenteil des Prado.

Wir kehren ins Hotel zurück, essen (schlecht) und treffen uns wieder mit Christophe, um zur Party für einen spanischen Pop-Star, Bose, zu gehn. Sie ist voller Paparazzi, von denen mich natürlich keiner kennt, und Scharen von Langweilern. Ich gehe mit Gil fort, zu dem Club, der letzte Nacht geschlossen hatte. Heute nacht ist er offen, aber vollkommen leer. Der Barmann sagt, es ist noch zu früh. Wir geben's auf und kehren zum Hotel zurück. Na ja, Valentinstag. Ich bin glücklich, könnte aber nicht erklären, warum. Ständig werde ich an die »Realität« erinnert, wenn ich alle vier Stunden mein AZT und Zovirax nehme, aber die Zwischenzeit kommt mir ganz und gar magisch vor. Mit Gil ist es wirklich schön. Anscheinend können wir auch aus der schlimmsten Situation noch das Beste machen. Während ich jetzt schreibe, sehe ich ihm bei seiner Gymnastik zu, höre ein altes Tape von Juan Dubose und bin hochzufrieden. Ich kann es noch immer kaum glauben, daß Juan Dubose wirklich tot ist. Ich habe immerzu daran gedacht ... das Begräbnis gesehen und mich erinnert. Ich nehme an, diese Dinge und alles Gute, an das ich mich erinnern kann, werde ich nie vergessen. Das einzige, was von ihm für immer geblieben ist, ist seine Seele in der Musik. Obwohl die Musik auf diesen Tapes doch von andern ist, irgendwie ist er darin gegenwärtig. Seltsam. Ich erinnere mich an einen Valentinstag, an dem wir beide die gleichen weißen Jogging-Anzüge trugen, Turnschuhe und das Zeug für diese Party bei Deb Parker. Auf so was waren wir damals scharf ... gleiche Kleidung. Eine Zeitlang war es ganz herrlich. Aber nichts bleibt wohl so, wie es ist. Alles wird anders, immer. Und grad jetzt bin ich mir nicht sicher, ob ich irgendwas noch verstehe.

MITTWOCH, 15. FEBRUAR

Yves ist verschwunden. Er soll nach Madrid gefahren sein, zum letzten Tag der Kunstmesse, und der war gestern. Heute ist Mittwoch, und er ist noch nicht angekommen. Debbie rief an, um zu hören, ob er hier war. Gestern machte ich mir Sorgen, wollte sie aber nicht anrufen, für den Fall, daß er mit jemand herummacht. Nun ist es mir aber nicht mehr ganz geheuer. Wir werden sehn ... hoffentlich ist er O. K.

Wir standen früh auf (verhältnismäßig). Ich ging ins Iberia-Büro unten im Haus, die Tickets nach Barcelona holen, und draußen vor dem Büro war eine große Demonstration. Nachher haben wir gefrühstückt und sind im Taxi zur Magritte-Ausstellung gefahren. Sie war ganz unglaublich. Mehrere Bilder hatte ich noch nie gesehen. Komisch, wie sich der Schock durch seine Phantasie nach einer Weile abnutzt und sie fast wie eine »Formel« wirkt. Die Art, wie er Dinge substituiert, das Erwartete wegläßt und das Unerwartete ein-fügt, wird zu etwas wie einem voraussagbaren Verfahren. Trotzdem bleibt seine Malweise durchweg interessant, oft sogar interessanter als der gemalte Gegenstand.

Danach gingen wir in den Park, wo ich 1983 oder '84 bei der Ausstellung vertreten war. In demselben Gebäude war jetzt eine Artschwager-Ausstellung. Wir liefen im Park herum, machten Fotos und redeten. Als wir schon gehen wollten, trafen wir François Benichou. Er ist der Typ, der 1985 in Paris ein paar Lithos von mir herausgebracht und mich mit Pierre Alechinsky bekannt gemacht hat. Seit fast drei Jahren hatte ich ihn nicht mehr ge-sehen. Seltsamer Zufall. Wir redeten, verabredeten uns für ein anderes Projekt, das wir machen wollen, wenn ich in ein paar Wochen wieder in Paris bin, und dann mußte ich ge-hen, weil wir auf 14 Uhr 30 einen Wagen zum Hotel bestellt hatten. Auf dem Weg zum Hotel machten wir halt und sahen uns *Guernica* an. Es ist immer ein starker Eindruck. Wenn ich es jetzt hinter all dem Glas sehe, finde ich Tonys vandalischen Akt irgendwie noch abscheulicher. (Töten Lügen denn alles?) Die Zeichnungen, die danebenhängen, sind unglaublich.

Wir trafen unseren Fahrer und ließen uns zum Escorial bringen, von dem Claude Pi-casso uns gesagt hatte, daß wir es sehen müßten. Es liegt etwa eine Stunde außerhalb von Madrid. Verdammt erstaunlich. Erbaut von König Philipp, umfaßt zwei Paläste, ein Kloster und eine Bibliothek (die zweitgrößte, nach der vatikanischen). Wir machten einen Rund-gang durch das ganze Gemäuer. Drinnen waren Gräber mit den Überresten von Königen und Königinnen.

Debbie rief eben an. Yves ist tot. Er hatte einen Unfall in Spanien auf dem Weg zur ARCO. Ich kann's nicht glauben.

Das schreibe ich jetzt zwei Tage später in Nizza. Am Donnerstag haben wir sofort einen Flug nach Nizza über Barcelona bekommen. Das Ganze war wie ein böser Traum. Ich meine, ich wollte doch aus New York weg, um mich von der allgegenwärtigen »Realität« des Todes und meinem ständigen Bemühen, ihm durch ununterbrochenes Arbeiten aus dem Weg zu gehen, mal zu beurlauben. Dann, eine Woche bevor ich nach Europa abrei-sen wollte, stirbt Juan Dubose, und ich muß die Einzelheiten des Begräbnisses regeln hel-fen, Freunde benachrichtigen und mich um seine Familie kümmern. Schließlich fliege ich ab nach Europa, freue mich aufs Ausspannen und eine schöne Zeit ... und nun das! Yves war wohl einer meiner engsten Freunde. Ich bin der Pate seiner Tochter. Er war mein en-thusiastischster Anhänger und einer von den wenigen, denke ich, die wirklich hundertprozentig an mich glaubten. Durch nichts, was ich sage oder tue, kann ich irgendwas ändern. Ich fühle mich leer und hilflos – besonders jetzt, wo es an mir ist, Debra zu trösten. Ich soll ihr bester Freund sein, abgesehen von Yves. Ich soll, abgesehen von Yves, der Mann sein, den sie am meisten geliebt hat, weil ich in ihren Augen Yves am ähnlichsten bin. Ich weiß nicht, ob ich dieser Erwartung gerecht werden kann. Ich weiß nicht, wie stark ich in Wirklichkeit bin. Dabei kommt all dies ja nicht ganz unerwartet. Ich habe mich oft in Lebensgefahr gefühlt, wenn ich mit Yves mitgefahren bin. Ich habe viele Male, wenn er fuhr, still darum gebetet, daß es nicht passieren sollte, wenn ich mit im Wagen säße.

Yves ist tot. Daran ist nun nichts mehr zu ändern. Ich war wie versteinert, als ich diese Wohnung betrat. In Madrid, am Abend vor dem Abflug nach Nizza, wollte ich zum Essen ausgehen, um nicht immer daran denken zu müssen. Wir aßen mit François Benichou, einem berühmten Pelz-Designer und Sammler, der bei der Ausstellung in Madrid '83 oder '84 meine Riesenvase gekauft hat. Ich versuchte, höflich und aufmerksam zu sein, aber in meinem Kopf wurde es mir immer klarer und klarer. Nach dem Essen wollten sie noch in so einen Club gehen, aber ich konnte es einfach nicht, und Gil war damit einverstanden, nach Hause zu gehn. Im Taxi fing ich still zu weinen an, und als wir ins Hotel kamen, schickte ich Gil nach oben, ging zum Prado und heulte. Irgendwie war es ganz grauenhaft passend, vor dem Prado um Yves zu trauern. Als ich vor dem Prado auf und ab ging (oder schritt), fand ich einen hochhackigen schwarzen Schuh. Wiederum grauenhaft poetisch. Ich mußte zurück ins Hotel und mich damit abfinden und mich mit mir selbst abfinden. Ich rief Juan an, um es ihm zu sagen, bekam aber die Worte kaum heraus. Schließlich zwang ich mich, schlafen zu gehen. Gil hilft mir, so gut er kann.

Am Vormittag sind wir hierher nach Monte Carlo geflogen. Man kann sich nicht vorstellen, was es für ein Gefühl war, auf dem Flughafen von Nizza anzukommen, ohne daß Yves mich abholte, oder ins Palais Emilie zu kommen und die Gesichter der Leute am Eingangsschalter zu sehen. Debra wird nicht sehr gut damit fertig. Aber wie könnte sie auch?

Mir fällt nichts Gescheites mehr ein, was ich dazu sagen kann, und ich tue nur noch mein Bestes, um ein bißchen Trost zu spenden. Eine Menge Leute geht den ganzen Tag im Haus ein und aus. Das Telefon läutet in einem fort.

Mein Zahn schmerzte, darum ließ ich Roberto Rossellini (er ist viel hiergewesen, weil er im selben Haus wohnt und ein guter Freund von Yves und Debbie ist) bei seinem Zahnarzt anrufen und einen Termin für mich machen. Er brachte mich in die Praxis, und dort fertigten sie mich sehr schnell ab. Sie gaben mir ein Standardformular zum Ausfüllen, das ganz in Französisch war. Die Sprechstundenhilfe übersetzte mir einiges, aber nicht alles. Der Arzt untersuchte mich mit Maske und Gummihandschuhen (was inzwischen das Standardverfahren ist), und dabei entdeckte er die KS-Flecken an meinem Gaumendach, fragte mich, was das sei, und ich sagte es ihm. Er entrüstete sich mächtig, daß ich ihn nicht informiert hatte, daß ich Aids habe. Ich wies ihn darauf hin, daß er ja Maske und Gummihandschuhe trage und daß mir der Fragebogen nicht vollständig erklärt worden sei. Das kümmerte ihn gar nicht. Dafür, daß er der beste Zahnarzt von Monte Carlo sein soll, war er ganz schön ignorant. Als ich ging, sagte er, für meinen Zahn könne er nichts tun, denn er sehe keine Schäden. Wenn es schlimmer werde, würde eine Wurzelbehandlung nötig. Ich hoffe, dazu kommt es nicht.

Ich ging fort und fühlte mich vollkommen hilflos und abgewiesen, ein Gefühl, das mich sehr leicht zu befallen scheint. Am Himmel über dem Kasino sah ich einen großen Schwarm Vögel, die herabstießen und durcheinanderflatterten. Zweimal bekam ich Scheiße ab. Scheint vieles dergleichen im Gange zu sein.

Ich bemühe mich nach Kräften, in all dem Wahnsinn einen Sinn zu finden. Mein Leben, meine fehlgeleitete Liebe, meine Freunde, das Leiden, Schmerz und kleine Ausbrüche von Vernunft. Es muß doch einfach besser werden, denke ich, aber anscheinend wird es nur noch schlimmer. Wie lange kann das so weitergehn? Und wer bin ich, daß ich's in Frage stellen dürfte? Es ist ja auch gar keine Frage des Verstehens mehr, sondern des Sichabfindens. Ich finde mich mit meinem Schicksal ab, mit meinem Leben. Ich finde mich mit meinen Schwächen ab und mit dem Kampf. Ich finde mich ab mit meiner Unfähigkeit zu verstehen. Ich finde mich ab mit dem, was ich nie sein und was ich nie haben werde. Ich finde mich mit dem Tod ab und mit dem Leben. Ich habe keine tiefen Erkenntnisse – es ist ein blindes Sichabfinden und eine Art Glaube. Gegen all das werde ich taub, was in gewisser Weise noch erschreckender ist. Nichts überrascht oder schockiert mich mehr. Ich werde nach außen sehr hart und innen immer weicher. Ich muß das überstehen. Dies alles und mein eigenes Leben auch.

SAMSTAG, 18. FEBRUAR

Debbies Eltern sind heute angekommen. Grace Jones und ihr Sohn Paolo kamen letzte Nacht und schliefen bei uns. Paolo schlief zwischen mir und Gil – allerdings nicht genau in der Mitte. Ich hatte etwa zwei Fußbreit Platz im Bett, war aber so müde, daß ich trotzdem schlafen konnte. Seltsame Träume. Yves' Mutter und Schwester sind zurück aus Spanien, wo sie die Leiche gesehen und die Formalitäten für den Transport nach Vence erledigt haben. Heute abend kommt er dort an. Sie wollen, daß ich ihm einen Engel auf den Sarg male. Natürlich tu ich's – für Yves. Außerdem möchte Debbie, daß ich bei der Trauerfeier rede. Davor hab' ich Angst, denn so was kann ich nicht gut, aber ich habe gar keine Wahl. Es ist erstaunlich, wie widerstandsfähig ich anscheinend geworden bin. Als ob ich für alle andern stark sein muß. Aber innerlich bin ich ganz allein. Gestern abend habe ich Yves' Buch gelesen, das gerade erst erschienen war, als er mir in New York ein Exemplar gab, aber nun nehmen viele Passagen eine ganz neue Bedeutung an. Einige sind wirklich grauenhaft prophetisch:

Selbst wenn du früh am Morgen stirbst, singen die Vögel.

Und:

> Erfolg, Gelingen, glückliche Liebschaft
> Jünger, jünger wirst du
> Die Liebe, die Liebe in deinem Leben
> Verleiht dir Leben, bis du stirbst.

Und:

> Kreativität, biologisch oder anderweitig, ist meine einzige Ver-
> bindung mit einer relativen Sterblichkeit.

Das ganz Buch gewinnt nun einen neuen Sinn. Dies bewirkt der Tod, nehme ich an. Er zwingt einen gewissermaßen, alles zu summieren und eine letzte Bilanz zu ziehen. All-mählich fühle ich mich in meinem Verhältnis zu Gil ein wenig verlassen. Ich brauche ei-gentlich grad jetzt so etwas wie Rückhalt und bin nicht sicher, daß er ihn mir geben kann. Er versucht es, aber wie gewöhnlich ist auch dieses Verhältnis vornehmlich von mir domi-niert. Obwohl wir nicht wirklich ein Liebespaar sind, ist es doch eindeutig eine Beziehung nach diesem Muster. Es war unvermeidlich, daß der Zauber sich allmählich abnutzen würde und daß unser Verhältnis realistischer würde. Ich bin mir nicht sicher, was passiert, wenn ich die Vorhänge wegziehe und nachsehe, was dahinter ist. Ich bin blindlings in ihn vernarrt und entschlossen, etwas aus dem Nichts zu erschaffen. Manchmal denke ich, daß nur meine eigene Unsicherheit die Probleme oder paranoiden Wahnvorstellungen her-vorruft, aus denen die Spannung entsteht.

Ich wollte, ich wäre nicht so drauf versessen, mich in allem sicher zu fühlen. Ich möchte, daß alles zu meiner Zufriedenheit ist, und in Wirklichkeit ist es das niemals. Schließlich beginnt man, Opfer zu bringen und Dinge zu ignorieren, die man nicht sehen will. Ich bin mir nicht sicher, ob das Ganze nicht nur Illusion oder Einbildung ist. Jeder ist wohl der Mittelpunkt seiner eigenen Welt und daher auch deren Schöpfer. Ich komme mir manchmal gar nicht sehr tiefgründig oder auch nur talentiert vor. Und es fällt mir sehr schwer, in den Spiegel zu sehen, ohne daran erinnert zu werden, daß meine Tage gezählt sind. Die Beule an meinem Kopf sieht bald größer aus, bald so, als ob sie wieder wegginge, aber immer ist sie da. Letzte Nacht hat Paolo mich gezeichnet, natürlich mit einem großen Fleck mitten auf der Stirn.

Gil versucht, nicht darauf zu achten und so zu tun, als ob er gar nicht daran denkt, aber manchmal merke ich, etwa wenn ich meine Medizin nehme, daß es ihn ebenso aus der Fassung bringt wie mich. Es macht mir angst. Und ich bin mir nicht sicher, welche Rolle er dabei spielen soll. Ich habe ihn nun doch in die ganze Situation reingezogen, ihn ins Te-stament eingesetzt und so weiter, weil ich denke, ich bringe ihm sozusagen bei (oder ver-such' es), was ich zu allem meine, damit er in Zukunft meine Stimme sein kann. Aber wo-her weiß ich, ob er diese Verantwortung überhaupt will? Ich weiß doch noch, wie verstört ich war, als Brion vor meinen Augen ein Testament schrieb, in dem er mir all sein Zeug vermachte. Er spürte sofort meine Unfähigkeit, damit fertigzuwerden, und schrieb schließlich noch ein anderes Testament, bevor er einige Monate später starb. Ich kann sehen, wie es Julia ebenso ergeht, und leider fange ich nun an, es auch bei Gil zu sehen. Ich will niemandem zur Last werden, aber ich glaube wirklich, ich muß diejenigen über diese Dinge entscheiden lassen, die ich liebe und denen ich vertraue. Besonders, nachdem ich gesehen habe, was für ein Durcheinander Yves hinterläßt, ohne Testament, mit Steuerproblemen, Schulden, offiziell nicht verheiratet mit Debra, kein Geld auf der Bank und eine kleine Tochter. Wenigstens hat Madison seinen Namen auf dem Geburtsschein.

Die ganze Idee der Vorbereitung ist unangenehm, aber es ist besser, ich setze mich im voraus damit auseinander, so daß ich selbst noch an den Kopfschmerzen teilhabe, statt alles an »irgendwen« weiterzugeben. Zwei

Gilbert Vazquez und Keith Haring, 1989

Tage bevor ich zu dieser Reise aufbrach, habe ich ein neues Testament unterzeichnet. Es ist so, wie ich es im Moment für das beste halte. Ich kann es jederzeit ändern. Ich möchte Gil wirklich beibringen, wer und was ich bin. Ich wollte, ich könnte glauben, daß er wirklich sicher ist, diese Verantwortung übernehmen zu können. Ich weiß nicht, was er noch tun kann, um mir zu zeigen, daß er es ist. Er scheint aufrichtig interessiert zu sein. Er scheint das meiste von dem, was ich sage, in sich aufzunehmen, und er scheint der Richtige zu sein, dem man diese Dinge sagen kann. Nur kann ich nicht umhin, mich zu fragen, ob ich nicht zumeist nur projiziere, was *ich denke,* das er ist, und was *ich denke,* das er denkt. Wie kann ich's wissen? Ich will nicht bemitleidet werden und verstehe mich nicht darauf, geliebt zu werden. Ich verstehe mich nur darauf zu lieben. Ich kann nur hoffen, daß ich das Richtige tue. Juan liebe ich sehr. Bei Gelegenheiten wie dieser wird es mir noch deutlicher. Er ist der einzige, den ich unbedingt anrufen mußte, um über Yves zu reden. Ich kann nur nicht meine ganze Zeit mit ihm verbringen, wenn es mir allmählich so vorkommt, als redete ich gegen eine Wand. Vielleicht habe ich die Wand aufgebaut. Was die Situation/Beziehung bestimmt, ist immer, was man selbst daraus macht. Zumindest bin ich überzeugt, daß er mich trotz allem aufrichtig liebt. Trotz meiner Unfähigkeit, ihm meine Liebe zu zeigen, und meiner mangelnden Geduld, ihn zu verstehen – trotzdem liebt er mich. Ich glaube, ich mußte einfach mit jemand anders reden können und all das ans Tageslicht bringen. Gil spielt diese Rolle und wird mir ein guter Freund. Ich denke, ich kann ihn in der Zeit, die ich noch habe, etwas lehren, und vielleicht kann ich selbst manches dabei lernen. Schon die Tatsache, daß ich mir seinetwegen alle diese Fragen stellen und mir über manches klarwerden muß, kann nur bedeuten, daß es lohnend und richtig ist. Ich glaube, er belehrt mich, wer ich bin, und zeigt mich mir selbst. Was ich in dieser Spiegelung dann sehe, ist *mein* Problem.

MITTWOCH, 22. FEBRUAR

Ich sitze im Flugzeug nach Barcelona über Madrid. Yves ist begraben. Ich bin in Monte Carlo geblieben, solange ich konnte, aber nun muß ich wirklich wieder auf meine Reise. Debra fliegt dieser Tage nach New York, um sich dort um das Zeug in der Wohnung zu kümmern. Die Abreise letzte Nacht war etwas vom Schwierigsten an dieser ganzen Geschichte. Ich habe Madison in den Schlaf gesungen, einer der schönsten Augenblicke, die ich seit langem erlebt habe. Sie ist so ein Schatz! Ein Baby im Arm zu halten, es zu wiegen und in den Schlaf zu singen, ist eines der befriedigendsten Gefühle, die ich kenne. Mit einem eigenen Kind werde ich diese Freude nie erleben, aber die Gelegenheiten, bei denen ich es mit Zena, Madison oder meiner kleinen Schwester Kristen erlebt habe, sind tief in mein Gedächtnis eingegraben. Damit Madison einschlief, mußte ich Verse von »Amazing Grace« singen, änderte aber in jedem Vers aus dem Stegreif den Text ab. Fast mühelos fand ich Wörter, die sich reimten und in den Rhythmus des Liedes paßten. Ich habe ihr etwas vom Leben vorgesungen, von ihrem Vater, davon, wie er und ich sie lieben, von der Anteilnahme für ihre Mutter usw. usw.

Vor zwei Tagen haben wir Yves begraben. Aber begraben ist nicht ganz richtig. Hierzulande legt man die Toten in eine Art Mausoleum. (Familien-»Parzellen«, in denen vier oder fünf übereinandergestapelt werden können.) Der einzige Sarg, der sich schon darin befand, war der von Yves' Großmutter. Sein Großvater, der 91 ist, war da, um zu sehen, wie Yves in die Grabkammer gebracht wurde. Komisch, denn der Großvater hat im Scherz immer gesagt, er möchte nicht neben Yves im Familiengrab liegen, weil Yves so »zappelig« und »komisch« sei, daß man an seiner Seite wohl auch im Grab keine Ruhe finden könne. Nun wird Yves wahrscheinlich zwischen Großmutter und Großvater zu liegen kommen.

Eine einfache Trauerfeier fand in einer Kapelle statt (sie wird nicht mehr als Kapelle benutzt), die innen ganz weiß gestrichen und wie eine Galerie mit Wandflutern ausgeleuchtet war. Mehrere standen auf und sprachen über Yves. Die meisten redeten aber nur Französisch, und ich war gezwungen, etwas auf englisch zu sagen. Es fiel mir viel leichter, als ich erwartet hatte. Ich sagte einfach, wie mir zumute war. Es stimmt, daß ich Yves vom ersten Tag an mochte, seit ich ihn kenne. Ich habe von ihm viel über das Leben gelernt, wie man es genießen und sich damit »abfinden« kann. In der Nacht davor hatte ich den Sarg bemalt. Das war das erste, worum seine Mutter mich gebeten hatte, als ich in Monte Carlo ankam. Alle waren überzeugt, daß er es sich so gewünscht hätte. Den Sarg zu bemalen war ein (gelinde gesagt) unglaubliches Erlebnis. Es ging mir auch ganz mühelos von der Hand und von Herzen. Ich malte mit Silber-Email auf dem glänzend schwarzen spanischen Sarg. Zuerst hatte ich nur den Engel malen wollen, den er als sein »Signum« adoptiert hatte, fand es dann aber nötig, das Ganze zu vervollständigen.

Ganz unten waren eine Mutter und ein Kind. Und dann wollte ich dazuschreiben FOREVER + EVER, aber weil das R nicht hinpaßte, wurde daraus: FOR EVE R AND EVER.

Ich glaube, das hätte Yves am besten gefallen. Es war vollkommen »zufällig«, aber eindeutig ein sehr stark »gesteuerter« Zufall. Er liebte solche Wortspiele und Schicksalslaunen. Das war ein eindringliches Erlebnis. Jetzt bin ich völlig frei von Emotionen. Ich bin vollkommen entleert. Gereinigt. Ich muß wieder von vorn anfangen und mir zu mir selbst etwas einfallen lassen. Aber nun muß ich weitermachen, unaufhörlich weiter. Stark sein. Es ist nicht die

Madison Arman und Keith Haring, Monte Carlo 1987

letzte Probe und Prüfung, die ich bestehen muß, und nicht die erste. Jedesmal werde ich ein klein bißchen härter, ein bißchen klüger und ein klein bißchen sanfter. Das Leben ist schwer, aber es lohnt sich. Etwas anderes kann ich nicht erwarten. Der Schmerz definiert die Lust. Das Herrliche ist, daß es immer weitergeht und daß wir uns daran anpassen. Irgendwie sind wir Menschen immer anpassungsfähig. Solange ich kann, möchte ich ein guter Mensch und ein guter Freund sein. Wie man das macht, darüber lerne ich jeden Tag mehr. Ich möchte, daß man über mich einmal sagen kann, was ich über Yves gesagt habe – daß er jeden Tag in vollen Zügen durchlebt hat und daß sein Leben (und unseres) erfüllt war und immer sein wird. Ich bin zufrieden mit jedem Tag. Ich tue, was ich kann, und finde mich damit ab, daß ich etwas nicht kann. Ich bin so glücklich, wie ich nur sein kann, so mitfühlend und liebevoll, wie ich glaube sein zu können.

Barcelona ist viel lockerer als Madrid, und auf den Straßen scheint viel mehr Leben zu sein. In unserer ersten Nacht hier gingen wir in einen Acid-House-Club. Maurillo, ein Typ, den ich vom Plastic in Milano kenne, sagte uns, wo es ist. Ich finde es unglaublich, daß überall auf der Welt Leute dieselbe Musik hören und an dieser Art »Weltkultur« teilhaben. Gestern gingen wir uns die Kathedrale ansehen, die Gaudí gerade baute, als er von einem Zug überfahren wurde. Wir stiegen die Treppe des höchsten Turms hinauf. Die Kathedrale ist ganz unglaublich, und man kann sich kaum vorstellen, wie sie damals, als sie gebaut wurde, aufgenommen worden sein muß. Sie wirkt immer noch irgendwie fremd zwischen der Architektur ringsum und allem, was seither gebaut worden ist. Sein Vertrauen auf die Intuition statt auf strikte Einhaltung vorgezeichneter Baupläne ist noch immer unerhört. Jemand erzählte mir, daß eine Gruppe Leute sich darum bemüht, den Bau fertigzustellen. Das kommt mir lächerlich vor, denn er hat keine genauen Pläne für die Fertigstellung hinterlassen. Seine ganze Idee vom »Wie des Bauens« war wichtig für die Produktion als solche. Es wäre so, wie wenn man ein unvollendetes Gemälde nach dem Tod des Malers fertigmalen wollte.

Gestern abend waren wir bei der Eröffnung einer Ausstellung »neuer« spanischer Künstler, die aus Deutschland eingereist war. Es war ziemlich langweilig. Das einzig Interessante war, daß sie mich auf den Gedanken brachte, wie wenig ich mit dem zu tun habe, was nach Ansicht der meisten Leute die Grundvoraussetzung der »Malerei« ist. Ich glaube, irgendwie gehe ich von vollkommen anderen Prämissen aus. Ich weiß nicht, wie ich es genau erklären soll, aber es hat etwas mit dem Grund, warum man eine Sache macht, und mit dem Ritual des Herstellungsprozesses zu tun. So vieles von diesem Zeug sieht mir völlig sinnlos aus und scheint sich in einer Art Suche ohne Ziel zu verlieren. Jedes Ding, das ich mache, scheint mir einen logischen Abschluß zu haben, und der ganze Prozeß, in dem ich zu diesem Schluß gelange, *ist* selbst die Kunst. Etwas nachträglich zu verändern oder umzustellen, kommt überhaupt nie in Frage. Manche würden sagen, das ist mein größter Fehler, aber ich denke, es ist wohl mein stärkster Trumpf. Meistens handelt es sich bei der Kunst um ein Bemühen, etwas zu »werden« oder zu »vollenden«. Ich glaube nicht, daß es unbedingt darum gehen muß. Ich finde es interessant, welches Ergebnis bei jemandes Bemühen herauskommt, aber es ist auch interessant, sich mit den Ergebnissen reinen Ausdrucks auseinanderzusetzen. Ich glaube, der Prozeß des »Machens« ist etwas an sich Vollständiges. Heute gingen wir zur Miró-Stiftung, und ich bemerkte in einem seiner Gemälde, daß er eine Linie weiß übermalt hatte. Es kam mir falsch vor, so etwas abzuändern, wenn die Sache selbst doch ein Ausdruck des Unterbewußten sein soll. In vielen der Gemälde hat er mit Tropfen und Spritzern gearbeitet. Ich glaube, dieses Bild wäre ebensogut (oder besser), wenn er die Linie dringelassen hätte. Aber wer bin ich, daß ich es sagen kann?

Unten traf ich mich mit Syndria und ging die Farbe, Batterien für das Radio, Pinsel usw. kaufen, und Punkt 12 Uhr stand ich an der Mauer. Man hatte die Mauer vorbereitet

Aids-Wandbild im Barrio de Chino, Barcelona 1989

(gereinigt), und es warteten schon Leute. Ich fing fast sofort an. Es kamen schon Presseleute, meistens Fotografen, und eine Fernseh-Crew. Die rote Farbe (Acryl) ließ sich leicht auftragen, weil die Wand wirklich glatt war.

Das Malen ging ganz leicht. Ich hatte ungefähr im Kopf, was ich malen wollte, und es ging alles ganz gut auf. Die Kids aus der Nachbarschaft standen überall herum und machten so ziemlich dasselbe wie die Kids irgendwo anders (versuchten so viele Buttons wie möglich zu ergattern). Allerhand Medienleute ließen sich blicken – alle drei Fernsehsender, die zwei lokalen und ein nationaler. Jemand von ARS nahm ein Band für mich auf. Ein ganzer Haufen Fotografen von Zeitungen und Illustrierten. Sogar die spanische *Vogue* war da. Montsey muß ziemlich gute Verbindungen haben, daß er in nur zwei Tagen so viel Presse zusammentrommeln konnte. (Wir hatten erst am Samstag vormittag beschlossen, dies zu machen.)

Einer der hiesigen Bordellbesitzer protestierte, das Wandbild würde der Nachbarschaft nur schaden, weil man denken könnte, hier gebe es jede Menge Drogen, und dann würde die Polizei die Bars schließen. Das ist aber lachhaft, denn jedermann weiß hier schon, wie schlimm die Situation im Barrio ist, und das Wandbild ist nur ein Versuch, die Menschen anzusprechen, die tatsächlich dort leben und jeden Tag in Mitleidenschaft gezogen werden. Die Botschaft war aufklärend: Die Leute sollen vorsichtiger sein und mehr Bewußtsein für die Gefahr entwickeln, dann werden sie Aids hoffentlich vermeiden können. Das Wort SIDA [Aids] an einer Stelle der Wand sollte die Aussage nur absolut klarmachen, und am andern Ende stand auf spanisch, »ZUSAMMEN KÖNNEN WIR AIDS STOPPEN«. Zum Malen brauchte ich etwa fünf Stunden, wie ich geplant hatte. Die Wand hatte eine sonderbare Schrägneigung, was die Arbeit erschwerte, aber was mich am Bemalen von Wänden besonders reizt, ist der Grad an (physischer) Anpassung, zu der man imstande sein muß, um die Aufgabe zu erfüllen. Ich mußte Stellungen einnehmen, die mir neu waren und in denen ich das nötige Gleichgewicht erst finden und dann bewahren mußte. Einige der besten Fotos von diesem Gemälde zeigen die Körpersprache und die Körperhaltungen.

Unter den Kids war einer, David, etwa zehn Jahre, der mich mit Beschlag belegte. Er blieb die ganze Zeit dicht bei mir und paßte auf, daß die anderen Kids mich nicht störten. Am Ende wollte er auf allen Fotos neben mir mit drauf sein, und er half mir beim Saubermachen. Am Tag darauf, als ich noch mal zu der Mauer kam, um das Bild zu fotografieren, hatte David bei einem Nachbarn ein Geschenk für mich hinterlassen, eine Bleistiftschachtel und einen Bleistift. Er war in der Schule und hatte gebeten, es mir zu geben, wenn ich wiederkäme und er nicht da wäre. Das war wohl der Höhepunkt der ganzen zwei Tage.

Dienstag war unser letzter Tag hier. Jetzt, wo die Medien wußten, daß ich in Barcelona war, hörte das Telefon nicht mehr auf zu läuten. Dauernd wollte jemand ein Interview, einen Fernsehauftritt und dergleichen.

Immer wieder sagte ich den Leuten, ich sei schon im Aufbruch und hätte wirklich keine Zeit. Wir gingen ins Picasso-Museum. Ganz unglaublich. Wir gingen auch noch mal zu dem fertigen Wandbild und fotografierten es. Ein Haufen Leute waren da, die im Fernsehen davon gehört hatten. Sie machten Fotos und schauten es sich an.

Am nächsten Morgen flogen wir ab nach London. In Barcelona war es sonnig und warm, in London kalt und bewölkt. Oooh, wie ich dieses Land liebe!

George Condo wohnt im gleichen Hotel. Wir besuchen ihn gleich. In seinem Zimmer war letzte Nacht der Teufel los gewesen; er hatte zwei Spiegel zerschlagen, und Anne hatte eine böse Schnittwunde am Kopf. Dieses Hotel ist voller Antiquitäten, darum sind die Spiegel vermutlich eine Menge Geld wert. Außerdem haben sie die Badewanne überlaufen lassen und sind nun auch noch Geld für den Wasserschaden im Zimmer darunter schuldig. Wir bleiben eine Weile da und gehen dann nach unten, um Essen zu bestellen. Unser Zimmer ist eher wie ein kleines Apartment mit Küche und allem. In zwei Zimmern stehen frische Lilien, darum duftet es die ganze Zeit herrlich.

Wir sitzen herum, machen Gymnastik und treffen uns dann mit Denise (die wir aus Monte Carlo kennen), um in einem schicken kleinen Restaurant in der Nähe essen zu gehn. Sean Connery ist da. Es wurde ein netter Abend, und wir kamen zurück ins Hotel und hauten uns hin. Jason und Liz Flynne sind inzwischen angekommen und haben eine sonderbare Nachricht hinterlassen, aus der ich nicht klug werde.

Stehen auf und frühstücken. Telefoniere mit Roberto Castellani wegen des Pisaner Projekts.

Jason, Liz und Liz' Schwester holen uns ab zu einer Stadtrundfahrt (Sightseeing) durch London. Keine Sehenswürdigkeit bleibt uns erspart. Jason fotografiert wie verrückt alles und jedes und benimmt sich wie der typische amerikanische Tourist. Wir laufen lange herum. Liz' Schwester hat einen zweijährigen Sohn, der ein echter Lausbub ist und sehr lieb. Wir essen fürchterliche Spaghetti und kommen zurück ins Hotel.

FREITAG, 3. MÄRZ 1989

Spät aufgestanden. Gingen uns Condos Ausstellung in Waddington ansehen. Wirklich verblüffend. Eine wahre Freude, solche Sachen zu sehen, die einen so umhauen. Total begeisternd, so daß man am liebsten gleich heimgehen möchte und anfangen zu arbeiten. Merkwürdigerweise reagierte Gil auf manche der Arbeiten fast genauso. Instinktiv gab er bestimmten Bildern den Vorzug, von denen George mir später sagte, daß sie auch *ihm* am liebsten seien.

Ein kleines Gemälde mit dem Titel *Madonna mit Kind* strahlte ein sehr geheimnisvolles Licht aus. Von weitem sah es sorgfältig aufgebaut aus, wenn man näher herantrat, vollkommen aufgelöst und intuitiv. Das Geniale daran ist die Fähigkeit, die Realität zu verkleiden und den Betrachter die Lücken ausfüllen zu lassen. Der Betrachter ertappt sich dabei, wie er sich im Kopf aus einem Chaos scheinbar beziehungsloser Formen und Farben ein »hübsches« Bild zurechtmacht. Es ist fast komisch; aber der Witz geht nicht auf Georges Kosten. Manchmal möchte man laut auflachen. Manche Zeichnungen sind schlechterdings lachhaft, aber irgendwie werden sie umgeformt durch all unsere »Kenntnisse«, vorgefaßten Meinungen und *Reminiszenzen* an »Kunst«, und wir erfinden im Kopf etwas Neues, das unsere Erwartungen mit dem, was wir vor uns sehen, vereint. Er beschreitet einen sehr schmalen, aber sehr wichtigen Pfad.

Beim Hinausgehen sagte ich zu Gil, wie gut es sich trifft, daß »diese Bilder von einem Mann stammen, der die Spiegel in seinem Hotelzimmer zerschlagen und durch Überschwemmung des Badezimmers größere Wasserschäden anrichten konnte«, ohne es überhaupt zu bemerken.

Das große Gemälde am Eingang (zugleich auf dem Umschlag des Katalogs) ist beachtlich. Es vereint Dutzende von an sich schon herrlichen Zeichnungen zu einer Collage aus Zeichnung und Malerei, die wahrhaftig mehr ist als die Summe ihrer Teile. Was mich an Georges Sachen immer fesselt, ist die Art, wie sie bei einem wachsen und sich ständig verändern. Wenn man sie ein paar Monate später wiedersieht, erinnert man sich an Dinge, die man beim ersten Mal gesehen hat und sucht nach ihnen, aber zugleich überwältigt einen das Neue, das man beim ersten Mal nicht bemerkt hatte. Sie haben wirklich ein Eigenleben.

SAMSTAG, 4. MÄRZ

Stehe um 14 Uhr 30 auf und rauche einen Joint. In die Leonardo-Ausstellung gehe ich allein, weil alle andern Platten einkaufen wollen. Die Ausstellung hatte noch mehr Magie, als ich erwartet hatte. Nachdem er die Technik beherrschen gelernt hatte, lag ein ganzes

Universum vor ihm, das es zu erforschen, zu sortieren und zu erklären galt. Seine Phantasie gab ihm immer einen Vorsprung vor sich selbst. Seine Bemerkungen über Malerei, Natur und Wissenschaft und ihre Wechselbeziehungen machen seinen Standpunkt ganz deutlich. Die schlichten logischen Wahrheiten, die er aufdeckt, erscheinen zeitlos und tiefgründig. Sein Universum war eines der vollkommenen Harmonie und Stimmigkeit, in dem der Mensch alles Wissen und alle Kraft aus der Natur nimmt und auf die gleiche Weise schöpferisch ist wie die Natur selbst. Alles hatte eine Erklärung oder stand in einer logisch ableitbaren Beziehung. Doch in diese rationale Auffassung der »Realität« streute er beständig das Irrationale und das Phantastische ein.

In vier verschiedenen Teilen der Ausstellung sah ich vier Zeichnungen aus der »Sintflut«-Serie von 1515. Auf dem Täfelchen hieß es, sie seien »seine letzten bedeutenden Äußerungen als Künstler«. Alle scheinen die Wirkungen einer riesigen, übermächtigen Naturgewalt zu zeigen – ein Dorf inmitten eines Sturms oder eine nahezu abstrakte Wolke sich ballender Strömungen und Gegenströmungen. Sie sehen erschreckend dem Schauspiel ähnlich, das eine Kernexplosion bietet. Diese Zeichnungen, obwohl schwer herauszusuchen und daher von den Besucherschlangen wenig beachtet, sind dicht und kompliziert, fast abstrakt, dunkel und prophetisch. Einen Sturm, der einen solchen Anblick bot, kann es damals gar nicht gegeben haben, wohl aber heute. Ich ging mehrmals von einer der Sintflut-Zeichnungen zur andern, um sie zu studieren und zu vergleichen.

Noch etwas Erstaunliches auf dieser Ausstellung waren die Computer-Video-Aktualisierungen von manchen seiner Ideen. Sie wurden dadurch auf eine Weise klargemacht, um die er uns beneidet hätte. Ich höre einen Mann sagen: »Stell dir vor, was der mit einem Computer gemacht hätte!« Ja, sicher...

Als ich wieder nach draußen kam, völlig benommen und ziellos umherwandernd, sah ich Scharen von Skateboardern vor dem Museum, wo es allerlei Rampen, Schrägwände und Stufen gab, die so aussahen, als seien sie eigens für ihre Zwecke angelegt. Ich ging an der Themse entlang in Richtung Big Ben. Die Sonne ging gerade unter, und der Himmel spielte in alle Farben hinüber. Zart, aber schön. Es war ganz herrlich und ungewöhnlich, einmal allein durch die Ausstellung zu wandern und nachher bei Sonnenuntergang an der Themse entlangzugehen. Manchmal vergesse ich, wie gern ich allein bin. Es war das erste wirklich bezaubernde Erlebnis, das ich in England je gehabt habe.

SONNTAG, 5. MÄRZ 1989

Wir fliegen nach Casablanca, steigen um in die Maschine nach Marrakesch und landen dort um 12 Uhr 30. Keine Wechselstube ist offen. Wir nehmen ein Taxi zum La Mamounia.

Das Hotel ist unglaublich oder scheint es zumindest früher gewesen zu sein. Es ist vollständig renoviert worden und hat von seinem ursprünglichen Charme etwas eingebüßt. Das Zimmer ist O.K.

MONTAG, 6. MÄRZ, 7./8. MÄRZ

Christopher Makos weckt mich. Ich wußte nicht, daß er hier ist. Er sagt, er will uns abholen und uns ein bißchen herumführen, weil er morgen wieder abreist. Man hat ihm einen Wagen mit Chauffeur gestellt. Im Hotel macht er mich mit so einer verrückten reichen Japanerin bekannt, die sich gerade zu einem Lunch mit dem König aufmacht. Sie trägt ihr »Golf-Outfit« – rosa Trikothose, rote Plateau-Schuhe, geblümtes Cape, großer geblümter Hut und *tonnenweise* Klunker (angeblich alles echte Diamanten usw.). Sie gibt mir einen ganzen Beutel voller Zeitschriften und Bücher – alle über sie. Sie ist ein wandelnder Medienmogul, lebt anscheinend für Eigenreklame. In den Büchern sieht man sie auf Fotos mit allen Berühmtheiten, die ihr begegnet sind, und an allen Orten, wo sie

je gewesen ist. Sie reist mit 50 Koffern – viele davon wahrscheinlich voll solcher Werbebroschüren. Ein Fotograf und ein Mann mit Video-Kamera begleiten sie. Unsere ganze Begegnung wird sorgfältig dokumentiert. Ich schreibe ihr ein Autogramm auf die Golftasche, und sie geht. Sie wäre etwas für Andy. Wie eine Einweibshow, eine Koryphäe der Selbstdarstellung.

Danach gingen wir mit Christopher zu einer 80jährigen Freundin von ihm, damit er sich von ihr verabschieden konnte. Sie sah aus wie ein altgewordenes Film-Starlet im marokkanischen Unterschlupf. Erstaunlich, wie die Schönheit immer noch durchscheint, sogar aus einem vollkommen vergreisten Körper.

Ich weiß nicht, wie es war, als Brion hier war. Er sagte, es hätte sich drastisch verändert, aber ein bißchen ähnlich muß es wohl noch gewesen sein. Bis jetzt verspüre ich keinerlei Neugier oder Inspiration. Aber dabei komme ich mir auch wieder dumm und unsicher vor. Ich zeichne nicht, und mir ist auch gar nicht danach zumute. Das sollen ja jetzt wohl Ferien sein, aber irgendwie hab' ich dabei ein schlechtes Gewissen. Manchmal habe ich Zweifel, ob meine ganze Existenz viel wert ist. Alles kommt mir so unecht vor, als ob ich nur eine Rolle spielte. Das Problem ist, ich verstehe nicht mal mehr, welche Rolle. Es fällt mir wirklich schwer, mich damit abzufinden, daß ich meine Sexualität vollständig verloren habe. Wäre ich vor einem Jahr hiergewesen, hätte ich mindestens schon zwei oder drei marokkanische Jungen gehabt. Jetzt, mit den KS-Flecken überall am Körper, scheue ich jeden Versuch, mit ihnen irgendeinen Kontakt anzuknüpfen.

Die Fähigkeit zu verführen und die Freude an der Kunst der Verführung habe ich vollständig verloren – und damit die Quelle von vielem, was mich dazu inspirierte, zu arbeiten und zu leben. Es klingt lachhaft, daß etwas wie Sex so hohe Bedeutung in jemandes

Leben haben sollte, der angeblich »die tiefe Begabung zum künstlerischen Schaffen« besitzt, aber so ist es seit eh und je. Vielleicht ist das der Grund für manche Schuldgefühle wegen meiner Unfähigkeit. Kunst und Leben zu trennen war mir immer unmöglich, und mein Leben war unvermeidlich von der Sexualität beherrscht. Sie ist vermutlich die treibende Kraft hinter allen meinen Arbeiten. Kläglich, was? Oder nicht? Vielleicht, aber nur vielleicht, ist das gar nicht so ungewöhnlich oder sogar ganz normal.

Die groteske Situation, daß ich mit jemandem herumreise, den ich heiß und innig liebe, der aber nicht mein Liebhaber ist und es nie werden kann, beginnt ihren Tribut einzufordern.

Ich versuche es so zu verstehen und mir immer wieder vernünftig zu sagen, daß dies irgendwie eine gesunde Beziehung ist, aber offenbar wird sie mit jedem Tag schmerzhafter. Es ist nicht eigentlich seine Schuld. Ich habe die ganze Geschichte angefangen, sie sich fortsetzen und sich in meinem Kopf so weit auswachsen lassen, bis ich mir sagen mußte, daß ich das ganze Bild selbst geschaffen hatte. Mir scheint, ich bekomme genau, was ich wollte. Aber wie kann es das gewesen sein, was ich wollte? Wie habe ich je denken können, ich könnte mich so sehr verändern, daß ich mich damit abfinden könnte, daß jemand anders an meiner Stelle lebt? Oder daß mein Dasein von meinem Schicksal vorausbestimmt wird?

Ich »verstehe« vollkommen, daß ich Gil als einen Freund lieben muß, und daran halte ich mich auch. Ich weiß, daß aus dieser »Freundschaft« irgendwie etwas Gutes herauskommt. Ich habe versucht mich damit abzufinden, daß für jederlei Sex in dieser Beziehung kein Platz ist. Allerdings habe ich noch nie zuvor eine Beziehung ohne Sex gehabt, und ich habe noch nie jemanden so sehr geliebt, ohne die Rückbestätigung zu erhalten, die aus einer körperlichen Beziehung kommt. Ich bin sicher, wenn ich ein alter Mann würde, müßte ich mit derselben Sache fertigwerden, aber ich fühle mich noch nicht alt. Ich werde kahlköpfig, was mir begreifen hilft, daß ich alt werde, aber innerlich fühle ich mich noch wie ein Kind. Ich weiß nicht, wie ich das ändern soll. Vielleicht habe ich kein Recht, mich zu beklagen. Ich hatte ein unglaubliches Leben, mit genug Sex in zehn Jahren fürs ganze Leben, aber so funktioniert das nicht. Es ist nichts Rationales, das man wegerklären kann. Von welcher Seite ich es auch betrachte, es läuft auf dasselbe hinaus. Rational gesehen, hilft mir die Zeit, die ich mit Gil verbringe, mich an die Situation anzupassen, in der ich mich befinde, seit ich erkrankt bin. Er hält mich dazu an, mich selbst ernst zu nehmen und etwas dafür zu tun, daß ich geistig und körperlich in Form bleibe. Es ist gut, ihn um mich zu haben, und gibt mir eine gute Gelegenheit, mich selbst wie im Spiegel zu sehen. Tatsächlich haben wir ziemlich oft zusammen viel Spaß. Er scheint mir ein echter Freund zu sein; ich habe das Gefühl, er lernt etwas von mir. Außerdem, und das ist vielleicht das größte Problem, ist er noch immer unglaublich schön und fast das genaue Abbild dessen, was ich mir an einem Partner immer zu wünschen glaubte. Er wäre der perfekte Liebhaber.

Nur wäre er auch der schlimmstmögliche Liebhaber, weil er mich nie ganz und gar lieben könnte. Er wird immer die Frauen vorziehen, und selbst wenn wir Liebhaber wären, würde er doch wieder auf Frauen zurückkommen. Wiederum rational gesehen, hätte es also für mich mehr Sinn, emotional ungebunden zu bleiben, denn dies kann nicht gut ausgehen. Wie es auch kommt, ein Happy-End kann es nicht geben. Die Tatsache, daß dies schon so lange anhält und bis zu diesem Punkt gelangt ist, zeigt mir ein wenig, wie unwissend und wie verletzlich ich geworden bin. Vielleicht zeigt es mir auch die Macht der Liebe, sogar einer solchen Liebe. Das Schöne an dieser Beziehung ist, daß sie auf einer Art Respekt beruht. Der ist echt. Manchmal kommt es mir vor, als ob nur meine Unreife nicht zuläßt, daß ich mich mit meinem Leben abfinde und das Gute daran anerkenne. Letzten Endes bin ich bloß ein großes Baby. Ich möchte geliebt werden und weiß doch nicht, wie. Ich bin wild entschlossen, aus alldem einigermaßen klug zu werden. Ich finde, ich bin es mir selbst schuldig, wenigstens mit mir selbst ins reine zu kommen.

SAMSTAG, 11. MÄRZ

JA! Aus dieser Niedergeschlagenheit bin ich nun heraus! Die letzten zwei Tage habe ich mich in der Umgebung von Marrakesch etwas umgesehen, und es gefällt mir.

Neulich sind wir in die Berge raufgefahren. Wegen des Lichtes wirken die Farben hier lebhafter. Sonnenuntergang – und alles glüht. Die meisten Farben beruhen auf dem Lehmrot des Bodens, aus dem auch alle Gebäude bestehen, und überall, wo eine kontrastierende Farbe in dieser Umgebung auftritt, da knallt sie wirklich hervor.

Der »Zeitsinn« ist hier ein ganz anderer. Sobald man das Hotel verläßt, tritt man in eine andere Zeitdimension ein. Die Menschen richten sich nach anderen Dingen und anderen Werten. Man sieht Leute dasitzen, in Gedanken versunken, allein, die Stille eines Augenblicks auskostend – und das nicht selten. Sogar in der Innenstadt (von der man allerdings kaum sagen kann, daß sie von weltstädtischer Betriebsamkeit erfüllt ist) macht sich der gelockerte Zeitsinn der »Wüste« bemerkbar. Vielleicht ist es die Hitze. Sie könnte ausreichen, um alle ein wenig zu bremsen.

Ich habe in jeder Hinsicht sehr wenig getan, seit ich hier bin. Ich lese nicht, zeichne nicht, schreibe nicht, rufe niemanden an – ich denke nur viel nach, esse, schlafe und rauche Hasch. Ich nehme an, darum heißt es wohl »vacation«, »Leerzeit«.

SONNTAG, 12. MÄRZ

Zum Lunch fuhren wir gestern zu einem Lokal nah an den Bergen. Es war richtig schön und friedlich.

Ich habe für Montag einen Flug nach Paris gebucht und die Hotel-Reservierungen geändert.

Gestern aßen wir zu Abend mit Nicola [Guiducci] in einem schäbigen, aber eindrucksvollen marokkanischen Restaurant. Es gab Bauchtänzerinnen, Musiker und schlechtes Essen. Die Einrichtung ist so schön, daß sie für das Essen entschädigt. Jeder

Zoll ist mit feinverzweigten geometrischen Mosaikmustern bedeckt. Decke, Wände, Kissen, Pfeiler, Torbögen usw. usw. sind ein wilder Mischmasch von Formen und Farben. Es werden viele starke und aggressive Farben verwendet, so daß das Auge sich aus allen Richtungen angelockt sieht. Dank der Architektur wirken die Räume intim, selbst in einem großen Saal, wo durch geschickte Verteilung von Säulen und wechselnde Höhe der Decken die Illusion räumlicher Trennung erzeugt wird.

Es scheint das perfekte Haus zu sein, wenn man Pilze einnehmen und stundenlang dasitzen und über das Weltall nachsinnen will. Schon die geringfügigste Stimulierung (Hasch, Tee usw.) setzt die Augen in Bewegung. Das Haus scheint zur Meditation und Introspektion anzuregen. Es wäre leicht, sich eine Beziehung zwischen einer solchen Umgebung und dem Unterbewußten zu denken. Man wird aufgefordert, in sich selbst Einblick zu nehmen. Der Mißbrauch dieser kraftvollen Bilder durch einen gleichgültigen Dekorateur in Hotels wie dem Mamounia (und in Dutzenden von anderen Touristenschuppen) trägt viel dazu bei, das magische Potential dieser Gegenstände zu diskreditieren und aufzuheben. Wenn etwas renoviert und dabei versucht wird, seine ursprüngliche Erscheinung zu »verbessern«, ohne Verständnis oder Gefühl für den ursprünglich angestrebten Zweck, ist das Resultat meistens abscheulich. Das einzig Interessante in meinem Zimmer im Mamounia sind die Türen zum Badezimmer. Sie sind zierlich bemalt und geschnitzt, vermutlich das einzige Echte, das in dem Zimmer nach der Renovierung vor ein paar Jahren noch übrig ist. Sie haben alle diese feinen ineinander verschränkten und verflochtenen Linien, die sich mir immer mehr aufschließen, je mehr Zeit ich dort verbringe. Ich glaube, man könnte eine Vielzahl von Ideen in diesen Mustern erkennen. Ich habe solche Linien schon früher verwendet, oftmals, und ich fange an, manchen von ihnen nachzuspüren und sie zu entziffern. Die Menschen hier nehmen Grenzen *überaus* ernst.

Nun kommt die Gymnastik. Jeden Tag haben wir während dieser Reise unsere Übungen gemacht, und man sieht tatsächlich Ergebnisse. Ich sollte versuchen, das zu Hause fortzusetzen. Mal sehn...

SPÄTER

Als wir gestern in die Berge fuhren, grübelte und träumte ich so vor mich hin und dachte an Robert Mapplethorpe. Ich stellte mir vor, ich hätte erfahren, daß er gestorben ist. Ich glaube, ich stellte mir vor, ich läse es in einer Zeitung. Und ich dachte mir – oder stellte mir vor –, wie der Sarg bei seinem Begräbnis von sechs muskulösen Schwarzen getragen würde, und dann dachte ich mir, nein, er würde ja vielleicht gar nicht begraben, sondern eingeäschert werden.

Heute abend schlug ich die *Herald Tribune* auf und las den Nachruf auf ihn.

Es ist ganz so, als ob ich jedesmal, wenn jemand stirbt, den ich kenne, es unterbewußt weiß oder spüre, während es passiert.

So war es auch mit Yves. Ich hatte mit Gil über ihn gesprochen und mich an Sachen erinnert, die wir zusammen gemacht hatten. Später erfuhren wir, daß er fast genau zu dieser Zeit gestorben war. Denise, Yves' Freundin in London, erzählte uns, daß sie zur gleichen Zeit in dieser Nacht ein unglaubliches Nasenbluten gehabt hatte. Seit Jahren hatte sie keines mehr gehabt. So was gibt es.

Ich kann schwören, ich hatte mir sogar vorgestellt, wie der Nachruf auf der Seite der *Herald Tribune* aussah. Wenn ich jetzt zurückblicke, kommt es mir so vor, als ob ich mir den ganzen Moment (jetzt) gestern vorgestellt hatte.

Die Farben sind hier ganz außerordentlich! Jeden Tag, sobald die Sonne tiefer steht, erwacht alles zum Leben. Bei Sonnenuntergang scheinen die Farben dich anzuspringen und um deine Aufmerksamkeit zu wetteifern. Egal wo man ist, zu dieser Tageszeit ist alles schön.

MONTAG, 13. MÄRZ

Wir standen auf, saßen im Hotel herum und flogen dann nach Paris.

George war daheim, und wir gingen uns seine neue Atelierwohnung ansehen. Dann trafen wir uns in der Nähe mit Claude und Sydney Picasso zum Abendessen. Es war hysterisch und inspirierend wie gewöhnlich.

Wir gingen zurück in die Wohnung, schauten eine Weile Bilder an und hörten Musik. Meine Gedanken sind unterwegs, Reisegeschwindigkeit eine Million Meilen pro Minute.

DIENSTAG, 14. MÄRZ

Stehe auf und rufe François Benichou an. Er will das mit den Lithos machen. Wir verabreden, daß ich direkt in die Druckerei gehe und die Zeichnungen mache. Weil ich eigentlich seit Barcelona nicht mehr gearbeitet habe, gehen die Zeichnungen mir ganz leicht von der Hand und sind ziemlich interessant. Ich verwende als Ausgangsmaterial die Skizzen von den verschränkten Linien und Grenzen, die ich in Marokko gemacht habe.

Danach gehen wir zum Dinner in die Coupole und zu den Bains Douches, anschließend zu einer Acid-House-Party im Palace. Sie haben eine unglaubliche Lichtanlage mit vielen Projektoren, Lasern und sich überlappenden Bildern. Gil findet ein Mädchen, und ich gehe nach Hause.

MITTWOCH, 15. MÄRZ

Stehe um 9 Uhr auf (verkatert) und gehe noch mal in die Druckerei, um für jeden Druck die Farbe anzulegen. Wir haben Einladungen zu Patrick Kellys Modenschau um 16 Uhr und kommen gerade noch rechtzeitig hin. Treffe viele Bekannte. Iman, Beverly Johnson und Toukie Smith sind unter den Models. L'Ren, das Mädchen, das ich in Monte Carlo für den Umschlag der Schweizer Illustrierten bemalt habe, taucht in der Show als Jessica Rabbit auf. Wir gehen hinter die Bühne und sprechen mit Patrick. Dann gehen wir weiter, zu einer anderen Show, aber die ist quälend langweilig, und wir gehn etwa bei Halbzeit.

Wir fahren mit der Métro zurück zum Hotel und rufen George an. Eine Nachricht von Fürstin Gloria TNT liegt da. Ich rufe Gloria an und treffe eine Verabredung für morgen zum Lunch. Abends essen wir bei Claude und Sydney Picasso zu Hause. Interessante Gespräche, aber irgendwie waren alle ein bißchen nachdenklich. Ich spüre immer noch den Kater und bin müde.

Gil und ich gehen noch mal zu den Bains Douches und treffen L'Ren. Sie tritt morgen bei der Mugler-Modeschau auf und sagt, wir sollen hinkommen. Könnte lustig sein. Es gibt ein paar Extravaganzen in der Transvestitenmode. Wir gehn noch mal ins Palace und dann heim.

DONNERSTAG, 16. MÄRZ

Wir bestellen einen Wagen mit Chauffeur. Es wird nicht möglich sein, alles zu tun, was wir vorhaben, ohne daß wir einen Wagen haben – die Taxis in Paris sind Scheiße.

Noch mal Jean Tinguelys Ausstellung. Beim zweiten Mal ist sie noch besser. Wir könnten stundenlang dableiben, aber es wird schon spät.

Dann zu einem Plattengeschäft (Bonus Beat), wo Gil Platten kauft.

Zurück zum Hotel. Mit einer Stunde Verspätung treffen wir François und den Drucker mit den Fahnen; ein Typ will eine Gaultier-Weste gegen eine Zeichnung auf seiner Jacke tauschen; ein DJ will von uns ein Interview für Radio Nova. Alle warten sie auf uns in der Lobby. Wir gehn aufs Zimmer, trinken Champagner, sehn die Fahnen durch, machen die Zeichnung und rennen los.

Wir machen das Interview in David Galloways Haus und müssen uns dann beeilen, daß wir zu der Thierry-Mugler-Show kommen. Wir kommen ein bißchen zu spät, sehen aber noch das meiste. Am besten war Imans Vorführung mit zwei extravaganten Kostümen!

Sie müssen im siebten Himmel gewesen sein!

Wir nehmen Pilze und sind bei Mugler auf einem Trip. Ich sehe noch viele Bekannte – Andrée Putman, Larissa usw.

Hysterisch lachend kommen wir wieder ins Hotel; dann in die Bains Douches zum Abendessen mit Iman. Dann begegnen wir Gils »Freundin«, trinken Champagner, nehmen noch mehr Pilze und gehn in einen anderen Club.

Dort ist eine London-Party mit Fat Tony als DJ. Ist O.K. Gil geht, ohne mir Bescheid zu sagen. Ich gehe nach Hause und finde ihn mit seiner Freundin im Hotel, wo sie Dom Pérignon trinken. Nicht lustig ...

Um 4 Uhr früh gehe ich schlafen, nachdem ich mit Gil geredet habe. Als sie fort ist (7 Uhr), kommt er zu Bett und ist richtig wütend. Ich liebe ihn noch, mehr als zuvor. Manchmal ist das wirklich beschissen blöd, aber irgendwie bin ich stolz darauf, wie ich damit fertigwerde. Da sehe ich tatsächlich Resultate aus allem, was ich gelernt habe, ebenso wie ich die Resultate der täglichen Gymnastik sehe. Ich glaube, es hat mir gutgetan.

Ich bin zufrieden.

FREITAG, 17. MÄRZ

9 Uhr morgens: François kommt, um mir die letzten Andrucke zu zeigen. Wir fahren im Taxi zum Flughafen, und nun sitze ich in der Concorde, kurz vor der Landung in New York. Es war eine unglaubliche Reise, und ich bin richtig erholt, richtig glücklich und glaube, ich habe etwas gelernt.

Das ist gut.

New York: Fuhr nach White Castle und setzte Gil zu Hause ab. Das ist nicht gut.

DONNERSTAG, 13. APRIL

Concorde New York – Paris. Ankunft 22 Uhr 25 Pariser Zeit. Treffe auf dem Flughafen Claude Montanas Freund Butz. Er kommt auch zu Glorias Party.

Taxi ins Ritz. Rufe George an. Niemand nimmt ab. Rufe Alain an. Verabreden uns für 2 Uhr nachts. Wir gehen bis 5 Uhr 30 in Schwulenbar (Boy). Schlafen (allein).

FREITAG, 14. APRIL

Spät aufgestanden. Treffe mich mit François um 15 Uhr. Wir gehn in sein Büro, die Lithos signieren. Signiere die ganze Auflage – fünf Lithos, 90 Auflagen und Fahnen usw.

Rufe Condo an – Verabredung zum Abendessen. Fertig mit dem Signieren – Taxi zum Ritz. Rufe Debra in Monte Carlo an. Treffe Condo, Anne und Miguel Barcelo im Restaurant L'Ami Louis. Üppige Mahlzeit. Zurück in Condos Atelier. Hasch, Wodka, Dylan, Hendrix, Neil Young usw. Muß mich überwinden zu gehen, zurück zum Hotel. Langes Gespräch mit George über meine »Situation« (Sterben usw.).

SAMSTAG, 15. APRIL

9 Uhr vormittags Flug nach München – Taxi zum Haus von Julias Freund. Zurück zum Flughafen, Debra abholen. Wir werden im Kleinbus nach Regensburg gebracht und steigen im Ramada-Hotel ab. Essen in Regensburg zu Mittag und sitzen im Hotel herum, in Erwartung des Festes.

Werfe mich in den Smoking (türkis), den Hector mir gemacht hat, und fahre im Taxi mit Julia und Debra zum Schloß.

Am Eingang ein großer Vorhang mit dem vergrößerten Platten-Cover. Vogelaugen sind immer noch blau – Fehler der Druckerei... und nun prangt es auf der Fahne. Der Fehler hat sich in eine Aussage verwandelt.

Drinnen – unglaublich. Gäbe zuviel zu sagen über die Inneneinrichtung. Steht schon in Büchern. Genauso, wie man es sich in Aschenputtel und andern Märchen immer vorgestellt hat. Auf der Party bin ich der Mittelpunkt. Anscheinend haben sie die Einladungskarte als Grundlage für die gesamte Abenddekoration benutzt. Aus dem Platten-

Cover wurden große Ausschnitte gemacht, und Teller, die wie eine Platte aussehen, stehen bei jedem Gedeck. André-Leon Talley zeigt mir die Mai-Nummer von *Vogue* mit Madonna auf der Titelseite, im Innern ihr Haus mit meiner Collage drin.

Sehe Jeff Coons, George Condo, Bruno Bischofberger, Lüpertz, Immendorf, Templon usw. usw. Künstler, Musiker, Tennis-Stars (Boris Becker), scharenweise Jet-Setter (die meisten aus Brasilien). Verwöhnte Gören usw. usw. und natürlich Billyboy (in durchsichtigem Trikot mit Penisfutteral).

Den größten Teil des Abends mußte ich Leuten die Teller signieren. Sie klauten sich die Teller gegenseitig. Ein Riesenspektakel.

Debra betrank sich und wurde unangenehm. Julia fuhr zurück nach München. Ich brachte Debra schließlich zurück ins Hotel und zwang sie, schlafen zu gehn. Ich fuhr zur Party zurück. Inzwischen hatte ich so eine ganze Gruppe Kids kennengelernt (junge Erwachsene?), die Ecstasy einwarfen, alle geil wie die Hölle. Eins kam zum andern, und schließlich wichste ich mir mit so einem großen italienischen Typ auf der Toilette einen ab. Es war ein sehr dekadenter Abend, gelinde gesagt.

SONNTAG, 16. APRIL

Wir standen auf und kehrten zum Brunch ins Schloß zurück. Es war nun heller, ruhiger, intimer und vielleicht auch netter als in der Nacht zuvor. Gloria zuliebe signierte ich noch mehr Teller für die Leute, denen ihre geklaut worden waren, und zeichnete eine Weile mit Albert. Er ist fünf und sehr gescheit. Er redete mich immer mit Keith *Haring* an, niemals bloß mit Keith. Er zeichnet gerne, und wir machen wirklich gute Sachen zusammen.

Wir verabschieden uns von allen und fahren ab nach München, um Debras Maschine nicht zu verpassen. Wir fahren mit Roberto (dem Italiener aus der Toilette) und seiner

Freundin Cristina, auf dem Rücksitz ich, Debra und so ein Typ, der sich Joey the Toon nennt.

Während der Fahrt nach München zieht Joey seine Hose aus, um uns seine Boxer-Shorts vorzuführen. Er trägt Hemd, Krawatte, Jackett und die Boxer-Shorts. Wir halten an einer Autobahn-Tankstelle, und er geht so, wie er ist, in den Laden. Wir können nicht mehr vor Lachen.

Dasselbe macht er noch mal in München, bei einem vollen Straßen-Café. Die Leute amüsieren sich und sehen (sozusagen) höflich durch ihn hindurch.

Debra fährt zum Flughafen. Wir fahren zum Hotel. Sie wollen nach Milano. Ich steige im Hotel ab, rufe Julia an, gehe mit ihr und ihrem Freund essen, dann in eine Art Nutten-Bar, um einen zu trinken.

Zurück ins Hotel. Rufe Gil an, rede eine Weile mit ihm und gehe schlafen.

MONTAG, 17. APRIL

Signiere Drucke.

Gehe mir die James-Ensor-Ausstellung ansehen.

Fliege mit Julia nach Düsseldorf.

Hans holt uns vom Flughafen ab.

Dinner für mich bei Hans zu Hause.

Lerne mehrere wichtige Leute kennen.

Fahrt zum Hotel mit David Galloway.

DIENSTAG, 18. APRIL

Sehe Ausstellung von Max-Ernst-Collagen mit dem Mann, der sie organisiert hat.

Zur Fabrik, neue Skulptur ansehen.

Zur Farbenfabrik, Fortschritte sehen.

Zum Museum (Insel) bei Düsseldorf.

Zum Dinner mit Sammlern und Hans.

Zum Interview mit Gabriele Henkel in Hans' Galerie.

Zum Hotel – zum Schwulen-Buchladen – zum Hotel.

MITTWOCH, 19. APRIL

Zu Hans' Galerie.

Fahrt mit Klaus Richter nach Amsterdam.

Ins Stedelijk Museum zur Malewitsch-Ausstellung.

Treffe Doreen und Helena.

Fliege nach Paris.

Taxi zum Ritz.

Dinner für mich im Haus von Claude Montana.

Treffe Alain.

Hänge herum mit Ludovic und Alain.

Zu den Bains Douches und wieder zu Montana.

Ins Boy bis 6 Uhr morgens.

DONNERSTAG, 20. APRIL

Stehe spät auf.

Mittagessen im Hotel.

Zur Galerie, »Pseudo«-KH-Gemälde und Skulptur von LAZ ansehen.

Kaufe auf der Straße Portemonnaies (Anne).

Zu Templon, Skulptur signieren.

Abendessen mit Alain, Ludovic usw. usw.

Lerne jungen Buchverleger kennen, Stephane.

Zeichnung ins Gästebuch.

Zu den Bains Douches (Cyril Putman treffen).

Ins Boy bis 5 Uhr morgens.

Rufe Gil an, reden bis 6 Uhr morgens.

FREITAG, 21. APRIL

Sitzung mit Leuten vom Luftschiff und der Stadt Paris im Hôtel Crillon.

Oberkellner will mich nicht reinlassen (keine Jacke an).

Treffe Sandra Bernhard in der Lobby.

Lunch – Sitzung Luftschiff-Projekt – toll!

Treffe im Restaurant Ludovic, er fährt mich zum Hotel.

Kommt mit aufs Zimmer – fährt mich zur Verabredung mit Claude Picasso am Bon Marché.

Kaufe Farbe, Pinsel. Bemale die Tür für Jasmine Picasso.

Claude schenkt mir eine Picasso-Zeichnung. Unglaublich.

Treffe George und Anne zum Dinner.

Picassos, Condos und Haring in neue Disco.

Total cool – sehr schrill – tolle Boys!

Sehe Leute mit meinen Sachen (Hut, Button usw.) – treffe Sabrina (Mädchen aus Florenz), Alain usw.

Ins Boy – zum Hotel – zu betrunken.

SAMSTAG, 22. APRIL

Stehe spät auf.

Treffen mit dem Buchverleger Stephane.

Alain holt mich vom Hotel ab.

Zu Hermès – einkaufen für Gil.

Zurück zum Hotel.

Grace Jones und Paolo im Hotel – sitze mit Paolo im Zimmer herum.

Picassos holen uns ab zum Haus von Jean-Charles de Castelbajac.

Geburtstagsparty für seinen Sohn (10).

Zeichne auf Portemonnaies für Grace, Anne.

Spiele mit den Kindern.

Mit Condos, Alain, Grace zum Dinner.

Mit allen oben genannten zu Condos nach Hause.

Taxi zum Hotel.

Schlafen.

SONNTAG, 23. APRIL

Concorde nach New York.

6. JUNI 1989: PARIS

Seit letztem Donnerstag bin ich in Europa. Zuerst war ich in Antwerpen, zur Ausstellung von fünf Gemälden und ein paar Zeichnungen in der Galerie 121. Bei der Eröffnung war sie gerammelt voller Kids (meist Autogrammsammler). Wie üblich signierte ich Shirts, Jeans, Bücher usw., ab und zu auch mal einen Paß oder Führerschein. Ich signierte zwei Stunden hintereinander, und als ich aufhörte, waren immer noch viele Leute da, aber die Galerie machte zu, und ich hatte genug.

Debbie Arman kam zur Vernissage aus Monte Carlo. Nachher gab es ein kleines Dinner für mich (etwa 50 Personen) im Haus eines Freundes (und Sammlers). Belgien ist für mich wie eine zweite Heimat. Die Atmosphäre ist sehr »familiär«. Viele Freunde aus den letzten beiden Jahren. Jan und seine Freunde aus Amsterdam waren gekommen. Wir gingen in eine Bar und redeten stundenlang. Jan ist ein richtiger Student (so wie ich mich selbst als Studenten in Erinnerung habe), idealistisch und rebellisch. Aber ich habe zuviel gesehen und von der »Realität« zuviel begriffen, um so idealistisch zu sein. Jedenfalls tut es gut, so ins Verhör genommen zu werden und neugierigen, aufrichtig interessierten Leuten ihre Fragen zu beantworten. Immer mehr komme ich mir wie ein Lehrer vor. So wie in Chicago und letzte Woche hier passiert es mir immer wieder, daß ich in einer kleinen Gruppe »Studenten« sitze und stundenlang auf Fragen antworte. Das tu' ich gern.

Übers Wochenende war ich in Knokke. Wie immer war es ganz unbeschreiblich. Ich wohnte im Drachen, wie immer. Jeden Tag gab es unglaubliche Mahlzeiten, zubereitet von Roger (dem besten Koch in Europa). Mit Xavier, Frank und Alexander fuhr ich in einem Katamaran zwei Stunden aufs Meer raus. Ich sah alle meine Freunde aus dem Paradise Surf Club. Ich sprach mit allen belgischen Freunden, die mich dort besuchten, aber das Beste war einfach Knokke. Friedlich, schön und freundschaftlich. Hier fühle ich mich wirklich zu Hause.

Gestern bin ich mit Rogers Tochter nach Paris gefahren und im Ritz abgestiegen. Kwong Chi hat das Zimmer neben meinem. Ich rief an in New York, München, Monte Carlo, Milano etc. Yoko rief mich an. Sie ist in Paris. Eben vor ein paar Minuten hab ich sie in einer Galerie getroffen, wo sie bei einer Fluxus-Ausstellung dabei ist. Morgen treffen wir uns zum Lunch. Ich kam gerade in die Galerie, als sie vom Fernsehen interviewt wurde, also nahmen sie uns zusammen auf.

Gestern abend war ich beim Geburtstags-Dinner für Ludovic (der neue Freund – mein französischer Gil), zusammen mit Claude Montana und ein paar Freunden. Nachher traf ich Futura und CC in den Bains Douches. L'Ren sah ich auch. Paris ist nett und aufregend wie immer. Zuviel zu tun.

Jedesmal, wenn ich nach Europa komme, denke ich, ich werde ewig leben. Ich warte auf der Straße gegenüber dem Haus von George Condo auf seinen Assistenten, der mir helfen soll, einen großen Pinsel aus zwei kleineren zu machen, damit ich das Luftschiff mit einem 35-cm-Strich bemalen kann. Die Fläche, die ich bemalen soll, habe ich heute morgen gesehen, und nun weiß ich schon genau, was ich malen will. Sobald ich die tatsächliche Größe, die Maße und die Form gesehen hatte, wußte ich es sofort. Ich habe beschlossen, es direkt zu bemalen und nicht erst eine doppelte Linie zu ziehen, denn es ist kleiner, als ich es mir vorgestellt hatte. Etwa 11 x 32 m. Damit werde ich schon fertig. Kein Problem. George ist nun wieder da, also geh ich mal rüber.

MITTWOCH, 7. JUNI

Gestern ging ich zu George in sein Atelier, und wie üblich war es voller verblüffender neuer Sachen. Das eine Gemälde mit einem gekreuzigten Osterei ist ganz unglaublich. Ich möchte es wirklich gern haben. Ich muß Bruno Bischofberger anrufen (dem es schon gehört) und fragen, ob ich es kaufen kann.

Zu Abend gegessen mit Alain und seinem prachtvollen achtzehnjährigen Boyfriend aus Island, mit François Benichou und mit Kwong Chi.

Heute war ein unbeschreiblicher Tag. Ich aß zu Mittag mit Yoko und Sam Havadtoy und ging dann eine Vase für ihre Performance heute abend kaufen. Und ich besorgte mir einen Abfalleimer als Farbbehälter für morgen. Wir gingen uns eine unglaubliche Installation von Nam June Paik im Pariser MoMA ansehen. Es ist erstaunlich, was für Bilder er aus einem TV-Schirm herausholt und mit welcher Geschwindigkeit sie wechseln. Das ist es, was Fernsehen als Kunstform leisten kann. Es war eine Augenweide, und das Gehirn mußte Überstunden machen, um Informationen von solcher Dichte und Geschwindigkeit aufzunehmen.

Ich kam ins Hotel zurück, ging schwimmen, traf mich mit Claude und Sydney Picasso bei einer Fluxus-Eröffnung und wartete auf Yoko. Die Presse war echt lästig, und Yoko wurde klaustrophob. Wir blieben hinter der Bühne im Beaux-Arts und warteten auf den Anfang der Vorführungen. In letzter Minute brauchten sie noch einen Pianisten als Begleitung für Charlotte Moormans Cello. Ein anderer Typ und ich spielten mit ihr. Das Publikum, voller betrunkener Kunststudenten, war ziemlich grob und unangenehm. Es war eine Schande, wie großartige Leute, z. B. Allison Knowles, gestört und ausgebuht wurden. Lauter Ignoranten. Nach der Hälfte der Vorstellungen wurde eine Pause gemacht und der Saal geräumt, damit die Leute sich beruhigen konnten. Yoko machte zwei Performances. Ich assistierte ihr bei der einen, in der sie eine Vase zerschlägt (ich hielt sie unter einem Hemd, damit die Scherben nicht herumflogen) und die Leute auffordert, jeder ein Stück davon mitzunehmen und in zehn Jahren wiederzukommen, um die Stücke wieder zusammenzusetzen.

Der ganze Abend war ziemlich bewegend – eine Menge interessanter Gespräche. Ich mußte dabei wieder an die Sachen denken, die ich 1979/80 gemacht habe, als ich in New York mit Performances zu tun hatte. Irgendwie finde ich den Geist von damals in meinen jetzigen Arbeiten noch lebendig. Ich spüre eine echte Affinität zu dieser Gruppe, fast ebenso stark wie zu der Dichter- und Schriftstellergruppe um Burroughs und Ginsberg. Alles hat sich überlappt, und ich habe sicherlich von beiden viel gelernt. Es war nett, wieder daran erinnert zu werden.

MONTAG, 12. JUNI: LINATE AEROPORTO MILANO

Ich bin in Mailand und warte auf den Anschluß nach Pisa. Heute sind wir von Brüssel hergeflogen und hatten zwei Stunden Aufenthalt in Mailand. Wir haben Nicola getroffen und sind ein bißchen herumgefahren.

Der Donnerstag und Freitag in Paris waren lustig. Am Donnerstag malte ich das Bild für das Luftschiff. Nach langem Warten auf die Farbe (kam zwei Stunden verspätet) malte ich das ganze Ding in viereinhalb Stunden. Mir tut jetzt noch die Hand weh. Ich finde, es ist eines von meinen besseren Gemälden. Wegen der Größe des Pinsels (35 cm breit) war es eine interessante Aufgabe. Es war körperlich schwierig (den Pinsel zu halten), aber dafür war die Choreographie eigentlich ganz einfach.

Als ich fertig war, fuhren wir zum Hotel zurück, und ich telefonierte zwei Stunden lang.

Dann aßen wir, ich rief George und Anne an, und dann gingen wir in diesen Club Sardine. Schwarenweise hübsche Jungen. Es sieht genau wie in New York aus, nur daß die Puertoricaner hier Marokkaner sind. Gute Musik, geraucht und getanzt bis spät in die Nacht.

Freitag hatte ich ein »Presse-Lunch« mit den Luftschiff-Leuten (langweilig und trivial).

Bemalung der Plane für das Luftschiff, bei Paris 1989

Ging dann zu Futuras Ausstellung und kaufte ein hübsches neues Gemälde. Traf mich dort mit David Galloway. Er ist nach Paris gekommen, um mich für das Buch zu interviewen, das Hans Mayer über meine Skulpturen macht. Ging mit David das Luftschiffbild noch mal ansehen und fotografieren. Wir redeten viel, und bis wir zum Hotel zurückkamen, war das Gespräch schon sehr ernsthaft geworden und ging am »Thema« beharrlich vorbei.

Ließ ein paar Fotos für ein deutsches Spaghetti-Buch machen. (Porträt von mir mit einem Bild, das ich aus Spaghetti anfertigte, die wir uns vom Zimmerkellner bringen ließen.) Ich redete mit David, bis es Zeit wurde, zu dem Dinner bei Marcel Fleiss mit Yoko und Sam zu gehen. Netter, ruhiger Abend, dann mit David zurück ins Hotel, wo wir noch bis 1 Uhr 30 redeten.

Ich ging dann noch ins Bobino. Brechend voll. Traf Futura und CC. Ein paar Leute wollten Autogramme, und ich lernte einige nette Typen kennen. Blieb da bis 5 Uhr morgens.

Mittags holte uns ein Wagen zur Fahrt nach Knokke ab. Knokke war herrlich wie immer. Kwong Chi gefiel es. Ich sah meine Surfer-Freunde und erholte mich ein bißchen. Am Sonntag gingen wir zu Katia Perlsteins Hochzeit. Es war meine erste jüdische Hochzeit. Tony war auch da. Wir haben ein bißchen geredet. Ich fand es nett und tanzte mit allen.

Knokke mag ich wirklich. Es kommt mir ganz rein und natürlich vor. Ich esse dort immer gut und bin richtig glücklich. Morgens singen immer die Vögel. Spielte mit dem Hund auf dem Trampolin. (Ihm gefiel es nicht so sehr.) Heute sind wir mit Sylvaine (Rogers Tochter) nach Brüssel zu ihrem Homöopathen gefahren. Er verschrieb mir ein Programm mit täglich einzunehmenden Kapseln. Ich bin sehr gespannt, was dabei herauskommt. Viele Leute haben mir schon von der homöopathischen Medizin erzählt, und es ist ja auch wirklich frustrierend, wie die KS-Schäden zunehmen, ohne daß AZT sichtbare Resultate bringt. Vielleicht nützt dies etwas. Irgendwas muß es doch geben.

So, nun sind wir in Milano. Ich werde unruhig und wäre gern schon in Pisa.

SONNTAG, 18. JUNI 1989

Pisa war erstaunlich. Ich weiß gar nicht, wo anfangen. Mir wird nun klar, daß das hier eins der wichtigsten Projekte ist, die ich je ausgeführt habe. Die Mauer ist wirklich ein Teil der Kirche. Sie gehört zu dem Gebäude, in dem die Mönche wohnen. Neulich aß ich mit den Mönchen zu Abend und besuchte die Kapelle. Alles, was ich in Zusammenhang mit diesem Gemälde erlebt habe (mit den Assistenten, den Mönchen, den Journalisten und Fotografen, den Gruppen der Kids aus Pisa), war echt positiv. Breakdancer aus Pisa usw. usw. Die Leute hier sind wirklich nett, ein bißchen aggressiv manchmal, aber im Grunde sehr lieb. Jan kam aus Amsterdam, um mir beim Malen zu helfen – Rolf und Franz (die Cartoonisten) kamen gestern aus Zürich. Das Wetter war herrlich, das Essen noch besser. Das Malen dauerte vier Tage. Zeitweise waren große Menschenmengen da. Ich wohne in einem Hotel direkt gegenüber der Mauer, darum sehe ich sie vor dem Schlafengehen und beim Aufwachen. Immer ist jemand da und schaut sie an (sogar um 4 Uhr letzte Nacht). Es ist wirklich interessant zu sehen, wie die Leute darauf reagieren.

Während ich malte, lief die Musik über einen großen Lautsprecher. Jeder Tag war wie ein Straßenfest. An einem Tag (dem letzten, an dem ich malte) hatten wir einen DJ, und eine Menge Leute tanzten an der Mauer. Ständig Autogramme und Fotos. Hier gibt es einige der schönsten Jungen, die ich je gesehen habe. Wir haben einen Trupp Kids vom Militär kennengelernt (Fallschirmspringer), die jeden Tag kommen und zuschauen. Kwong Chi verknipst tonnenweise Filme.

T-Shirts, Plakate, Postkarten und allgemeine Hysterie. Barbara Levy ist auch da.

Ein Interview nach dem andern. Ich glaube, ich bin nur glücklich mit all diesem Wahnsinn ringsum. Ich genieße das tatsächlich. Manchmal stört es mich auch, aber wenn es aufhört, fehlt es mir. Allerdings braucht man eine Menge Geduld.

Dies ist nun wirklich eine Leistung. Das Bild wird sehr, sehr lange an der Mauer bleiben, und die Stadt scheint es wirklich zu mögen. Ich sitze auf einem Balkon und blicke zur Spitze des Schiefen Turms hoch. Hier ist es wirklich schön. Wenn es einen Himmel gibt, ist es dort hoffentlich so wie hier.

Umrißzeichnung zum Wandbild an der Chiesa di Sant'Antonio, Pisa 1989

DONNERSTAG, 22. JUNI: PARIS, RITZ

Ich bin in Paris, und das Luftschiff ist nicht da. Dienstag abend habe ich in Pisa erfahren (kurz vor der Einweihung der Mauer), wegen »politischer« Manöver sei der Start abgesagt worden. Die Sache ist kompliziert, ich hoffe aber, sie wird noch erledigt, *bevor* ich in die Staaten abfliege, damit wir noch Fotos machen können. Ich habe das Bild noch nicht richtig gesehen, außer auf dem Boden, während ich es malte.

Pisa war unglaublich. Debbie Arman kam zu der Party Montag nacht. Ebenso Julia, Tobias und David Neirings. Außerdem natürlich Viken Arslanian und Jason aus Antwerpen.

Das Bild wurde am Samstag fertig, dank fünf Typen, die mir halfen, die Farbflächen auszufüllen. Es war erstaunlich. Als wir fertig waren, wäre es schon dunkel gewesen, aber wir wurden von den Scheinwerfern der Kamera-Teams beleuchtet und von einigen anderen, die von der Stadt installiert waren, um das Wandbild ständig zu beleuchten. Es gab laute Zurufe, Applaus und Champagner, als die letzten Farbstriche aufgetragen waren. Der ganze Empfang durch die Stadt war überwältigend. Die Kirche, die Nachbarn, die Breakdancer, all die Kids und Fans von überallher aus Italien. Es war wirklich eines der besten Projekte, die ich gemacht habe. Es gab ein letztes Abendessen, und dann ging es in aller Eile zum Bahnhof, mit Roberto und Piergiorgio (die bei der ganzen Sache Erstaunliches geleistet haben), mit den »Fallschirmspringern«, David, Franz und Rolf. Rührende Abschiedsszenen, als der Zug aus dem Bahnhof abfuhr.

Beim Erwachen am nächsten Morgen war ich deprimiert, wieder nach Frankreich zu kommen. Schon fehlte mir Italien. Aber jetzt O.K. Samantha [McEwen] ist da. Ich arbeite mit Otto Hahns Frau Nicole in einem großen Atelier an den Lithos und habe mit Leuten geredet, für die ich eine Uhr machen soll. Alle Zeit ist schon verplant. Ich komme jetzt sogar schon zu spät zum Dinner mit Samantha und James Brown – muß mich beeilen ...

29. JUNI: FLUG VON ROM NACH PARIS

Paris war herrlich, aber wirklich viel los. Gab ein Interview für *Paris Match*; machte Lithos auf den Stein im Bordas-Studio in der Bastille; Donnerstag, Freitag und Samstag nacht ausgegangen; sprach mit einem akrobatischen Graffiti-Maler (sehr hübsch), der möchte, daß ich mir seine Vorführung im Park ansehen komme; bemalte zwei Vasen für Jean-Charles de Castelbajac in seinem Haus und blieb dort eine Weile bei seiner Frau und den Kindern, mit denen ich mich schnell anfreunde; Besprechungen über ein Uhrenprojekt und über ein Buchprojekt; Gang durch die Tuilerien bei Sonnenaufgang; bestätigte Abmachung mit Bruno Bischofberger, daß ich das Condo-Bild des gekreuzigten Ostereis kaufe; viele Male in Nersi angerufen, ob das Luftschiff angekommen ist (vergebens). Mit Claude und Sydney Picasso gesprochen usw. usw. usw. Jedesmal, wenn ich in Paris bin, gibt es fast soviel zu tun wie in New York. Ich sollte eigentlich eine Wohnung hier haben.

Am Samstag um 23 Uhr kam Gil mit der Concorde an. Wir gingen die ganze Nacht aus und schliefen nur eine Stunde, bevor wir um 8 Uhr zur Fahrt nach Knokke abgeholt wurden.

Kwong, Gil und ich fuhren nach Knokke zur Eröffnung von George Segals Ausstellung und der großen Party bei den Nellens. Wir wohnten im Drachen. Jean Tinguely kam auch. Es war toll wie immer. Immer ein Vergnügen, bei den Nellens zu sein.

Montag vormittag fuhren wir sehr spät ab zum Brüsseler Flughafen. Sylvaine fuhr mit 160 Stundenkilometern. Wir schafften es noch bis zum Abflug, aber als wir in Roma landeten, war unser Gepäck nicht mit dabei. Das Hotel war deprimierend, nach dem Ritz. Ich bin jetzt zu verwöhnt. Wir fanden aber kein anderes, und am Ende war es auch O.K.

Wir trafen Daniela und Piergiorgio aus Pisa und Andrea von der Video-Crew. Alles ging nun besser. Ich sprach mit Stefania Casini; arbeitete an unglaublichen Computer-Grafiken (Zeichnungen auf Fotos von Pisa); aß tolle Gerichte; ging mit VIP-Tickets zu Stevie Wonder, der gerade in Rom auftrat, und sprach nachher mit ihm hinter der Bühne. Er sagte, er habe von meiner Kunst gehört. Ich schenkte ihm ein T-Shirt und ein paar Free-South-Africa-Buttons. Das Konzert war erstaunlich. Er spielte dreieinhalb Stunden. Ich habe geweint. Ich hatte ihn schon immer mal sehen wollen; hätte nicht gedacht, daß ich dazu nach Rom kommen müßte.

Gestern habe ich den ganzen Tag am Computer gearbeitet. Am Morgen gingen wir uns die Sixtinische Kapelle anschauen (fast restauriert). Sie ist ganz verblüffend. Es ist schrecklich zu sehen, was die Kirche für Reichtümer angehäuft hat und was für eine Macht sie darstellt. Ich kann nicht aufhören, mich zu wundern: über die Heuchelei der Kirche, besonders der katholischen. Größtenteils wurde dieser Reichtum im Namen Gottes *gestohlen*. Diese Kunst ist total homoerotisch. Die Kirche insgesamt scheint von einer uralten und allgegenwärtigen *Schwulen*-Hierarchie beherrscht zu werden. Der Chor in der Sixtinischen Kapelle bestand früher aus kastrierten sechzehn- oder siebzehnjährigen Jungen, die vermutlich außer der Stimme noch viele andere Talente hatten.

Alle Skulpturen stellen sexuelle Schönheit dar (Ärsche, Hände, Füße, Schwänze), und zwar auf sehr *männliche* Weise.

Jeder weiß das, aber jeder gibt vor, es nicht zu sehen. Die Italiener denken ständig an den *cazzo*. Überall sah ich Pimmel als Graffiti. Eine schöne Zeichnung an einer Mauer in Firenze zeigte einen riesigen Ständer mit vollkommen schönem Kopf. Wirklich vollkommen – die Kurve der Eichel, wo sie in den Schaft übergeht. Wer das gezeichnet hat, weiß offenbar die Schönheit einer vollkommen geformten Eichel zu schätzen. Ich wollte, ich hätte meine Kamera bei mir gehabt.

Etwas Herrliches war es, in dieser alten Stadt mit neuester Hochtechnologie an Computer-Grafiken zu arbeiten.

Jedesmal, wenn ich den elektronischen Malkasten verwende, muß ich die gesamte Vorstellung von einem »Bild« neu überdenken. Der Computer hat den Begriff davon, was einen »Bildraum« ausmacht und definiert, vollkommen verändert. Die Beziehung zwischen dem Schöpfer und dem Betrachter des Bildes hat sich geändert. Die Beziehung zwischen der körperlichen Gebärde des Zeichnens und dem daraus resultierenden Bild hat sich verändert. Es ist nun vollkommen abstrakt, mit sehr wenig Bezug zum ursprünglichen »Akt« des Zeichnens oder Malens. In Sekundenbruchteilen können die Bilder verschoben, gestreckt, vervielfältigt, verkleinert oder vergrößert, umkoloriert, abgewandelt, rotiert, gekippt, digitalisiert, redigiert, verfeinert und gelöscht werden. Das Bild ist auf eine (programmierbare) elektronische Information reduziert, die vollkommen durchsichtig und knetbar ist.

Die Illusion ist alles. Der Malkasten, mit dem ich in Rom arbeitete, konnte Farben mischen, genau wie auf einer Palette, und ebenso die Farben aus den Fotos aufnehmen und duplizieren. Es war, wie wenn man Farben mischte, nur ohne das Geschmier. Alles ist nur Licht und Elektronik.

Ich machte auch ein paar einfache Animationszeichnungen. Wirklich toll! Mein Zeichenstil läßt sich dieser Technologie sehr gut anpassen.

Das ist wirklich urtümliches High-Tech. Es hat den Begriff der *Kunst* und den des Bildes vollkommen revolutioniert – warum hat es nur noch niemand bemerkt?

Gestern abend gingen wir mit den Video-Leuten essen und trafen Francis Ford Coppola. Wir tauschten Zeichnungen aus. Er hat in seinem letzten Film ein paar von meinen Sachen als Requisiten verwendet. Ich verteilte Buttons an den ganzen Tisch.

Später gingen wir mit Kwong zu seinen Nachtaufnahmen ins Kolosseum. Gil und ich unterhielten uns mit ein paar Typen, die Fußball spielten, und rauchten Hasch mit ihnen. Sie waren echte Verrückte, aber nett.

Luftschiff, bei Paris 1989

Nun fahren wir für drei Tage wieder zurück nach Paris. Das Luftschiff soll morgen ankommen. Ich glaub's erst, wenn ich's sehe...

DIENSTAG, 4. JULI: L.A. (BEL-AIR HOTEL)

Paris war lustig. Kaum sind wir im Hotel, beginnt der Wahnsinn. Gloria TNT ruft uns an. In ihrer Suite weiter oben trinken wir mit ihr Tee. Sie möchte einen Spielplatz für Regensburg in Auftrag geben.

Am nächsten Tag gehe ich mit Gil in die Galerie Beaubourg, um über die Ausstellung meines Wandbildes vom New Yorker (91st) FDR Drive (1984) zu sprechen, das »gerettet« und nach Paris geschickt worden ist. Es ist in sehr schlechtem Zustand, aber irgendwie sieht es so nur noch besser aus.

Gingen ins Beaubourg (Pompidou) zur Ausstellung der Zeichnungen von Matisse. Die ersten Collagen zu der »Jazz«-Serie waren zu sehen – wirklich schön. Gestern haben wir in einer Ladengalerie in Beverly Hills nach diesen Mustern gestrickte Pullover gesehen. Seltsam.

Sahen »Magier der Erde« (eine pseudo-primitiv/moderne Ausstellung) mit ein paar interessanten, aber auch einigen sehr öden Sachen.

Ging ins Bordas-Studio, schloß die Zeichnungen auf den Steinplatten ab und signierte die Drucke von letzter Woche.

Samstag ist das Luftschiff endlich in Calais angekommen (zwei Stunden nördlich von Paris). Kwong und ich fahren hin, um es zu fotografieren, denn ich reise morgen ab und hatte es noch nicht gesehen. Es war ganz unglaublich.

Wir stiegen in einem kleinen Flugzeug auf und machten Luftaufnahmen (sehr riskant). Das Luftschiff sieht toll aus, nur glaube ich immer noch, ich hätte lieber das ganze Ding bemalt. Die Plane hat genau die falsche Proportion zur Form und Größe des Schiffs. Trotzdem, ganz unglaublich. Wir machten eine Menge Fotos und kamen um Mitternacht nach Paris zurück.

Samstag gingen wir ins Bobino. Nett. Nina Hagen war da, wir unterhielten uns. Sie sang (rappte) lange für mich. Gil wurde müde (wer ist hier 19 und wer 31?) und ging nach Hause.

Sonntag flogen wir mit der Concorde nach New York. Ich ging ins Atelier, die Post durchsehen, dann mit Lysa, Liz und Juan ins Kino, um [Spike Lees] *Do the Right Thing* anzuschauen.

Ich bin immer noch unglücklich über diesen Film. Ich weiß nicht, ob er nicht gerade von den Leuten mißverstanden werden wird, die er unbedingt erreichen müßte. Ich werde ihn mir noch mal anschauen. Aber er ist brillant gefilmt und ganz schön hysterisch. Ging mit zu Jason und Liz aufs Dach, trank Pimm's mit Obststückchen und rauchte Gras (natürlich). Aß ein kolumbianisches Gericht und ging nach Hause. Traf Rick und Loudie auf der Straße. Lief ein bißchen herum, ließ mir New York wieder mal gefallen (bis auf den Geruch) und ging heim.

Packten Montag morgen in aller Eile und bekamen noch den 10-Uhr-15-MGM-Flug nach L. A. Tony saß in derselben Maschine. Nahmen einen Wagen (rotes Jaguar-Kabrio) und stiegen im Bel-Air ab. Rufe alle Leute in L. A. an, die ich kenne und mit denen ich reden will, und hinterlasse Nachricht auf den Anrufbeantwortern.

Sandra Bernhard lud uns zum Abendessen in ihr Haus ein. Madonna, Warren Beatty, Shaun (Sandras Freundin, schreibt für *Flash Art*) und noch ein paar andere. Nettes Dinner.

Heute [4. Juli] hat Gil Geburtstag. Wir fahren zum Strand, dann zu Dennis Hoppers Haus in Venice Beach zum Dinner (auch ein Frischvermählter) und dann zu Warren Beattys Barbecue. L. A. L. A. L. A.

9. JULI 1989: MGM GRAND TERMINAL

Wir fliegen zurück nach New York. Diese Woche haben wir viel von L. A. gesehen:

Fuhren nach Venice Beach, fuhren nach Malibu, gingen uns *Batman* in Grauman's Chinese Theatre ansehen, sahen uns noch mal *Do the Right Thing* an, gingen bei Pinks Hot dogs essen, gingen in etliche Clubs, besuchten Barbara und Tim Leary, besuchten Pee Wee am Drehort in Culver City, besuchten Pee Wee in seinem Haus in Hollywood Hills usw. usw. usw.

Die Aufstellung der Skulptur (eigentlich der Grund für diese Reise) war eine Katastrophe. Der Helikopter konnte das Gewicht nicht tragen und ließ die Skulptur fast augenblicklich fallen. Sie zertrümmerte eine Betonmauer und nahm schweren Schaden (Kratzer usw.)

Nun muß sie mit einem Kran eingestellt werden. Ich weiß nicht, warum man das nicht gleich so gemacht hat. Jemand hatte die glänzende Idee, daß es mit einem Hubschrauber leichter ginge... Soviel dazu. Jedenfalls wird sie nun am Montag aufgestellt. Ich werde es nicht sehen. Ich muß zurück nach New York und wieder an die Arbeit, versuchen, mein Leben in Ordnung zu bringen. Viel Glück!

Ich weiß nicht, ob ich diesen Sommer über in New York bleiben soll oder nicht. Es ist heiß und widerlich, und ich kann nicht mal ins Schwimmbad gehn. Es könnte interessant sein oder auch gräßlich.

Wahrscheinlich werde ich sowieso nicht mehr lange dasein... Ich sollte zur Burroughs/Haring-Ausstellung der Apokalypse-Drucke nach Santa Fe und dann im August nach Europa. Na ja...

FREITAG, 1. SEPTEMBER, 1989: ROMA

Ich bin auf dem Flughafen in Rom. Ich muß eine Stunde totschlagen, und weil ich auf dieser Reise bisher kein Tagebuch geführt habe, könnte ich auch ein bißchen was in dieses Heft schreiben, das ich mir gekauft habe.

Seit zwei Wochen bin ich in Europa. Zuerst war ich in der Schweiz, als Mitglied der Jury bei einem Lustspielfilm-Festival. Grace Jones war auch in der Jury, was das Ganze erträglich machte, aber nur eben so.

Sie kam mit Angelo und Paolo (ihrem Sohn, der jetzt neun ist) und ihrem Neffen Petie (Pee-tee?), der elf ist und vollkommen hysterisch. Ich verbrachte den größten Teil der Woche mit den Kindern, was ein Vergnügen war. Die Filme waren alle Scheiße, außer dem englischen und dem amerikanischen. Der englische *(How to Get Ahead in Advertising)* war echt toll, und der andere *(Sidewalk Stories)* war auch gut. Er war in New York gedreht (einiges davon direkt gegenüber meiner Wohnung), mit meinem Free-South-Africa-Poster in einer langen Szene. Beide Filme bekamen Preise. Die meiste Zeit war ich mit Pierre Keller und so einer französischen Schauspielerin, Isabelle Pasco, zusammen. Sie waren auch in der Jury.

Ich besuchte Jean Tinguely in seinem neuen Atelier und suchte mir endlich eine herrliche Skulptur für unseren Tausch aus. Sie ist wirklich gut und kommt genau rechtzeitig für meine neue Wohnung.

Mit der Wohnung geht es übrigens gut voran, Denn Sam [Havadtoy] schickt mir schon Stoffproben, Fotos von meinem Bett, marmorierte Wachsmodelle usw. Ich bin ganz erstaunt, daß es etwas wird.

Nach einer Woche in der Schweiz ging es nach Monte Carlo, wo ich gleich ein Wandbild im Hôpital Princesse Grace malte. Dies war alles vorher verabredet und wundervoll organisiert, mit *wichtigen* Presseleuten (*Time, People,* AP, Sygma, Gamma usw.) und einem Lunch mit der Prinzessin (Caroline), Helmut und June Newton, Josh Segal (Sohn von Ali McGraw) im Monte Carlo Beach Club, einer Widmungsfeier mitsamt »Enthüllung« des Wandbildes bei Champagner und Gebäck, übertragen vom örtlichen Fernsehen und der Eurovision in Anwesenheit wichtiger Paparazzi. Die ganze Sache ging schön glatt. (Und das Wandbild sieht toll aus.)

War zusammen mit Debra und Bea (dem deutschen Kindermädchen von vor zwei Jahren, die mit Grace, Yves, Debra und mir bei dem Ecstasy-»Erlebnis« dabei war).

Ich kann es nicht leiden, wenn Debra sich betrinkt, und es gab ein paar unangenehme Auftritte, aber jeden Morgen war alles wieder O.K. Madison ist so schön, es ist kaum zu glauben. Lacht und plappert ständig wegen nichts. Eigentlich bin ich sowieso ihretwegen hier. Dies ist sozusagen eine Fortsetzung meiner Besuchsreise zu den Patenkindern, die bei den Hamptons mit Zena Scharf anfing, nach Kutztown zur Taufe von Kermits Baby, zum großen Haring-Picknick bei Tante Sissy, nach Monte Carlo zu Madison und nun weiter nach Italien zu den Clemente-Kindern.

Für einen Tag besuchte ich auch Carmel und Bruno Schmidt, Mattias (ihr Neugeborenes) und Samantha. Es war wirklich lieb, und ich kam mir ganz wie in meiner Familie vor (der ursprünglichen New Yorker Familie).

Mit Bea fuhr ich nach Vence, mir die Kapelle ansehen, die Matisse dort entworfen hat. Verdammt unglaublich! Reine Inspiration. Warum habe ich noch nie auf Keramik-Kacheln gemalt? Wäre perfekt für mich. Ich glaube, ich würde tatsächlich auch gern eine Kirche entwerfen, obwohl ich doch eigentlich mit der organisierten Religion nicht viel im Sinn habe. Genauer gesagt, ich habe sehr viel gegen die *organisierte* Religion. Aber ich würde gern einen Raum gestalten, wo Menschen hingehen und ganz still nachdenken und sich besinnen können – eher so was wie ein Schrein oder Tempel, nehme ich an. All solche Sachen, über die ich auf dieser kurzen Reise nachgedacht habe und die ich wirklich gern einmal versuchen würde.

Immer noch möchte ich *wirklich* mal ein paar Turnschuhe entwerfen. Ich habe lauter solche neuen Ideen zu Gemälden und Skulpturen, daß ich's kaum erwarten kann, damit anzufangen. In der Schweiz und in Monte Carlo habe ich Zeichnungen gemacht – schön, aber nicht genug. Eigentlich möchte ich umkehren und versuchen, mich durchs Malen zu heilen. Ich glaube, ich könnte es tatsächlich. Ich lese gerade so ein Buch, das Swen Swenson mir gegegen hat, über Selbstheilung, Liebe und Medizin. Jetzt habe ich mir jeden Tag Alpha-Interferon gespritzt. Das ist ganz übel, aber ich konnte mich ziemlich leicht daran gewöhnen. Hoffentlich hilft es. Eigentlich würde ich es gern wegmalen. Jedesmal, wenn ich einem Spiegel zu nahe komme, fällt es mir schwer, an etwas anderes zu denken.

Neulich waren wir auf der Yacht bei einem Mann, dem das Ritz, Harrods in London (und noch andere Dinge) gehören. Kann man sich so was vorstellen?

Ich glaube, das könnte meine Maschine sein, die jetzt landet.

Sie war's nicht.

Vor mir krabbelt eine große Schabe (Wasserwanze) herum. Alle »beobachten« sie irgendwie. Ein schöner (natürlich) italienischer Junge sitzt mir gegenüber und schaut ihr amüsiert zu, meditiert wohl über das Schicksal der … hopps! … da ist jemand draufgetreten. Man hatte sie gar nicht bemerkt.

Ich sollte eigentlich mit dem Hubschrauber nach Neapel fliegen (extravagant, oder?), aber wegen des Regens mußte ich ein Flugzeug nehmen, genauer gesagt, zwei, und nun warte ich in Rom auf den Anschlußflug nach Napoli.

Mein Gott, ich mag Italien! Das ist wirklich eines der Länder, wo ich am liebsten bin. Hier komme ich mir »richtig« vor.

DIENSTAG, 5. SEPTEMBER: AMALFI

Italien ist total verblüffend. Die ganze Zeit hier war wie ein Traum. Ein Ereignis nach dem andern. Amalfi ist wirklich schön. Auf Klippen erbaut, von wo man auf das sauberste Meer hinausblickt, das ich je gesehen habe. Samstag fuhren wir nach Neapel zu einer Party in Philip Taaffes Villa. So was hab' ich noch nie gesehn: riesige Villa direkt am Meer, im ursprünglichen Zustand restauriert (mit Verfall). Diego Cortez, Ricki Clifton (igitt!), Maximilian usw. usw.

Es war ganz erstaunlich. Massimo dreht einen Film in Napoli und hat sich typisch neapolitanische Jungen angehört. Er hat eine umfangreiche Foto-Sammlung von Jungen jeden Alters (ohne Hemd) zur Hand.

Die beste Pizza meines Lebens aß ich zusammen mit Francesco und Alba [Clemente].

Bevor wir nach Neapel fuhren (am Abend zuvor), nahmen wir in Amalfi ein Boot und fuhren zu Francescos Atelier, um die Bilder anzusehen, die er dort gemalt hat. Ganz lieb. Die Farbe verstrickt sich mit der Oberfläche und sitzt drauf, als wäre sie dort gewachsen. Es sieht wie eine Haut aus. Sein Freund und Assistent Claudio (der alte Meisterwerke restauriert) hat ihm geholfen, allerlei Arten von Farben und besonderen Oberflächen zu schaffen. Die Gemälde sind wirklich schön, und der ganze Ausflug hin und zurück in dem kleinen Boot mit Alba, Chiara, Nina und ihrer Kusine war auch zauberhaft.

Ich glaube, der Ritt auf dem Bug dieses Bootes (liegend, mit Ninas Kopf auf meinem Arm), mit der Hand im warmen Wasser planschend, in der kühlen Seebrise und vor der Landschaft der Klippen von Amalfi, die wie eine Opernbühne beleuchtet war, ist einer der unglaublichsten Momente meines Lebens gewesen. Das ist es, warum ich noch leben möchte, für Momente wie diesen.

MONTAG, 18. SEPTEMBER

6 Uhr morgens: Komme in Paris an und muß eine Stunde auf den Anschlußflug nach Milano warten. Ich sitze gegenüber der »Sammelbüchse«, die ich für die Pariser Flughäfen entworfen habe. Das Ding ist gut gemacht und sieht toll aus, wie es hier auf dem Flughafen steht. Das Geld soll an eine französische Wohlfahrtseinrichtung für Kinder gehen. Ich sehe mehrere Leute stehenbleiben und das Schild an der Büchse lesen, aber niemand steckt Kleingeld rein. Vielleicht ist es für die Mildtätigkeit noch zu früh am Morgen.

Ich steige in die Maschine nach Milano. Sie ist voller französischer Geschäftsleute. Ich glaube nicht, daß ich mich an die je gewöhnen kann. Sie (die Geschäftsleute) kommen mir untermenschlich vor. Ich lese das Kapitel über Sun City, die Pensionärsgemeinde, in *Cities on a Hill*. Es ist interessant, sich klarzumachen, daß hohes Alter ein relativ neues Phänomen ist, das meine Generation schon für völlig selbstverständlich hält. Die Generation, die heute alt wird, ist eine der ersten, ist es je gegeben hat. Fortschritte der Medizin usw. Im Buch werden durchschnittliche Lebensspannen für das 17., 18. und 19. Jahrhundert genannt, und während ich lese, denke ich die ganze Zeit ans Sterben. Ich meine, vielleicht ist es gar nicht so »unfair«, wie ich glaube.

Zu vielen Zeiten sind die meisten Menschen nur dreißig oder vierzig geworden. Wäre ich anderswo oder zu anderer Zeit geboren worden, wäre ich vielleicht im Krieg oder bei einer anderen Katastrophe gestorben. Aids ist die neue Pest. Warum meine ich, daß ich verschont bleiben sollte? Warum nicht ich? In der Welt, in der ich lebe, herrscht eine Illusion der »Sicherheit«. Wegen der Medizin, der Wissenschaft und der finanziellen Absicherung glauben wir meistens, daß uns nichts passieren kann. Aber wie ich nun einsehen muß, sind wir nicht sicherer als im 17. Jahrhundert. Nichts dauert ewig. Und dem Tod entkommt niemand.

MITTWOCH, 21. SEPTEMBER

Ich habe eine Weile hin und her überlegt, ob ich in diesem Tagebuch etwas über Gil schreiben sollte oder nicht. Aber weil ich mir nichts vorzuwerfen habe und nichts verbergen muß, weil ich nichts tue, das ich nicht richtig finde, warum sollte ich es verheimlichen? Ich hänge sehr an Juan und will ihn nicht verletzen, aber ich hoffe, wenn er dies jemals liest, wird er es noch besser verstehen, weil ich es aufgeschrieben und erklärt habe. Es ist ein bißchen kompliziert, für mich aber vollkommen plausibel. Ich gehe gern mit Juan auf Reisen und bin mehrere Male mit ihm in Europa gewesen, aber unsere Beziehung hat sich anders entwickelt. Und obwohl sie in vieler Hinsicht besser ist, brauche ich doch eine Art Input, wie ich ihn nur von jemand mit unbefangenem Blick bekommen kann. Ich möchte wirklich erleben, wie es ist, wenn ich Gil Europa zeige. Ich weiß, es wird für ihn wichtig sein, und ich glaube, es ist auch für mich wichtig. Vor ein paar Wochen war ich mir noch sicher, daß ich ihn mitnehmen würde, und dann habe ich bis zur letzten Minute meine Meinung mehrmals geändert. Ich wollte meine Beziehung zu Juan nicht aufs Spiel setzen, und ich kenne Juan gut genug, um zu wissen, daß er niemals verstehen oder akzeptieren könnte, daß ich diese Erfahrung machen muß. Unvermeidlich muß es daher hinter seinem Rücken geschehen, leider, damit er nicht verletzt wird.

Angesichts der neuen Auskunft über meine Gesundheit, die ich letzte Woche erhielt, weiß ich, daß ich es mir schuldig bin, ausnahmsweise mal an mich zu denken und nicht an irgendwen sonst. Ich weiß, ich werde mit Gil, wenn wir zusammen reisen, ebensoviel lernen und ebensoviel Freude haben wie er mit mir. Es geht dabei eigentlich überhaupt nicht um Sex, obwohl Gil sehr schön ist. Es geht mehr um die geistige Gemeinschaft. Ich bin mir sicher, wir werden aller Wahrscheinlichkeit nach sexuell nie etwas miteinander haben. Alle Anzeichen sprechen dagegen. Aber ich bin wirklich gern sein Freund, mache mit ihm gemeinsame Sache und kümmere mich um ihn eher wie ein großer Bruder als wie ein Liebhaber. Dergleichen kann ich mit Juan nicht erleben, denn er ist mein Liebhaber. Solche Freunde habe ich immer gehabt und werde ich hoffentlich immer haben. Aber heute morgen, auf dem Weg zum Flughafen, mache ich mir doch Vorwürfe, und Juan fehlt mir sehr. Ich komme zum Flughafen und muß zwei Stunden warten, bis Gil landet (TWA hat mal wieder Verspätung). Vom Flughafen rufe ich Juan an, und er ist gerade vom Trax nach Hause gekommen (4 Uhr früh) und hat Johnny bei sich. Wir reden, und ich fühle mich besser, weil ich ihn vermisse und er mich. Außerdem bin ich eifersüchtig auf Johnny, darum brauche ich kein so schlechtes Gewissen zu haben. Allmählich kommt es mir so vor, als hätte ich einen schweren Fehler gemacht. Aber als Gil dann da ist, denke ich, ich werde wohl drüber wegkommen.

Wir fahren nach Milano, direkt zum Hotel und dann zum Lunch bei Il Grissino. Laufen in Mailand herum, zum Dom, der ein Gespräch über die Macht der katholischen Kirche provoziert, über ihren Mißbrauch und den fehlgeleiteten Einfluß der Religion.

Wir kehren ins Hotel zurück, um Nicola anzurufen. Wir treffen uns mit ihm und Marco, um zur Eröffnung der Triennale zu gehen. Es sollte etwas über die »moderne Stadt« oder die zukünftige Metropole sein.

Ich ging in die Miami-Ausstellung, die prächtig aussah, nur hätte mein »Hundslabyrinth« an die Wand gemalt sein sollen. Ich erwähnte es im Gespräch mit Germano Celant und bot an, es morgen (meinem letzten Tag in Milano) zu machen. Wie ich erwartet hatte, tat er so, als ob das *sehr* schwierig wäre.

Keith Haring im Hotel Ritz, Paris 1989

Wir gehen zum Abendessen und treffen uns mit Leuten, die ich von früher in Milano kenne. Gil ist müde, darum setzen wir ihn beim Hotel ab und gehen in einem mexikanischen Restaurant einen trinken. Dann gehen wir ins Plastic, wo ich mit Peter Kea und mit anderen Leuten spreche, die ich aus verschiedenen Weltgegenden kenne, und schließlich (obwohl müde von der letzten Nacht) komme ich erst um 3 Uhr 30 nach Hause.

DONNERSTAG, 22. SEPTEMBER

Laufen in Milano herum, einkaufen (so was wie) und reden. Roberto ruft aus Pisa an, um mir zu versichern, daß sie mich dort erwarten.

ANMERKUNG:

Ich kann sehen, daß ich mit einem Tag-für-Tag-Bericht nie nachkäme; also mache ich nur Notizen, in der Hoffnung, daß ich irgendwann zurückblättere, sie lese und imstande bin, darüber zu reden und mich zu erinnern.

Ein paar Höhepunkte: Pisa

Es kam mir unglaublich vor, daß man nur wegen ein paar Leuten, wie ich sie in New York auf der Straße treffen kann, diese ganze große Ausstellung veranstaltet. Man ist ernsthaft interessiert und bietet mir sowohl eine Wand für ein Gemälde oder Fresko an wie auch eine Ausstellung in einem tausend Jahre alten Gebäude. Die Ausstellung könnte ganz unbeschreiblich werden, denn sie würde mich zwingen, meine Kunst in wechselnde historische Kontexte und Kontraste zu stellen. In den verschiedenen Teilen des restaurierten Gebäudes treten jeweils andere geschichtliche Epochen hervor, und eine gut betreute und tadellos aufgehängte Ausstellung würde wirklich sowohl dem Gebäude als auch der Kunst zugute kommen. Auch Pisa selbst ist richtig schön. Der Turm ist erstaunlich. Wir sahen ihn erst bei Tageslicht und dann bei Vollmond. Er ist wirklich großartig und hysterisch zugleich. Jedesmal, wenn man ihn anschaut, muß man lächeln.

Keith Haring starb am 16. Februar 1990

1989

Einzelausstellungen
Galerie 121, Antwerpen
Casa Sin Nombre, Santa Fe, New Mexiko, mit William Burroughs
Fay Gold Gallery, Atlanta, Georgia, mit Herb Ritts
Galerie Hete Hünermann, Düsseldorf

Gemeinschaftsausstellungen
Exposition Inaugurale, Fondation Daniel Templon, Fréjus, Frankreich

Sonderprojekte
Außenwandbild im Barrio de Chino, *Todos juntos podemos parar el Sida* (Zusammen kön-
    nen wir Aids besiegen), Barcelona
Entwurf für Einladungskarten und Teller für das Geburtstagsfest der Fürstin Gloria von
    Thurn und Taxis, Regensburg
Entwurf zu einem Wandbild, ausgeführt von Studenten an der Wells Community Aca-
    demy, Chicago
Artist-in-residence für die Chicagoer Schulbehörde; Wandbildprojekt für das Museum of
    Contemporary Art (160 m langer Holzzaun, bemalt mit Hilfe von 300 Schülern), Chicago
Zwei Wandbilder am Rush Presbyterian – St. Luke's Medical Center, Chicago
Entwurf für Logo und T-Shirts zum *Young Scientist's Day* an der Mt. Sinai School of
    Medicine, New York
Artist-in-residence und Außenwandbild-Projekt an der Ernest Horn School, Iowa City
Toilettenwandbild in *The Center* (Kultur- und Kommunikationszentrum für Lesben und
    Schwule), New York

Keith Haring Progetto Italia. Gemälde auf der Außenmauer der Chiesa di Sant'Antonio, im Auftrag der Stadt Pisa

Bemalung eines Seitenbanners für ein Luftschiff, das als Teil einer *Galerie céleste* über Paris fliegen sollte, zur Zweihundertjahrfeier der Französischen Revolution. Die andere Seite des Luftschiffs wurde von dem russischen Künstler Erik Bulatow bemalt. (Wegen Komplikationen wurde der Flug abgesagt.)

Buch

Keith Haring: Eight Ball. Kyoto Shoin International, Kioto

Die Keith Haring-Foundation

Die Keith Haring Foundation wurde 1989 vom Künstler begründet. Die Direktoren wurden von Haring ernannt. Er formulierte auch die Aufgabe der Stiftung: finanzielle Mittel und Bildmaterial für Aids- und Kinderhilfe-Organisationen zur Verfügung zu stellen und Mr. Harings Werk durch Ausstellungen, Publikationen und Lizenzvergabe zu seinen Bildern einem breiteren Publikum zugänglich zu machen.

1990

Bücher und Kataloge

Keith Haring: A Memorial Exhibition. Einleitung: Tony Shafrazi (Tony Shafrazi Gallery, New York)

Keith Haring. (Galerie de Poche, Paris)

Keith Haring. (Philip Samuels Fine Art, St. Louis)

Keith Haring: Future Primeval. Text: Barry Blinderman, William Burroughs u. a. (University of Illinois, Normal)

Against All Odds. Text und Zeichnungen: Keith Haring (Bébert Publishing, Rotterdam, und Mr. and Mrs. Donald Rubell, New York)

K. Haring. Einleitung: Sam Havadtoy (Galerie 56, Genf)

Subway Drawings. Text: Nikolaus Sonne und Christian Holzfuss (Edition Achenbach, Galerie Nikolaus Sonne, Berlin)

The Last Decade: American Artists of the '80s. Text: Robert Pincus-Witten, Collins & Milazzo (Tony Shafrazi Gallery, New York)

1991

Einzelausstellungen

Galerie Hete Hünermann, Düsseldorf

Keith Haring: Future Primeval, University Galleries, Normal, Illinois; Tampa Museum of
    Art, Tampa, Florida

Haring, Disney, Warhol, Phoenix Art Museum, Phoenix, Arizona; Tacoma Art Museum,
    Tacoma, Washington; The Corcoran Gallery of Art, Washington; Worcester Art
    Museum, Worcester, Massachusetts

Dante Park, Lincoln Center, New York

Chase Manhatten Bank, Filiale SoHo, New York

Erika Meyerovich Gallery, San Francisco

Molinar Gallery, Scottsdale, Arizona

Galleria Steffanoni, Mailand

Gemeinschaftsausstellungen

Hommage à Jean Tinguely, Galerie Klaus Littmann, Basel

Mito y Magia en America: Los Ochenta, Museo de Arte Contemporaneo de Monterrey,
    Monterrey, Mexiko

Les Couleurs de l'argent, Musée de la Poste, Paris

Biennial, Whitney Museum of American Art, New York

I Love Art, Watari-Um, Tokio

*Compassion and Protest: Recent Social and Political Art from the Eli Broad Family Foun-
    dation Collection,* San Jose Museum of Art, San Jose, California

Devil on the Stairs: Looking Back on the '80s, Institute of Contemporary Art, Philadelphia

Echt falsch, Fondation Cartier, Paris

Cruciformed: Images of the Cross since 1980, Cleveland Center for Contemporary Art

Bücher und Kataloge

Keith Haring: *Die autorisierte Biographie,* von John Gruen (dt. München 1991)

I Love Art. Text: Etsuko Watari (Watari-Um, Tokio)

Echt falsch. (Mailand, Mondadori)

Myth and Magic in America: The 80s. Hrsg. von Guillermina Olmedo (Museo de Arte Contemporaneo de Monterrey, Monterrey, Mexiko)

The Art of Mickey Mouse. Text: John Updike (Disney Publicactions, Los Angeles)

Textile Designs: 200 Years of European and American Patterns for Printed Fabrics. Text: Susan Meller und Joost Elffers (Harry N. Abrams, New York)

Les Couleurs de l'argent. (Musée de la Poste, Paris)

1991 Biennial Exhibition. (Whitney Museum of American Art und W. W. Norton, New York)

Devil on the Stairs: Looking Back on the '80s. Text: Robert Storr (Institute of Contemporary Art, Philadelphia)

Compassion and Protest: Recent Social and Political Art from at the Eli Broad Family Collection. (San Jose Museum of Art, San Jose, California)

Cruciformed: Images of the Cross since 1980. (Cleveland Center for Contemporary Art, Cleveland)

In the Vernacular: Interviews at Yale with Sculptors of Culture. (Yale University, New Haven, Connecticut)

1992

Einzelausstellungen
Gallery 56, Budapest
Galerie Tabula, Tübingen
Tony Shafrazi Gallery, New York

Gemeinschaftsausstellungen
Allegories of Modernism, The Museum of Modern Art, New York
The Power of the City/The City of Power, Whitney Museum of American Art, Downtown
  Branch, New York
Read My Lips: New York Aids Polemic, Tramway Gallery, Glasgow
From Media to Metaphor: Art About Aids, Emerson Gallery, Hamilton College, Clinton,
  New York; Center of Contemporary Art, Seattle; Sharadin Art Gallery, Kutztown Uni-
  versity, Kutztown, Pennsylvania; Musée d'art contemporain de Montreal, Montreal;
  Grey Art Gallery and Study Center, New York University, New York

Bücher und Kataloge
From Media to Metaphor: Art About Aids. Text: Robert Atkins und Thomas Sokolowski
  (Independent Curators, Inc. New York)
Keith Haring. Text: Barry Blinderman und William Burroughs (Nachdruck des Ausstel-
  lungskatalogs *Future Primeval;* Abbeville Press, New York)
Allegories of Modernism. Text: Bernice Rose (The Museum of Modern Art, New York)
The Power of the City/The City of Power (Whitney Museum of American Art, New York)
Keith Haring, Andy Warhol, Walt Disney. Text: Bruce Kurtz (Phoenix Museum of Art,
  Phoenix, Arizona)
Keith Haring. Hrsg. von Germano Celant (München, Prestel)
Coming from the Subway. (Groninger Museum, Groningen)

1993

Einzelausstellungen

Queens Museum, New York

DIA Art Foundation, Bridgehampton, New York

Galerie Michael Fuchs, Berlin

Complete Editions on Paper: 1982–1990, Galerie Klaus Littmann, Basel; Galerie der Stadt Stuttgart; Aktionsforum, München

Keith Haring: A Retrospective, Mitsukoshi Museum of Art, Tokio

Galerie Nikolaus Sonne, Berlin

Musée de Louvain-la-Neuve, Louvain-la-Neuve, Belgien

Gemeinschaftsausstellungen

Socrates Sculpture Park, Long Island City, New York

Coming from the Subway: New York Graffiti Art, Groninger Museum, Groningen

American Art in the Twentieth Century: Painting and Sculpture, Martin-Gropius-Bau, Berlin; Royal Academy, London

Art Against Aids, Peggy Guggenheim Museum, Venedig; Guggenheim Museum SoHo, New York

Extravagance, Tony Shafrazi Gallery, New York; Russisches Kulturzentrum Berlin

An American Homage to Matisse, Sidney Janis Gallery, New York

Bücher und Kataloge

Keith Haring: A Retrospective. Text: Germano Celant (Mitsukoshi Museum of Art, Tokio)

Keith Haring, Complete Editions on Paper, 1982–1990. Text: Klaus Littmann und Werner Jehle (Stuttgart, Crantz)

1994

Einzelausstellungen

Keith Haring Retrospective, Castello di Rivoli, Turin; Malmö Konsthall, Malmö; Deichtor-
  hallen, Hamburg; Tel Aviv Museum, Tel Aviv
Complete Editions on Paper: 1982–1990, Hiroschima, Osaka, Nagoja, Tokio, Fukuoka
Tony Shafrazi Gallery, New York

Gemeinschaftsausstellungen

Outside the Frame, Cleveland Center for Contemporary Art, Cleveland
Power Works from the MCA Collection, Museum of New Zealand
Art's Lament: Creativity in the Face of Death, Isabella Stewart Gardner Museum, Boston
New York Realism Past and Present, Tampa Museum of Art, Tampa, Florida, und Wan-
  derausstellung in Japan
Art in the Age of Aids, National Gallery of Australia
2X Immortal: Elvis & Marilyn, Institute of Contemporary Art, Boston; dann Contempor-
  ary Art Museum, Houston; Mint Museum of Art, Charlotte; Cleveland Museum of Art,
  Cleveland; Jacksonville Museum of Contemporary Art; Portland Museum of Art; Phil-
  brook Museum of Art; Columbus Museum of Art; Tennessee State Museum; San Jose
  Museum of Art; Honolulu Academy of Art
Significant Losses, University of Maryland Art Gallery, College Park
Keith Haring and Yoko Ono, Ken Frankel Gallery, Palm Beach, Florida
Cedarhurst Sculpture Park, Mount Vernon, Illinois
Changing Your Mind: Drugs and the Brain, Museum of Science/Harvard Medical School,
  Boston

Katalog

Keith Haring. Text: Germano Celant und Ida Gianelli (Mailand, Edizioni Charta; italienische, schwedische, deutsche, hebräisch/englische und spanische Ausgaben)

1995

Bücher und Kataloge

Keith Haring: Works on Paper 1989. (Ausstellungskatalog der Andre Emmerich Gallery, New York. Essay: Alexandra Anderson-Spivy; veröffentlicht vom Estate of Keith Haring, New York)

In a Different Light: Visual Culture, Sexual Identity, Queer Practice. (City Lights Books, San Francisco)

From Beyond the Pale: Art and Artists at the Edge of Consensus. (Irish Museum of Modern Art, Dublin)

Unser Jahrhundert: Menschenbilder – Bilderwelten. Text: Marc Scheps (Ludwig-Museum, Köln; München, Prestel)

Mit dem Auge des Kindes. Text: Jonathan Fineberg (Lenbachhaus, Kunstbau, München; Kunstmuseum Bern; Stuttgart, Verlag Gerd Hatje)

Temporarily Possessed: The Semi-Permanent Collection. (The New Museum of Contemporary Art, New York)

BEDEUTENDE SAMMLUNGEN

The Museum of Modern Art, New York
The Whitney Museum of American Art, New York
Cathedral of St. John the Divine, New York
Emily Fisher Landau Foundation, New York
Eli Broad Family Foundation, Los Angeles
Museum Ludwig, Köln
Sammlung Ludwig, Budapest
Stedelijk Museum, Amsterdam
Musée de l'art moderne de la ville de Paris
CAPC Musée de l'art contemporain, Bordeaux
Museum für moderne und zeitgenössische Kunst, Genf
Fondation Edelmann, Lausanne
Rooseum, Malmö

VERZEICHNIS
DER ABBILDUNGEN

REGISTER

301